中國人應知的 The Knowledge Of Chinese

國學常識 插圖本 ②

中華書局編輯部————編著

撰稿人：

教育科舉	陳　虎	楊慶茹	鄧　潔
法律文化	林玉萍	梁景明	
衣食住行	李　怡	潘忠泉	
體育娛樂	湯谷香		
天文地理	周國林	陳　虎	周　飛
哲學宗教	陳聲柏	田　飛	
語言文學	張素鳳	左漢林	賈廣華
書畫藝術	陳培站	潘永耀	王成聚
	楊　剛	王碧鳳	
戲曲曲藝	梁　彥	吳　荻	
文化典籍	陳　虎	魏崇祥	
考古文物	劉可維		
中華醫藥	羅　浩		

前言

不知您是否意識到，也許您說的每一句話裏都包含著"文化"——

我國古代有大學嗎？古代的"博士"與現在的有何不同？古時學生拜師要送禮嗎？什麼是科舉制？什麼樣的人稱爲秀才？何謂金榜題名？古代稱什麼樣的人爲"孝廉"？"巾幗不讓鬚眉"的"巾幗"爲什麼代指女性？……

這些問題，都可以在這套《中國人應知的國學常識》裏找到答案。

這裏所說的"國學"，與"中國傳統文化"同義，它不僅寫在典籍裏，更活在我們的生活裏、流淌在我們的血液中。除了經典常識、制度法律、教育科技，傳統的民生禮俗、戲曲曲藝、體育娛樂……也是本書要介紹的內容。

這裏所說的"常識"，有兩個重點：一是基礎知識、基本概念，二是讀書時經常遇到、在日常生活中經常使用、大家知其然但未必知其所以然的問題。

中國傳統文化博大精深，包羅萬象，還不是一本書所能囊括的。本書只是採用雜誌欄目式的方式，選取其中部分內容分門別類進行介紹。許多重要內容、基本常識將在以後各冊中陸續回答。

我們約請的作者，都是各個領域的專業研究者，每一篇簡短的文字背後其實都有多年的積累，他們努力使這些文字深入淺出、嚴謹準確。同時，我們給一些文字選配了圖片，使讀者形成更加直觀的印象，看起來一目了然。

無論您是什麼學歷，無論您是什麼年齡，無論您從事的是什麼專業，只要您是中國傳統文化的愛好者，您都可以從本書中獲得您想要的——

假如您是學生，您可以把它當做課業之餘的休閒讀物。

假如您身在職場、工作繁忙，它"壓縮餅乾式"的編排方式，或許能成爲您快速了解傳統文化的捷徑。

假如您退休在家，您會發現這樣的閱讀輕鬆有趣，滋養心靈……

中國人應知的
國學常識 ❷ 　總目

中國人應知的
國學常識❷

衣食住行

語言文學

書畫藝術

戲曲曲藝

文化典籍

中國人應知的

國學常識
②

The knowledge
of Chinese

教育科舉

中國人應知的國學常識② 教育科舉

 | 01

我國古代有大學嗎？

　　太學就是古代的大學。據《大戴禮記‧保傅》記載，我國在西周時期就已經有了太學的設置。《漢書‧賈山傳》記載，西漢初期，賈山曾上書漢文帝，提出"定明堂，造太學，修先王之道"的主張。漢武帝元朔元年（前124），經公孫弘建議，設立了博士弟子官五十人，復其身，並通過考試勸以官祿，這樣便產生了博士弟子課試的制度。由於這些人的學習之地稱之為太學，故他們又叫太學生。博士弟子入仕所經由之考試稱之為射策（一種抽籤考試），分為甲乙兩科，凡受業弟子"一歲輒課"，能通一藝以上即可以授官。特別優秀者則被破格錄用，不合要求者"輒罷之"。後來太學的規模不斷擴大，漢昭帝時期僅有一百人，漢宣帝時期，也才有二百人，漢元帝時期則增至一千多人，到漢成帝末年則增加到三千人。東漢的太學設置於建武五年（29），當時建有長十丈、廣三丈的內外講堂。漢順帝時期又進一步擴建，當時的太學有二百四十房、一千八百五十室。漢質帝時期，太學生最多時達三萬多名。魏晉以後，由於長期戰亂，學校時興時廢。而當時的士大夫也大都消極避世，潛心於黃老之學，學校已經名存實亡。晉咸寧年間，又興太學，每每是國子學與太學並立。南朝時期，國子生（或國子禮生）經射策達明經標準的授官，又成為明經，而以梁代最為典型。唐朝以後的歷代封建皇朝，大都在中央設置太學，作為傳授儒家經典的高等學府。

| 02

什麼是三舍法？

　　三舍法主要包括宋朝王安石創立的"三舍法"和明代實行的"監生拔法"，是科舉時代學校考試的兩種典型制度。三舍法又稱爲三舍考選法，或稱之爲三舍選察升補法，是北宋熙寧興學時創立的一種學校升級制度。這一制度開始於熙寧四年（1071）。其辦法是將太學分爲"外舍"、"內舍"、"上舍"三級，學生依據成績的優劣依次升舍，至上舍上等最優，則取旨授官。始入太學者進外舍；肄業一年，考試合格者升內舍；內舍生學習滿兩年，考試合格者生上舍；上舍生學習滿兩年，舉行考試，其手續與科舉考試中的省試方法相同，取得上等者授予不等的官職，考試中、下等者分別參加殿試和省試。至明朝，這一制度演變爲監生拔法。監生拔法，又稱監生授曆法或監生曆事，開始於明朝洪武五年（1372）。規定國子監生畢業正式任職前，必須先到政府部門實習，據其"勤"、"惰"表現分爲上、中、下三級。至建文帝時期，又規定"上等選用，中、下等仍歷一年再考"。學校與科舉入仕雖有區別，但二者的基本原理則是相同的，即它們都遵循著"學而優則仕"的原則，是靠考試成績來取得官位的。

 | 03

我國古代有教授嗎？

　　眾所周知，教授是如今大學教師職務的最高級別。我們也常常把那些學問高的人尊稱爲教授。不少人都以爲教授這個詞源於西方的professor，實際上，教授一詞在中國古已有之，是一種學官的名稱。

　　教授，原爲傳授學業之意。《史記·仲尼弟子列傳》有載："孔子既沒，子夏居西河教授，爲魏文侯師。"中國漢、唐兩代太學都設有博士，教授學生。《後漢書·儒林傳序》："於是立五經博士，各以家法教授。"博士就是後來的教授。而後，教授逐漸發展成爲學官名，職事近於漢唐所置的博士。

宋代十分重視教育，在中央和地方的學校開始設教授一職。宋代在宗學、律學、醫學、武學以及各路（地方行政區域）、州、縣學均設置教授，位居提督學事官之下，以經義教導諸生，並掌管學校課試等事，這是以教授命名官職的開始。元明清諸路州府儒學也都設置教授。到清代末年，清朝廷興辦新學後，大學裏又增設正教員、副教員教授，類似我們今天的正教授和副教授。

 | 04

助教在古代就有嗎？

助教是今天高校教師這一專業技術職務中最初級的職稱，在古代卻是學官名。助教的級別雖然不高，卻涉及到方方面面，很有用武之地。

助教一官最早設於西晉咸寧二年（276），主要職掌協助國子監祭酒和博士傳授儒家經學。以後除個別朝代外，國子學都設置經學助教，稱國子助教、太學助教、四門助教、廣文館助教等，有些州府縣學也設有助教一職。北魏增置醫學助教，隋增算學助教，唐增律學助教，協助博士傳授專門技術知識。宋代廢止。到明清，僅設國子監助教。

 | 05

古代的“博士”與現在的有何不同？

“博士”一詞在我國是比碩士高一級的學位，很多人都以爲它是舶來品，其實並非如此。博士一詞不僅是中國本土產物，而且歷史悠久。

博士，最早稱“五經博士”，是學官名，源於戰國。徐愼《五經異義》記載：“戰國時，齊置博士之官。”秦及漢初，博士的職務主要是掌管圖書，通古今以備顧問。由此看來，在學問高深這一點上，古今的博士倒沒有什麼區別。如秦博士伏生學問高深，尤精《尚書》，年逾九十，尚能口授《尚書》二十八篇。漢武帝時設五經博士，教授弟子，從此博士成為專門傳授儒家經學的學官。漢初，《詩》、《書》、《易》、《禮》、《春秋》每經只有一家，每經置一博士，各以家法教授，故稱五經博士。研究五經的學者人數逐漸增至十四家，到東漢光武帝，改設五經十四博士。

算起來，"博士"的稱謂，在我國古代有幾種涵義。作為官名是一種說法，唐代，設置有國子、太學、四門等博士。隋唐之前，博士採取徵拜和薦舉的辦法，著名的漢儒董仲舒便因學識淵博被舉為博士。

古代還把專門精通某一種職業的人稱之為"博士"，如"醫學博士"、"算學博士"等。精於禮儀的人稱太常博士、通曉音律的人為太樂博士等。後來產生了"茶博士"的稱呼，套用博士這一職銜稱呼茶樓、茶館內沏茶跑堂的堂倌。中國古典小說如《水滸傳》、"三言二拍"中就有很多關於"茶博士"的描寫。

直到近代，博士才和學位掛鈎，而其官職之意卻已經消失殆盡。

 | 06

國子監的"祭酒"是做什麼的？

祭酒一詞，初指古代祭祀或宴會時，年高望重者舉酒祭神一事。到後來，逐漸引申為學官的主持人。國子監是古代的最高學府，國子監祭酒就是古代主持國子監或太學的學官（教育行政長官），大致相當於今天的教育部長。

戰國時，荀子在齊國臨淄稷下學宮"三為祭酒"，被尊為卿。漢代在太學中設置五經博士，首長稱僕射（yè）。到東漢光武帝，改立五經十四博士，由太常（掌選博士之官）從中選出一名有威望的博士擔當總管教務的首長，稱為"祭酒"，祭酒因此成為學官名。西晉改祭酒為國子祭酒，主管國子學或太學。隋以後改稱國子監祭酒，是國子監的主管。唐代的韓愈、明代的崔銑都曾任過國子監祭酒。清朝，國子監祭酒主要掌管大學之法與教學考試，其上為監事大臣，轄下有監丞等輔佐官職。到清光緒年間，國子監廢除，改設學部，國子監祭酒也就變更為學部尚書了。

07

博士弟子是些什麼樣的人？

"博士"在古代主要掌管全國古今史事以及書籍典章，兼管教育和學術，是專備皇帝諮詢的文官。博士潛心讀書治學，學識十分淵博。漢武帝接受董仲舒"天人三策"、"興太學，置明師，以養天下之士"的建議，於武帝建元六年（前135）在長安設太學，設五經博士專門教授學生儒家經典《詩》、《書》、《禮》、《易》、《春秋》。這些學生被稱爲"博士弟子"或"太學弟子"，後亦稱太學生或諸生。

歷代所選博士弟子的身份資格不盡相同，不專以貴族子弟爲限。兩漢時，博士弟子需名儒推薦或由在校學生介紹方可入學。西漢，由太常（掌選博士之官）直接選送，或由郡國察舉選送。東漢則明確規定：六百石俸秩以上官員，皆可遣子受業；郡國所舉高材明經者，亦有國家所試明經下第者；郡國學明經五十以上、七十以下的耆儒，經地方選送可入太學。唐代，博士弟子限文武官員五品以上子孫、職事官五品的期親，或三品的曾孫，以及勳官三品以上有封之子。到宋代，文武官八品以下的子弟及庶民中的才俊之人皆可成爲博士弟子。

博士弟子在太學之中以學習五經爲主，至一定年限，經過考核合格結業後一般可在郡國任文學職務，成績優異者可授中央及地方行政官。

08

古代的翰林院是什麼樣的機構？

提起翰林院，大家可能都比較熟悉，在科舉時代，封建文人把入翰林院當作莫大的榮譽，因而不少現代人認爲翰林院就是專門爲文化事業所設立的一種機構，這種看法也有一定的道理。中國的封建文人，不單單會吟詩作畫、舞文弄墨，而且還是封建官吏的主要來源，是封建政權的支柱，翰林院在政治上曾發揮過極大的作用。

唐代初年就有學士之稱，唐太宗李世民做秦王時，就曾招集了十八個飽學之士入府中文學館爲學士，爲自己詩酒唱和，文章酬答，當時號稱"秦府十八學士"。這些人日後大多成爲了唐太宗所信任的輔政大臣，如名相房玄齡、杜如晦等人。唐太宗繼位之後，在門下省設立弘文館。玄宗時在中書省設立集賢殿書院，設置學士，掌管圖籍的校正、收集、整理等工作，這些學士還都不是後代意義上的翰林院學士。但翰林院確實是從唐代開始，它設於宮中，供奉內廷的文詞，經學之士及僧、道、臣、卜之流皆入值待詔，聽候皇帝召喚，時刻準備奉獻自己的一技之長，這些人統稱爲翰林待詔，他們並不是國家的正式官吏，不受俸祿，無任何行政權力。因此，翰林院一開始的時候並非朝廷內部的正式機構。唐玄宗時期，爲分割中書事權，藉口中書事務繁重，設置翰林供奉入內，批答奏疏，撰擬制敕。開元二十六年(738)，改翰林供奉爲翰林學士，專門草擬有關國家大政的詔書，如立后建儲、號令征伐之類，稱爲"內制"，而中書舍人撰寫的則稱之爲"外制"。又在宮中設學士院，爲翰林學士日常辦公之處。但這時的翰林院仍然還不是國家的正式機構，與其他的官署無任何統屬關係。

安史之亂之後，朝廷流亡在外，諸事草創，制度難以周全，加上皇帝對於自己信任的重臣紛紛投降叛軍傷透了心，不敢加以信用，於是就把處理機密的大權委派給了身邊的翰林學士辦理。特別是唐德宗之時，朝政混亂，大臣互相勾心鬥角，並且朝廷再度被亂軍趕出長安，在離亂中，德宗就用翰林學士陸贄居中裁決機務，以理萬機，這實質上起了宰相的作用。到了憲宗年間，對翰林學士制度進行了一番整頓，定員爲六人，其中推選一人爲學士承旨，爲眾學士之首，專門承辦最爲機密的政務。這樣，學士承旨就成了宰相當然的第一人選。於是，翰林學士開始成爲眾多封建文人夢寐以求的目標。

宋代翰林制度有了進一步的發展，並作爲國家的一個正式機構，易名爲翰林學士院，辦公的地點也遷出宮外，專門承辦起草詔書的工作。院中設立翰林學士承旨、翰林學士、知制誥、直學士、翰林權直等。此外宋代還有不屬於翰林學士領導而冠之以翰林之名的官員，如翰林侍讀學士、翰林侍講學士等，他們的主要任務是在皇帝的左右進講經史。遼代始尊稱翰林院，元代設置翰林兼國史院，明清設置翰林院。在這一時期，它的主要職能則表現在修史等方面，如明代修《永樂大典》（解縉），清代修《四庫全書》（紀昀）等。但明朝的翰林院在政治上還佔有一個很微妙的位置，它本身只是一個正三品的衙門，但明制規定，入內閣者必須是翰林院的學士，英宗以後，更規定只有翰林出身者才有入內閣拜大學士的希望。因此內閣學士原來大都是翰林舊官，無形中提高了翰林院的地位。實質上，翰林院變成了封建皇朝高級官吏的訓練學校，變成了為朝廷儲備人才的地方。清代沿用明朝的舊制，此外在有清一代就翰林官本身來說，比其他的官職升遷得要快，往往七品翰林外放就是四品的道員、知府，內則升遷入詹事府（輔導太子的班子）為官，之後就能很快地擔任六部的侍郎、尚書等職，有些人往往還可以得到皇帝的眷顧，入宮伴讀。由於翰林的招牌有利於封建官場仕途中的競爭，因此，在明清時期的封建官場中，最為注目的仍是翰林之選。

雖然在明清時期，翰林院的地位並不是很高，但由於它曾有過十分顯赫的歷史，再加之翰林院為皇朝的封建統治選拔和訓練了一大批封建官吏，故而它在當時的社會上仍然享有很高的聲望。

 | 09

翰林院庶起士是什麼樣的角色？

在明清翰林院中又有所謂的庶起士，這本來是明朝安置初入仕途者歷練事體、增長經驗的職官，後來專設於翰林院中，在三甲進士之外挑選文章、書法較好者擔任，在翰林院中學習帖、詩、楷等功課，學習期間沒有俸祿，三年之後再進行考試，考試合格者授給編修、檢討等翰林官，或放到外地做州、縣官。明太祖時開始設置，依照所屬部門的不同，又可以分為六科庶起士、中書庶起士等。明成祖永樂初年，一併隸屬於翰林院，統稱為翰林院庶起士。清朝在翰林院設置庶常館，進士殿試後再經過朝考，成績優秀者入選為庶起士。庶起士肄業三年期滿，散館授官。所以明清時期，庶起士實際上就是封建皇朝的預備官吏。

| 10

古時學生拜師要送禮嗎？

古代學生與教師初次見面時，必先奉贈禮物，表示敬意，名曰"束脩"。據載，這一習俗最早可以追溯到孔子時代。子曰："自行束脩以上，吾未嘗無誨焉。"（《論語》）孔子的這句話是說："只要帶了拜師摯禮，沒有我不教育的人。"

束脩，歷來解釋不同，但多數都將它理解為"十條臘肉"，這是孔子規定的拜師禮。朱熹認為"束脩其至薄者"，意思是這"十條臘肉"不算什麼厚禮。在孔子生活的年代，一般窮苦人家，只要稍作努力，還是拿得出這個禮，不然，孔門就不會有那麼多如顏回、子路、冉求、仲弓、伯牛等出身寒門、生平寒微的窮學生了。可見，孔子並不嫌貧愛富，他堅持了"有教無類"的平等教育原則，將許多貧寒的弟子培養成了君子。

唐代學校由國家明確規定需採用束脩之禮，此禮主要是為了表示學生對教師的尊敬，講究心意，禮物的輕重無可厚非。教師在接受此項禮物時，往往還須奉行相當的禮節，表示回敬。弟子拜師，送上摯禮，是應該的；但是禮過重、過輕，都有失中道。孔子在對拜師禮的制定上，也表示了中道原則。

 | 11

什麼是察舉制？

察舉制在漢文帝時已建立，到漢武帝時期，武帝接受董仲舒 "使諸侯、郡守、二千石各擇其吏民之賢者，歲貢各二人"（《漢書・董仲舒傳》）的建議，"令郡國舉孝、廉各一人"。察舉制從此成為選官常制。

"察舉"，又稱"薦舉"，是封建社會一種由下而上推選人才的制度，由中央和地方的高級官員按照一定的名目（標準），"舉賢良方正能直言極諫者"，將未有官職的士人以及下級官員推薦給中央政府，自下而上推選上來的人才還需要通過一系列的考試，朝廷依據他們的考試情況酌情授予一定官職或提升其職位。兩漢的察舉科目分爲常科和特科，常科中主要是孝廉，其次是茂才。孝廉一科要求人具有孝順、廉正、剛毅等高尚的品行，是士大夫仕進的主要途徑。茂才比孝廉高一級，由皇帝派員巡行地方時直接進行察舉。特科則大致可歸納爲：賢良方正、孝悌力田、勇武之士、博士弟子和文學掌故、以明經進身者、以明法進身者、以學童進身者等等。

西漢時，由各地方察舉上來的歲貢之士入京後，皇帝還會親自策試判定其優劣。到東漢，察舉考試與後世科舉之法無異，"諸生試家法，文吏試箋奏"（《東漢會要·選舉》），得中者授以官職。

 | 12

漢代的"徵辟"是怎樣的制度？

徵辟是徵召與辟除的合稱。徵召是指皇帝以特別徵聘的方式選拔某些才高名重的人士給予躐等而升，這是最爲尊貴之舉。辟除也叫"辟舉"、"辟召"，是高級官吏任用官員的一種制度，可以分作公府辟除與州郡辟除兩大類。西漢以丞相的辟除之權爲最大，東漢以後這種辟除入仕很盛行，這是與西漢末年以來豪強地主勢力逐漸增強的社會現實相適應的。

 | 13

什麼是科舉制？

所謂的科舉制，是一種通過考試的選官制度，它產生於隋，確立於唐，大力發展於宋。兩宋時期在北方所建立的遼、夏、金以及後來蒙古人建立的元朝都無一例外地沿用了科舉選官制度。明清時期，科舉制度達到了它的全盛期，《明史·選舉志》記載："明制，科目爲盛，卿相皆由此出。"《清史稿·選舉志》也說："有清一代沿明制，二百年，雖有他途進者，終不得與科第出身者相比。"這比較全面地反映了科舉選官的情況。

隋開皇十八年（598），文帝下詔以"志行修謹、清平幹濟"二科舉士，廢除魏晉以來實行了數百年的九品中正制。至隋煬帝時期，就設宋佚名《科舉考試圖》立了進士科。分科舉士與考試相結合，標誌著科舉制度的產生。唐朝沿襲隋制，設立秀才、明經、進士、明書、明法、明算等常科，尤其重視進士科。武則天時期，皇帝親自主持殿試，並增設武舉一科。明清時期，科舉制度日臻成熟，科舉考試僅有進士一科。科舉考試的方法，唐至宋朝初年，有帖經、墨義、策問、詩賦等。自北宋中期起，改以經義文為主，題目出自"五經"之中。元朝明文規定，經義考試從"四書"中命題，答案以朱熹的《四書章句集注》為準。明朝成化以後，規定考試的文章格式為八股文，考試限制愈加嚴格。這種八股文的考試方法，使得科考文章成為內容空洞、形式呆板的經義文字遊戲，它主宰了中國封建社會後期達五百多年的時間，所以科舉制的極盛之日，也是它開始走向沒落之時。1904年，清皇朝結束了最後一次科舉考試，1905年，清政府下令廢除科舉制，從此，在中國歷史上實行了一千三百多年的科舉選官制度便宣告結束了。

宋　佚名《科舉考試圖》

科舉制下選官憑考試，擇優錄取，這當然要比察舉時代那種僅憑三公九卿及郡國長官或中正的主觀印象選官要合理得多。其次，成熟的科舉制，科舉與學校合為一途，選用官吏包含了學校育才、科舉選才、銓選用才三個完整過程，這顯然要比察舉制度完善得多。再次，科舉制度下的應試，除娼、優、隸、皂、罪戶子弟以外，一切人原則上都可以公開報考，而且憑成績擇優錄取，這就使科舉制具有了更大的開放性、合理性和競爭性。科舉制度，世所僅有，對我國封建社會的政治、經濟、文化、教育、社會風俗和知識份子的人格形成都產生了巨大而深刻的影響。

 | 14

什麼是常科？

察舉時代，察舉是入仕的正途，按照察舉科目的性質，可將其分為常科與特科兩部分。所謂常科，是指每年舉行一次的選舉科目，實際上是就孝廉、秀才兩科而言的。孝廉，就是人們通常所說的孝子廉吏，此科始於西漢武帝元光元年（前134），最初是每郡國歲舉二人，東漢時期又變為依據郡國的人口按比例察舉。秀才，就是優秀之才的意思，東漢時期因避光武帝劉秀的名諱而改為"茂才"，三國曹魏時恢復原名。此科也創始於漢武帝時期，最初是特舉，東漢初年才改為一年一次。舉主主要是各州的刺史，此外還有三公、將軍、光祿、司隸等，它不同於孝廉，而是比孝廉高一級的察舉。到了魏晉南北朝時期，州舉秀才、郡察孝廉已成為通行之例。唐代的科舉常科，有秀才、明經、進士、明法、明字、明算等多種，尤其重視明經、進士科。宋朝的常科，開始是每年舉行一次，後固定為兩年舉行一次。自北宋中期起，模仿古代的三年大比之法，三年舉行一次，後代成為定制。後來的科舉考試制度，大概就是由此發展而來的。

 | 15

什麼是特科？

特科源於漢代選舉中特別指定的科目。漢朝時期，察舉都必須由皇帝親自下詔擬定科目，除了常行的科目之外，另有特定科目。一般情況下，特科又可以分為兩類，即常見特科與一般特科。常見特科是指雖然不是每年都舉，卻是比較常見的科目；一般特科則是指偶爾一舉或數舉，或者是性質較為特殊的科目。兩漢時期，常見的特科為"賢良方正"與"賢良文學"。漢代的詔舉賢良，始於西漢文帝二年（前178），這是察舉制正式產生的標誌。凡詔舉賢良，大多是在遇到日食、地震、特殊星象以及各種自然災害之後進行，當時人們的普遍觀點認爲，各種自然災異是上天對人間帝王的警告，於是皇帝便下詔罪己，並招賢納才，廣開直言之路，以匡正過失。據《漢書・文帝紀》記載，漢文帝二年"十一月癸卯晦，日有食之。詔曰：'朕聞之，天生民，爲之置君以養治之。人主不德，布政不均，則天示之災以戒不治。乃十一月晦，日有食之，適見於天，災孰大焉！朕獲保宗廟，以微眇之身託於士民君王之上，天下治亂在予一人，唯二三執政猶吾股肱也。朕下不能治育群生，上以累三光之明，其不德大矣。令至，其悉思朕之過失，及知見之所不及，以啓告朕。及舉賢良方正能直言極諫者，以匡朕之不逮。'"有漢一代察舉的一般特科名目極多，有明德、明法、至孝、有道、敦厚、尤異、治劇、勇猛知兵法、明陰陽災異等最主要的幾種。魏晉南北朝時期，與兩漢時代大致相同。特科大致相當於後來科舉制度時期的制科，如清朝的經濟特科等。

 | 16

八股文是什麼樣的？

八股文又稱時文、時藝、制義等，是一種源於明初進而影響中國封建社會後期的科舉考試的主要方法和規定的應用文體。試題主要來源於《大學》、《中庸》、《論語》、《孟子》（劉三吾的《孟子節文》）"四書"中，所論也必須以朱熹的《四書集注》爲依據，故又稱之爲四書文。其體例來源於北宋中期王安石擬定的經義文，明朝成化（明憲宗朱見深年號，1465～1487）以後演化爲固定的程式。每篇由破題、承題、起講、領題（入手）、提比（起股）、中比（中股）、後比（後股）、束比（束股）八個部分所組成。破題共有兩句，即點破題目的要旨；承題共有三四句，是承接題義而申明之；起講概講全體，爲全文議論的開始；入手爲起講後入手之處；以下的提比、中比、後比、束比四段，方展開議論，而中比則爲全篇的重心所在；這四段又都由兩股相比偶的文字所組成，合計八股，故稱八股文或八比文。各部分之間又必須由固定的聯接詞，如"今夫"、"嘗思"、"苟其然"等，每一部分的字數也都有嚴格的限制。八股文重章法，它合併散文與辭賦為體，創成一種新文體。但以此來考試，其形式與內容都嚴重地桎梏了人的思想，把人們的思想完全固定在程朱理學的範圍內，使得思想文化方面一片死氣沉沉。清代著名的思想家顧炎武曾指出：「八股之害，等於焚書。」

 | 17

什麼是童子試？

童子試簡稱童試，亦稱小考、小試，是明清時期取得生員（秀才）資格的入學考試。府、州、縣學裏的學生，統稱為生員。未取得生員資格的讀書人，不論年齡大小，都一律稱之為儒童或童生。童生要取得生員資格，必須逐級經過縣、府舉行的考試，錄取後再應院試，考中者就成為其所在府、州、縣學裏的生員，統稱為「秀才」，這一系列考試總稱為童子試。童子試每三年舉行兩次，丑、未、辰、戌年為歲考，寅、申、巳、亥年為科考。清朝的縣、府、院三級考試：縣試由各縣的知縣主持，考試日期通常在二月。考試前一個月，知縣出示考試日期，應考的童生向本縣的署禮房辦理各種報名手續。報考的童生須五人聯保，並由本縣的一名廩生做擔保人，以證明考生所填寫各項內容的真實可靠。考試結束後，由縣署造具名冊送報本縣的儒學署，並申送本府或直隸州、廳參加府試。府試由各府的知府主持，考試日期一般在四月。因故沒有參加縣試的童生，必須補試一場，才能參加府試。其報名方法一同縣試。府試錄取的第一名稱為「府案首」。考試完畢，由府（直隸州、廳）造具清冊審送學政，參加院試。院試是童子試中最關鍵的一次考試，由各省的學政主持。歲考和科考都在各府或直隸州、廳的治所舉行，一切有關考試的組織工作均由各地的行政長官負責。考場設在學政的「駐紮衙門」，或稱為「考棚」，或稱為「貢院」。生員錄取的名額，與當地文風的高下、錢糧丁口的多少有十分密切的關係。據《文獻通考·學校考七·直省鄉黨之學》記載，清朝將府、州、縣學分為大、中、小三類，清康熙九年（1670）規定，大府二十名，大州、縣十五名，中學十二名，小學七名或八名。清朝後期，錄取的名額越來越多。

| 18

什麼是投卷？

中國古代的科舉取士，不僅看考試的成績，很多情況下還要有當時名人的推薦。因此，考前考後，考生們紛紛奔走於當時的名公巨卿之門，向他們"投獻"自己的代表作，稱之為"投卷"。向禮部投獻的稱為"公卷"，向達官貴人投獻的稱為"行卷"。投獻的作品，有詩、文等，也有最能代表投獻者史才、詩筆、議論的小說。投卷，確實使一些有才能的人得以顯露頭角。如唐朝的牛僧孺就曾以《說樂》獲得了韓愈、皇甫湜（shí）的賞識而步入仕途。杜牧也曾以一篇《阿房宮賦》獲得吳武陵的推薦而考中。但是其中也有很多人弄虛作假以欺世盜名，如楊衡的一位表兄弟，正是因為竊取了楊衡的詩文，才順利地應試及第的。後來投卷的風氣大盛，既多又濫，一些主考官不得不規定投卷的數量。這種考試與推薦相結合的方法，曾經對選拔人才起過十分積極的作用。但同時也為那些達官貴人營私舞弊進而操縱科舉考試提供了方便之門。

 | 19

什麼是鎖院？

科舉考試自隋朝實施起，考生的投卷之風就很盛行。主考官在去貢院主持考試之前，達官貴人紛紛向他推薦人才，此稱之為"公薦"。科舉制度的初期，公薦也確實曾對科舉考試起了很大的助益作用。但不久就顯現出了巨大的弊端。為了避免科舉考試中的權貴干擾，考官徇私舞弊，師生結黨營私，宋太祖趙匡胤和他的繼承人採取了許多有力的措施。據馬端臨的《文獻通考·選舉考三》記載，太宗淳化三年（992），蘇易簡主持貢舉，為了躲避各方人等的請託，"既受詔，徑赴貢院"，以後就建立了嚴格的鎖院制度。據歐陽修的《歸田錄》卷二記載，在考選期間，所有考官都要與外界隔離，即使是家人也不能見面，鎖院的時間有時長達五十天。這一封閉方式一直沿用到明清時期。鎖院制度的實施，對於避免科舉考試中的請託舞弊之風，確實起了很好的作用。

 | 20

評閱試卷時糊名的制度是什麼時候開始的？

糊名即彌封，是科舉制度下為防止考試舞弊而採取的辦法之一。糊名最早出現在唐朝，但當時只是實行於選人注官的吏部試中。如唐朝武則天時期，就命令考生將試卷上的姓名、籍貫等密封起來，使得考官只能依據試卷批閱、評定等第。宋淳化三年（992）三月，太宗皇帝親自到崇政殿復試合格的進士，並採納將作監丞陳靖的建議，實行糊名考校。宋真宗景德四年（1007），將糊名法推廣至省試中。宋仁宗明道二年（1033），又將此法推行於各地方的舉人考試中。從此糊名考校就不僅實行於殿試、省試，也施行於諸州的發解試中，並形成了定制。但糊名之後，還可以 “認識字畫”。後來根據袁州人李夷賓的建議，將考生的考卷用朱筆另行謄錄，以謄錄本送考官評閱。這樣考官評閱試卷時，就不僅不知道考生的姓名，連考生的字跡也無從辨認了。清代的貢院中專設有謄錄所，謄錄書手在謄錄官的嚴密監督下謄錄試卷。明清時期，糊名和謄錄成為科舉考試中的定制，鄉試、會試等的試卷，都實行糊名。具體辦法是：考生交卷後先由受卷官檢閱，再由彌封官將卷首處填寫的姓名、年歲、形貌、籍貫、有無過犯行為、應試情況及父、祖、曾祖姓名等履歷翻折封蓋，騎縫加蓋 “彌封官關防”、 “監臨官關防”紅印，並蓋上與朱卷相同的紅字編號，交謄錄用朱筆另謄一份朱卷送入內簾批閱，彌封的墨卷收存。等試卷（朱卷）批閱完畢後，再取出原卷（墨卷）啟封，按姓名填寫榜文。糊名、謄錄制度的建立，對於防止主考官的 “徇情取捨”的確曾發揮了很大的效力。

| 21

什麼是帖經和帖括？

　　帖經是中國古代科舉考試的方法之一，開始於唐朝。唐朝的明經、進士等科，考試時都要帖經。帖經的方法是，主考者將需要考試的經書任意翻開一頁，只留開一行，其餘的都被遮蔽。同時，又用紙隨意遮蓋住這一行的三個字，讓應試的學子讀出或寫出被遮蓋住的文字。如在明經科的考試中，每經十帖，考生能回答出五條以上者為及格。這種考試方法，要求應試者熟讀熟記經文，即使是注釋之文也必須熟讀熟記，那些不能熟記經文、不辨章句者，根本無法應付這種形式下的考試。由於參加考試的人很多，主考官為了更容易地分別考生的優劣，一味追求考試文句的難度，常常是不顧經文的意義，必定在年頭日尾、孤經絕句、斷截疑似的地方帖題。於是，參加考試的考生，為了便捷地應付考試，廣泛搜索那些偏僻隱晦的經文，編成數十篇歌謠，以方便背誦記憶。這類的作品就稱之為帖括。帖括之類東西的盛行，使得參加科舉考試的學子，不再用心研習經史，只要將帖括上的文章爛熟於胸，就有可能在科舉考試中金榜題名。所以後來因科舉考試的八股文等必須依經而作，也將八股文等泛稱為帖括。至明朝末年，當時社會上便興起了一個專門研究科舉應試之文的學派，後人稱之為"帖括派"。

 | 22

什麼樣的人稱為秀才？

　　秀才最初指人的才能優異、超出群類，是優秀人才的通稱。漢以後，成為薦舉人才的科目之一。東漢因避光武帝（劉秀）諱，改稱茂才。唐初科舉，專設秀才科，後因要求過高，逐漸廢去，秀才由舉薦科目，逐漸發展成為人的身份和頭銜，泛指一般儒生。

　　宋代，凡應舉者都稱為秀才，到明清，秀才用來專指府（或直隸州）學、縣學的生員。

清代寶塔式的科舉制度中，秀才是第一級。要取得"秀才"之名，必須通過童試或童子試。童子試包括三次考試，即：縣試、府試、院試，層層遞進。應童子試者不論年齡，都稱童生。魯迅小說《孔乙己》、《白光》中的主人公孔乙己、陳士成就在前清多次童子試均考不上，人已老了，還是童生，戲稱老童生。若縣、府、院三試都錄取了，則進入府學、州（直隸州）學或縣學，稱為進學，通名生員，即秀才的俗名。有了秀才身份和頭銜，便可享受平民沒有的權利，可以免服勞役，不受里胥侵害。生員除了經常到學校接受學官的監督考核外，還要經過科考選拔（未取者有錄科、錄遺兩次補考機會），方可參加本屆鄉試（各省舉行的考試，取中者為舉人）。

 | 23

古代"射策"是什麼意思呢？

初看"射策"，不瞭解的人還以為是古代一種類似射箭的運動。實際上，射策是漢代選士的一種考試。

兩漢射策的題目都和經義有關，東漢時分經出題，限定每一種經錄取的名額。漢代射策選士以經術為主要內容，通常由主試者將問題書寫在策上，背放置於案頭上，由應試者選擇其一，這便叫做"射"（射是投射之意。見《漢書·蕭望之傳》顏師古注）。之後由應試者按所射的策上的題目作答。漢代射策一般應用於太學諸生的考試、選補博士以及明經、察舉的考試。

漢代出題時按題的難易程度預設分科，西漢射策分甲、乙、丙三科，東漢只分甲、乙兩科。答題不合格，稱為"不應令"或"不中策"。落選的可以再射，西漢時匡衡射策多次都不中，直到第九次才中丙科。分科的目的，是為了擇優錄取，當時出題時不分科，評卷時依成績高下分科，按成績安排中選人的官職。如中甲科者可為郎中，中乙科者可為太子舍人，中丙科者只能補文學掌故。答卷品質高低直接關乎未來職位的高下，無怪乎古人有"萬般皆下品，唯有讀書高"的官本位觀念。

魏晉南北朝時孝廉、明經等選士科目的經術考試仍稱"射策"，也常常稱"對策"，二語已不甚區分。

 24

何謂舉人？

漢初取士，主要靠郡國守相薦舉。舉人這個詞，就是推舉人才之意，初見於《左傳‧文公三年》："君子是以知秦穆公之為君也，舉人之周也。"唐宋時舉人成為對各地鄉貢入京應試者的通稱。而到了明、清兩代，舉人就成為鄉試及第者的專稱了。

清代鄉試沿襲了明代的制度，每三年一開科場，一般在各省舉行，時間多在秋天八月份，又稱秋闈。唐宋時的考場與現代教室式的考場大致相同，而明清時的考場，則是單間號舍。每個應舉人一間號舍，深四尺、寬三尺、高約六尺。東西兩牆離地一至二尺之間有上下兩層磚縫，有兩塊可以移動的木板，白天一上一下，上為桌，下為凳。晚上，兩塊木板拼成床。考生入號之後，便關門掛鎖，答卷、吃飯、睡覺一切活動都在這間窄小的號舍內。考後朝廷發佈正、副榜。正榜所取的是本科中式舉人，另外還取中副榜舉人若干名，為"副貢生"，副貢生以後可不應歲科試而直接參加鄉試。

 25

進士是指什麼樣的人才？

隋煬帝始設置進士科，分科取士，以試策取士，主要考時務。唐進士科與明經、明法科等並列，應試者謂舉進士，即地方"進"給中央的"士"。進士科試時務策五道，帖一大經，經策全通為甲第，策通四、帖過四以上為乙第，試畢放榜合格的叫做成進士。宋以後，進士科成為科舉中唯一的科目，試詩賦經義各一首，策五道，帖經《論語》十帖。明清時，考生需通過鄉試、會試，方可參加殿試。殿試合格，錄取分為三甲，一甲三名，即狀元、榜眼、探花，合稱"三鼎甲"，賜"進士及第"；二甲若干名，賜"進士出身"；三甲亦若干名，賜"同進士出身"，這些通稱爲進士。凡考中進士的，即被任命爲官員，進爵授祿。比如，"唐宋八大家"之一的柳宗元在進士及第後，就因博學宏詞，被即刻授予"集賢殿正字"一職。

 26

爲什麼進士登第被稱爲金榜題名？

古人參加科舉考試要經過鄉試、會試、殿試三個階段。殿試又稱"廷試"，考場設在宮殿之上，由皇帝親自主持，是科舉的最高考試形式。殿試錄取之後，朝廷發進士榜，詔告天下。古代，黃色是帝王的象徵，進士榜即是用黃紙塡寫，表裏二層，猶如黃燦燦發光的金子，故稱爲金榜。明朝規定，參加殿試的人只分等第而不落選，評卷官會將所有考生的試卷分成三等，著重從中挑選出一甲的三份卷子，其餘分等則無關緊要。殿試放榜分三甲：一甲三名，即狀元、榜眼、探花，合稱"三鼎甲"，賜進士及第；二甲、三甲若干人，第一名稱爲"傳臚"，賜進士出身。

金榜有名者則高中，用金榜題名喻指進士登第再形象不過了。

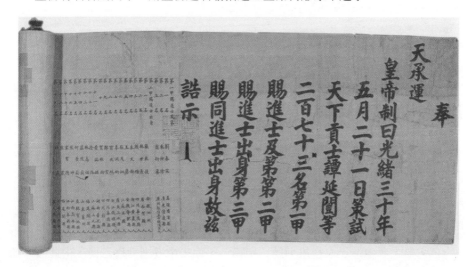

光緒三十年 最後一屆文科殿試大金榜

| 27

什麼叫連中三元？

"元"這個字有第一的意思，比如元首中的"元"就與"首"同義。故"連中三元"可以解釋爲"連續獲得三個第一"之意。

"連中三元"這個詞的由來與古代的科舉考試制度有直接的關係。以清朝爲例，科舉考試是由府、州、縣基層到省城再到京城的等級順序進行的。府、州、縣基層的考試叫童生試，應試者合格後取得生員（秀才）資格。而後才有資格繼續參加在省城、京城舉行的鄉試、會試和殿試。鄉試每三年一次在各省省城（包括京城）舉行，中式者爲舉人，第一名稱解元。會試每三年一次在京城舉行，各省的舉人及國子監的監生皆可應考，中式者爲貢士，也叫中式進士，第一名稱會元。貢士須於次月參加殿試。殿試亦名"廷試"，由皇帝親自在殿廷上策問會試錄取的貢士，以定甲第，高中第一名爲狀元。

由此可知，科舉考試中鄉試第一名稱解元，會試第一名稱會元，殿試第一名爲狀元或殿元。若一人在鄉試、會試、殿試中都獲得了第一名，則稱爲"連中三元"。這是科舉考場的佳話，也是登第者無上的殊榮。

 | 28

爲什麼把考試中的前三名稱爲三甲？

通常我們提到三甲，很自然就想到了前三名或是狀元、榜眼、探花。但是，實際上，在古代，三甲並不是用來指稱前三名的。

用"三甲"排名源於宋朝太平興國八年(983)。"甲"乃等級之意，"三甲"即三等，即一甲、二甲、三甲三個等級。明清時期，參加科舉中央級考試（先會試後殿試）的各省舉人考中進士之後被列爲"甲榜"，而未中者則列爲乙榜，由此後來便逐漸引申出"甲第"、"甲科"等概念。科舉考試"殿試"的中榜者，由評卷官將其按照試卷的水準分爲三等，即三甲。一甲只限於三名，二甲、三甲則各取若干，人數沒有定數。一般來說，從第四名到100名左右，稱爲二甲或第二甲，餘者統稱爲三甲或第三甲，約200人左右。評卷官會認眞挑出一甲中的前三名，即狀元、榜眼、探花，我們可以統稱三者爲一甲或第一甲，但絕不能稱爲三甲。

明萬曆二十六年(1598) 狀元趙秉忠卷

　　儘管最初的三甲並不是指前三名，但由於種種原因，歷史逐漸演變發展，到今天我們已經習慣把前三名稱爲三甲了。

 29

“門生故吏”中的“門生”是什麼意思？

　　門生在我國古代有極其特殊的地位。門生的出現和我國古代選拔人才的方式有關。

　　漢代，朝廷選拔人才的方式爲察舉制和徵辟制。主持州郡察舉的列侯、刺史、郡守稱舉主，主持徵辟的公卿稱府主。由舉主、府主們負責爲朝廷察舉、徵辟社會上的賢士，被舉薦的人有機會被朝廷重用，因此大批追求功名利祿之士紛紛投靠舉主、府主門下，這些人就是門生。

　　到東漢中後期，這些門生逐漸與宗師形成私人依附關係。他們唯主人命令是從，不僅要給宗師送財物討得其歡心，還要爲主人四處奔走，甚至要爲主人行不法之事，是主人忠心耿耿的走卒。到了魏晉南北朝時期，門生逐漸分化成兩部分：一部分相當於佃客，地位較低，主要從事軍事活動和生產活動；另一部分是比較富裕的庶族地主，他們爲了提高社會政治地位，往往通過送禮行賄投靠高門世族，求取官職。

唐代以後，察舉制、徵辟制漸漸不被重視，科舉成爲最主要的選拔官吏的制度。科舉考試中，考生得中進士後，對主考官亦稱門生，雖有投靠援引之意，但已沒有了依附關係。參加殿試被錄取的人其後也往往自稱爲"天子門生"。而後世門生，則只有學術上的師承關係了。所以，門生就逐漸成爲"學生"的代名詞了。

 | 30

古代稱什麼樣的人爲"孝廉"？

孝廉是兩漢選官制度察舉制中的常科（定期、經常性進行的科目）之一，孝廉實際上就是人們常說的"孝子廉吏"。古人以民有德稱孝，吏有德稱廉，孝與廉是立身之本和爲政之方，將孝廉作爲考察選拔人才的主要依據。

漢朝以孝治天下，朝廷要求地方郡國每年推舉兩孝廉之人。東漢光武帝在詔書中明確規定了察舉孝廉的四項標準："一曰德行高妙，志節清白；二曰學通行修，經中博士；三曰明達法令，足以決疑，能案章覆問，文中禦史；四曰剛毅多略，遭事不惑，明足以決，才任三輔令。皆有孝悌廉公之行。"孝廉重品行，符合以上標準的人即可被稱爲"孝廉"，其中孝悌和廉公是察舉孝廉的最主要的標準。

在舉孝廉這一制度的刺激下，讀書人競相講求孝行、廉潔，社會上逐步形成一種注重名節的風氣。被舉的孝廉，多在郎署供職，再由郎升爲尚書、侍中、侍御史，或外遷爲縣令、丞，再遷爲刺史、太守。

我們今天考核官員的時候特別注重德、能、勤、績、廉，"德"字爲先，"廉"字收尾，看來古今同理啊！

中國人應知的

國學常識 ②

The knowledge
of Chinese

法律文化

 法律文化

 | 31

怎樣理解 "國有國法，家有家規" 這句話？

俗語說，國有國法，家有家規。這句話裏蘊藏著一個十分有中國古代特色的觀念：國法如同家規，是 "家長" （皇帝）用來管教 "不肖子孫" （不軌臣民）的。家規即家禮、家法，是家長制訂之禮法；國法即王法。

在家與國的範圍內，家規與國法各自發揮著自己的功能，但由於家、國共處社會大系統，雙方在功能上必然發生相互的作用。一方面，家規建構在天然血緣之上，培養人的 "孝"，爲國法（貫徹 "忠"）的推行奠定了基礎。家規既教化於國法之前，也遠勝於國法之細，能適當地彌補國法之不足。另一方面，由國法對家規的功能看，家規存在的合法性最終是由國法的認可才獲得的。在唐宋明清歷朝《戶婚律》中，可以看到與《婚》、《喪》篇中諸多相類甚至相同的規定，這表明國法是認可家規的。

一般說來，國法是家規的上位規範，國法優於家規，家規不能與國法抵觸。家規對國法是無條件的支持，國法對家規是有選擇的支持。有關日常起居、灑掃應對之類的家規，國法並無明確態度，只是事實上的默認，只有那些超越家內關係涉及社會秩序和綱常倫理的家禮家法，如婚、喪之禮中的若干內容，國法才有明確的態度，並且，違反家規嚴重者，得由國法處理。

| 32

我國古代爲什麼常出現"人情大於王法"的現象？

所謂人情，就是人們通常所說的人情世故或情理。而所謂王法，也就是通常所說的法律，因爲古代法律是以國王或皇帝的名義頒佈的，所以古人把法律叫王法。如果說人情是一種類似於約定俗成的東西，那麼王法則是由帝王或國家統治者通過國家機器強制實施的一種行爲規範。王法應該說是從社會整體利益出發而制定的，違反了王法會受到法律的懲處，嚴重的情況下會導致牢獄之災，甚至會掉腦袋。人情與王法衝突時，王法要大於人情。

但中國古代法律畢竟是一種"倫理"法律，爲了道德的正義性和實際情形的妥當性，以天理、人情來糾補法律的剛性，則又往往是許可的。如果法律出現漏洞與空白，那麼情理自然成爲執法者審理判斷案情的重要依據；如果法律與情理發生衝突，執法者有時會棄法律而就情理，所謂"律意雖遠，人情可推"；並且試圖通過這一辦法追求實施法律過程中的具體正義——也即具體案件處理的妥當性。從這個意義上來說，往往會導致"人情大於王法"。例如，著名的小說《喬太守亂點鴛鴦譜》，如果嚴格按照法律的規定，小說中的主人公不僅無法成婚，而且還會因犯奸罪被判刑。而喬太守充分考慮本案的具體情境，做出了"情在理中"、"事可權宜"的判決。

 | 33

什麼樣的行爲叫"傷天害理"？

一般人掛在嘴邊的"無法無天"一詞，意思就是"無法律無天理"。在人們心目中，犯罪首先就是"傷天害理"，是"無法無天"。古代中國人把法律和天理緊密地聯繫在一起，認爲法來自於天道，法體現了天理。這種觀念，最早見於《尚書·皋陶謨》："……天命有德，五章五服哉；天討有罪，五刑五用哉。"意即人間的法律制度出自天命。《詩經》說："天生丞民，有物有則；民之秉彝，好是懿德。"《易傳》說：“是以明於天之道，而察於民之故。……制而用之謂之法。”都認爲法是“天理”的一種體現。可見，天理就是中國式的自然法。

天理有實實在在的內容，其中最核心的內容就是倫理綱常。春秋時期鄭國的執政子產說：“夫禮，天之經也，地之義也，民之行也，天地之經而民實則之。”在子產看來，“天理”的內容就是“禮”，就是“君臣上下”、“父子兄弟”、“夫妻內外”等倫常關係。漢朝董仲舒說：“君臣父子夫妻之義，皆取諸陰陽之道。”在中國古代，陰陽之道就是天理，具體說來就是“三綱”：君爲臣綱，父爲子綱，夫爲妻綱。宋朝理學家朱熹進一步表述爲：“蓋三綱五常，天理民彝之大節而治道之本根也”，“天理只是仁義禮智之總名，仁義禮智便是天理之件數”。可見，中國式自然法的核心就是三綱五常。

 34

爲什麼說“打官司”而不說“審官司”？

“官”和“司”舊時本意都指“官方”、“官府”、“官吏”、“掌管”等意思，因而，發生利害衝突的雙方到官府去請求裁決是非，官員根據查明的事實作出審理裁斷的整個訴訟活動，民間就稱之爲“官司”。

爲什麼說“打官司”而不說“審官司”呢？“打官司”一詞的來歷，在清代文人程世爵寫的《笑林廣記》第一卷“聽訟異同”中有記載，文中說道：官吏老爺聽訟，“無是非，無曲直，曰：‘打而已矣。’無天理，無人情，曰：‘痛打而已矣。’所以老百姓不說‘審官司’，而說‘打官司’，官司而名之曰打，眞不成爲官司也。”

中國的封建法律制度一直實行有罪推定原則，官員往往先入爲主地認定犯罪嫌疑人有罪，被告一旦確定並被逮捕，官府所關注的就不再是罪與非罪的問題，而是如何證實被告被控之罪的問題。爲了取得口供以便早日定案，“人進衙門一通打”，枉法刑訊以逼取口供就成爲傳統司法制度中的常態。所以在一般人眼裏，“官司”往往是和“打”分不開的。

35

清官就一定能依法斷案嗎？

海忠介公像

海瑞像

清官是個歷史範疇，是君主制度下的產物。清官是與貪官相對應的概念，而且清官永遠是極少數。中國歷史上最有名的清官莫過於包拯和海瑞了。清官們都不乏值得稱頌之處：比如鐵面無私、嫉惡如仇、愛民如子、執法如山……他們傳奇式的辦案方式與判決，也令人拍手叫絕。

但清官們的法治觀就一定正確嗎？比如說，清官海瑞對疑案的態度是「兩害相權取其輕」：「與其屈兄，寧屈其弟；與其屈叔伯，寧屈其侄；與其屈貧民，寧屈富民；與其屈愚直，寧屈刁頑。事在爭產業，與其屈小民，寧屈鄉宦；事在爭言貌，與其屈鄉宦，寧屈小民。」（《海瑞集》）這個斷案標準完全符合封建禮法要求。然而，從法治精神來看則是不公平的。

一方面，清官們儘量嚴格執法；另一方面，他們又往往從體恤民情出發，以情理糾補法律之不足。如果法律與情理發生衝突，他們有時會棄法律而就情理，並且試圖通過這一辦法追求法律實施過程中的具體正義——也即具體案件處理的妥當性。但這種「自由裁量」歸根到底是清官個人的人為因素在起作用。如果因為情理而犧牲了法律，那麼，由法律與禮俗共同建立起來的社會秩序和政治秩序就有可能陷入某種危機。總而言之，清官的這種執法態度和方法，是我們現代人所不願看見的「人治」。

36

古代有哪些人性化的法律制度？

縱觀中國法制史，歷朝歷代以"仁道""恕道"的儒家思想爲基礎，逐漸形成了一系列人性化的法律制度，主要有以下內容：一是對於老耄、幼弱、愚癡之人犯罪或免或減（三縱），比如唐律規定，年七十以上、十五以下以及篤疾者，不加拷訊，流罪以下可以贖罪；年八十以上、十歲以下以及篤疾者，犯大逆、殺人等死罪可以上請減免，一般的盜或傷人也可以贖罪；年九十以上、七歲以下，雖有死罪也不加刑。二是對於遺忘、過失之類非故意犯罪減輕處罰。三是逐級複審、複奏制度；四是死刑複核制度（秋審）；對在押罪犯複核審錄（錄囚）；存留養親制度；直訴制度（登聞鼓）；允許當事人上書上級司法機關請求複審（乞鞫）；秋冬行刑；越級上書申冤（詣闕上書）；保辜制度；親屬相隱；准五服以制罪，等等。

 37

古代社會中爲什麼會存在訟師？

在封建社會，識文斷字的人並不多，大多數老百姓是文盲，他們要自己打官司是十分困難的，因爲衙門審案不能沒有訴狀，所以打官司非有訴狀不可，但老百姓自己又寫不出訴狀，所以社會上就一直存在著一些以幫助別人寫訴狀打官司的人，民間稱這些人爲"訟師"。訟師們一般都熟悉法律的各項規定，對於法律本身的漏洞以及條文之間的矛盾了然於胸，他們對於事情的理解往往有過人之處，而且文辭犀利，有時候一紙訟詞能對案件勝負起決定性的作用。

對於古代社會中的訟師，民國時期趙秋帆的評價比較公允。他認爲，歷史上"播弄鄉愚，恐嚇良善，從而取財"的訟棍是有，他們也應當被嚴懲，但也"未可一筆抹殺也"，因爲訟師中也"不乏一二傑出之士"，他們"守正不阿，潔身自好，以三寸毛錐子，鳴不平人間事"。

| 38

古代官員爲什麼要打擊訟師？

在中國古代，地方官員既是行政官員，也是執法者。他們熟讀"四書五經"，深諳儒家倫理，但對於律例則很少專門研究，換句話說，就是不是那麼懂法律的各項規定。地方官員審理案件時主要倚賴衙門中專門提供法律服務的刀筆吏。對於深受儒家思想影響的官員們來說，"無訟"就是最高追求，訟案少也是其治理有方、政績良好的表現。

而民間訟師大多是進不了官場的讀書人，他們依靠向一般民眾提供訴訟服務爲生，所以比較熟悉律例，而且常能發現案件中的法律漏洞，因此經常唆使當事人提起訴訟、翻供、上訴或者越訴，而這些行爲都在一定程度上挑戰了地方官員的權威、影響了地方官員的政績。因此，地方官員一般都認爲訟師是"大幹例禁"的違法分子，認爲他們唆使訴訟、詐取錢財、阻撓司法，所以，一旦遇到機會，就會對訟師進行嚴厲打擊和懲處。

 | 39

什麼是"冤"、"枉"？

"冤枉"是指受到不公平的待遇，被加上不應有的罪名。"冤"是一種正義得不到伸張的狀態，"枉"則是法律被不正當運用的事實。一般說來，有"枉"才有"冤"，執法者枉法就容易導致冤案，即所謂法律被枉，被告蒙冤。歷史上的冤案數量非常之多，可以說是數不勝數。

造成冤案的原因，除了某些執法者人品上的原因，還有一些普遍因素：一是因爲中國的封建法律制度實行有罪推定的原則，執法者先入爲主地認定被告有罪，再主觀地推斷被告的犯罪動機和犯罪經過，只關注如何證實被告的被控之罪。二是刑訊逼供往往使被告屈打成招，造成冤案。千百年來，官府一向重視犯人的口供，"無供不成案"的審判規則和"人是苦蟲，不打不招"的審判經驗代代傳承，刑訊逼供以取得被告的口供就成爲了傳統司法制度中常見的情形了。

感天動地竇娥冤

 40

古代官員錯判要承擔什麽責任？

封建社會的地方官員要受到上級的監督檢查，如果不能正確地履行職責，就將受到嚴厲的懲罰。在司法方面，官員斷罪量刑不當，濫用刑訊逼供，會構成失職行爲，嚴重的還會構成刑事犯罪。

早在春秋時期，就已經確立了官員審判的個人責任原則，而"出入人罪"罪名的形成大約是在南北朝時期：有罪判無罪、重罪判輕罪爲"出人罪"，無罪判有罪、輕罪判重罪爲"入人罪"；如果錯判是無意的就稱之爲"失出人罪"或"失入人罪"，反之如果是故意的就構成"故出人罪"或"故入人罪"。唐律中對此有明確規定，對於故意出入人罪的，"諸官司入人罪者，謂故增減情狀足以動事者，若聞知有恩赦而故論決，及示導令失實辭之類，若入全罪，以全罪論，雖入罪，但本應收贖及加杖者，止從收贖、加杖之法；從輕入重，以所剩論；刑名易者，從笞入杖、從徒入流亦以所剩論，……從徒流入死罪亦以全罪論。其出罪者，各如之。"對於因過失而出現的定罪量刑上的偏差，"即斷罪失於入者，各減三等；失於出者，各減五等。若未決放及放而還獲，若囚自死，各聽減一等。"這句話的意思是，官員在審判中由於過失而出現的定罪量刑上的錯誤，可以比照故意入人罪減三等處罰，出人罪減五等處罰。

唐律中還確立了"同職連坐"制度，即如果一個案件由於判決有誤，其卷宗所經過複核的幾個官員都必須連坐，承擔相應的責任。

以後的宋元明清四朝基本上沿襲了唐律中的規定。

| 41

古代有回避制度嗎？

為了防止官員們在審判案件時徇情枉法，中國古代法律在很早以前就制定了"聽訟回避"的制度。

唐律規定："諸在外長官及使人於使處有犯者，所部屬官等不得即推，皆須申上聽裁。若犯當死罪，留身待報。違者各減所犯罪四等。"

《宋刑統》規定得更為具體嚴密，官員的回避範圍包括六個方面：1. 聽訟官與被告人有親屬關係的要回避；2. 聽訟官與被告人有故舊關係的要回避；3. 聽訟官與被告人有仇隙的要回避；4. 聽訟官與被告人是同一籍貫的要回避；5. 案發起訴人和通緝人須回避；6. 司法官內部也須回避。有上述六種情況而不回避者，法律將追究其刑事責任。

到了元朝，聽訟回避制度得以完善，據《元史·刑法志》記載："諸職官聽訟者，事關有服之親並婚姻之家及曾受業之師與所仇嫌之人，應回避而不回避者，各以其所犯坐之。有輒以官法臨決尊長者，雖會赦，仍解職降敘。"

明清律則專設"聽訟回避"，除官員外，將書吏也納入了回避者的範圍。

回避制度的建立，在一定程度上保證了案件審判的公正。

 | 42

中國古代的不孝罪主要包括哪些行為？

在中國傳統觀念裏，不孝是大惡。自商鞅開始，"不孝"就被列為嚴重犯罪；北齊以後，更是將不孝規定為不可赦免的"十惡"之一。

俗話說："不孝有三，無後為大"。在古代，"三"經常用來指代很多，所以"不孝有三"就是指"不孝"的行為有很多。那麼，古代法律規定的"不孝罪"主要包括哪些行為呢？其實，任何被朝廷視為有損於家長權（父權）的行為都有可能列入

"不孝罪"之中。自西周至清朝,各個時期對不孝罪的規定不太一致,但大多都包括以下幾種行爲:私自與殺害祖父母、父母的仇人達成和解協定而不告官(私和);子孫告發父祖、妻妾告夫(干名犯義);不供養父母或遺棄老人(供養有缺);祖父母、父母健在而子孫擅自分家析產(別籍異財);委棄年老有病的父母而外出做官(委親之官);詐稱父祖死亡;在父母喪期求仕或不停職居家守喪(冒哀求仕);隱匿父母死亡的消息(匿不舉哀);在父母喪期內結婚生子,尋歡作樂,脫掉喪服而穿平時的衣服(居喪嫁娶作樂,釋服從吉);在祖父母、父母被囚期間嫁娶;犯父祖名諱;不聽父母長輩的教訓、命令(違反教令),等等。

43

中國古代法律允許血親復仇嗎?

血親復仇是原始社會習慣法,曾經長期支配著人類行爲。血親復仇引起的法律、道德衝突,即禮法衝突,幾乎貫穿整部中國古代史。

先秦時期,血親復仇似乎較爲普遍,如《禮記》云:"父之仇,弗於共戴天;兄弟之仇,不反兵;交遊之仇,不同國。"進入戰國、秦漢時代,法家思想佔據主要地位,法律開始嚴格限制血親復仇。如《法經》規定:"爲私鬥者,各以輕重被刑大小",嚴禁私人復仇。秦末劉邦與關中父老"約法三章":"殺人者死,傷人及盜抵罪。"但東漢時期,因爲儒術大行,《禮記》的"父仇不共戴天"理念風行天下,血親復仇屢屢發生,依律應問斬,但執法者往往法外施恩,很少判處復仇者死刑。

東漢末年曹操明令禁止私人復仇,於東漢獻帝建安十年令:"不得復私仇。"三國魏文帝時詔曰:"今海內初定,敢有私復仇者,皆族之。"《魏律》規定:"賊鬥殺人,以劾而亡,許依古義,聽子弟追殺之。會赦及過誤相殺,不得報仇,所以止殺害也。"晉成帝詔定:"自今以往,有犯復仇者必誅。"

唐朝律法寬鬆,但依然嚴格限制血親復仇,父親祖父被人毆打,子孫還擊,對方輕傷以下,無罪;對方重傷,減罪三等;對方死人,仍要處死。但武則天時代有一個案例引發了很大爭議:某人父親被某縣尉冤殺,某人隱姓埋名爲驛卒多年,在該縣尉已經升爲御史經過驛站時，終於殺掉他報仇，然後投案自首。爭議的最後是認可了陳子昂的觀點：殺人犯法要處死刑，爲父報仇的孝行要表彰。結果就是將其處死並表彰。後來，柳宗元寫了《駁復仇議》，認爲：如果其父無辜被殺，可以復仇而且應該被判無罪；如果其父是被國法所誅，不應該復仇，殺人者應該處死並不許表彰。

宋律基本繼承唐律，但也受柳宗元影響，規定復仇案件要具體情況具體分析。元朝法律傾向於允許血親復仇。明清律承唐宋法，在復仇問題上充分考慮情理法關係：父親祖父被殺，子孫如果當場殺死對方，無罪；子孫如果是事後復仇，處以杖六十。

 | **44**

中國古代法律允許仇人之間"私了"嗎？

中國古代法律不允許血親復仇，但也決不因此而鼓勵私自和解。子孫私自與殺害父母、祖父母的仇人達成和解協定而不告官者，被視爲"不孝"之大者，唐以後的法律都把這種行爲規定爲"私和罪"。

"私和"一般出於以下原因：一是被仇人重金收買而不去告官；二是怕告官後仇人會有更大的報復；三是與父祖向來不和，父祖的死亡正中其下懷……不論是哪種情形，都爲道德輿論所唾棄，也不見容於法律。

古代法律規定私和罪，一是不能讓殺人犯逍遙法外而損害司法尊嚴，二是維護孝道，懲罰子孫卑幼對父祖長輩非正常死亡而滿不在乎的態度。如果人們都輕視孝道，國家就失去了維繫的紐帶。

根據親屬關係的逐漸疏遠，私和罪的責任和處罰也逐漸減輕。如《唐律》規定，與殺祖父母、父母、丈夫之仇人私和者，流二千里；與殺期親之仇人私和者，徒二年半；與殺大功親以下之仇人私和者，遞減一等……明律和清律也規定，祖父母、父母被殺，子孫與仇人私和者，杖一百徒三年；期親被殺，與仇人私和者，杖八十徒二年；大功以下遞減一等。

45

中國古代法律鼓勵分家嗎？

中國古代鼓勵大家族聚族而居，特別鄙視那些鬧分家析產的人。不僅道德上鄙視，而且法律上專門設置了一種罪名——"別籍異財"來懲罰這些"小人"。《唐律》規定，祖父母、父母健在，而子孫們未經他們同意就擅自分家析產的，處徒刑三年。《唐律疏議》解釋說："祖父母、父母在，子孫……無自專之道。而有異財別籍，情無至孝之心，名義以之俱淪，情節於茲並棄。稽之禮典，罪惡難容。"也就是說，祖父母、父母健在的話，如果子孫自作主張分了家，就是蔑視倫理、蔑視孝道，這樣會使道德"淪喪"，所以是罪大惡極的，列為"十惡"之一的"不孝"罪之中，為"常赦所不原"。《唐律》還規定，即使祖父母、父母已經亡故，如果喪期未滿就分家析產的，仍然要處一年徒刑。宋元時期基本上沿襲了這樣的規定。明清時期，對於"別籍異財"處罰稍輕，如《明律》規定，祖父母、父母健在，而子孫們未經他們同意就擅自分家析產的，處徒刑一年；但祖父母、父母不去告發的，也不予追究。

懲治"別籍異財"主要是為了保障家長的威權，因此，如果是祖父母、父母同意下分家析產，則不受追究。但反過來，如果祖父母、父母強迫子孫分家析產的，因為這種強迫有傷子孫的孝心，祖父母、父母也可能受到法律追究。如《唐律》規定，祖父母、父母強迫子孫"別籍異財"或隨便將子孫過繼給他人為嗣的，處徒刑二年。

46

古代對盜竊行為如何處罰？

在中國傳統法律中，對盜竊行為一向是嚴厲懲處，一般都是按照"計贓定罪"來處罰。

在雲夢出土的秦墓竹簡中，有一條法律規定記載，五個人一起"盜"，盜贓在一錢以上，五個人都要"斬左趾，黥為城旦"（砍去左足並在臉上刺字後再去從事築城的苦役）；不滿五個人一起"盜"的，贓滿六百六十錢以上，每人都黥劓爲城旦（割去鼻子並在臉上刺字後再去從事築城的苦役）。

從湖北張家山出土的漢律也記載，普通的盜罪，贓滿六百六十錢以上的黥爲城旦舂；二百二十錢到六百六十錢，完（保全罪人頭髮臉面）爲城旦舂；一百一十錢到不滿二百二十錢，耐爲隸臣妾（剃去罪人鬢角鬍鬚後配到各官府擔任勤雜服役）；二十二錢到不滿一百一十錢，罰金四兩；一錢到不滿二十二錢的，罰金一兩。

如唐律對於竊盜規定：不得財的處笞五十，贓滿一尺處杖六十，贓滿五匹徒一年，遞加至贓滿五十匹以上，處加役流（流放到三千里外服苦役三年後在當地落戶）。

明律規定：凡百姓偷盜官府財物的，贓滿八十貫處絞刑；並且規定凡盜竊或侵害官府財物罪的一律要比照普通的盜竊或侵害財物罪加重二等；但普通的竊盜罪，贓滿一百二十貫以上杖一百流三千里，沒有死罪。

清律處罰加重，規定盜竊贓值超過一百二十兩白銀的，處"絞監候"（關押，等待秋天舉行的朝廷會審最終決定是否執行絞刑）。

47

古代可以隨意進入私宅嗎？

據《周禮‧秋官‧朝士》，西周時已有"盜賊軍鄉邑及家，人殺之無罪"的法律，"軍"是"攻"的意思，當私宅遇到進攻時，主人可以殺死進攻者。漢儒鄭玄的注釋中引用了一條漢朝的法律，意思大致相同，允許主人當場殺死"無故入人家"者。與此類似，如果在船上和車上發現行船人、駕車人圖謀不軌時，因事起倉促，也允許當場殺死行船人、駕車人。

漢朝的法律中對官府執法人員任意進入私宅也有一些限制。在居延出土的漢代竹簡中有一條"捕律"，禁止官吏在未出示證件情況下進入私宅捕捉人犯，否則，就是被該家人打傷也"以無故入人室律從事"。

以後中國歷代法律都有類似的內容，《唐律疏議‧賊盜》專設"夜入人家"條，規定夜間無故進入他人私宅的，處"笞四十"；如果主人"登時殺者，勿論"，就是允許主人當場殺死入侵者。唐宋時期也有"夤(yín)夜入人家，非奸即盜"的俗諺。明清律規定"夜無故入人家"之罪的刑罰爲杖八十，比唐律略有加重。主人"登時"殺死入侵者仍然無罪。同時明確規定政府執法也應有官府簽發的"信牌"、"牌票"爲標誌，官府衙役要持牌票、約會當地的地保才可執行傳訊、逮捕等公務。一般的傳訊不得使用武力，只有在逮捕兇犯時才可以使用武力進入私宅。

 | 48

古代法律對"欠債還錢"有哪些規定？

俗話說"殺人償命，欠債還錢"，中國古代很早就有"違契不償"罪名。如《唐律疏議·雜律》專設"負債違契不償"的罪名，債務額沒有達到價值三十匹絹帛的，超過了還債期限二十天以上，最高刑罰是杖打六十下；債務額超過了價值一百匹絹帛的，杖打一百下。明清時候的法律有"違禁取利"條，規定："其負欠私債，違約不還者"，債務數額在五貫以上的，債務過期三個月，判處杖打十下，最高杖打四十下；債務數額在五十貫以上的，債務過期三個月的，杖打二十下，欠債時間再長的話，法律規定的最高處罰是杖打六十下。可見對其處罰並不重。值得注意的是，這裏的債務僅僅是指沒有計息的債務。後來宋元明清時期的法律沿襲了這個制度，官方不替私人債主追究計息債務。

另外，對於債務的償還也沒有明確的執行程序。唐朝法律允許債權人到債務人家進行"牽掣"（牽走牲畜、拿走值錢的物件），在沒有東西可以拿的情況下，還可以要求債務人家裏的男性到債權人家裏服役，直到將債務抵償乾淨。如果沒有合適的服役人選，也可以"保人代償"。借貸契約中幾乎都有債務人表示"如身東西不在，一仰妻兒收後者償"的慣語，默認將債務延續到債務人的下一代來償還，通俗地說就是"父債子還"。有時，對付逃債的債務人，還需要依靠私人的自力救助，比如清代小說《儒林外史》中俠客鳳四老爹就爲朋友陳正公追討回了奸商毛二鬍子騙借的一千兩銀子。

| 49

古代有僞證罪嗎？

中國古代法律將做僞證稱之爲"證不言情"（"情"就是指案件的真實情節），這個罪名至晚在西漢初年的法律中就已經具備。湖北張家山漢墓出土的漢律中，有一條專門規定"證不言情"罪，導致被告的罪名有出入的，如果是導致被告死罪的，僞證者就要"黥爲城旦舂"（毀容後去從事築城舂米之類的苦役）；導致被告定罪有出入的，按照所出入的罪名與應有罪名之間的差額來判罰。不過能夠在結案前聲明重新作證的，可以在經過法庭的說明後免罪。

《唐律疏議》也保留了"證不言情"罪，但是在處罰上，唐律規定要減輕二等處罰；如果造成被告罪名有出入的，證人按照所出入的罪名與應有罪名之間的差額反坐罪名。

明清時期的法律基本沿襲了唐律的規定。證人出庭作證"不言實情"的，"減罪人罪二等"。證人沒有說出實際情況，使犯人"出脫"、無罪釋放的，證人按照犯人應得罪名減二等處罰；"若增減其罪者"，證人亦減"犯人所得增減之罪二等"。清代還制定了新的單行條例，規定證人必須要和兩造"同具甘結"（一起簽署保證文書），如果被告是被人誣告的，證人就要和誣告者同樣治罪（反坐所誣告罪名，死罪可減一等），如從中獲取錢財，就要計算贓值按照"守財枉法"罪名從重處罪（贓滿銀四十兩就要處死罪）。

 | 50

古代對鬥毆殺人是怎麼處罰的？

唐律關於殺人罪，依照犯罪主體的犯意或犯罪案發當時的情節，區分爲故殺、鬥殺、謀殺、過失殺、戲殺、誤殺、劫殺七種。

鬥殺是對因鬥毆而殺死人的犯罪。其實，唐律以前就已經有關於鬥殺的規定。《雲夢秦簡·法律答問》："罪人格殺求盜，問殺人者爲賊殺人，且鬥殺？鬥殺人，廷行事為賊。"依漢制，鬥殺傷則捕鄰伍，即鬥殺人則同伍及鄰居均要被收捕。漢文帝時予以廢止。《唐律疏議·鬥訟律》："諸鬥毆殺人者，絞。以刃及故殺者，斬。"

鬥殺與故殺的最大差別，在於行為人在殺人的過程中有無"害心"（故意）。鬥殺是雙方原無殺死對方之心，因相互鬥毆造成一方死亡的行為。故殺是故意非法剝奪他人生命，而且本來就有"害心"，其要件包括只要拿起兵刃，主觀上即表明有殺人的故意，即構成故殺罪。

對於鬥殺，唐律規定處絞刑。如用兵刃相鬥而殺，則從故殺處刑，因為"雖因鬥而用兵刃殺者，本雖是鬥，乃用兵刃殺人者，與故殺同"（《疏議》）。在處罰時，因被害人身份地位的不同，處刑也有輕重。犯人與被害人不同身份、不同親等間的鬥殺，處刑也輕重有別。如主人毆打部曲至死，徒一年，故殺部曲加一等，合徒一年半；如部曲有過錯，主人決罰致死及過失殺者，各勿論；相反，部曲過失殺主人者絞，傷及詈（罵）者流。明清律對鬥殺的規定大體上與唐相似，清改處斬監候。

 51

什麼樣的人叫捕快？

明清時州縣衙門中負責刑事案件的衙役叫捕快。他們負責緝捕罪犯，傳喚被告、證人，調查罪證。捕快包括捕役和快手，捕役是專門捕拿盜匪的官役，快手是動手擒賊的官役。捕快的前身可以上溯到唐五代以前的皂隸、宋的弓手、元的弓兵。捕快的領班叫"捕頭"、"班頭"，他們熟稔地方社會，經驗豐富，功夫非凡，才智敏銳，因而有"神捕"或"老捕"的尊稱。捕快則被民間老百姓尊稱為"捕爺"、"牌頭"、"班頭"、"頭翁"、"牌翁"等等。捕快是有逮捕罪人之責的官役，所以又被稱作"應捕"。轄境大的州縣，有配備馬匹執行公務的"馬快"，也有不配馬的"步快"、"健步"、"楚足"。

古代中國，任何州縣衙門都少不了捕快。平時，捕快負責維持治安，一旦發生盜匪命案，他們要不分晝夜地緝捕罪犯。縣官為了薪俸和前程，會責令捕役限期（一般是二到三個月）破案，將嫌疑犯拿獲法辦，否則就要動用笞刑懲罰。遇到案情重大棘手時，捕快也難免受到皮肉之苦。捕役的主要工作是緝捕，包括為地方治安而緝捕盜賊和為重案緝捕兇手或嫌犯，因而說類似當今的刑事員警。

52

為什麼說"堂上一點朱，民間千滴血"？

明清時稱衙役為"衙蠹"，他們地位雖低，為害卻烈。衙役沒有傭資，但可以按照陋規利用手中權力勒索錢財，舞弊枉法。

有些捕快與盜賊勾結，妄指誣陷無辜平民，侵吞賊贓，私刑拷打。捕快、皂隸"凡有差票到手，視為奇貨可居，登門肆橫，索酒飯，講價錢，百般恐嚇"（《文獻通考》卷二四《職役四》）。他們傳喚證人、被告人時，就向當事人索取鞋錢、襪錢、車馬費、酒食錢。他們奉命拘提犯人時，就可索要解繩費、解鎖費。勒索錢財後，讓被傳喚、拘提的人外出逃跑或者躲過傳喚期限，索要買放錢或寬限錢。犯人進監獄要向禁卒繳納進監禮，保釋要繳保釋禮等等。這些都是"常例"、"例規"，幾乎是公開的秘密，各地衙門約定俗成，各有不同價碼，如同手續費一般。如果被拘提、傳喚的人不買帳，捕快會撕破自己的衣服、弄點血跡，然後說是遭到武力拒捕，得到拘票後就找一幫衙役同夥將其家中洗劫一空。如果衙役奉差下鄉，就更有種種勒索名目，所以歷代都強調不可輕易差衙役下鄉。

明清時縣官派衙役下鄉傳喚、拘提當事人及證人時要用紅筆簽發差票，因而有"堂上一點朱，民間千滴血"之說。

53

乞丐屬於賤民嗎？

在中國古代社會的普遍觀念中，有"倡優皂卒，世所不齒"之說，因為"奴僕及倡優隸卒為賤"（《大清會典》）。古代法律中，人們按社會身份劃分了等級類別，如唐律將人們劃分為良、賤兩類。賤民又有官賤民和私賤民之分，官賤民有官奴婢、官戶、工樂戶、雜戶、太常音聲人等，私賤民有部曲、客女、隨身、私奴婢等。清朝時民、軍、商、灶等四種人有良民民籍，而賤民階層包括奴婢、妓女、戲子、隸卒、佃僕以及樂戶、惰民、胥民、九姓漁戶等。

這些人之所以是賤民，主要是他們糟踐了父母給的身體，或者讓自己的身體讓人褻瀆，靠父母傳下的身體換飯吃，如倡優，或者是使自己的身體動輒遭別人責打，如衙役。惰民在戶籍中的正式名稱是"丐戶"，丐戶不是乞丐，而是從事抬轎、吹打、扮戲、保媒、接生、理髮等侍候人的行業。

乞丐不拿身體換飯，也不動輒挨打，不屬於賤民，正如《喻世明言》"金玉奴棒打薄情郎"裏說的："賤流倒數不著那乞丐。看來乞丐只是沒錢，身上卻無疤痕。"

 | 54

什麼叫"杖錢"、"倒杖錢"？

衙役吃的是衙門飯，辦的是公事，可是公家卻很少給予相應的、正式的報酬，只有一些伙食補貼"工時銀"，"仰不足事父母，俯不足畜妻子"。其實，衙役的真正的收入是來自訴訟當事人的。衙役刑訊或者行刑打人時，受審或受刑的犯人就要打點行杖的衙役，他們希望從輕杖打所用的錢就是衙役的真正收入之一。《初刻拍案驚奇》卷十："當下各各受責，只為心裏不打點得，未曾用得杖錢，一個個打得皮開肉綻。"出了"杖錢"的，皂隸們就會打一些"出頭板子"，讓竹板的頭部落在受刑人身體的外面，或打在地上，使受刑的人不至於十分痛苦。如果是原告出的錢，自然是要求狠打，因而叫"倒杖錢"。這時打輕還是打重就要看"杖錢"出得多還是"倒杖錢"出得多了。

 | 55

什麼叫做"買票"？

皂隸向當事人索要傳喚費用是古時的"常例"，收入相當可觀，如一件人命案件的傳喚費用一般要十幾兩到幾十兩。越是罪名重大或涉及錢財數目巨大的案件，越是皂隸勒索的好機會。詞訟案件報官，一經批准，地方官便要提集人犯、干連佐證，進行審理。皂隸出外執行公務傳喚提人必須要有長官親自簽發的"牌票"、"信票"或"差票"，執行完任務就必須將該"牌票"繳銷。這些"牌票"的簽發權在主官，而擬票的工作卻是由書吏包辦，然後才由皂隸憑票執行。書吏和皂隸是衙門的常職人員，一文案，一外勤，最易勾結，其職務交接點就在於"牌票"。"牌票"不完全用在提集人證、緝拿逃犯，催科等差遣也須用"牌票"，只是擬票的書吏有所分工，屬於哪房承辦的事務就由哪房書吏擬票。

"牌票"是皂隸執行任務的權力依據，無票不行。所以皂隸總是想方設法求得一票，甚至要拿到衙門裏發出去的傳票、拘票等牌票，都要用錢賄賂官員或書吏、官員的師爺、親信等人，才可以得到出外傳喚的差事。這種賄賂，就是"買票"。有時遇到當事人是個有錢的，案件本身又比較複雜的，一張傳票的買票錢就要十幾兩銀子。衙役的投資當然會在當事人的身上得到高額的回報，"買票"後必定是要向民間加倍取償，儘管"牌票"中一再告誡"去役毋得需索、遲延，如違，重究不貸，速潰票"。

 | **56**

晏嬰如何勸諫齊景公慎刑？

齊國賢臣晏嬰精通禮法，瞭解民情，看到齊景公嚴於用刑造成受刑者眾多，有心借機勸諫。晏嬰住的地方靠近市場，喧鬧多塵，齊景公想給他換個住所，晏嬰辭謝，說住在市場邊方便得到需要的東西。齊景公問，那你一定知道東西貴賤吧？晏嬰曾見市場上有賣踴的，便借題發揮說"屨賤踴貴"。踴是被砍掉腳的人穿的一種鞋子，也就是假足，人被砍掉了腳後需要踴。出現鞋子賤而假腳貴的情況，說明被砍掉腳的人太多了。僅僅使用四個字，晏嬰就達到了說服齊景公省刑慎罰的目的。

砍腳的刑罰就是"刖刑"。夏周時此刑名稱不同，因為施刑的部位不太一樣，"夏刑用臏去其膝骨也"，周改臏用刖"斷足也"（《周禮·秋官·司刑》）。春秋戰國時，楚、齊、秦均有刖刑，齊國使用得更普遍。漢代時文帝曾廢除刖刑，但景帝時仍規定有刖刑，後來漢章帝、漢明帝的詔書中也有斬右趾的刑名。

 | 57

司馬遷遭受過何種刑罰？

漢武帝天漢二年（前99），李陵深入居延、浚稽山與匈奴人作戰，因寡不敵眾又無後援，戰敗被俘。漢武帝大怒不已，群臣非議李陵不盡忠守節，只有司馬遷爲李陵辯說。漢武帝頗爲反感，以爲司馬遷有意替李陵開脫，貶低自己指揮無方，調度失策，就將司馬遷處以宮刑。

宮刑，也叫陰刑、蠶室刑，就是用刀割去男性犯人的外生殖器，而對女性犯人施以幽閉，用棍棒擊打女性犯人胸腔部，把子宮壓離正常位置，墮入腔道，使人不能交接及孕育。宮刑起初主要適用於犯淫亂的人，即所謂"男女不以義交者刑宮"，所以也稱爲淫刑。宮刑也曾較多地對異族的俘虜或犯一般罪行的人施用，後來成爲一種普遍適用的次於死刑的重刑，後世對謀反大逆者的不知情的未成年親屬也施以宮刑。由於受宮刑者怕風，需暖和，要到沒有風的像養蠶一樣的密室裏行刑，從執行方法和執行的地點，又得出蠶室之刑的名稱。又因爲宮刑的創口腐臭，也被叫做"腐刑"。

司馬遷忍受宮刑的奇恥，不是不以此刑爲然，而是決意要完成《史記》，他在《報任安書》中寫道："且負下未易居，下流多謗議。僕以口語遇此禍，重爲鄉黨所笑，以污辱先人，亦何面目復上父母丘墓乎？雖累百世，垢彌甚耳！是以腸一日而九回，居則忽忽若有所亡，出則不知其所往。每念斯恥，汗未嘗不發背沾衣也！身直爲閨閣之臣，寧得自引深藏岩穴邪？故且從俗浮沉，與時俯仰，以通其狂惑。"可見，蒙受宮刑的人，不僅身受肉體上的痛苦，而且更多的是精神上的困擾，是最讓人羞辱的刑罰。

| 58

金國人贖死還必須接受什麼處罰？

金國的法律規定一些重罪允許以錢物來贖替。但是，金的統治者擔心這種重罪犯人與良民百姓無法區別，便規定重罪犯人雖然可以贖死，但必須"劓刵以爲別"，讓官吏和百姓知道其曾犯過重罪。

劓是一種古刑，盤庚遷殷後曾下詔："乃有不吉不迪，顛越不恭，暫遇奸宄，我乃劓殄滅之，無遺育"（《尚書·盤庚》）。秦沿襲古制，在法律中規定有劓刑。漢文帝廢除肉刑時，劓刑被改爲笞三百，此後劓刑趨於衰止，但南北朝時還間或施用，隋以後已不在律典中規定，只有金國早期爲區別一般平民，對犯重罪的人實施劓刑。劓刑是去鼻的毀容刑罰，一旦受罰就會留下終身殘疾，終身爲辱，良人見了必自省己身，唯恐行爲有差誤，以防蒙此奇恥大辱，係依據人的羞恥心而以之作爲禁奸止過的手段。受劓刑的人因相貌受損，使人一見即知，難以掩蓋，終身受人鄙視，也終身受人監視，也有了作爲善惡標記的作用。古人常以劓刵並稱，刵又稱截耳，是割掉犯人耳朵的刑罰，長期被用在軍中，歷史上曾經長期存在。割鼻、削耳都有使人終生受辱、標誌絕對無法消除的特點，但鼻子在面部中央，耳在頭的兩側，且可以用頭髮遮蓋，割鼻比割耳更顯眼，劓對犯罪者的危害比刵更重。

 | 59

清朝有哪些著名的文字獄？

清朝有一類案子，起因荒唐、處罰嚴苛，就是有名的文字獄。文字獄，顧名思義，就是因文字的使用不當，觸犯了當權者的忌諱而獲罪的案件。文字之所以能成爲治罪的根據，主要與漢字的特點有關，漢字中的形近字、諧音字很多，而封建社會中十分講究用字，十分注意避諱等，加上有的統治者還有一些奇怪的癖好，因此，一些文字就成爲了引發血雨腥風的導火索。

文字獄的出現最早可以追溯到春秋時期齊國之"崔杼殺太史"：西元前548年，齊莊公因與大夫崔杼的妻子私通而被崔杼殺害，史官記錄"崔杼弑其君"；崔杼殺史官，史官之弟秉承兄業，又記之，亦被殺。此後歷朝歷代都有文字獄，比如，漢朝的楊惲案。黃裳先生在《筆禍史談叢 後記》中寫道："歷史上以文字殺人較早的一例，一般都認爲應數楊惲之獄。"宋朝時有著名的烏台詩案：一代文豪蘇軾因此案差點丢腦袋，被貶到黃州；蘇轍、黃庭堅等人亦受株連。

莊氏史案本末

但就清朝"文字獄"的數量和造成的影響而言，歷代王朝無出其右者。順治時期，代表性的案件有兩個：順治五年"毛重倬坊刻制藝序案"、順治十七年"劉正宗詩集案"；康熙年間，有代表性的是"莊廷《明史》案"；雍正年間"文字獄"的波及範圍和影響都急劇擴大，有"呂留良、曾靜案"、"查嗣庭'維民所止'案"；清朝文字獄的頂峰是在乾隆年間，根據《清代文字獄檔》記載，從乾隆六年到五十三年，有文字獄五十三起，數量上遠超前朝，而且治罪的理由也愈加荒唐。例如：彭家屏在撰寫家譜時因爲沒有避諱"弘曆"就被勒令自殺；衆所周知的"清風不識字，何必亂翻書"之類的例子也是不勝枚舉。

60

古代法律對高利貸有何規定？

在中國古代，放貸取息是被普遍認可的經商方式，早在秦漢時期，就有所謂的"子錢家"，專門從事放貸。直到清代，最佳的投資方向仍然是從事高利貸的典當行業。比如清代大貪官和珅被抄沒的家產清單裏，就有他開設的七十二家當鋪。除典當外，商人、地主還以其他形式經營高利貸，比如唐代的"京債"，就是新任外省官吏赴任前在京師所舉借的高利貸款。《舊唐書‧武宗本紀》記載"又赴選官人多京債，到任填還"。清代因賣官鬻爵，官員上下應酬打點都需要錢，所以官員借債赴任更為普遍，這些官吏到任之後，對勞動人民的壓榨當然會更加厲害。

歷代封建政權都對高利貸的利率進行了一些限制。漢代有列侯因"取息過律"免爵的記載（《漢書‧王子侯表》）。但實際上其約束力甚為微小，市場高利貸率一般都要高於法定利率。元代的羊羔利，明清的印子錢，都是年利本息相當或利大於本的著名高利貸。隨著社會經濟的發展，高利貸資金供應增加，為供求關係所決定，市場通行的"常利"趨向降低。這可從法定利率的降低反映出來，唐開元間、宋慶元間均規定私債月息四分，元明清三代均規定私債月息三分。由於出現競爭，高利貸資本的利率在降低並呈現某種利率平均化的趨向。清代典當和"以物質穀"的利率，在全國範圍內一般不超過月息三分，後來還向江南地區的月息二分取齊。

 | 61

古代法律對典當有什麼規定？

典當，就是為了借錢而將財物抵押給當鋪，並約定在一定的期限後還本付息，取回所典之物。

典當在中國可謂歷史悠久。早在兩千多年前的西漢，典當行為就已出現。司馬相如與卓文君私奔到四川時，就曾把一件價值連城的皮大衣當了買酒喝。到了東漢末年，據《後漢書》記載，黃巾起義時，劉虞打算把受賞所得的財物典當給外族，卻被公孫瓚劫走。這是歷史上第一次將"典當"二字連用。但當鋪的出現是在南北朝時期。進入唐代，典當業逐漸發展起來，成為商業活動的重要組成部分。詩聖杜甫也常去當鋪借錢渡難關（《曲江》："朝回日日典春衣，每日江頭盡醉歸"）。

在古代，任何物品進了當鋪以後，只能按其原本價值的50%估算典價，出典後還要支付三到五成的利息。如果過期不能還本付息，就是"死當"。可見，典當是一種十分殘酷的高利貸剝削。

典當業的繁榮使得針對典當行為的立法也應運而生。唐代法律規定：衣物、珠寶、田宅等物品，都是可以典當的；典當的利息不得超過五成；只有在族人、鄰居都不願與出典人進行典當交易的情況下，出典人才可以將財物典給其他人。

宋代的典當立法又完善了許多。一是對典當當事人有所限制。比如，如果家長健在，卑幼不能拿家中財物去典當，除非是經過官府許可。寡婦也是不能隨意典當東西的。二是規定了典當的範圍。除田宅、金銀珠寶、衣物等外，六畜甚至奴婢也可以用於典當。但贓物不得典當，典當贓物要杖打一百下，贓物價值大的話，按盜竊罪處理。共有財產也不能任意典當。又規定回贖田宅要憑半截合同。

元代規定典主在出典十天內得明確表態是否購買典物。

明代明確了"典"與"賣"的區別，規定典當要交稅。

清代取消對典當徵稅，規定田宅典當的回贖期限不得超過十年；過期不贖，典主可以在交稅後取得田宅的所有權，但以後不能再要求出典人贖回典物。

民國時期規定典當的約定期限不得超過三十年，不滿十年的不能有到期不贖即為絕賣的條款；典主在典期內可以轉典、出租典物；出典人在典期內可以轉讓典物的所有權，等等。

 | 62

借債和揭債是一回事嗎？

清代時長篇小說《歧路燈》第三十回裏有："此時不肯當賣原好，若再揭起來，每日出起利息來，將來搭了市房，怕還不夠哩，那才是：揭債還債，窟窿常在。"清代石天基的《傳家寶》卷七也有："常言：好借債，窮得快。世事費用，如於臉面上奢華，俱要加意省儉。若不到至緊之事，切不可輕易向人借債。"作者提到的兩個俗諺中，"揭債"和"借債"都是說付出高利息的借款。不過，雖然至遲宋元時代開始，"揭"就有了借債的意思（元柯丹丘《荊釵記》），但嚴格來說二者並不是性質完全相同的借貸。"揭"和"借"兩個字在民間習慣中，其意義上的區別是分得很清楚的，"借債"一般是暫時使用而不計利息的借貸，有時也用作定時付出利息的借款；而"揭債"則是用不動產作抵押的有息定期貸款，與"按揭"一詞的意義大體相仿。可見，"按揭"應當不是一個半意譯半音譯的外來詞。

 | 63

古代舉債有沒有利息？

借貸在古代有計息與不計息的區分。秦漢唐宋時期，計算利息的借貸稱爲"舉"，不計利息的則稱爲"貸"或者"借"，放債稱"出舉"，借債稱"舉取"。債的利息被視爲牛馬生犢子，秦漢時叫"子錢"，後世叫"息錢"。西周時政府已內設"泉府"放貸取息，秦漢時社會上的"子錢家"相當活躍，漢景帝發兵平定吳楚七國叛亂，從軍的貴族準備出征的行裝時就曾向"子錢家"借貸，冒險放貸的毋鹽氏在七國之亂平定後成爲"子錢家"的首富。

 | 64

古代的契約是怎樣的？

"契"本義是刻畫，"約"本義是纏繞，反映了古人"刻木記事"和"結繩記事"的遺風。爲了證明以及幫助人們記憶協議的成立，就用一塊刻有印痕的竹木片或一個繩結作爲信物，提醒一方履行義務，這就是古代的"契約"。後來，是由雙方在一片竹木片的側面刻上記號，再將竹木片一剖爲二，雙方各持一片有相同刻痕記號的竹木片，當兩片竹木片合對無誤時，一方就應該履行義務。刻有記號的竹木片就是"契"，刻痕朝向當事人一剖爲二後左邊的一片是"左券"，右邊一片是"右券"。不同地區，不同時期，當事人雙方哪一方持哪一片習俗不同。"左券"和"右券"合對，則稱作"合券"。秦漢時期，竹木契券已不僅僅是刻著記號的信物，人們開始在其上書寫協定的內容，用文字記載雙方的權利義務，稱爲"書契"、"券書"、"書券"，不過，將其稱爲"契約"的習慣一直流傳到了近現代。

| 65

合同是怎麼來的？

在紙張發明以前，人們在竹木簡文書的側面刻上刻痕為記號，再一剖為二，雙方各持一片作為交易的證據。即使在已經普遍使用紙張書寫交易契約的魏晉南北朝時期，一式兩份的副本契約文書，仍然沿襲過去的竹木簡上刻畫記號的習慣，將兩張契紙併攏，騎縫上劃上幾道記號，或騎縫上寫上"合同大吉"、合體字"合同"字樣，便於將來合對證明確屬原件。這種一式兩份的副本文書騎縫處的原件記號也就稱之為"合同"。到了唐宋時，法律規定凡典當契約必須為"合同契"一式兩份，騎縫做好記號，雙方當事人各保留一份。民間交易文書形式法律沒有明確規定，後來民間把凡有騎縫記號的一式兩份文書都稱為"合同文書"或"合同文字"。明清時的商業交易一般使用"合同契"，簡稱為合同。新中國成立後，"合同"取代了"契約"一詞，成為正式的法律用語。

 | 66

古人怎樣簽名畫押？

古代法律對於民間契約的簽署方式沒有統一的規定，雖然可能會有當事人不能親自書寫契約而找人代書的，但簽名認可則是要由當事人親自辦理的。

唐代時，在士大夫之間流行一種草書連筆署名，連成花體字，稱為"花押"，以後歷朝的官僚士大夫都以花押簽署檔。後來，百姓在簽署契約文書時模仿這種形式，在自己的名字後面畫一個符號代表花押。到了明清時期，官私文書都已普遍使用花押簽署，有文化的人畫的花押千變萬化，但基本結構總是上下各有一橫，取"地成天平"的意思。普通百姓的花押比較簡單，大多為王字形、五字形、七字形的，最平常的是畫一個十字，因而有"十字花押"之稱。

古代有關婚姻、繼承等涉及人身的文書，一般要在文書背面打上一個滿掌手印，叫做"手模"或"手摹"。手摹文書比花押文書更爲重要。

漢代鄭玄注釋《周禮》，在"質劑"下注曰"若今下手書"，唐代賈公彥爲其作疏，疏曰"漢時下手書，即今畫指券"。漢代的"下手書"，一般是竹木簡時代簡側刻上的刻痕或者用筆劃上的刻痕，但並不排斥使用指紋。"畫指"是使用紙張後，在簽署文書時，在代書人書寫的自己的姓名後面，畫上自己一根手指的長度，並點出指尖、兩段指節的位置，或者僅僅點出指尖、指節。畫指券是一種包括用指紋、指節以及掌紋、手模爲憑信的契約文書。

67

古代也有版權保護嗎？

宋代雕版印刷術的普及促使圖書的生產成本降低且轉化爲商品，爲營利出版商帶來了收益，也爲促進版權觀念的產生創造了條件。早在唐代雕版印刷運用不久就出現了盜版現象，到宋代，盜版之風愈演愈烈，給營利出版商造成很大損失，促使出版商們對版權尋求有別於普通財產的特殊保護。宋代程舍人在其刻印的《東都事略》目錄後有長方牌記云："眉山程舍人宅刊行。已申上司，不許覆板。"（見於葉德輝《書林清話》卷二《翻板有例禁始於宋人》）表明出版商力圖獨佔著作利益，版權觀念業已萌芽。

《翻板有例禁始於宋人》中還詳細記載了宋代段昌武《叢桂毛詩集解》三十卷前有在國子監登記的"禁止翻版公據"。該出版商提出"禁止翻版"的理由如下：其一，"平生精力，畢於此書"；其二，"一話一言，苟足發明，率以錄焉"；其三，"校讎最爲精密"；其四，這也是最重要的理由，若其他出版商嗜利盜版，"則必竄易首尾，增損意義"。爲此，申請國子監給付"執照"，禁止他人翻版，並賦予該出版商對其他盜版者"追版劈毀，斷罪施行"的權利。

當然，宋代對這種權利保護申請的許可屬於官府的行政庇護，而不是來自於制度性保護。這種版權保護方式如果得到實現，也僅限於個別的、局部的保護，不可能大規模地推廣。

68

我國第一部婚姻法產生於何時？

西周時有一個專司婚姻立法執法的官職，稱"媒氏"。媒氏執掌的九條成文規定，實際上就是我國第一部成文婚姻法與婚姻登記辦法。按照這部婚姻法的規定，凡屬國中男女出生三個月以上，並已取定名字的，都要呈報媒氏，登記姓名和出生年月日；通令男子三十歲必須娶妻，女二十必須出嫁；凡是娶再嫁婦女和收養再嫁婦女攜入後夫家的子女，都要切實登記；每年二月是規定的結婚季節，男女雙方要在這時按六禮規定完成婚禮；如果有無故違反婚禮規定的，就要加以處罰；對於過了成婚年齡規定還沒有結婚的男女，要設法勸導他們成婚；娶妻六個程序所備的彩禮，不能超過五匹帛；沒有正式夫妻名分關係的男女，死後不能合葬一處；男女之間因婚前性行為或婚外通姦發生糾紛，要在"勝國之社"進行公斷，其中構成犯罪的，由法官——"士"處理。

 69

各朝法典中規定的結婚年齡分別是多大？

關於結婚的年齡，各朝法典中都有相關的規定。在周代，男女的訂婚年齡是二十歲和十五歲，結婚至遲為男三十歲、女二十歲，違者會受一定的處罰，使無力結婚的人勉強結婚，不想結婚的人不得不結婚。漢代鼓勵早婚，"女子年十五以上至三十不嫁者五算"（《漢書・惠帝紀》），要比一般人多交納五倍的人頭稅。魏晉時期更加嚴苛，規定婚齡為"女年二十以下，十四歲以上"，"女年十七父母不嫁者，使長吏配之"（《晉書・武帝本紀》），甚至"未嫁隱匿者"家長處死刑。唐代"凡男十五以上，女年十三以上，於法皆聽嫁娶"。宋代法定婚齡依襲唐制，司馬光在《書儀》中將男女婚齡各提高一歲，朱熹《家禮》也採《書儀》之說，因而禮制上議婚年齡為"男子年十六至三十，女子十四至二十"，而按照宋代法律須在三年中成婚，開始出現了童養媳。由於家庭境遇及爲了考取科舉等原因，宋代男子的結婚年齡大多數在二十歲以上，平均婚齡是男二十四歲、女十八歲。各朝各代基於繁衍人口的目的，都是以早婚早育、鼓勵生育爲基點。一直到了民國時期，才明確規定，男未滿十八歲，女未滿十六歲不得結婚。

中國古代婚姻的目的，是"上以事宗廟，下以繼後世"（《禮記‧婚義》），完全是以家族爲中心的。爲了使祖先永遠享受祭祀，必須使家族永遠綿延後世，這是結婚的第一目的，也是最終目的。

 | 70

古代寡婦改嫁有什麼條件？

寡婦改嫁在古時叫"再醮"。在禮制上，寡婦改嫁是一種非禮行爲。因爲儒家主張"婦人，從人者也，幼從父兄，嫁從夫，夫死從子"，"一與之齊，終身不改，故夫死不嫁"（《禮記‧郊特牲》）。其實，在《禮記》成書的時代，寡婦改嫁已經是一種正常的存在，寡婦再嫁是被人所理解和習以爲常的。漢代以後直至宋代理學出現以前，凡寡婦都有再醮的自由，如漢朝孝景帝王皇后的生母臧兒在其生父王仲死後改嫁長陵田氏。"再醮"不在婚姻的"六禮"之內，其禮俗沒有初嫁那麼複雜，再嫁不能享受傳統的"六禮"，這是對寡婦再嫁的歧視，也是給寡婦的自由。按照唐律，強迫寡婦再嫁是犯罪，"再醮"寡婦是有自主權的，所以民間有"先嫁由父母，再嫁由自身"的說法。寡婦改嫁被嚴重壓抑，在道義上被鄙視，被攻擊大逆不道，開始於宋代晚期程朱理學產生之後，"餓死事極小，失節事極大"意識開始居於統治地位。

 | 71

王昭君改嫁是什麼婚俗？

漢朝時王昭君出塞，嫁給匈奴單于呼韓邪爲妻，生了一個兒子。呼韓邪病死後，其前妻閼氏之子復株累想收取後母王昭君爲妻。王昭君上書請求回漢，漢成帝勒令王昭君從胡婚俗再嫁給繼任單于復株累。復株累收王昭君後，生了兩個女兒。這種亂婚的婚俗叫做"收繼婚"，類似的還有轉房婚、續婚、換親等，現代民族學中叫做"寡婦內嫁制"，學術上叫"逆緣婚"，就是不讓寡婦改嫁他人，而與自家人進行婚配，表現爲"妻兄弟婦"的平輩轉房婚，即兄亡嫂嫁其弟，弟死兄娶弟媳，姊亡妹嫁姐夫，妹死姊嫁妹夫；還有不同輩間的收繼婚，即嫡子繼娶父妾，父將兒媳轉爲己妻，伯叔母轉嫁侄兒，還有寡婦與其女兒們共贅一夫的。轉房婚實際是一種財產繼承轉移的變異形式，即繼承和維護了原有的親族系統。

 | 72

古代可以離婚嗎？

中國古代允許夫妻依法定方式解除婚姻關係，最早叫"絕婚"，後來又稱"離異"、"離棄"、"休妻"或"出妻"。"出妻"是古代家庭中丈夫與妻子離婚的主要方式，也叫"七去"、"七出"，丈夫居主動地位，可以行使"七出"權而解除婚姻，但妻子也可因"三不去"而不被夫家休棄。"七出"即"不順父母去，無子去，淫去，妒去，有惡疾者去，多言去，盜竊去"。"三不去"即"有所取無所歸，不去；與更三年喪，不去；前貧賤後富貴，不去"。對於夫妻之間情意斷絕，無法再繼續共同生活的，夫妻還可以"義絕"爲理由請求官府判決強制離婚。夫妻任何一方如對另一方的一定親屬有毆、殺、奸等犯罪，以及有"欲殺夫"者，婚姻關係必須解除。如果夫妻感情不和，離婚是兩廂情願，法律在所不問，即"和離"。歷代法律對"和離"這種協議離婚通常都肯定其法律效力，如唐律規定："若夫妻不相和諧而和離者，不坐。"

中國人應知的

國學常識
②

The knowledge
of Chinese

衣食住行

中國人應知的
國學常識❷ **衣食住行**

| 73

通天冠是什麼樣的？

　　通天冠，亦稱"通天"，乃漢代至明代的天子專用禮冠，用於郊祀、朝賀、宴會等場合。秦時采楚冠之形所制，爲皇帝常服，東漢沿用舊名，然加以創新：以鐵爲梁，正豎於頂，梁前以山、述（通"鷸"，用翠鳥羽製作的冠飾）爲飾。《後漢書·輿服志下》："通天冠，高九寸，正豎，頂少邪卻，乃直下爲鐵卷梁，前有山，展筩爲述，乘輿所常服。"東漢以後，歷代相襲，其式屢有變易，尤其是兩晉時朝，於通天冠前部加金博山，以企求與神仙相通，顯得巍峨突出；冠上飾有蟬紋，表明君主高潔的品質，以增強天子首服的尊貴地位。

　　與漢代的古樸簡陋相比，唐代通天冠則變得十分華麗，且一改舊制，以鐵絲爲框，外表綢絹，冠身向後翻卷，頂飾二十四梁，附蟬十二首。《舊唐書·輿服志》記載："通天冠，加金博山，附蟬十二首，施珠翠，黑介幘，發纓翠綏，玉若犀簪導。"兩宋沿用其制，又因冠高而翻卷，形似卷雲，亦稱"卷雲冠"。明代通天冠的形制與唐宋一脈相承，對於使用場合也有明確規定。《明史·輿服志二》："皇帝通天冠服。洪武元年定，郊廟、省牲，皇太子諸王冠婚、醮戒，則服通天冠、絳紗袍。冠加金博山，附蟬十二，首施珠翠，黑介幘，組纓，玉簪導。"入清以後被廢。

| 74

何謂冕旒？

冕旒，又稱"繁露"，簡稱"旒"，亦作"斿"。它是冕冠前後懸掛的珠玉串飾，以五彩絲線編織爲藻，藻上穿以玉珠，一串玉珠即爲一旒，服時各按等秩，以十二旒爲貴，乃帝王所服，天子以下，諸侯九旒，上大夫七旒，下大夫五旒，士三旒。所用玉珠商周時多爲五色，排列順序依次爲朱、白、青、黃、黑，周而復始。至東漢改爲單色，有白、青、黑數種。《獨斷》卷下說："漢興，至孝明帝永平二年，詔有司采《尚書·皋陶篇》及《周官》、《禮記》，定而制焉。……（天子冕）繫白玉珠於其端，是爲十二旒，組纓如其綬之色；三公及諸侯之祠者，朱綠九旒，青玉珠；卿大夫七旒，黑玉珠。"後世所用旒數不拘古制，除三、五、七、九及十二旒外，又增設了八旒、六旒。

冕旒上珠子的穿組方法，歷朝大同小異：一般在絲藻上縛以小結，每結貫以一珠，以免珠子相並。此外，珠子的質料歷代有所變易，如東晉時貫以翡翠、珊瑚，明代貫以各色料珠等。

冕冠垂旒之意，除用來表明等級外，還可使戴冠者目不斜視，以免看到不正之物，成語"視而不見"即由此得來。

 | 75

何謂深衣？

深衣，亦作"申衣"，是由上衣下裳合併而成的連體長衣，因被體深邃，故稱"深衣"。《禮記·深衣》"深衣第三十九"注："名曰深衣者，謂連衣裳而純之以采也。"疏："所以此稱深衣者，以餘服則上衣下裳不相連，此深衣衣裳相連，被體深邃，故謂之深衣。"製作的質料，最初多以白麻布爲之，領、袖、襟、裾另施彩緣，戰國以後，多用彩帛製作。深衣衣、裳相連，製作時上下分裁，然後在腰間縫合，腰縫以上謂衣，以下謂裳，而其最明顯的特點是續衽鈎邊，即衣襟接長一段，作成斜角，穿著時由前繞至背後，以帶繫結，稱爲“曲裾”。衣服上採用曲裾的目的，既是爲了掩蓋下體，也是爲了方便，因爲如果將下體裹住，走路就邁不開步伐，如果在衣服的下擺開衩，又難免暴露裏衣，所以採用曲裾相掩的辦法。此外，深衣領式爲矩領，即領交叉而方折向下，長度大約至腳踝間。

深衣產生於春秋戰國之際，盛行於戰國、西漢時期，用途廣泛，諸侯、大夫及士人除朝祭之外皆穿深衣，士庶階層朝祭之時，亦穿此服。東漢以後多用於婦女，魏晉以降，爲袍衫等服代替。其制度對後世服飾產生深遠影響，如袍服、長衫、旗袍等均受益於此。應該說，深衣是最能夠體現華夏文化精神的服飾：袖口寬大，象徵天道圓融；領口直角相交，象徵地道方正；背後一條直縫貫通上下，象徵人道正直；腰繫大帶，象徵權衡；分上衣、下裳兩部分，象徵兩儀；上衣用布四幅，象徵一年四季；下裳用布十二幅，象徵一年十二月。身穿深衣，自然能體現天道之圓融，懷抱地道之方正，身合人間之正道，行動進退合權衡規矩，生活起居順應四時之序。

 76

褲褶是什麼樣的服裝？

褲褶亦作“褶”，是一種上衣下褲的組合，原來是北方遊牧民族的傳統服裝。它的基本款式是上身穿大袖衣，下身穿肥腿褲，外不用裘裳。“褶”，即短身上衣。《釋名·釋衣服》：“褶，襲也。覆上之言也。”褶初爲左衽，南北朝時期改爲右衽。褲的形式分縛褲與不縛褲兩種，前者是用錦緞絲帶截成三尺一段，在褲管的膝蓋處緊緊繫紮，其制在北朝後期至隋朝主要爲折襇縛褲，遂成爲既符合漢族廣袖朱衣大口褲的特點，同時又便於行動的一種形式，稱爲“急裝”。

南北朝後期褲褶服地位抬升至官員的禮服。隋代進一步抬升褲褶服之地位，並以紫、緋、綠等顏色作爲標誌加以區分，以別尊卑。唐代在隋朝基礎之上，將褲褶服進一步改制，作爲官員朔望（每月初一、十五）朝會之禮服。《新唐書·輿服志》記載：“褶之制：五品以上，細綾及羅爲之，六品以下，小綾爲之，三品以上紫，五品以上緋，七品以上綠，九品以上碧。"盛唐以後，作爲禮服使用的官員褲褶服制漸衰，北宋建隆（960～962）、乾德（963～967）年間朝廷曾討論要恢復褲褶服制，然未實行，僅儀衛中服之，後遂廢。

 | 77

什麼是襴衫（袍）？

襴衫（袍）是膝蓋部分施一橫襴，衣長過膝，以紀念衣、裳分離的古代服制的衫（袍），故稱襴衫（袍）。它主要是文人士大夫的著裝。具體形制是按古代深衣上衣下裳相連屬的式樣改制而成，而這種經過改造的"深衣"已與古代深衣不盡相同：深衣，上衣下裳以腰節縫組成爲一體，袖、領、下裾用其他面料或刺繡形式；襴衫（袍）與之相比較，除上下連屬相似之外，基本上已無相同之處了。首先，除領、袖、襟等處不加任何緣飾和窄衣小袖外，古者深衣的領子多爲對合斜領，而襴衫（袍）則是圓領；其次，深衣上衣下裳兩部分在腰間連接，而襴衫（袍）的相接之處則在下部膝蓋上下。此外，爲便於保暖，襴衫（袍）下著褲，冬季袍中蓄綿，外可披裘。

襴衫（袍）之制從唐朝開始實施，兩宋直接繼承，只是形式略有變更，在唐代圓領中加上襯領，袖子則更加寬大，幾欲垂地。《宋史·輿服志五》記載："（官員公服）其制，曲領大袖，下施橫襴，束以革帶，襆頭，烏皮靴。自王公至一命之士，通服之。"其後沿及元、明時期。入清遂廢。

 | 78

"胡服騎射"中的"胡服"是什麼樣的？

胡服"是古代中原地區對西方和北方各少數民族所穿的服裝的總稱，即塞外民族西戎和東胡的服裝，後亦泛稱漢服以外的外族服裝。胡服一般具有衣長及膝、衣袖瘦窄的特點，領式有圓領、翻折領、對襟開領等，腰間繫革帶，下著小口褲，尖靴，非常適宜騎馬。

胡服進入華夏始於趙武靈王“胡服騎射”。西元前307年，趙武靈王頒發胡服令以對抗遊牧民族的騎兵，是為中國服飾史上最早一位改革者。胡服與當時中原地區寬衣博帶的服裝有較大差異，輕巧方便，利於騎射活動，因此很快從軍隊傳至民間，被廣泛採用。

到了北朝時期，北方的少數民族紛紛進入中原，胡服遂更加普及。正如《夢溪筆談》卷一所說：“中國衣冠自北齊以來，乃全非古制，窄袖、緋綠短衣、長靿（yào）靴，有鞢韘（diéxiè）帶，然亦有取窄袖利於馳射，短衣長靿皆便於涉草。”《朱子語類》卷九一也記載：“今世之服，大抵皆胡服，如上領衫、靴、鞋之類，先王冠服掃地盡矣。

唐代胡人俑

中國衣冠之亂，自晉五胡，後來遂相承襲，唐接隋，隋接周，周接元魏，大抵皆胡服。”胡服的流行在唐代達到鼎盛，而到了宋明時期，漢族皇帝開始頒佈法令禁止胡服和胡俗，復興漢服與漢文化，但胡服對中華服飾文化發展的影響卻是深遠的。

 79

古代對服裝的顏色有什麼樣的規定？

西周至春秋時期，人們已經產生了用服裝顏色區分尊卑的觀念。周代的禮樂制度確立以後，顏色用以區分等級的功能日益增強，其使用範圍主要是奴隸主貴族的車馬服飾，服色以赤、玄二色為尊。如《論語‧鄉黨》曰："紅、紫不以為褻服。"秦漢魏晉南北朝時，用顏色區別社會等級已初步形成，但不夠嚴格，尊卑混用的現象時有所見，區分官員職位高低的是其隨身佩帶的印綬的顏色。

隋唐以後，服色等級制度高度強化，公卿高官衣著朱紫，榮寵顯赫；工商、皂隸、屠沽、販夫身穿白衣，寒酸卑賤。隋朝五品以上的官員可以穿紫袍，六品以下的官員分別用紅、綠兩色，小吏用青色，平民用白色，而屠夫與商人只許用黑色，士兵穿黃色衣袍，此制一直影響到後世。

唐朝進一步強化服色與等級的關係。唐高宗時期定制，唐朝文武官三品以上服紫、金玉帶，四品深緋、五品淺緋、金帶，六品深綠、七品淺綠、銀帶，八品深青、九品淺青、石帶，庶人服黃、銅鐵帶。宋初規定三品以上的官員服紫，三品至五品的官員服朱，六品至七品的官員服綠，八品至九品的官員服青。宋神宗之時更改為四品以上的服紫，六品以上服紅，七品至九品服綠。到了南宋，服色的等級界限被衝垮，百官公服盡著紫窄衫，且無品秩之限。遼、金、元各朝因為遊牧民族稱制，服色風尚為之大變。明朝時重新加以強化，規定官員公服一至四品緋袍，五至七品青袍，八、九品綠袍，常服則以補服為之。服色制度作為官服體系的一支入清遂廢。

80

襆頭是什麼樣的？

襆頭，亦名"襆頭"、"服頭"等，原為頭巾、軟帽，魏晉南北朝形成其制，隋唐時期日益精美，以羅代繒，頂漸高，腳漸挺。五代時腳變平直，新樣益多。兩宋極盛，朝野通服，品類迭出，形制各異，然朝會之服常用直腳，腳愈加橫長，成為冕、冠之外的重要首服，一直沿用至明朝。

襆頭最早是在東漢幅巾的基礎上折角向上演變而成，因而又稱"折上巾"。《後漢書‧梁冀傳》記載："（梁）冀亦改易輿服之制，作平上車，埤幘，狹冠，折上巾，擁身扇，狐尾單衣。"注：
"蓋折其巾之上角也。"襆頭之形
制，是以皂絹三尺裹髮，有四帶，
二帶繫腦後垂之，二帶反繫頭上，
令曲折附頂，故又稱"四腳"。正
如《夢溪筆談》卷一所說："襆頭
一謂之'四腳'，乃四帶也。……
又庶人所戴頭巾，唐人亦謂之'四
腳'，蓋兩腳繫腦後，兩腳繫頷
下，取其服勞不脫也，無事則反繫
於頂上。今人不復繫頷下，兩帶遂
為虛設。"後取消前面的結，又用
銅、鐵絲為幹，將軟腳撐起，成為
硬腳。唐時皇帝所用襆頭硬腳上
曲，人臣則下垂。

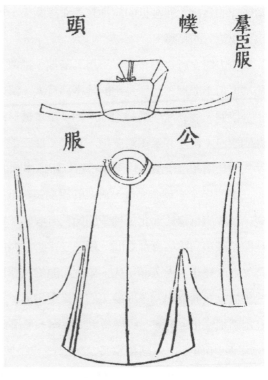

《三才圖會》之"襆頭"

　　五代帝王襆頭以漆紗為之，兩腳
朝天。兩宋時期，襆頭成為禮服中
的主要首服，以藤或草編成的巾子為裏，外面用紗塗以漆，後因漆紗已夠堅硬而去其
藤裏，一般以直腳為多，中期以後，兩腳越伸越長，使用範圍也擴大至除祭祀之外的
其他大禮。其式樣有直角、局腳、交腳、朝天、順風等，身份不同，式樣也不同。皇
帝或官僚的展腳襆頭，兩腳向兩側平直伸長，身份低的公差、僕役則多戴無腳襆頭。
明代百官公服所用襆頭沿襲宋制，兩腳平伸，長如直尺。入清遂廢。

 | 81

旗袍是怎麼來的？

　　從字義解，旗袍泛指旗人所穿的長袍，旗人男女均穿長袍，不過只有八旗婦女日常所穿的長袍才與後世的旗袍有著血緣關係，用作禮服的朝袍、蟒袍等習慣上已不歸為"旗袍"的範疇。

旗人婦女所穿的長袍，不用馬蹄袖，袖口平而較大，長則可掩足。採用圓領、右掩襟，但不開衩。這種長袍開始極為寬大，清末則漸變為窄而瘦長，"元寶領"用得十分普遍，領高蓋住腮碰到耳，袍身上多繡以各色花紋，領、袖、襟、裾都有多重寬闊的滾邊。後來甚至鑲滾多道，有"三鑲三滾"、"五鑲五滾"等名目，有的甚至整件衣服全用花邊鑲滾，以至幾乎難以辨識本來的衣料。

1911年辛亥革命之後，舊式的旗女長袍被摒棄，新式旗袍則在亂世妝扮中開始醞成。新式旗袍趨於簡化，袖子開始稍有收緊並略有縮短，露出一截手腕；袍身的長度也開始減短到膝與腳踝之間，領子受當時漢裝的影響，一度也變為"元寶高領"，而後又漸漸變矮。進入30年代，旗袍明顯的在朝苗條型過渡，先是袖子趨向於貼身，然後整體款式向突出女子曲線美的苗條型發展。進入40年代繼續著華美興盛，樣式仍然在不斷地變化，胸省、吸腰省更為明顯，更為合身適體，更加突出了女性的曲線美。

1949年旗袍在中國相當普及，已經成為城市婦女的日常著裝。到50年代末，旗袍逐漸為中山裝、人民裝所代替，走向了沉寂。60年代，旗袍和其他裝飾品一起在中國大陸銷聲匿跡。直到80年代初，旗袍才再度露面，並以新的面貌展現在世人眼前，但此時的旗袍在很大意義上已經成了中國女子在正規隆重場合穿著的禮服了。

 | 82

披肩是什麼時候有的？

披肩也叫雲肩，多以絲緞織錦製作。披肩是從元朝以後發展而成的一種衣飾，至清代普及到社會的各個階層，特別是婚嫁時成為青年婦女不可或缺的衣飾。《元史·輿服志》記載："雲肩，制如四垂雲，青綠，黃羅五色，嵌金為之。"

披肩的形式多為"四合如意"形，即用四個雲紋組成，還有柳葉式、荷花式等等，上面都有吉祥命題，例如富貴牡丹、多福多壽、連年有餘等等。明清的時候較爲流行，大多都在婚慶喜宴等場合使用。披肩的製作一般爲兩層八片垂雲，每片雲子上或刺繡花鳥草蟲，或刺繡戲文故事。一件精美的披肩需要很長時間才能繡成，其工藝之精巧令人讚歎。披肩的繡制有各種各樣的針法，如挽針、接針、滾針、松針、釘線、打子、圈金、搶針、齊針等，樣式也較爲繁多。《清稗類鈔・服飾・披肩》說："披肩爲文武大小品官衣大禮服時所用，加於項，覆於肩，形如菱，上繡蟒。八旗命婦亦有之。"

 | 83

馬蹄袖是什麼樣的袖子？

旗袍是滿族男女老少一年四季都穿著的服飾，它裁剪簡單，圓領，前後襟寬大，而袖子較窄，四片裁制，衣衩較長，便於上馬下馬，窄窄的袖子，便於射箭，由於袖子口附有馬蹄狀的護袖，故稱馬蹄袖。

馬蹄袖平日縮起，出獵作戰時則放下，覆蓋手背，冬季則可禦寒。在行禮之時，可以敏捷地將"袖頭"翻下來，然後或行半禮或行全禮。這種禮節在清朝定都北京以後，已不限於滿族，漢族也以此爲禮，以示注重守禮。因爲馬蹄袖遮手可禦寒，挽起放下可行禮，既具有實用功能，又有很好的裝飾效果，遂被人們譽爲"反映清代歷史的象形文字"。

需要指出的是，箭袖不是馬蹄袖，前者呈圓筒狀，明代之前就有，唐代的戰服多爲箭袖。明代葉紹袁《痛史・啓禎記聞錄》就說："撫按有司申飭，衣帽有不能備營帽箭衣者，許令黑帽綴以紅纓，常服改爲箭袖。"馬蹄袖是在箭袖的基礎上加長了手背部，即手背部多出來一塊，手心部短，呈馬蹄狀的富有清朝特色的袖式。

| 84

什麼是半袖？

唐代穿半臂的婦女

半袖，亦稱半臂，爲中古時期婦女的服裝，是一種短式的上衣。半袖最初流行於隋代宮廷之內，先爲宮中內官、女史所服，唐代傳至民間，歷久不衰，直至宋元時期。

在唐代，半臂非常普及，不僅男、女都可以穿用，而且進入宮廷常服的行列。它是一種短袖的對襟上衣，沒有紐袢，只在胸前用綴在衣襟上的帶子繫住。其有對襟、套頭、翻領或無領式樣，袖長齊肘，身長及腰。半臂的衣領寬大，胸部幾乎都可以袒露出來，而唐代婦女們穿用半臂時，往往把它罩在衫、裙的外面。

值得一提的是，半臂的興盛時期是在唐代前期，中期以後便有了顯著的減少。主要原因是唐代前期的女裝與後期有明顯的不同。前期女裝大多穿小細瘦，緊貼身體，袖子也細窄緊口，適合在外面套上半臂。安史之亂後，漸恢復傳統的寬衫大袖，大袖坦胸裙盛行，也就不適宜穿著半袖了。

| 85

何謂犢鼻褌？

犢鼻褌(kūn)，亦作"犢鼻"，又稱"犢鼻"、"犢"。因形似牛鼻子而得名，跟今日的短褲、褲衩相似，多爲貧賤者所服。例如，西漢文學家司馬相如琴挑富豪卓王孫新寡的女兒卓文君，二人私奔，爲了生計在臨邛賣酒。《史記·司馬相如列傳》記載："乃令文君當壚，相如身自著犢鼻褌，與傭保雜作，滌器於市中。"又如，三國魏阮籍、阮咸叔侄，俱名列"竹林七賢"。阮族所居，在道北的都是富戶，在道南的都爲貧家。俗有七月七日曬衣之習，是日，居道北諸阮盛陳紗羅錦綺，居道南之阮咸"以竿高掛大布犢鼻褌於中庭"。人多怪之，云："不能免俗，聊復爾耳！"（《世說新語·任誕》）用以調侃世俗。再如，《北史·劉晝傳》記劉晝："少孤貧，愛學，伏膺無倦，常閉戶讀書，暑月唯著犢鼻褌。"

 | 86

氅衣是什麼樣的衣服？

氅衣是清代內廷后妃穿在襯衣外面的日常服飾之一，也是后妃服飾中花紋最爲華麗、做工最爲繁縟、穿用最爲頻繁的服飾之一。清代氅衣的形制爲直身，圓領，撚襟右衽，左右開裾至腋下，身長至掩足，只露出旗鞋的高底。雙挽舒袖，袖端日常穿用時呈折疊狀，袖長及肘，也可以拆下釘線穿用。袖口內加飾繡工精美的可替換袖頭，既方便拆換，又像是穿著多層講究的內衣。

與其他服飾不同的是，氅衣在兩側腋下的

清代后妃氅衣

開裾頂端都有用條帶、繡邊盤飾的如意雲頭，形成左右對稱的形式。衣邊、袖端則裝飾多重各色華美的繡邊、條邊、滾邊、狗牙邊等，尤其是清代同治、光緒以後，這種繁縟的鑲邊裝飾更是多達數層。氅衣是傳統的漢族服飾，道光以後始見於清宮內廷。作為清晚期宮中后妃便服，氅衣改變了滿族傳統服飾長袍窄袖的樣式，迎合了道光、咸豐以後的晚清宮廷生活追求豪華鋪張、安逸享樂的風尚，很快成為后妃們必不可少的日常服飾之一。清廷最初的氅衣並沒有過於繁縟的鑲邊，後來受江南民間"十八鑲"影響逐漸繁縟起來，這從一個側面反映了晚清宮廷追求生活豪華奢侈的狀況。清末，氅衣與滿族服飾特點鮮明的袍服相融合並逐漸演變成新式旗袍，成為中華民族服飾中的奇葩。

 | 87

何謂"石榴裙"？

石榴裙，即紅豔似火的長裙。這種裙子色如石榴之紅，不染其他顏色，往往使穿著它的女子俏麗動人。石榴裙由來已久。梁元帝《烏棲曲》有："芙蓉為帶石榴裙。"發展至唐代，石榴裙更是成為一種流行服飾，尤其中青年婦女，特別喜歡穿著。如唐傳奇中的李娃、霍小玉等，都穿著這樣的裙子。唐詩中亦有許多描寫，如武則天《如意娘》"不信比來長下淚，開箱驗取石榴裙"，白居易《官宅》"移舟木蘭棹，行酒石榴裙"等。

至明清時期石榴裙仍然受到婦女們的歡迎。明代唐寅在《梅妃嗅香》一詩中寫道："梅花香滿石榴裙。"雖寫的是唐朝之事，但可看出當時現實生活中，此種款式的裙子仍為年輕女子所珍愛。《紅樓夢》裏亦有大段描寫，亦可相印證。

由於石榴裙受到歷代女子的喜愛，於是俗語中說男人被美色所征服，稱之為"拜倒在石榴裙下"。據說此種說法與唐玄宗寵愛楊玉環，要求百官見到玉環著石榴裙翩然而至即要下跪行禮有關。

88

"背子"是什麼樣的服裝？

背子，又名"褙子"、"綽子"，是身與衫齊，袖比衫短的服式。先秦時期背子較短，是加於朝服之外的禮服。《事物紀原》記載："秦二世衫子上朝服加背子，其制袖短於衫，身與衫齊，大袖。"此後，背子的形制有所變化，其制有長、有短，有寬、有窄，兩裾離異不縫合，兩腋及背後都垂有帶子，用帶繫束之。

背子發展至宋朝成為最常見的服裝樣式，男女老少不分尊卑貴賤均可穿著。其款式以直領對襟為主，兩襟離異不縫合，亦不施攀紐，袖子可寬可窄；背子的長度，有的在膝上、有的齊膝、有的到小腿、有的長及腳踝；背子兩側開衩，或從衣襟下擺至腰部，或一直高到腋下，也有索性不開衩的款式。值得一提的是，宋代的男子上至皇帝、官吏、士人，下至商賈、儀衛都穿背子，但並非作為正式的服飾，而多是居家休息之時穿著，那種不繫攀紐、可寬可窄可長可短的直腰身款式，顯得十分休閒。在一幅據傳是宋徽宗趙佶的自畫像《聽琴圖》中，這位一國之君也穿著一件深色衣料的背子。到了元代，黑色背子成了倡家之服。明代背子僅限於女性穿著，入清遂廢。

89

古代的扣子是什麼樣的？

古代的扣子主要指盤扣。盤扣或稱"盤紐"，是中國傳統服裝使用的一種紐扣，用來固定衣襟或裝飾。盤扣通常是一對，由一公一母組成，公的一端是結，母的一端是環，把結繫進環中，就起了固定衣服的作用。盤扣的種類很多，常見的有蝴蝶盤扣、蓓蕾盤扣、纏絲盤扣、鏤花盤扣等。

清朝以前的中國服裝有時候在不明顯的位置會有少數扣子，絕大部分是用帶子繫裹。自明朝萬曆年間（1573～1619）開始，高領女裝的領子上就曾見有一至兩個金屬制的領扣。清初以後，綢布制的盤扣開始被使用，馬褂、旗袍都用盤扣在正面固定衣襟。

　　盤扣在服裝上起了很好的裝飾作用，可以說，短坎長裙中間密密地綴一排平行盤扣，於端麗之中見美感；斜襟短衫綴上幾對似花非花的纏絲盤扣，於古雅之中見清純；立領配盤扣，氤氳著張愛玲時代的含蓄和典雅等等。形形色色的盤扣中尤以古老的手工盤扣最為精巧細緻，它融進了製作者的心性和智慧，具有極高的審美價值。

 | 90

抹額是什麼樣的？

　　抹額，亦稱"抹頭"，是束在額上的巾飾。它最早為北方少數民族所創的避寒之物，傳至中原後成為軍中之物。《新唐書・食貨志》記載："韋堅自衣闕後，綠衣錦半臂，紅抹額，立第一船。"宋代俞琰《席上腐談》說："以綃縛其頭，即今之抹額也。"在宋代的儀衛中，如教官服襆頭、紅繡抹額，招箭班的皆長腳襆頭、紫繡抹額，這些都是用紅紫等色的紗絹裹在頭上的抹額。

　　宋代開始，抹額也應用於婦女。其抹額在製作上比先前講究，通常將五色錦緞裁製成各種特定的形狀，並施以彩繡，有的還裝綴珍珠寶石，漸漸向首飾靠近。明清時期是抹額的盛行時期，當時的婦女不分尊卑，不論主僕，額間常繫有這種飾物。這個時期的抹額形制也發生了很大的變化，除了用布條圍勒於額外，還出現了多種樣式，例如用彩錦縫製成菱形，緊紮於額；用黑色絲帛貫以珠寶，懸掛在額頭；以絲繩編織成網狀，上綴珠翠花飾，使用時繞額一周，繫結於腦後。冬季所用的抹額，通常以絨、毛氈等厚實的材料為之。抹額的造型也有多種：有的中間寬闊，兩端狹窄；有的中間狹窄而兩端寬闊，後者在使用時多將兩耳遮蓋。因為這種抹額兼具禦寒作用，故被稱之為暖額。

91

《木蘭辭》中"對鏡貼花黃"的"花黃"是什麽樣的妝飾？

額黃，也稱"鵝黃"、"鴉黃"、"約黃"、"貼黃"，是我國婦女一種古老的美容妝飾，因爲是以黃色顏料染畫於額間，故有此名。古代婦女額部塗黃的風習起源於南北朝或更早些，可能與佛教在中國的廣泛傳播有關，當時全國大興寺院，塑佛身、開石窟蔚然成風。婦女們從塗金的佛像上受到啓發，也將自己的額頭染成黃色，久之便形成了染額黃的風習。

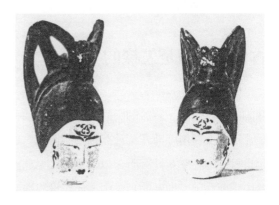

花黃之妝

南北朝至唐時，婦女愛在額間塗以黃色，作爲點綴，如南朝梁簡文帝《戲贈麗人》："同安鬟裏撥，異作額間黃。"因黃顏色厚積額間，狀如小山，故亦稱"額山"。唐代還有一種專蘸鴉黃色的，稱爲"鴉黃"。如唐代虞世南《應詔嘲司花女》："學畫鴉黃半未成，垂肩嚲袖太憨生。"盧照鄰《長安古意》："片片行雲著蟬鬢，纖纖初月上鴉黃。"

據文獻記載，婦女額部塗黃主要有兩種方法，一種爲染畫，一種爲粘貼。染畫是用毛筆蘸黃色顏料染畫在額上，其具體染畫方法又分兩種：一種爲平塗法，即額部全塗。如唐代裴虔余《詠篙水濺妓衣》："滿額鵝黃金縷衣。"一種爲半塗法，是在額部塗一半，或上或下，然後以清水過渡，由深而淺，呈暈染之狀。北周庾信《舞媚娘》"眉心濃黛直點，額角輕黃細安"，即是指這種塗法。

粘貼法較染畫法簡單，這種額黃是用黃色材料剪製成薄片狀飾物，使用時以膠水粘貼於額上即可。由於可剪成星、月、花、鳥等形，故又稱"花黃"。如南朝陳徐陵《奉和詠舞》"舉袖拂花黃"，北朝《木蘭辭》"當窗理雲鬢，對鏡貼花黃"，唐代

崔液《踏歌詞》"翡翠帖花黃"等，都指的是這種飾物。嚴格說來，它已脫離了染額黃的範圍，更多地接近花鈿的妝飾了。

 | 92

古代的胭脂是怎樣的？

胭脂，又作"燕脂"、"焉支"、"燕支"，是面脂和口脂的統稱，是和妝粉配套的主要化妝品。關於胭脂的起源，有兩種不同的說法：一說胭脂起自於商紂時期，是燕地婦女採用紅藍花葉汁凝結為脂而成，由燕國所產得名。如《二儀錄》："燕支起自紂，以紅蘭花汁凝脂，以為桃花妝，燕國所出，故曰'燕脂'。"另一說為原產於中國西北匈奴地區的焉支山，匈奴貴族婦女常以"閼氏"（胭脂）妝飾臉面。張騫出使西域後，帶回了胭脂，後亦作"臙脂"。

由於胭脂的推廣流行，兩漢以後，婦女作紅妝者與日俱增，且經久不衰。如《木蘭辭》："阿姊聞妹來，當戶理紅妝。"《開元天寶遺事》中也記："貴妃每至夏月，常衣輕綃，使侍兒交扇鼓風，猶不解其熱。每有汗出，紅膩而多香，或拭之於巾帕之上，其色如桃紅也。"這種習俗一直沿續到清朝末年，由於女子教育的興起，青年女學生紛紛崇尚素服淡妝，才改變了這種妝飾現象。

婦人妝面的胭脂有兩種：一種是以絲綿蘸紅藍花汁製成，名為"綿燕支"；另一種是加工成小而薄的花片，名叫"金花燕支"。這兩種燕支，都可經過陰乾處理，成為一種稠密潤滑的脂膏。追根溯源，胭脂的來源主要是一種名叫"紅藍"的花朵，它的花瓣中含有紅、黃兩種色素，花開之時整朵摘下，然後放在石缽中反覆杵槌，淘去黃汁後，即成為鮮豔的紅色染料。除紅藍外，製作胭脂的原料，還有重絳、石榴、山花及蘇方木等。

| 93

什麼是臂釧？

臂釧（chuàn），屬鐲類，戴在手腕處的叫手鐲，佩戴在手臂上的叫臂釧，故臂釧也稱為“臂鐲”、“臂環”，是婦女最重要的臂飾。古代女子的臂釧又稱“纏臂金”，蘇東坡《寒具》詩中就有：“夜來春睡濃於酒，壓褊佳人纏臂金。”

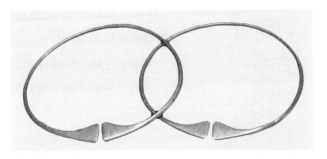

商代金臂釧

早期臂釧實物多出現於北方地區，通常將金銀條錘扁，盤繞成螺旋圈狀。所盤圈數多少不等，少則三圈，多則五圈八圈，並有花、素之分：鏤刻有花紋的，稱“花釧”，素而無紋的，稱“素釧”。無論從什麼角度觀察，所見都為數道圓環，宛如佩戴著幾個手鐲，而“釧”字的造形從“金”、從“川”，其中的“川”字即象形而來。

西漢以後，佩戴臂釧之風盛行，一直延續到今天。釧的材料多用金、銀等貴金屬，其樣式繁多，有自由伸縮型的，這種臂環可以根據手臂的粗細調節環的大小。宋人沈括在《夢溪筆談》中寫道：“余又嘗過金陵，人有發六朝陵寢，得古物甚多。余曾見一玉臂釵，兩頭施轉關，可以屈伸，合之令圓，僅於無縫，為九龍繞之，功侔鬼神。”還有一種叫做“跳脫”的臂環，如彈簧狀，盤攏成圈，少則三圈，多則十幾圈，兩端用金銀絲編成環套，用於調節鬆緊。這種“跳脫”式臂環，可戴於手臂部，也可戴於手腕部。

| 94

"巾幗不讓鬚眉"的"巾幗"為什麼代指女性？

巾幗是古人使用的一種首飾，寬大似冠，高聳顯眼，內襯金屬絲套或用削薄的竹木片紮成各種新穎式樣，外緊裹一層彩色長巾。這種冠飾罩住前額，圍在髮際，兩側垂帶，結在項中，勒於後腦，既不同於髮式，也不同於裹巾，而且還可以隨時戴取。

先秦時期，男女都能戴巾幗用作首飾。到了漢代以後，巾幗成為婦女專用的妝飾。在漢代，宮廷貴族夫人戴幗是一種禮儀，因而，巾幗遂成為婦女的代稱。宋代抗金女將梁紅玉、近代民主革命家秋瑾，人們都稱讚她們是巾幗英雄、巾幗豪傑。

正是基於巾幗的特殊含義，古人有時以贈送巾幗給男子對其進行侮辱。《三國志·魏書·明帝叡傳》提到諸葛亮送給司馬懿一頂巾幗，就是譏諷司馬懿像個女人，不敢與蜀兵交戰。《南史·蕭宏傳》也記載說："魏人知其不武，遺以巾幗。"

巾幗之飾

 | 95

"鱗次櫛比"的"櫛"指的是什麼？

櫛是梳、篦的通稱，質地多樣，有木、角、骨、玉等。古代男女蓄髮，髮式各異。男子髮式，多作椎形，便於冠巾。紮束以後，穿以簪固定。女子髮式，更要加飾物，如櫛、笄、釵等，插在髮上，增其美觀，並不固髮，純為首飾。櫛是古人較為普遍的髮上首飾。如杜甫《過客相尋》："地幽忘盥櫛，客至罷琴書。"蘇東坡《于潛令刁同年野翁亭》："山人醉後鐵冠落，溪女笑時銀櫛低。"

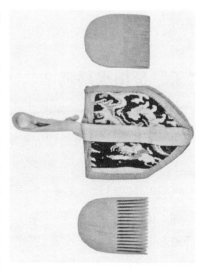

唐代櫛及櫛袋

中國自古便注重禮儀，人們對自己的儀容妝飾十分重視，梳篦使頭髮潔淨無塵、絲絲相現，因此，早在四千年前，我們的祖先便有插梳的習慣。春秋以前的梳子形制複雜、裝飾考究，但外形特徵基本一致，都是直豎形：梳把較高，橫面較窄，很少作方形或扁平的。從戰國到魏晉南北朝，梳篦的材料一直以竹木爲主，尤以木料最常見。梳篦的造型，多上圓下方形似馬蹄。隋唐五代的梳篦，多做成梯形，高度明顯降低，其質料及裝飾視用途而別。宋朝以後，梳子的形狀趨於扁平，一般多作半月形。明清時期的梳篦樣式，基本保持宋制。

 96

爲什麼常用"膏粱"代指精美的食物？

"膏粱"，指肥肉和細糧，泛指美味的飯菜。具體來講，"膏"是指油脂、肥肉。"粱"是指精米、精面，也就是精加工的細糧。細糧的粗纖維含量低，澱粉、蛋白質含量較高。經過精加工以後，脫去了皮殼，磨細過篩，進一步去粗取精，剩下的就更加甘甜，有粘性，不會粗礫難以下嚥，口感、色澤都好。

在大多數窮苦老百姓只能吃糠咽菜的年代，膏粱也就成了富裕的象徵，因而代指富貴生活。《紅樓夢》第四回有："所以這李紈雖青春喪偶，且居於膏粱錦繡之中，意如槁木死灰一般。"膏粱、錦繡就是形容吃喝穿戴奢侈華貴。

基於此，"膏粱子弟"即指官僚、地主等有錢人家的子弟。如《文心雕龍·雜文》說："蓋七竅所發，發乎嗜欲，始邪末正，所以戒膏粱之子也。"《資治通鑒·齊紀明帝建武三年》也有："未審上古已來，張官列位，爲膏粱子弟乎？爲致治乎？"

| 97

"禾"是指水稻嗎？

禾，最初專指粟，即小米，後來又作糧食作物的總稱。《詩經·豳風·七月》："十月納禾稼，黍稷重穋，禾麻菽麥。"第一個"禾"字泛指糧食作物，第二個"禾"字專指粟。

"禾"字爲象形文字，像垂穗的禾本科農作物。因此，後來"禾"字多與農作物有關，遂成爲穀類作物的總稱。《說文》："禾，嘉穀也，以二月而種，八月而熟，得時之中，故謂之禾。"《廣雅·釋草》："粢黍稻其采謂之禾。蓋凡穀皆以成實爲費，禾像穗成，故爲嘉穀之通名，穀未秀曰苗，已秀曰禾。"

 | 98

燒賣是什麼時候出現的？

燒麥，又稱"燒賣"、"肖米"、"稍麥"等，是一種以燙麵爲皮裹餡，上籠蒸熟的麵食小吃。它起源於包子，與包子的主要區別除了使用未發酵的麵制皮外，還在於頂部不封口，作石榴狀。

燒賣在中國土生土長，歷史相當悠久。最早的史料記載是在14世紀高麗（今朝鮮）出版的漢語教科書《樸通事》上，記有元大都（今北京）出售"素酸餡稍麥"。到了明清時代，"稍麥"一詞雖仍沿用，但"燒賣"、"燒麥"的名稱也出現了，並且以"燒賣"出現得更爲頻繁。如《儒林外史》第十回："席上上了兩盤點心，一盤豬肉心的燒賣，一盤鵝油白糖蒸的餃兒。"《金瓶梅詞話》中也有"桃花燒賣"的記述。清朝乾隆年間的竹枝詞有"燒麥餛飩列滿盤"的句子。

現在中國南北方都有燒賣，在江蘇、浙江、兩廣一帶，人們把它叫做燒賣，而在北京等地則將它稱爲燒麥。燒麥噴香可口，兼有小籠包與鍋貼之優點，民間常作爲宴席佳餚。

99

元宵節吃湯圓是什麼時候開始的？

湯圓是我國的代表小吃之一，是用各種果餌做餡，外面用糯米粉搓成球，煮熟後，吃起來香甜可口。明代劉若愚《酌中志》記載："用糯米細麵，內用核桃仁、白糖、玫瑰爲餡，灑水滾成，如核桃大小，即江南所稱湯圓也。"

元宵節吃湯圓據傳最早在西漢時期。相傳漢武帝時宮中有一位宮女，名叫元宵，長年幽於宮中，思念父母，終日以淚洗面。大臣東方朔決心幫助她，於是對漢武帝謊稱，火神奉玉帝之命於正月十五火燒長安，要逃過劫難，唯一的辦法是讓元宵姑娘在正月十五這天做很多火神愛吃的湯圓，並由全體臣民張燈供奉。漢武帝准奏，元宵姑娘終於見到家人。此後，便形成了元宵節，人們開始在此節日吃湯圓。

湯圓由糯米製成，或實心，或帶餡，餡有豆沙、白糖、山楂等各類果料，食用時煮、煎、蒸、炸皆可。起初，人們把這種食物叫"浮圓子"，後來又叫"湯糰"或"湯圓"，這些名稱與"團圓"字音相近，取團圓之意，象徵全家人團團圓圓，和睦幸福，以此懷念離別的親人，寄託對未來生活的美好願望。

 100

"寒具"是什麼東西？

寒具，亦稱"饊"、"環餅"等，俗稱"饊子"，本是古代寒食節禁火時用以代餐的食品，後成爲一種平時的點心。它是用麵粉、糯米粉加鹽或蜜、糖，搓成細條，油煎而成。其形狀各異，或爲麻花，或爲柵狀。

寒具的稱謂，始見載於《周禮·籩人》："朝事之籩，其實黃、白、黑……"注："朝事，謂清朝，未食，先進寒具口實奕之籩。"此寒具即是泛指製熟後冷食的乾糧。又因春秋戰國時期，古人在寒食節禁火時食用，於是，耐儲好吃的饊子、麻花之類油炸麵食品，便成爲寒食節諸食品中的佼佼者，遂冠以"寒具"的美名，伴隨寒食節而流傳下來。

南北朝時，寒具被列為珍貴食品之一，此後歷代傳習。如《齊民要術》："細環餅，一名寒具，脆美。"五代時金陵"寒具"即很出名，"嚼著驚動十里人"，可見其製作技藝之精湛。蘇軾《寒具》詩也有："纖手搓來玉數尋，碧油煎出嫩黃深。"

隨著時代的推移，寒具從原料到製作都有改進，已由過去糯米粉改為麵製油炸，更具有了酥脆、形美、耐久存的特點。現今寒具食品饊子、麻花，全國南北均有製作，一般需經和麵、盤條、油炸等工序，其形精巧，風味各異。

 | 101

古今的"羹"一樣嗎？

古代的羹指的是肉湯。"羹"，從羔，從美。古人的主要肉食是羊肉，所以用"羔"、"美"會意，表示肉的味道鮮美。羹在古代主要有兩種，一種是不加調料、不加菜蔬的純肉湯。如《國語·臧哀伯諫納郜鼎》："是以清廟茅屋，大路越席，大羹不致，粢食不鑿，昭其儉也。"另一種是用肉或菜調和五味做成的帶汁的肉湯。如《孟子·告子上》："一簞食，一豆羹，得之則生，弗得則死。"《說文》："五味和羹。"

羹發展至今天，則泛指各種濃湯類食物，如以玉米為主要材料的玉米羹、以牛肉為主要材料的西湖牛肉羹等。可以說，今天"羹"的使用範圍更加擴大了。

 | 102

古代的糖是什麼樣的？

中國是世界上最早製糖的國家之一，早期製得的糖主要是飴(yí)糖，而蔗糖是到了唐代才產生的。飴糖是一種以米（澱粉）和麥芽經過糖化熬煮而成的糖，呈粘稠狀，俗稱麥芽糖。自西周創制以來，民間流傳普遍，廣泛食用。

將穀物用來釀酒造糖是人類的一大進步。《詩經·大雅·綿》："周原膴膴，菫荼如飴"，意思是周的土地十分肥美，連菫菜和苦苣也像飴糖一樣甜。說明遠在西周時就已有飴糖。飴糖被認爲是世界上最早製造出來的糖。飴糖屬澱粉糖，故也可以說，麥芽糖的歷史最爲悠久。

西周至漢代的史書中都有飴糖食用、製作的記載。其中，北魏賈思勰所著的《齊民要術》記述最爲詳盡，書中對飴糖製作的方法、步驟、要點等都作了敍述，爲後人長期沿用。時至今日，這類澱粉糖的甜味劑仍有生產，也有較好的市場，在製糖業中仍有一定地位。

 | 103

"西瓜" 之名因何而來？

西瓜堪稱瓜中之王，因在漢代時從西域引入，故稱西瓜。《農政全書》："西瓜，種出西域，故名之。"西瓜原產於北非的撒哈拉一帶，由埃及傳入中亞，由中亞傳入我國的新疆喀什，由喀什傳入哈密、吐魯番，再從吐魯番傳入內地。西瓜品種很多，其皮色分青、綠，其瓤則有紅、白品種，其種子有黃、紅、黑、白色等品系。

第一部介紹西瓜種植的農書，是元代至元十年（1273）官修農書《農桑輯要》，王禎的《農書》和徐光啓的《農政全書》都加以引用。第一次提到西瓜藥用價值的是元代吳瑞德的《日用本草》，稱西瓜"清暑熱，解煩渴，寬中下氣，利小水，止血痢"。

由於西瓜深受人們喜愛，所以它也成爲歷代文人墨客吟詠的題材。如南宋范成大《詠西瓜園》："碧蔓凌霜臥軟沙，年來處處食西瓜。形模濩落淡如水，未可葡萄苜蓿誇。"明代李東陽《如賢饋西瓜及檳榔》："漢使西還道路賒，至今中國有靈瓜。香浮碧水清先透，片遂鸞刀巧更斜。"清代紀曉嵐《詠西瓜》："種出東陵子母瓜，伊州佳種莫相誇。涼爭冰雪甜爭蜜，消得溫暾顧煮茶。"

 | 104

"戶樞不蠹" 的 "戶樞" 指的是什麼？

"戶"，古代指單扇的房門。"樞"，指的是門上的轉軸。"戶樞"，指的是門軸。如東漢荀悅《漢紀·哀帝紀下》："又傳言西王母告百姓：'佩此符者不死。不信我言，視戶樞中有白髮。'"唐元稹《後湖》："朝餐有庭落，夜宿完戶樞。"北宋梅堯臣《一日曲》："世本富繪綺，嬌愛比明珠。十五學組，未嘗開戶樞。"

"戶樞不蠹"的意思是，門軸經常轉動，故不會被蟲蛀。比喻經常運動的東西不容易受侵蝕，也比喻人經常運動可以強身。"戶樞不蠹"，亦作"戶樞不蝼"，亦作"戶樞不朽"。如《呂氏春秋·盡數》："流水不腐，戶樞不蝼，動也。"

 | 105

"禍起蕭牆"的"蕭牆"指的是什麼？

"蕭牆"，指的是古代國君宮殿大門內外，面對大門起屏障作用的矮牆，即今之照壁。"蕭"通"肅"，比喻內部。"蕭牆"又稱"塞門"，亦稱"屏"。《論語·八佾》中就有："邦君樹塞門，管氏亦樹塞門。"疏："塞猶蔽也。"《禮緯》："天子外屏，諸侯內屏，大夫以簾，士以帷。"蕭牆的作用，在於遮擋視線，防止外人向大門內窺視，因此蕭牆之內常常用來指代家裏，如果家裏、內部發生禍亂，則常說"禍起蕭牆"。如《論語·季氏》記載："今由與求也，相夫子，遠人不服而不能來也；邦分崩離析而不能守也；而謀動干戈於邦內，吾恐季孫之憂，不在顓臾，而在蕭牆之內也。"

 | 106

古代的"几"就是現在的茶几嗎？

古代的"几"不僅僅就是現在的茶几，其依用途的不同，可分為茶几、炕几、香几、花几等。茶几一般以方形或長方形居多，高度與扶手椅的扶手相當。通常情況下是兩把椅子中間夾一茶几，用以放杯盤茶具，故名茶几。茶几是入清之後開始盛行的傢俱。與茶几相應，套几是清代十分有特色的傢俱。套几可分可合，使用方便，一般為四件套，同樣式樣的几逐個減小，套在上一個腿肚內，收藏起來只有一個几的體積，其他小几套在其中，故名"套几"。

戰國楚陳物漆木几

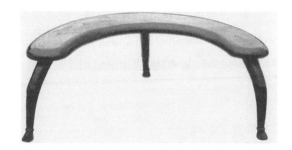

曲木抱腰式憑几

炕几也叫靠几、憑几，長和寬的比例與炕案相仿，高度一般較炕案還要矮些，明清兩代炕几的使用很普遍，且有很大的講究。明代高濂《遵生八箋》記載："靠几，以水磨爲之。高六寸，長二尺，闊一尺，有多置之榻上，側坐靠襯，或置薰爐、香合、書最便。"

香几是爲供奉或祈禱時置爐焚香用的一種几，也可陳設老式表盒。香几的使用大多成組或成對，個別也有單獨使用的。香几的式樣較多，有高矮之別，且不專爲焚香，也可別用，如擺放各式陳設、百玩之類，以供清玩，甚快心目。

花几，又稱花架或花台，大都較高，是一種高几，專門用於陳設花卉盆景，多設在廳堂各角或正間條案兩側。花几比茶几出現更晚，明代未有這種細高造型的几架，可能到清中期以後才出現。晚清時花几盛行，流傳於世的大多是此時期的作品。

 107

棧道是什麼樣的道路？

棧道，又稱"閣道"、"複道"，是沿懸崖峭壁修建的一種道路。中國在戰國時即已修建棧道。如《戰國策・秦策》："棧道千里，通於蜀漢。"注："棧，棚也。施於險絕以濟不通。"

棧道的主要形式是在懸崖峭壁上鑿孔，插入木樑，上鋪木板或再覆土石。也有在石崖上鑿成台級，形成攀援上下的梯子崖；還有在陡岩上鑿成的隧道或半隧道；此外，古代高樓間架空的通道也稱棧道。

著名的"明修棧道，暗渡陳倉"的故事發生在楚漢之爭時期，此"棧道"是從關中翻越秦嶺，南通漢中、巴蜀的古代交通要道，由秦嶺古道、褒斜道、連雲棧道組成，全長250公里，架於懸崖絕壁和泥沼之地。

| 108

何謂"鑾和之鳴"？

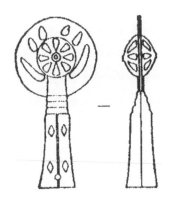

銅鑾鈴示意圖

銅和鈴

鑾，即鑾鈴，亦作"鸞鈴"，是安裝在古代乘車上的響鈴，它一般立在駕轅馬匹的軛頂與衡之上。和，即和鈴，是掛在車廂前欄軾上的響鈴。

鑾鈴形似撥浪鼓，由上下兩部分構成：上部分是鈴體，呈扁圓形，如兩輪對合，邊緣較寬，輪面上有輻射狀鏤孔。球體中空，內置彈丸，多為石質。振動時，發出聲響。下部分為一長方形銎座，兩側有釘孔，固定在軛頂和衡之上。西晉崔豹《古今注·輿服》曰："《禮記》云：行前朱鳥，鸞也。前有鸞鳥，故謂之鸞；鸞口銜鈴，故謂之鸞鈴。"和鈴是掛在車軾上的，近似甬鐘，內有小舌。車輛行進時，鑾、和同時發出陣陣鈴聲。在古代，為區別等級，凡朝廷、貴戚和重臣的乘車之上，所置鑾鈴、和鈴之數各有等差，如在唐代，天子車輛為"十二鸞在衡，二鈴在軾"，皇后只能在重翟車上有"八鸞在衡"，皇太子車輿，僅金輅可以"八鸞""二鈴"，其餘車輛不能置鸞鈴，王公以下對於車輛所置鸞鈴更是嚴格規定。

109

古代的"輦"就是"轎子"嗎？

輦，古代用人挽行的交通工具。《說文》：
"輦，挽車也。"注："謂人挽行之車也。"
《左傳·莊公十二年》："以乘車輦其母。"
注："駕人曰輦。"因此，輦車，即是古代用人
挽拉的輜重車，或指古代宮中用的一種便車，多
用人挽拉；輦輿，用人拉車，即後世的轎子。

秦漢後，輦特指帝后所乘的車。如輦輅，即
皇帝的車駕；輦轂，即皇帝坐的車子。杜牧《洛
中二首》有："一從翠輦無巡幸，老卻蛾眉幾許
人。"李商隱《曲江》也有："金輿不返傾城
色，玉殿猶分下苑波。"

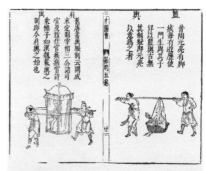

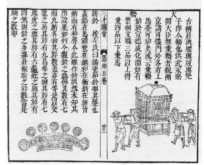

《三才圖會》之"籃輿、肩輿、大轎"

中國人應知的

國學常識 ②

The knowledge
of Chinese

體育娛樂

中國人應知的 國學常識❷ **體育娛樂**

 | 110

古人如何鬥鵪鶉？

鬥鵪鶉，亦稱"冬興"（因其多在冬初進行而得名）、"鵪鶉圈"，古時民間娛樂活動之一，最早出現於唐玄宗時代，當時西涼人進獻鵪鶉，能隨金鼓節奏爭鬥。之後宮中便流行飼養鵪鶉取樂。唐宋以後，鬥鵪鶉開始由宮廷傳向民間，以致後來成為人們消閒時取樂和賭博的活動。不少史料對此都有記載，如明人謝肇淛（zhè）《五雜組》記載："江北有鬥鵪鶉，其鳥小而馴，出入懷袖，視鬥雞又似近雅。"又清葛元煦《滬遊雜記》云："滬人霜降後喜鬥鵪鶉，畜養者以繡囊懸胸前，美其名曰'冬興將軍'。"清顧祿《清嘉錄》云："霜降後，鬥鵪鶉角勝，標頭一如鬥蟋蟀之制，以十枝花為一盆，負則納錢一貫二百，若勝則主家什二而取。每鬥一次，謂之一圈。鬥必昏夜。"古人在鬥鵪鶉之前，先貼標頭、分籌碼，並將兩隻公鵪鶉同時放進籬圈內（故鬥鵪鶉又叫"鵪鶉圈"）。一般而言，鬥鵪鶉多在早晨舉行，因為早上鵪鶉肚子餓，為了爭奪食物，鵪鶉的鬥性很容易被激發。決鬥過程中，如果其中一隻鵪鶉突然飛了，或是不鬥了，在籬圈中被對方追得亂

鬥鵪鶉

跑，則宣佈失敗。鵪鶉一旦被咬敗一次後，便終生不再參賽，著名的歇後語"咬敗的鵪鶉鬥敗的雞——上不了陣勢"，就與此項活動有關。

 | 111

成語"二龍戲珠"描繪的是怎樣一種活動？

在古代，人們將"龍"視為吉祥的化身，早在殷商時代，銅器和骨刻上就有龍形圖案。後來人們又用"龍燈"這一形式來表達祈求風調雨順的美好願望。龍燈，也叫"龍舞"，在漢代民間已相當普遍，唐、宋時期的"社火"、"舞隊"表演中，"耍龍燈"更是常見的表演形式之一。宋人吳自牧在其《夢粱錄》中曾這樣描述南宋臨安(今杭州)元宵節當夜舞龍燈的情景："又以草縛成龍，用青幕遮草上，密置燈燭萬盞，望之蜿蜒如雙龍之狀。"兩條明光閃閃的燭光雙龍在黑夜蜿蜒遊動，場面十分壯觀。除元宵節之外，人們在春節、燈會、廟會及豐收年，都會舉行舞龍燈的活動，試圖通過舞龍來祈禱神龍的保佑，以求得風調雨順、四季豐收。"龍身"一般內由竹、鐵紮結而成，外則用綢緞或布匹包裹，並在龍身內點上蠟燭。舞龍者由數十人組成，一人在前用繡球鬥龍，其餘全部舉龍。舞龍燈動作花樣繁多，"二龍戲珠"、"雙龍出水"、"火龍騰飛"、"蟠龍鬧海"等成語常用來形象地描述舞龍動作。

 | 112

古時人們為什麼喜歡養金魚？

我國養金魚的歷史非常悠久。金魚的體態各不相同，花樣紛呈，給人們的生活帶來不少趣味。我國歷代文豪詩人，有感而發，寫出不少有關養金魚的詩文。蘇東坡《去杭十五年復遊西湖用歐陽察判韻》詩曰："我識南屏金鯽魚，重來扣檻散齋餘。還從舊社得心印，似省前生覓手書。葑合平湖久蕪漫，人經豐歲尚凋疏。誰憐寂寞高常侍，老去狂歌憶孟諸。"王世貞《玉泉寺觀魚》詩云："寺古碑殘不記年，清池媚景且流連。金鱗慣愛初斜日，玉乳長涵太古天。投餌聚時霞作片，避人深處月初弦。

還將吾樂同魚樂，三復莊生濠上篇。"從上述這些詩文，我們不難看出古人對養金魚的喜愛之情。中國古代養金魚源於什麼呢？目前還沒有定論，不過有學者認為與佛教有關。佛教信條戒殺生、善放生與普渡眾生。佛教傳說龍女金鯉轉世做人，於是各寺前紛紛建立金魚池，作為放生池。世人向池內放生金魚，向佛表示赤誠，表達延壽添福、繁衍子孫、永祈和平等美好心願。

113

古人養的寵物有哪些？

現在，很多人喜歡飼養貓、狗等寵物用來增加生活的樂趣。其實，古時人們也喜歡養寵物，而且所養寵物還頗有個性。比如著名的書法家王羲之喜歡養白鵝，晉代高僧支道林喜歡養駿馬和丹頂鶴等。再以蟋蟀為例，雖然現代已經很少有人將之當寵物來養了，但在從前它可是非常流行的"寵物"。南宋宰相賈似道曾著有《促織經》（促織是蟋蟀的別稱），這是中國古代最早的一部專論蟋蟀的書。此外，南京圖書館還收藏有民國十年鉛印本《促織經》一卷，大體以賈似道的《促織經》為體例，詳述了蟋蟀的相法、養法、鬥法、種類等。此外，古代文獻中還有不少關於養犬、貓、鳥

唐・周昉《簪花仕女圖》（局部），貴婦逗猧子圖

的記載，如《史記·平准書》中就有秦代宮廷養狗的描繪：「水衡、少府、大農、太僕各置農官，往往即郡縣比沒入田田之。其沒入奴婢，分諸苑養狗馬禽獸，及與諸官。」可以說，我國是飼養寵物歷史悠久的國家。到清代，甚至出現專門飼養寵物的官員。《清史稿·職官志》記載：「管理養鷹狗處大臣，無員限。養鷹鷂處統領二人。侍衛內揀補。藍翎侍衛頭領、副頭領各五人。六品冠戴。養狗處統領二人。藍翎侍衛頭領五人，副頭領十人，六品冠戴九人。七品一人。筆帖式六人。初設養狗處及鷹房、鴉鶻房。乾隆十一年改房爲處。三十一年裁養鴉鶻處。其員額併入鷹上。」

114

古代的彈棋是怎麼玩的？

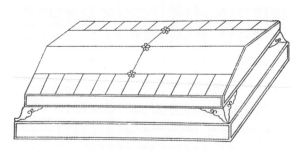

彈棋盤，引自日本《古事類苑》

彈棋，古代棋戲之一，最初主要在西漢末年的宮廷和士大夫中盛行。據晉葛洪《西京雜記》卷二中記載：「(漢)成帝好蹴踘。群臣以蹴踘爲勞體，非至尊所宜。帝曰：『朕好之。可擇似而不勞者奏之。』家君作彈棋以獻。帝大悅。賜青羔裘、紫絲履，服以朝覲。」由此可知，彈棋以解決「勞體」問題而取代蹴鞠引入宮禁中。漢代彈棋，所用棋局爲正方形，魏文帝《彈棋賦》曾如是描述彈棋棋局：「惟彈棋之嘉巧，邈超絕其無儔。苞上智之弘略，允貫微而洞幽。局則荊山妙璞，發藻揚暉。豐腹高隆，庳根四穨。平如砥礪，滑若柔荑。棋則玄木北，幹素樹西枝。洪纖若一，修短無差。」至於彈棋的玩法，據《藝經》記載：「彈棋，兩人對局，白黑棋各六枚，先列棋相當，更先彈也。其局以石爲之。」即雙方各持六枚棋子，以自己的棋子去擊彈對方的棋子。到唐代，彈棋數量增加了一倍，兩方各持十二枚棋子，其中一半「貴子」，一半「賤子」，以紅黑兩色以示區別。玩棋的人都應先以賤子去擊觸對方的棋子，不得已才用貴子。《天中記》載：「唐順宗在春宮日，甚好之，時有吉達、高鈇、崔同、楊同願之徒悉爲名手。有竇深、崔長孺、甄偶、獨孤文德亦爲亞焉。」李欣《彈棋歌》亦云：「崔侯善彈棋，巧妙盡於此……坐中齊聲稱絕藝。」可見唐代彈棋水準之高。時至宋代，流行了幾百年時間的彈棋突然銷聲匿跡，其玩法也從此失傳。值得一提的是，自十六、十七世紀以來，檯球風靡歐洲許多國家，而後傳入日本，近年又盛行於我國各地。有學者認爲檯球與彈棋的玩法皆是在一個盤上，擊一球，令其滾動去撞擊另一球，便提出二者具有淵源關係，但因史料所限，目前尚難定論。

115

古人鬥茶鬥的是什麼？

鬥茶，又叫「鬥茗」、「茗戰」，開始於唐代。據學者考證，鬥茶創於出產貢茶聞名於世的福建建州茶鄉。鬥茶一般在每年春季新茶製成時進行，茶農、茶客們將新茶拿來比鬥，比技巧、鬥輸贏，富有趣味性和挑戰性。鬥茶的場所，多選在較有規模的茶葉店。參加鬥茶之人，要各自獻出所藏名茶，輪流品嘗，以決勝負。比賽內容包括茶葉的色相與芳香度、茶湯香醇度、茶具的優劣、煮水火候的緩急等等。鬥茶要經過集體品評，以俱備上乘者爲勝。鬥茶多爲兩人「廝殺」，「三鬥二勝」，計算勝負的單位術語叫「水」，一般說兩種茶葉的好壞爲「相差幾水」。具

鬥茶

體說來，古人鬥茶主要鬥兩方面，一是鬥湯色，即茶水的顏色。標準是以純白爲上，青白、灰白、黃白，等而次之。色純白，表明茶質鮮嫩，蒸時火候恰到好處；色發青，表明蒸時火候不足；色泛灰，蒸時火候太老；色泛黃，則表明採摘不及時；色泛紅，炒焙火候過了頭。蔡襄在《茶錄》就曾說：「茶色貴白」，「以青白勝黃白」。二是鬥湯花，即指湯麵泛起的泡沫。湯花泛起後，水痕出現早者爲負，晚者爲勝。宋祝穆在其《方輿勝覽》中云：「鬥試之法，以水痕先退者爲負，耐久者爲勝。」由此不難知道水痕出現的早晚，是判定湯花優劣的重要依據。

 | 116

在古代粽子除了食用還有啥用途？

端午節吃粽子是中國一大傳統習俗，不過除此以外，粽子還有娛樂功能。唐代宮中就曾盛行過射粉團遊戲。粉團即指粽子，又名「角黍」。射粉團是一項射箭類遊戲，據五代王仁裕《開元天寶遺事》卷上《射團》記載：「宮中每到端午節，造粉團、角黍，貯於粉盤中，以小角造弓子，纖妙可愛，架箭射盤中粉團，中者得食，蓋粉團滑膩而難射也，都中盛爲此戲。」宮中每到端午，造粉團、角黍置於盤中，再製作纖巧的小角弓，箭射盤中的粉團，射中者得食之。不過后妃們是不吃的，原就只是爲了圖個熱鬧，最後一般都賞賜給了宮人。當然，因爲粉團滑膩又小，想射中它可不是件簡單容易的事，所以玩起來很有一番樂趣。明清時期，射粉團遊戲仍然存在，清朝乾隆時期徐揚著有《端陽故事八幀》，其中就有《射粉圖》。

 | 117

成語「桃弓射鴨」中「射鴨」是什麼意思？

現在人們常用「桃弓射鴨」這一成語來形容隱士的閒逸生活，蘇軾《讀孟郊詩》之二有云：「桃弓射鴨罷，獨速短蓑舞。」那麼，射鴨到底是什麼意思呢？據史料記載，射鴨是古代一種射擊類遊戲，流行於唐、五代時期，一般在水上進行。《新五代史·唐紀》載："三年春正月庚子,如東京,毀即位壇爲鞠場。二月己巳,聚鞠於新場。乙亥,射雁於王莽河。辛巳,突厥渾解樓、渤海國王大皆遣使者來。射雁於北郊。乙酉,射鴨於郭泊。庚寅,射雁於北郊。三月乙未,寒食,望祭於西郊。庚申,至自東京。"同書《晉紀》亦載："三年春二月丙子,回鶻使突厥陸來。壬午,射鴨於板橋。"具體而言,這一遊戲的規則是將木製的鴨子放在水面上漂浮,比賽者輪流用弓箭射之,中者爲勝。不少詩詞文賦也對射鴨作過形象的描述,如王建《宮中三臺詞二首》之一:"魚藻池邊射鴨,芙蓉苑裏看花。日色赭袍相似,不著紅鸞扇遮。"《御獵》:"青山直繞鳳城頭,濬水斜分入禦溝。新教內人唯射鴨,長隨天子苑東遊。"孟郊《送淡公》詩之四:"短蓑不怕雨,白鷺相爭飛。短楫畫菰蒲,鬥作豪橫歸。笑伊水健兒,浪戰求光輝。不如竹枝弓,射鴨無是非。"一般而言,射鴨這一遊戲的主要參與者是後宮女性。

118

坐在"床"上如何溜冰?

拖冰床是我國北方地區的一種冰上遊藝活動。冰床也稱作"凌床",用木板做成,形狀如床,可以坐三四人,下面安上鐵條。因冰床需要一人在前用繩牽引,拖帶行走,故該遊戲被稱爲拖冰床。明劉若愚《明宮史·金集》中曾描述過拖冰床的情形:"冬至冰凍,呵拉拖床,以木作平板,上加交床或槁薦,一人在前引繩,可拉二三人,行冰上如飛。"《帝京歲時紀勝》亦載:"更將拖床連結一處,治酌陳餚於上,

拖冰床圖

歡飲高歌，兩三人牽引，便捷如飛。"當時人們在冰床上還就著美食小酌一把，令這種遊戲更為趣味橫生。拖冰床遊戲歷史較為悠久，宋沈括《夢溪筆談》卷二十三《譏謔》曾記載："冬月作小坐床，冰上拽之，謂之凌床。余嘗按察河朔，見挽床者相屬，問其所用，曰：此運使凌床，此提刑凌床也。聞者莫不掩口。"可知宋代即已出現冰床。至明清時，拖冰床活動很普及，北京的什剎海、護城河、二閘，甚至皇城內的太液池都是活動的場所。當然，拖冰床並不限於北京，舉凡北方的城鎮鄉村，只要是有水處，冬季都有拖冰床。現在，這一遊戲仍深受人們喜愛，至於冰排子、冰扒犁等則是拖冰床的別稱。

119

跑旱船是什麼時候出現的？

跑旱船

跑旱船，民間歲時娛樂活動之一。一般在傳統佳節如元宵節時表演。旱船多用竹、木、秫秸紮成，船的頂部都有船篷並繪以戲曲故事或花草，船身彩繪蓮花等圖案。一般而言，每條船需有兩名表演者，一人作乘船狀，一人則作搖櫓狀，且搖且晃。因船在平地上行走，故而得名"旱船"。《燕京歲時記》中曾描繪過跑旱船的情景："跑旱船者，乃村童扮成女子，手駕布船，口唱俚歌，意在學遊湖而採蓮者，抑何不自愧也！凡諸雜技皆京南人為之，正月最多。至農忙時則捨藝而歸耕矣。"又據唐鄭處誨《明皇雜錄》云："每賜宴設酺會，則上勤政樓。金吾及四軍兵士未明陳仗，盛列旗幟，皆帔黃金甲，衣短後繡袍。太常陳樂，衛尉張幕後，諸蕃酋長就食。府縣教坊，大陳山車旱船，尋橦走索，丸劍角抵，戲馬鬥雞。"可見跑旱船在唐代還是宮廷演出節目之一。需指出的是，跑旱船的表演形式分為謀生或娛樂兩種。以謀生為目的的表演，每演出一場收取一些零錢；以娛樂為目的的表演，則多在廟會和春節期間表演，船的數量較多，場面也大。

120

古代的彩選遊戲是怎麼玩的？

彩選，一種古代博戲。宋高承《事物紀原》卷九記載：“彩選序曰：唐之衰，任官失序而廉恥路斷，李賀州部譏之，恥當時職任用投子之數，均班爵賞，謂之彩選，言其無實，惟彩勝而已。本朝（宋代）劉蒙叟陳堯佐雖各有損益，而大抵取法，及趙明遠削唐雜任之門，盡以今制，專以進士爲目，時慶曆中也。元豐末，官制行，朱昌國又以寄祿新格爲名。”清王士禎《香祖筆記》卷六：“古彩選始唐李部，宋尹師魯踵而爲之。元豐官制

彩選圖

行，宋保國者又更定之。劉貢父則取西漢官秩升黜次第爲之，又取本傳所以升黜之語注其下，其兄原父見之喜，因序之而以爲己作。明倪文正公鴻寶，亦以明官制爲圖。”據此，彩選相傳爲唐代賀州刺史李部所制。用骰子擲彩，依彩大小，進選官職。後趙明遠、尹洙仿照李部的升官圖作彩選格。具體方法是把京外文武大小官位寫在紙上，另用骰子擲之，依點數彩色以定升降，一爲贓，二、三、五爲功，四爲德，六爲才，遇一降罰，遇四超遷，二、三、五、六亦升轉。

121

古代的骨牌是什麼樣的？

骨牌，又稱牙牌，因其牌以獸骨爲原料製成而得此名。骨牌至晚於北宋末年就

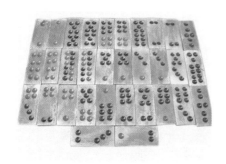

骨牌

已存在，明張自烈《正字通·牌》云：
"牙牌，今戲具。俗傳宋宣和二年，臣
某疏請設牙牌三十二扇，詩點一百二十
有七，以按星宿布列之。……高宗時詔
如式頒行天下，今謂之骨牌，然皆博塞
格五之類，非必自宣和始也。"明謝肇
淛《五雜俎》卷六："今博戲之盛行
於時者，尚有骨牌。其法古不經見。
相傳始於宣和二年，有人進此，共三十二扇，二百二十七點，以按星辰之數。天牌
二十四，象二十四氣；地牌四點，象四方；人居中數，以象三才。其取名亦皆有意
義。對者十二，爲正牌；不對者八，爲雜牌。三色成牌，兩牌成而後出色以相賽。
其取名如天圓、地方、櫻桃、九熟之類，後人敷演其說，易以唐詩一句，殊精且巧
矣。此戲較朱窩近雅，而較圍棋爲不費，一時翕然，亦不減木野狐雲。"骨牌呈長方
形，比麻將牌大，每扇牌面都由骰子的兩個面拼成，如兩個六點便成"天牌"，兩個
"么"便是"地牌"，一顆五點一顆六點拼在一起就是"虎頭"。兩顆骰子的圖案可
以組合成二十一種不同的牌式，其中有十一種牌是成對的，叫做"文牌"，其餘十種
爲單張，叫做"武牌"。一副骨牌一共爲三十二張。

 | 122

古代人如何打麻將？

　　打麻將，亦稱"搓麻將"，是中國一項古老的娛樂活動和賭博活動。它變化多
端，技巧性與偶然性並存，引起了很多人的興趣。在唐朝有一種"葉子戲"，當時人
用紙剪成與樹葉相似的紙牌以供遊戲，因此稱葉子戲。後來，經過元、明、清各朝的
演變發展，到清代中期，出現了四人鬥牌的"麻雀"紙牌，俗稱麻將牌。至清末民初
時，麻雀紙牌又改成長方形硬質版，一般用竹子、牛骨、象牙、象骨、硬塑膠製成。
牌面分刻筒（又稱"餅"）、索（又稱"條"）、萬三種，數各自從一至九，又加東、

南、西、北、中、發、白，每類四張。一副麻將，一般包括兩粒骰子，一百三十六張牌。有的還加"副牌"春、夏、秋、冬、財神、元寶等若干張。另外還有籌碼若干個以及"莊頭"一枚。玩牌通常有四人參加，打法很多，變化多端。麻將是一種能鍛煉智力的娛樂方式，現已成為人民群眾喜聞樂見的娛樂項目。

123

何謂"水秋千"？

水秋千

"水秋千"是古人把秋千遊戲引入水遊戲中來而創造的一種遊戲，可以說是水上運動和秋千運動相結合的新的遊戲形式，一般在農曆五月左右舉行，通常還伴有龍舟競賽。這時無論是普通百姓還是王公貴族，都會前往觀賞。五代花蕊夫人《宮詞》有云："內人稀見水秋千，爭擘珠簾帳殿前。第一錦標誰奪得，右軍輸卻小龍船。"五代時的水秋千尚在初創時期，宮中也不常見，因此那些宮女們聽說有人玩水秋千，便爭著撥開珠簾，翹首以望。不過花蕊夫人詩中沒有提供更多的水秋千的玩法。宋孟元老在其《東京夢華錄》卷七"清明節"條中對水秋千的制置和玩法進行了詳盡地描述："……又有兩畫船。上立秋千。船尾百戲人上竿。左右軍院虞候監教。鼓笛相和。又一人上蹴秋千，將平架，筋斗擲身入水，謂之水秋千。水戲呈畢，百戲樂船並各鳴鑼鼓，動樂舞旗，與水傀儡船分兩壁退去。"可見，水秋千的木架是分立於兩條畫船之上的，遊戲者蕩起秋千，奮力蹬踏，待到蕩得與架平行之時，順勢來個筋斗，騰空而起，再翻身入水。顯然，這種水秋千的難度比較大，需要有專門訓練的人才可進行表演，也就是說它不適合普通的人，屬於一種觀摩性的遊藝活動。從某種意義上說，水秋千是跳水運動的前身。

| 124

何謂藏鈎？

藏鈎圖，引自日本《古事類苑》

藏鈎是一種類似於猜有無的遊戲。據《酉陽雜俎》記載：“舊言藏鈎起於鈎弋，蓋依辛氏《三秦記》，云漢武鈎弋夫人手拳，時人效之，目為藏鈎也。”漢武帝鈎弋夫人的手總是握著拳，伸不開，見到漢武帝才伸開，裏面握的是個鈎子，武帝覺得十分有趣。後來，藏鈎發展成遊戲，其具體玩法在晉周處《風土記》中有記載：“分二曹以校勝負。若人偶則敵對。若奇則使一人為遊附，或屬上曹，或屬下曹，名為飛鳥，又今此戲必於正月。”即眾人分成兩隊，如果人數為偶數，所分兩隊人數相等，互相對峙；如果是奇數，就讓一人作為遊戲依附者，可以隨意依附這夥或那夥，稱為“飛鳥”。遊戲時，一夥人暗暗將一小鈎或其他小物件攥在其中一人的手中，由對方猜在哪人的哪隻手裏，猜中者為勝。由於這種活動具有很強的趣味性，其玩法又較為簡單，因此深得人們的喜愛。後宮之中頗為流行這種藏鈎遊戲，如花蕊夫人《宮詞》之六十九云：“管弦聲急滿龍池，宮女藏鈎夜宴時。好是聖人親捉得，便將濃墨掃雙眉。”便形象描繪了宮廷生活的一個熱鬧場面：一面奏樂，一面玩藏鈎遊戲，而藏鈎恰被君王猜中，於是採用惡作劇的形式，用濃墨給藏鈎女子畫眉。又據周處《風土記》載：“臘日飲祭之後，叟嫗兒童為藏鈎之戲。”可見民間的老人小孩也喜歡玩這種不太費腦力和體力的遊戲。

| 125

簸錢是什麼遊戲？

王建《宮詞》之九十五云："春來睡困不梳頭，懶逐君王苑北遊。暫向玉花階上坐，簸錢贏得兩三籌。"宮女們既不梳頭也懶得追隨皇帝遊苑北，而是坐在臺階上玩起了簸錢遊戲，那麼，宮女們如此喜好的簸錢是一種什麼遊戲呢？據史料記載，簸錢又稱打錢、擲錢、攤錢，其遊戲方法是參與者先持錢在手中顛簸，然後擲在臺階或地上，依次攤平，以錢正反面的多寡決定勝負。某種程度上說，簸錢遊戲曾經給宮廷女子的孤悶生活帶來了不少歡樂。據《開元天寶遺事》卷上之"戲擲金錢"條記載："內庭嬪妃，每至春時，各於禁中結伴三人至五人，擲金錢為戲，蓋孤悶無所遣也。"除王建外，還有不少詩人也曾作詩描寫過簸錢遊戲，如王涯《宮詞》之十四寫道："百尺仙梯倚閣邊，內人爭下擲金錢。風來競看銅烏轉，遙指朱幹在半天。"又，司空圖《遊仙二首》之一："蛾眉新畫覺嬋娟，鬥走將花阿母邊。仙曲教成慵不理，玉階相簇打金錢。"有意思的是，唐代嬪妃中還曾用簸錢的方式來決定由誰侍帝寢。據《開元天寶遺事》"投錢賭寢"條云："明皇未得妃子，宮中嬪妃輩投金錢賭侍帝寢，以親者為勝。自楊妃入，遂罷此戲。"由此可知，投錢賭寢之舉直到唐玄宗得到楊貴妃之後方才停止。

 | 126

古代的"摸瞎魚"是什麼遊戲？

摸瞎魚，舊時一種兒童遊戲，也叫"摸蝦兒"，曾流行於北方地區，通常在正月十四日進行。明沈榜在《宛署雜記》中記載燕都燈市，十四日，"群兒牽繩為圓城。空其中方丈，城中兩兒輪以帕蒙目，一兒持木魚，時敲一聲，旋易其地以誤之，蒙目者聽聲猜摸，以巧遇奪魚為勝，則拳擊執魚者，出之城外而代之執魚，又輪一兒入摸之，名曰‘摸瞎魚’"。此段記載意思是說，一群兒童用繩子牽成一個圓"城"，在

"城"中有兩個兒童，各用手帕厚厚地蒙上眼睛，一個兒童手裏拿一隻木魚，敲一聲便迅速換一個地方，另一小兒循著聲音去摸，如逢巧摸上，就把木魚奪下，執木魚的人即被罰出"城"外。接著，由牽繩子的人中出一人作爲摸者，木魚改由原摸者敲，引其來摸，如此輪流往復。這一遊戲很有特色，它既能訓練兒童通過辨聲提高尋找方位的能力，同時也能培養孩子們的反應能力，故廣爲流行。

 | 127

古代的"打鬼"遊戲是怎麼玩的？

打鬼，古時兒童遊藝之一，主要流傳在我國黎族、土家族、苗族、壯族等南方少數民族中。明沈榜在《宛署雜記‧民風》記載："正月十六日，小兒多群集市中爲戲，首以一人爲鬼，繫繩其腰，群兒共牽之，相去丈餘，輪次躍而前，急擊一拳以去，名曰打鬼。期出不意，不得爲繫者所執，一或執之，即謂爲被鬼所執，哄然共笑。捉代擊者，名曰替鬼……以此占兒輕俏，蓋習武之意。"《帝京景物略》卷二"城東內外"也記載："小兒共以繩繫一兒腰，牽焉，相距尋丈，迭於不意中，拳之以去，曰打鬼。不得爲繫者兒所執，執者，哄然共捉代繫，曰替鬼。更繫更擊，更執更代，終日擊，不爲代，則佻巧矣。"據此我們知道，此兒童遊戲的玩法爲：一位兒童被蒙上眼睛，扮做虛幻世界中的鬼。這個"鬼"的腰裏繫上一根繩子，由其他孩子在後牽著。打鬼遊戲開始時，扮鬼者往前走，其他兒童牽著繩子隨在扮鬼者的後面，並依次向前打鬼，打一輕拳後即馬上後退。在擊打鬼的一瞬間，扮鬼者是可以去捉擊打者的。捉住了，就表明打鬼的兒童被鬼勾走了。所以，擊打者必須要機警、敏捷，既要大膽地去擊打扮鬼者，又要不被扮鬼者捉去。如果被扮鬼者捉去了，就要去扮做鬼，扮鬼者則可以由鬼變爲打鬼者，進入到牽鬼的行列中。這種打鬼遊戲非常有趣，同時還能夠培養孩子們無畏、勇敢的精神，鍛煉孩子們的靈敏性和判斷力。

128

"擊壤" 是什麼遊戲？

擊壤，是一種古老的擊木遊戲。這一體育活動，在中國歷史上經歷了一段漫長的演變過程。相傳"擊壤"起始於帝堯時，據晉皇甫謐所著《帝王世紀》記載："帝堯之世，天下太平，百姓無事，有老人擊壤而歌曰：日出而作，日入而息，鑿井而飲，耕田而食，帝力於我何有哉！"《論衡》、《藝經》也都記載了帝堯時期老人擊壤的傳說。帝堯時的

擊壤

擊壤似乎難於考察清楚，但在漢魏時期，社會上就確實存在有擊壤這項體育娛樂活動。漢應劭《風俗通義》、三國時魏國邯鄲淳《藝經》，為我們提供了一個大概的輪廓：擊壤的玩法是在田頭豎起一塊小小的木頭（即"壤"），比試的人們手裏拿著另一塊相同的木頭，站在三四十步之外依次投擊，看誰能打中"壤"。三國吳盛彥還曾留下一首《擊壤賦》："論衆戲之爲樂，獨擊壤之可娛。"此外，關於"壤"的樣式，史籍記載也各不相同：晉代周處在其《風土記》裏記載"壤"的樣式爲長一尺四寸，一頭大一頭小；而明代王圻《三才圖會》中所繪"擊壤"圖，其"壤"的形狀則像隻鞋子。總的說來，擊壤的投擲技巧講究準確，後來出現了不少與擊壤類似的投擲節目，比如投壺、拋球、拋劍等，透過這些節目，我們便可看到"擊壤"這一古老遊戲的影子。

129

我國古代體育運動中也有 "保齡球" 嗎？

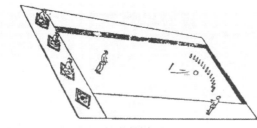

唐代木射圖

地滾球

唐代木射圖

中國古代球類比賽中有一種木射遊戲，亦稱 "十五柱球"，唐代時創造。據唐陸秉編寫的《木射圖》一書介紹，木射 "為十五筍以代侯，擊地球以觸之。飾以朱、墨字以貴賤之。朱者：仁、義、禮、智、信、溫、良、恭、儉、讓。墨者：慢、傲、佞、貪、濫。仁者勝，濫者負，而行一賞罰焉"。此文字雖然很簡略，但已經基本把木射遊戲的玩法說清楚了。這種球戲一般在室內進行，場地的一端設立十五個筍形平底的木柱，在每個木柱上分別用朱筆或墨筆寫一個字：用朱筆在十柱上寫 "仁、義、禮、智、信、溫、良、恭、儉、讓"，五柱上用墨筆寫 "慢、傲、佞、貪、濫"。參加者用木球擊向木柱，擊中寫有紅字的木柱為勝，有賞；擊中寫有黑字的木柱為輸，受罰。《中國大百科全書·體育卷》中提到，在西元三至四世紀的德國，有一種娛樂項目為地滾球，不過該節目並不設在遊戲場所，而設在天主教堂裏。起初，教徒們在教堂走廊裏安放木柱用以代表異教和邪惡，然後用石頭擊木柱，擊中可得好運、贖罪、消災；擊不中就要更加虔誠地信仰天主。顯然，德國出現的地滾球與我國古代的木射頗為相似。此外，木射與保齡球亦有異乎尋常的相似性，然而我們在史料中卻找不到二者在源流關係上的任何蛛絲馬跡。

| 130

中國古代有水球運動嗎？

　　水球，眾所周知，是現代奧林匹克運動會比賽項目之一。其實，在我國古代也有水球，宋代宮廷中就有水球比賽。不過，中國古代水球比賽與現代水球比賽有很大的區別。中國古代的水球比賽不是在水中賽球，而是把球投擲入水中，誰投得遠，誰就是勝利者。宋徽宗趙佶的一首宮詞《擲水球》便描寫了古代水球比賽的情況：「苑西廊畔碧溝長，修行森森綠影涼。戲擲水球爭遠近，流星一點耀波光。」球像流星一樣飛落水中，與粼粼波光相映。除這首宮詞外，關於我國古代的擲水球運動鮮有更爲詳細的記載。

 | 131

用手也可“踢”毽子？

　　哆毽，即「拍毽子」，是侗族男女青年最喜愛的一項體育活動，大約有千年歷史。相傳是由於插秧過程中一拋一接的扔秧動作，引出了哆毽這項活動。至宋代末年，人們已用稻草紮成小球在寨前屋後或山坡上互相拋接。到元朝時，逐步發展成現在的這種拍毽子運動。哆毽與踢毽子不同的是，哆毽不是用腳踢，而是用手拍毽子。具體比賽規則是：拍得最高、最遠，接得最穩、落地最少者爲優勝。哆毽的打法有男、女單打和男、女對打，也有團體賽。侗族哆毽技藝的表演尤爲引人注目。技藝高超者，一口氣可連續拍打六七百次之多，拍打變化無窮，動作優美，有時高拋加個魚躍翻身，有時動作如鳳凰展翅，有時全身撲下似海底撈針，讓人應接不暇，歎爲觀止。可以說，哆毽是一種社交性的體育活動，像跳交誼舞一樣不得拒絕對方邀請，否則會視爲不講禮貌，藐視對方。同時，哆毽也是青年男女表達愛情的媒介之一。男女對拍多在山坡上進行，彩毽飛來傳去，稱爲「飛花傳情」。總而言之，哆毽不僅能活動全身，鍛煉臂力，增強體質，還可以促進社交活動。

| 132

打木球是一項什麼樣的體育活動？

打木球，俗稱"打籃子"、"趕毛球"，是回族流行的體育活動之一。比賽所用木球是用一種硬度較強的木頭製作的小球，堅硬而不易破裂。木球兩端削成橢圓形，打時如果一頭觸地，就會改變方向。木球的比賽場地，一般長約30米、寬約20米，中間劃有一道中場線，兩邊底線中間各置一個3米寬、0.5米高的球門。比賽分上下兩場。比賽時，雙方以球棍擊打木球，最後以攻進球門多少球計勝負。比賽結束時，勝方將球擊出，負方跑向落球點將球拾起跑回，一路不准換氣，直到成功跑回，這是比賽後勝方對負方的懲罰。打木球運動器具簡單、規則明確，打法靈活簡便，競爭性、趣味性很強，同時，又有濃郁的鄉土氣息。打木球運動由來已久，相傳清朝康熙皇帝微服私訪時曾扮作乞丐來到寧夏巡察，一天看到幾個牧羊的孩子打木球，十分熱鬧，就走上前觀看。回到京城，康熙皇帝念念不忘"打木球"，就下令製作木球，於閒暇時"打木球"自娛，還曾組織宮人進行過比賽。民間傳說雖不可盡信，但說明"打木球"似源於寧夏，至今已有三四百年的歷史了。

 | 133

中國古人如何進行舉重運動？

在中國古代，舉重運動頗為流行，主要的有扛鼎、翹關、武刀、舉石等。關於扛鼎，我們在第一冊中已經做了介紹，現主要說說翹關、舞刀和舉石。

所謂翹關，據《文選·左思》李周翰注："翹關扛鼎，皆逞壯力之勁，能招門開也。……招與翹同。扛，舉也。" "翹"是舉的意思，"關"是關城門用的大門柱，一般長四五丈，重幾十斤至上百斤不等，翹關的意思即指用雙手舉起很重的門柱。翹關曾是中國古代最為普及的練力活動之一，據《列子》卷八記載："孔子之勁，能拓國門之關，而不肯以力聞。"孔夫子也曾是這一練力運動的參與者。又據《新唐書·

選舉志》云：“其外又有武舉，蓋其起於武后之時。長安二年，始置武舉。其制，有長垛、馬射、步射、平射、筒射，又有馬槍、翹關、負重、身材之選。翹關，長丈七尺，徑三寸半，凡十舉後，手持關距，出處無過一尺；負重者，負米五斛，行二十步，皆爲中第，亦以鄉飲酒禮送兵部。其選用之法不足道，故不復書。”這說明翹關還曾經是唐代武舉的科目之一。

除扛鼎、翹關外，古代舉重項目還有舞刀等。舞刀，實際上是舉刀，當然這種刀很重，而比賽花樣有單手舉、雙手舉和舞花刀等。可見，這些舉重項目的區別主要在於所用器物的不同。

在中國古代舉重的歷史上，翹關、扛鼎都是較爲古老的舉重活動，至唐宋以後，由於石製品製作方便、成本較低，且易於抓舉，舉石便替代翹關、扛鼎而成爲舉重比賽中的主流專案。在中國古代筆記、小說中，常有對舉石比賽的記述和描繪。如小說《水滸傳》第二十八回中，就有關於武松舉石的描寫，從一個側面反映了宋代的情況：“武松把石墩略一搖，大笑道：‘小人眞個嬌惰了，那裏拔得動。’施恩道：‘三五百斤的石頭，如何輕視得它。’……武松便把上半截衣裳脫下來，拴在腰裏，把那個石墩只一抱，輕輕地抱將起來，雙手把石墩只一撇，撲地打下地裏一尺來深。……武松再把右手去地裏一提，提將起來，往空一擲，擲起去離地一丈來高。武松用雙手只一接，接來輕輕地放在原舊安處。”從中可見，武松所舉爲石墩，且此石墩有三五百斤。在清朝的武舉科目中，專門有舉石一項，亦稱爲“掇石”，石重分爲200斤、250斤、300斤三種。實際上，舉石作爲一種舉重活動，主要還是作爲武術訓練的一個輔助項目，而且以舉石擔和舉石鎖爲主，石擔兩頭的圓石塊甚至還專門被製作成不同的重量，以適應不同的人群及不同的訓練目的。

 134

何謂“驢鞠”？

驢鞠，顧名思義，即騎在驢背上揮杖擊球，它同馬球類似，也是唐宋時期開展的一項球類娛樂專案。眾所周知，唐代盛行馬球，從皇帝到臣僚，從將帥到士兵，都愛騎馬打球，就連纖弱宮女、富家閨秀，都有騎馬打球的。不過由於馬性烈、個頭高，不適於女子騎乘，因此，一些婀娜宮女、富家閨秀便改用生性溫馴的驢，以驢代馬，擊球娛樂。當然，驢鞠同馬球一樣，亦受到唐代皇帝的推崇。據《舊唐書‧敬宗紀》記載，敬宗時曾令"內園"宮女"分朋驢鞠"。《新唐書‧敬宗紀》中也記載敬宗"觀驢鞠於三殿"。此外，《資治通鑑》亦載，乾符二年（875）九月，唐僖宗"乘驢擊球"。到了宋代，男子驢鞠已不爲怪了。《東京夢華錄》中曾形象描繪過驢鞠的場面："先設彩結小球門於殿前，有花裝男子百餘人，皆裹角子向後拳曲花襆頭，半著紅，半著青錦襖子，義襴束帶，絲鞋，各跨雕鞍花鞘驢子，分爲兩隊，各有朋頭一名，各執彩畫球杖，謂之'小打'。一朋頭朋杖擊弄球子，如綴球子，方墜地，兩朋爭占，供與朋頭，左朋擊球子過門入盂爲勝，右朋向前爭占，不令入盂，互相追逐，得籌謝恩而退。"由上還可知，宋代"驢鞠"又被稱爲"小打"。

135

古人如何表演"吞刀吐火"雜技？

吞刀，引自日本《信西古樂圖》

吞刀吐火，古代一種雜技表演，表演者吞下利刃，或者將燃著物置於口中，噴吐火苗。漢張衡《西京賦》曾記載："吞刀吐火，雲霧杳冥。"據史書記載，此雜技在西漢時就已存在，據《漢書‧張騫傳》："大宛諸國發使隨漢使來，觀漢廣大，以大鳥卵及黎軒眩人獻於漢。"唐顏師古注曰："眩，讀與幻同。即今吞刀吐火，植瓜種樹，屠人截馬之術皆是也。本從西域來。"《晉書‧夏統傳》也有同樣記載："甲夜之初，撞鐘擊鼓，間以絲竹，丹、珠乃拔刀破舌，吞刀吐火，雲霧杳冥，流光電發。"可見，此項雜技表演似從西域傳入。吐火，引自日本《信西古樂圖》《舊唐書‧音樂志》又記載："其後復《高紫鹿》。後魏、北齊，亦有

《魚龍辟邪》、《鹿馬仙車》、《吞刀吐火》、《剝車剝驢》、《種瓜拔井》之戲。"到了宋代,"吞刀"則發展成爲"吃劍";"吐火"現象則更爲奇瑰。據孟元老《東京夢華錄》記載:北宋藝人常常爬至高竿頂端"口吐狼牙煙火"。後來"吐火"逐步發展成爲兩種:一是口含松香粉,對準明火吹噴,頓時出現大片耀眼火花。這種魔術技巧逐漸爲戲曲所吸收,現代戲曲表演神怪出現時仍有所應用;二是將紙條撕碎了,並交待無火的痕跡,然後納入口中,頃刻生煙,噴出明火,火苗可達尺餘。

吐火,引自日本《信西古樂圖》

136

古代的"弄丸"雜技是怎麼表演的?

弄丸,亦稱"跳丸"、"抛丸",古代雜技項目之一,即表演者兩手快速地連續抛接若干彈丸,一個在手,數個滯空,遞抛遞接,往復不絕,與現代雜技手技節目中的抛球極爲相似。這項雜技要求表演者動作敏捷、準確、俐落,連續性強。據史學家考證,此雜技最遲在春秋戰國時期就已出現。《莊子》卷八就曾記載:"市南宜僚弄丸而兩家之難解。"注:"宜僚善弄九鈴,常八個在空中,一個在手。楚與宋戰,宜僚披胸受刃,於軍前弄丸,一軍停戰,遂勝之。"大意是說,楚國的宜僚能將九個球依次抛起,八個在空中,一個在手中,循環往復,終不脫手墜落。此外,不少史料對弄丸都有所記載,如《山東漢畫像石選集》中有漢代畫像描繪弄丸者兩手並用同時玩十一個丸的精彩場景;《後漢書·西域傳》注引魚豢《魏略》曰:"大秦國俗多奇幻,口中出火,自縛自解,跳十二丸,巧妙非常。"可見其難度之大、技藝之高。總的說來,弄丸在秦漢時有所發展,唐宋以後,始終流行,以致現代雜技中仍保留此項節目。

| 137

弄劍是什麼雜技表演？

跳劍，山東沂南北寨村漢墓畫像石

　　弄劍，又叫"跳劍"，古代百戲節目之一，即表演者兩手連續拋接短劍。漢張衡《西京賦》記載："跳丸劍之揮霍，走索上而相逢。"李善注曰："揮霍，謂丸劍之形也。索上，長繩繫兩頭於梁，舉其中央，兩人各從一頭上，交相度，所謂舞戀者也。"弄劍表演者必須準確掌握短劍在空中的運動方向及運行速度，以使劍柄恰好落入手中或劍鋒插入鞘中，不能有絲毫偏差，否則後果非常嚴重。因此說，弄劍的難度很大，且具有較強的危險性。《列子·說符篇》記載："宋有蘭子者，以技干宋元；宋元召而使見。其技以雙枝，長倍其身，屬其脛，並趨並馳，弄七劍迭而躍之，五劍常在空中。元君大驚，立賜金帛。"大意是說，有一位善於弄劍的雜技藝人，技藝高超，去見宋元。其絕技是踩著高蹺弄劍，而且弄的是七把劍，保持五劍常在空中，並不斷跳躍。宋元見狀大驚，立刻賜予金帛，可見其技藝之高超。其實，除五劍並飛以外，還有丸劍並飛、手腳並用的"飛劍跳丸"或"飛丸跳劍"的精彩表演。在山東沂南漢墓出土的畫像石上，有一幅老人赤膊赤足弄丸、弄劍圖。老人左手執一把短劍，同時屈膝後踢，並從背後飛起五個小球，動作難度之高，令人難以想像。

 | 138

古人會"隱身術"嗎？

　　遁術，魔術術語，指魔術表演中人或物在種種條件限制下隱身的技術，是魔術的基本技法之一。我國魔術出現於何時呢？由於古代統治階級的偏見，對難登大雅之堂的包括魔術在內的某些民間藝術不屑一見，所以在中國古代文獻裏對此魔術沒有系統的文字記載，僅有點滴而且零散的反映。儘管如此，但從幾則簡單的歷史記載中，我們還是可以略窺其發展跡象。據漢劉向《列女傳》記載：齊宣王日夜置酒作樂，其後鍾離春給宣王當面表演遁術。鍾離春說：“我非常喜愛身遁之術。”宣王說：“隱身之術，本來是我所希望看到的，請試表演一下吧！”話猶未了，鍾離春忽然不見，齊宣王不禁驚歎叫絕。這“忽然不見”，就是幻術裏的遁術。漢朝張騫曾兩次出使西域，打通了西域與中原的聯繫通道，西域幻術開始不斷傳入中原，《後漢書·陳禪傳》就記載：“撣國王雍由調復遣使者詣闕朝賀，獻樂及幻人，能變化吐火，自支解，易牛馬頭。又善跳丸，數乃至千。”此後又陸續從西域傳來了一些魔術節目，這些魔術豐富了我國傳統幻術的表演形式和題材內容，和中原魔術融合在一起，形成了以中原魔術爲主體、富於濃厚民族特色的中國魔術體系。

 | 139

“魚龍戲”是指什麼？

魚龍變化，山東沂南北寨村漢墓畫像石

什麼是魚龍之戲？《西京賦》：“巨獸百尋，是爲蔓延。”李善注：“作大獸，長八十丈，所謂蛇龍蔓延也。”《漢書·西域傳》顏師古注：“漫衍者，即張衡《西京賦》所云‘巨獸百尋，是爲漫延’者也。魚龍者，爲含利之獸，先戲於庭極，畢乃入殿前激水，化成比目魚，跳躍漱水，作霧障日，畢，化成黃龍八丈，出水敖戲於庭，炫耀日光。《西京賦》云‘海鱗變而成龍’，即爲此色也。”顏師古的注釋比較清楚，大意是說：含利是一種瑞獸，上場之後先在庭上戲來耍去，然後，跳進殿前激水，變成比目魚，跳躍起伏口中漱水，化作迷茫的煙霧，遮住日光，於是變成了八丈黃龍，跳出水面在庭上敖戲，炫耀在陽光之下。這種變幻過程就是張衡在《西京賦》裏所寫的"海鱗變而成龍"。簡言之，魚龍戲具體情景是：一出場"先戲於庭極"是向觀眾交代；然後，用水作掩護變成比目魚；最後，用煙霧障日，化作黃龍，在日光下炫耀。據《隋書‧音樂志》記載，隋煬帝時"猶有此節目，名'黃龍變'"。"珠箔輕明拂玉墀，披香新殿鬥腰支。不須看盡魚龍戲，終遣君王怒偃師"是唐代詩人李商隱的詩句，這首詩是諷刺和告誡那些在君王面前賣弄機巧、溜鬚拍馬之人最終是沒有好下場的。

 | 140

古代有"耍花盤"雜技表演嗎？

雜旋伎，又稱"旋盤"、"碗珠伎"、"弄盆子"等，其表演方式爲表演者取多種圓形器物，放在竿上旋轉，宋馬端臨在其《文獻通考‧散樂百戲》中曾指出："雜旋伎蓋取雜器圓旋於竿標而不墜地也。"雜旋伎在元代有了較大發展，元吳萊《碗珠伎》詩將元代雜旋伎描寫得十分精彩："碗珠聞自宮掖來，長竿寶碗手中回。日光正高竿影直，風力旋空珠勢側。當時想像鼻生蔥，宛轉向額栽英蓉。箸鬥交箸忽神駭，矛葉舞矛憂技窮。"從詩中可以看出，元朝時的表演已有頭上轉盤、鼻關轉盤、翻跟鬥轉盤等高難度花樣。到清代，雜旋表演有了更大發展，清蔣士銓《弄盤子》曾描寫"雜旋"表演者："先擲一盆當空起，再持一竿拄盆底。竿頭盆轉如旋床，持竿之人目上視。竿竿銜尾次第續，忽直忽彎隨所使。露盤端正向天承，蓮葉偏翻任風奇。"李斗《揚州畫舫錄》中又記載揚州"雜旋"表演者"置盤竿首，以手擎之，令盤旋轉，腹及兩手及兩腕、腋，兩股及腰與兩腿置竿十餘，其轉如飛，或飛盤空際，落於原竿上"，表演如此精彩，實在讓人驚歎。現代雜技舞臺上的"轉碟"或"耍盆"，或即由雜旋伎轉變而來。

141

古代的馴獸表演有哪些？

馴獸，是古代雜技的傳統節目之一，起源於漢代由人扮演的獸戲，張衡《西京賦》中就曾描寫漢代獸戲場景：“總會仙倡，戲豹舞羆（pí），白虎鼓瑟，蒼龍吹箎（chí）。”古代馴獸表演花樣繁多。早在南北朝時就出現馴馬（又名馬戲），據南朝梁張裕《舞馬賦序》記載：“河南獻赤龍駒，有奇貌絕足，能拜善舞，天子異之，使臣作賦。”到唐代，馬戲更為常見。鄭處誨在《明皇雜錄》中記載唐玄宗曾派人訓練出百餘匹舞馬，它們能隨著樂曲聲“奮首鼓尾，縱橫應節。又施三層板床，乘馬而上，旋轉如飛”，讓人歎為觀止。宋代馬戲開始在民間普及，據《東京夢華錄》記

唐·舞馬紋提梁銀壺，陝西西安南郊何家村出土

載，當時出現了“立馬”、“跳馬”、“倒立”、“拖馬”、“棄鬃背坐”、“鐙裏藏身”等動作花樣。除馴馬外，還有馴猴、馴狗等。晉傅玄在《猿猴賦》中生動地描述了當時猴戲的盛況：人們給猴子“戴以赤幘，襪以朱巾”，讓之“或長眠而抱勒，或哎咋而齟齬，或顧印而踟躕，或悲嘯而呻吟。既似老公，又類胡兒。或低眩而擇風，或抵掌而胡舞”。又據《清稗類鈔》所記，清代鳳陽人曾馴練了一個猴子劇團，生旦淨醜、鳴鑼擊鼓皆是猴子，令人叫絕。至於馴狗，早在戰國時代就有了“鬥雞走狗”的娛樂。此外，我國古代馴獸中還馴養飛禽蟲蟻，如唐代教蒼蠅列陣，宋代教泥鰍跳舞，元代教烏龜登塔，明代以後民間廣為流傳的馴鳥銜字、麻雀銜錢，清代教金魚排隊等等，都是很有趣的節目。

中國人應知的

國學常識 ②

The knowledge
of Chinese

天文地理

中國人應知的
國學常識❷ **天文地理**

| 142

什麼是蓋天說？

　　蓋天說是古人對天地結構認識的一種宇宙觀念。自古以來，人們看見蒼天籠罩著大地，於是就直觀地產生了天圓地方的蓋天說。這一天地宇宙觀念產生很早，很多學者都認為，浙江餘杭良渚文化遺址中出土的玉琮與玉璧、安徽含山凌家灘遺址中出土的玉版，已經蘊涵了天圓地方的蓋天說觀念。至遲在西周時期，蓋天說已經出現，當時認為天尊地卑，天圓地方，"天圓如張蓋，地方如棋局"，穹隆狀的天覆蓋在呈正方形的地上，日月星辰則像爬蟲一樣過往天空，這是蓋天說的雛形。秦、漢之前，這一說法十分盛行。"天圓地方說"雖符合當時人們粗淺的觀察常識，但實際上卻很難自圓其說。比如方形的地和圓形的天怎樣連接起來？春秋戰國之際的曾子，就曾提出"天圓而地方，則是四角之不掩也"的疑問。於是，天圓地方說又修改為：天並不與地相接，而是像一把大傘高懸在大地上空，中間有繩子縛住它的樞紐，四周還有八根柱子支撐著。共工怒觸不周山和女媧補天的神話以及詩人屈原在《天問》中提出的"斡維焉繫，天極焉加，八柱何當，東南何虧"的疑問，體現的都是這一發展了的蓋天說。但是，這八根柱子撐在什麼地方呢？天蓋的傘柄插在哪裏？扯著大帳篷的繩子又拴在哪裏？這些也都無法回答，為了彌補此一結構在常識上產生的一些困惑與疑難，此後這一學說又對天與地的形狀做過一些修正。形成於戰國末期的新蓋天說認為，天像覆蓋著的斗笠，地像覆蓋著的盤子，天和地並不相交，天地之間相距八萬里。盤子的最高點便是北極。太陽圍繞北極旋轉，太陽落下並不是落到地下面，而是到了我們看不見的地方。新蓋天說不僅在認識上比天圓地方說前進了一大步，而且對古代數學和天文學的發展都產生了十分重要的影響。

　　蓋天說通常把日月星辰的出沒解釋爲它們運行時距離遠近變化所致，距離遠就看不見，距離近就看得見。這種解釋仍然非常牽強，並被越來越多的天文觀測事實所否定。至西漢，揚雄提出了難蓋天八事，全面否定蓋天說。但在唐朝以前，蓋天說在中國古代影響力一直沒有消失，晉朝人虞聳提出的穹天論，就是蓋天說的沿襲和發展。至南北朝時，還出現了渾、蓋合一說。事實上，蓋天說終歸是一種原始的宇宙認識論，由於它對許多宇宙現象不能做出正確的解釋，同時本身又存在許多漏洞。到了唐代，天文學家一行等人通過精確的測量，徹底否定了蓋天說中"日影千里差一寸"的說法後，蓋天說就銷聲匿跡了。

 | 143

什麼是渾天說？

　　渾天說，是中國古代的另一種對天地結構認識的最基本的宇宙觀念，可能產生於戰國時期。戰國時期的思想家慎到認爲：天，不是半球形的，而像彈丸一樣，是整球形的。最早猜測大地爲圓形的，是跟慎到差不多同時的惠施。惠施曾說：球形的大地，體積雖然有限，但一直朝南走，可以周而復始，無窮無盡。惠施認爲不僅地是球形的，天也是球形的。

　　渾天說最初認爲：地球不是孤零零地懸在空中的，而是浮在水上。後來，這一學說又有發展，認爲地球浮在氣中，因此有可能迴旋浮動，這就是"地有四游"樸素地動說的先河。渾天說認爲全天恒星都布於一個"天球"上，而日月星辰則附麗於"天球"上運行，這與現代天文學的天球概念十分接近。因而渾天說採用球面坐標系，如赤道坐標系，來度量天體的位置，計量天體的運動。在古代，由於對恒星的昏旦中天、日月星辰的順逆去留，都採用渾天說體系來描述，所以渾天說不只是一種宇宙學說，而且是一種觀測和測量天體視運動的計算體系，類似現代的球面天文學。

　　至漢代，科學家張衡對渾天說做了全面的總結，從而使渾天說最終成爲一種很有影響的宇宙結構體系。他還在前人經驗的基礎上，製作了“水運渾天儀”，來形象地表述他的渾天思想。張衡在《渾天儀注》中說：“渾天如雞子，天體圓如彈丸，地如雞子中黃，孤居於天內，天大而地小。天表裏有水，天之包地，猶殼之裹黃。天地各乘氣而立，載水而浮。周天三百六十五度又四分度之一，又中分之，則半一百八十二度八分度之五覆地上，半繞地下，故二十八宿半見半隱。其兩端謂之南北極，北極乃天之中也，在正北，出地上三十六度。……南極天地之中也，在正南，入地三十六度。……天轉如車轂之運也，周旋無端。”渾天說比蓋天說前進了一步，它認為天不是一個半球形，而是一整個圓球，地球在其中，就如雞蛋黃在雞蛋內部一樣。不過，渾天說並不認為“天球”就是宇宙的界限，認為“天球”之外還有別的世界，即張衡在《靈憲》中所說的：“過此而往者，未之或知也。未之或知者，宇宙之謂也。宇之表無極，宙之端無窮。”應該說，渾天說遠比蓋天說更接近宇宙結構的真實，但它也有明顯的不足之處。比如，它把地球看作是天地的中心，顯然是有局限性的。另外，渾天說的一些說法如“天地各乘氣而立，載水而浮”，附著在天體內壁、隨天球繞地球旋轉的日月星辰，當它們運轉到地平線以下之後，又怎樣從水裏通過呢？

很顯然，經過張衡改良的“渾天說”宇宙理論，比“蓋天說”宇宙理論有了長足的進步。根據這一理論提出的地球是圓球形的認識，不僅可以解釋日食、月食等現象，而且還能預知日食、月食的日期、時刻。所以自其萌芽後，便很快地被古代的天文學家們所接受，並成為對中國傳統文化影響最為深遠的宇宙理論，從漢代到明代的一千多年中，它一直在中國天文學界占著主導地位，直到明末西方天文學體系進入我國才開始改變。

 144

什麼叫“三才”？

中國古代將天、地、人稱之為“三才”，又稱為“三材”。“三才之道”，在《周易》中專指天道、地道、人道。《說卦》中說：“昔者聖人之作《易》也。將以順性命之理,是以立天之道曰陰與陽,立地之道曰柔與剛,立人之道曰仁與義。兼三才而兩之,故《易》六畫而成卦。"也就是說,古代聖人創制《周易》,就是要用它來順應、說明自然變化的規律,弄明白自然界最基本的變化規律是什麼。確定了天的運行基礎是陰和陽、大地運行的基本規律是剛和柔、做人的基礎是仁和義。實際上,"三才"講的是三個人類最永恆、最基本、最重要的東西。北周庾信所說的"三才初辨,六位始成"(見《庾子山集》六《宮調曲》),也是這個道理。在中國傳統概念當中,天地之間人為貴。在中國傳統思想當中,有著豐富的人本主義的資源,非常重視人文精神,非常重視以人為本,所以天、地、人三才又是中國傳統文化區別於西方文化的一個重要特點。

145

什麼叫"三光"?

中國古代以日、月、星合稱三光。三光又與人類社會相比附,如《莊子·說劍》中云:"上法圓天以順三光,下法方地以順四時,中和民意以安四鄉。"《白虎通義·封公侯》中云:"天道莫不成於三,天有三光:日、月、星;地有三形:高、下、平;人有三尊:君、父、師。"東漢班固的《靈台詩》中有:"三光宣精,五行布序。"都是說的這個意思。《史記·官書》中還有"衡,太微,三光之廷"的記載,按照唐司馬貞《索隱》引宋均的說法,"三光"又是指的日、月、五星。有時,中國古代的"三光"又專指房、心、尾三星宿。如《禮記·鄉飲酒義》中云:"鄉飲酒之義,立賓以象天,立主以象地,設介僎以象日月,立三賓以象三光。古之制禮也,經之以天地,紀之以日月,參之以三光。"鄭玄說:"三光,三大辰也。"《爾雅·釋天》進一步說:"大辰:房、心、尾也。"佛教典籍《楞嚴咒》中又有:"三光普照透三才,閻浮世界你不來。大德大善能於得,無德無善不明白。"這裏的"三光普照透三才",三光並非指的日、月、星,而是指人在誦持《楞嚴咒》的過程中,身上有身光,口裏有口光,心裏頭有心光,身、口、意這三業都放光。三光還是中國傳統中醫的眼科診斷術語,歷代眼科對視力嚴重減退者,常以是否能見日、月、星三光辨別患眼有無光感。如《秘傳眼科龍木論》中就有"目不辨人物，惟睹三光"，即指視力減退至僅有光感。

 | 146

何謂黃道吉日？

舊時迷信以星象來推算吉凶禍福，謂青龍、明堂、金匱、天德、玉堂、司命六個星宿是吉神，六辰值日之時，稱爲"黃道吉日"。所謂的黃道，中國古人認爲太陽繞地球運轉，黃道就是想像中的太陽繞地球運轉的軌道。《漢書・天文志》記載："日有中道，月有九行。中道者，黃道，一日光道。"黃道天空中共分佈著十二個亮度最高的星座，它們是青龍、白虎、明堂、天刑、朱雀、金匱、天德、玉堂、天牢、玄武、司命、勾陳等。迷信認爲，吉日的選擇並不是不顧年、月、時的吉凶，而要相互觀覽，綜合選擇。將白虎、天刑、朱雀、天牢、玄武、勾陳等六辰爲凶神，認爲犯之不吉，將有大禍；將青龍、明堂、金匱、天德、玉堂、司命稱爲六黃道，所謂黃道吉日就是這六神所在的日子。這六神所值日的那一天就叫黃道吉日，百事吉利，不避凶忌，萬事如意。如元無名氏《連環計》第四折："今日是皇道吉日，滿朝衆公卿都在銀台門，敦請太師入朝授禪。"此說雖然迷信，但它寄託了中國古人趨吉避凶的良好願望。黃道有時還專指天子所經行的道路。如宋陸游《老學庵筆記》卷七："高廟駐蹕臨安，艱難中，每出猶輔沙藉路，謂之黃道。以三衛兵爲之。"

 | 147

何謂四象和二十八宿？

四象和二十八宿，是中國古代一種獨特的文化現象，與原始的動物崇拜和星宿崇拜都有著密切的關係。中國古人很早就掌握了利用觀測星辰來測定方位、正四時的方法。原始社會後期，也就是大約相當於我國傳說中的堯、舜、禹活動時期，古人已經通過反覆觀察，發現天上的一些星群在運行過程中，它們是作爲一個位置不變的整體存在的。同時又發現,在不同季節的黃昏時節,這些星群與大地的相對位置,也呈現出規律性的變化。於是,古人便逐漸掌握了用一些醒目星座位置的變化,來劃分一年當中不同季節的方法。

爲了把不同月份中太陽和月亮在天空的位置明確地標識出來,中國古人不僅發明了反映日月運行軌跡的黃道或天球赤道,而且還創造性地把附近的星群劃分爲二十八個區域,每個區域都由若干小星群構成一個星座,進而認爲這些區域是日月神在天宮中活動時依次住宿的地方,所以二十八個天區,也就被中國古人看成了日、月神的二十八個天宮了。

龍、虎、朱雀(或曰鳳)、玄武四靈崇拜起源很早,若論其單獨的動物神靈崇拜,早在原始社會時期就已經以圖騰崇拜的形式出現在不同的部落群體之中了。如1987年在安徽含山凌家灘新石器時代遺址曾出土了距今約六千年前用蚌殼擺塑成的龍虎圖案。在商、周時期的青銅禮器上,也經常出現以這些動物爲氏族名稱的族徽文

蒼龍星座圖(漢畫像石)

朱雀、白虎圖(漢畫像石)

飾，這都是原始圖騰崇拜的遺跡。大約在殷商時期，經過長期對天象的觀察和經驗積累，人們就已經開始把春天黃昏時節出現於東方天空中的一組星想像爲原有的靈物龍，把出現於南方天際中的一組星想像爲鳥形，把出現於西方的一系列星想像爲虎，把出現於北方的一系列星想像爲蛇和烏龜。只有依據逐漸完善的四靈信仰，古人才會將其傅會到天上去。至遲到春秋時期，四靈信仰就已經和天空中的四方星宿結合在一起了。陰陽五行學說尤其是五方配五色的說法流行後，四象又被配上了不同的顏色，成爲東方蒼龍、南方朱雀、西方白虎、北方玄武。而民間則相傳，當天地剛形成時，天下四分五裂，天地意象、星相大變，於是天帝派遣四獸托身於人世間的二十八人，重新梳理天地秩序，開啓天地靈氣之門。這四獸分管天宇中的四方，它們分別是東方蒼龍、西方白虎、南方朱雀、北方玄武。至戰國時期，四象就已見於文獻記載，《禮記‧曲禮》中有“行前朱鳥而後玄武，左青龍右白虎”，唐代的孔穎達就解釋爲：“朱鳥、玄武、青龍、白虎，四方宿名也。”

春秋以後，陰陽五行學說又把天象與人間社會的政治分野結合在一起。漢代以後，凡以星相爲理論依據的古代數術，如占星、相地、陰陽五行、測日算命等，都把四靈神獸等作爲其分析的重要理論因素。尤其是東方蒼龍和西方白虎，還被視爲鎮邪祛惡的天神而廣泛應用於各種迷信場合。而安徽出土的史前墓葬中，青龍白虎在屍骸兩邊所處的位置，又恰巧暗合了堪輿家所說的“左青龍、右白虎”的吉祥理念。

四象中每一象由七個星宿組成，共二十八個星宿。

東方的蒼龍七宿由角、亢、氐、房、心、尾、箕組成，包括四十六個星座、三百多顆星。從整個形狀看，七個星宿在天空中的分佈，猶如一條飛躍在天的蒼龍。

南方朱雀七宿由井、鬼、柳、星、張、翼、軫組成，包括四十二個星座、五百多顆星。它們在南方的天際中呈現出來的形狀，猶如一隻展翅飛翔的朱雀。

西方白虎七宿由奎、婁、胃、昴、畢、觜、參組成，包括五十四個星座、七百多顆星，組成白虎形狀。

北方玄武七宿由斗、牛、女、虛、危、室、壁組成，包括五十六個星座、八百餘顆星，它們共同構成蛇與龜的形狀。

| 148

什麼是"文曲星"？

古代民俗中，主管功名利祿的神靈，除了祿星及由其演變出來的文昌帝君外，還有所謂的魁星或稱爲"文曲星"，它是文昌帝君的重要隨從之一。文曲星即魁星崇拜，同樣來源於遠古星辰崇拜中的奎宿。奎宿屬於二十八宿西方白虎七宿中的首星，東漢時期，社會上便開始流傳"奎"主文章的說法。所以在科舉考試盛行的時代，魁星崇拜對於參加科考的士子們，就具有了非凡的意義。

科舉考試中，考取狀元，對一般人來說都是可望不可及的事情。所以民俗認爲，能考中狀元的都不是人間的凡人，如歷史上那些有幸考取狀元或文采、武功非凡的人，如孔子、關公、范仲淹、包拯、文天祥等等，都被民間視爲天上的文曲星下凡，在社會輿論中享有極高的地位。這種狀況的形成，與中國封建社會中後期的社會政治生活有著極爲密切的關係。因爲在那個時代，只有讀書參加科舉考試，才能夠進入仕途。而當官不僅可以施展自己的才華，更重要的是還可以獲得更高的社會地位和相應的財富，從而光宗耀祖。過去，社會上曾廣泛流傳的一句話"書中自有黃金屋，書中自有顏如玉"，就是那時社會生活的眞實寫照。

 | 149

"三星高照"的"三星"是指哪三星？

中國歷來有"五福壽爲先"的說法，人們常用"福如東海，壽比南山"來祝福長輩健康長壽。爲了迎合人們追求吉祥幸福、健康長壽的願望，道教創造出了福、祿、壽三星的形象，"三星高照"，也就成了中國流行的一句對別人祝福的吉祥用語。

福、祿、壽三星崇拜，來源於中國遠古對星辰的自然崇拜。它們的原型，均爲星宿。壽星，又叫南極老人星，位於天狼星之南，主管天下一切人等的壽命，成爲中國人崇拜的壽神。福星即木星，是金、木、水、火、土五大行星中的一顆，中國古代又叫"歲星"。木星成為福星，與中國古代的天文曆法以及與此相關的民俗有很大的關係。古人將木星在天空中自北向西、南、東的運行劃分為十二段，稱"十二次"，又稱"十二宮"。木星圍繞太陽公轉的速度，正好是地球的十二分之一。也就是說，木星每前進一宮，就代表了地球上的一年，所以木星也被稱為"歲星"。由於木星標誌著舊的一年的結束和新的一年的開始，所以它很早就成為人們在年終辭舊迎新時祭祀的對象。人們祈求歲星能夠給新的一年帶來好運、平安和健康，於是歲星就順理成章地成為了降福的福星。祿神信仰同樣來源於原始的星辰崇拜，民俗中又稱為"文昌帝君"、"祿星"等。《史記‧天官書》中說："斗魁戴匡六星曰文昌宮：一曰上將，二曰次將，三曰貴相，四曰司命，五曰司中，六曰司祿。在斗魁中，貴人之牢。"其中的司祿，就是專管

人間功名利祿的祿星。科舉制度盛行以後，考取功名，成為古代士子們實現其報效國家、光宗耀祖的唯一途徑。於是，主管人間爵祿的司祿星，就成了主宰士人命運的神靈，天下的讀書人無不對它頂禮膜拜。

中國很早就將天上的星辰與人世間的吉凶禍福、疾病壽夭相聯繫了。古人們按照他們自己的意願，賦予星辰非凡的神性和獨特的人格魅力，並逐漸在世俗社會產生了巨大的影響力。在中國的封建社會中，不僅統治階級利用這一信仰推行所謂的王道教化，而且在道教產生後，為了擴大其影響，吸引信徒，也對這種信仰大加推崇。於是，有關福、祿、壽三星的信仰，逐步滲入中國傳統文化的肌理之中，成為中國古代民間世俗生活理想的真實寫照。它們不像其他的神靈那麼威嚴，難以接近，而是對老百姓具有非凡的親和力。人們對它們頂禮

清　織繡《福祿壽三星圖》

膜拜，主要在於它們是人間幸福安樂、健康長壽的象徵。所以，三星也必然地成了民間繪畫的重要題材，常見的是三星繪於一圖，福星手拿一"福"字，祿星手托一只金元寶，壽星一手托著壽桃、一手拄著拐杖。在一些節日裏，民間還可以把這種繪畫當作禮品贈送與人，用來表達贈送者的美好祝願。這時，三星的神性幾乎蕩然無存了，剩下的就只有美好祝願的意象表達了。

 | 150

"三星在天"的"三星"是指哪三星？

心宿三星，即大火星，屬天蠍座，又名"三星"。《詩經·綢繆》中"三星在天"、《七月》中的"七月流火"和《左傳·昭西元年》的"遷閼伯於商丘，主辰。商人是因，故辰爲商星"都是指的心宿。所以，其主星又被稱爲商星、鶉火、大火、大辰。《宋史·天文志三》中說："心宿三星，天之正位也。"三星又稱爲"參星"，每至黃昏的時候，它才出現在天空。大概到了夏朝時期，我國的古人便知道了每當黃昏時節，參星如果正處在西方的地平線上，就標誌著春耕時節就要開始了。而商朝時期，則是以黃昏時節大火（心宿）處於東方的地平線上，作爲春耕季節到來的標誌。大約到了春秋時期，古人通過天象觀察，還發現在一年之中的不同季節中，太陽和月亮在宇宙中的星空背景是不同的。如在孟春正月，參宿在黃昏時處在正南中天，這時的太陽，是處於營室位置的；孟秋七月的黃昏時節，處於正南中天的則是斗宿，這時的太陽，卻是運行在翼宿位置的。古人不僅依據星宿在天空中的不同位置，來劃分一年的四季，而且夜晚還根據一些特殊星宿在天空運行中所處的不同位置來推算時間。《詩經·綢繆》中"三星在天"、"三星在隅"和"三星在戶"，則是說明了婚禮在夜間舉行所經歷的整個時間過程。

151

"北斗"的名稱是怎麼來的？

斗宿，爲二十八宿之一，是北方玄武七宿中的首宿，由七顆亮星在北天依次排列成斗的形狀，故稱爲北斗。對於北斗七星，中國古代早就有詳細的觀察。《詩經·小雅·大東》中說："維北有斗，不可以挹酒漿。"古人的解釋是："箕斗在南方之時，箕在南而斗在北，故言南箕北斗。"《史記·天官書》中記載："北斗七星，所謂'旋、璣、玉衡以齊七政'。"中國古代天文學史上，也將這七顆星分別稱之爲貪狼、巨門、祿存、文曲、廉貞、武曲、破軍。現代天文學中，北斗七星屬大熊星座的一部分，它們分別是天樞、天璿、天璣、天權、玉衡、開陽、搖光（或作瑤光）。從圖形上看，北斗七星位於大熊的背部和尾巴。天樞、天璿、天璣、天權四星爲魁，組成北斗七星的"斗"；柄狀三星分別是玉衡、開陽、瑤光。道教形成後，吸收並改造了諸多原始信仰，把北斗作爲天神加以崇拜，並對之做出了種種的神學解釋。如一些道書中說，根據人的出生時辰，人們的生命被分屬於天上的七個星君所掌管：貪狼星君，子時生人屬之；巨門星君，醜亥生人屬之；祿存星君，寅戌生人屬之；文曲星君，卯酉生人屬之；廉貞星君，辰申生人屬之；武曲星君，巳未生人屬之；破軍星君，午時生人屬之等等。

 152

比賽取得第一名爲什麼叫"奪魁"？

奪魁一詞，來源於中國古代星辰崇拜的魁星崇拜。魁星或稱爲"文曲星"，它是文昌帝君的重要隨從之一。魁星崇拜，源於古代對奎宿的崇拜。奎宿屬於二十八宿西方白虎七宿中的首星。東漢時期，社會上便開始流傳"奎"主文章的說法。另一種說法見於歷史典籍《春秋運斗樞》中，說北斗星中的第一至第四顆星是魁星。由於四星位於北斗的斗部，四星附近的六顆星爲文昌宮，所以民俗中又有"魁星點斗"的說

清　象牙雕魁星

法。由於"奎"與"魁"同音，魁又有"首"、"第一"的意思，所以在科舉考試盛行的時代，魁星崇拜對於參加科考的士子們，就具有了非凡的意義。那些滿懷希望的考生，在臨考之前，大都要花錢請一尊泥塑的小魁星，以祈求金榜題名。後來，又把在一切帶有競爭性的比賽中奪取第一名泛稱爲"奪魁"。

 153

什麼叫"分野"？

中國古代的天文學說，把天象中十二星辰的位置與人間社會的政治分野結合在一起。如《周官》中云："天星皆有州國分野：角、亢、氐，兗州；房、心，豫州；尾、箕，幽州；斗、牽牛、婺女，揚州；虛、危，青州；營室、東壁，并州；奎、婁、胃，徐州；昴、畢，冀州；觜、參，益州；東井、鬼，雍州；柳、七星、張，三河，翼、軫，荆州。"《漢書·地理志下》則用以配戰國時期的地功能變數名稱。這種理論，就天文學來說，被稱爲分星；就地理來說，則被稱爲分野。古人迷信，往往用天象的變異來比附地上州國的吉凶。

 154

二十四節氣是怎麼來的？

我國古代的曆法，依據太陽在黃道上的位置，將全年劃分爲二十四個段落，其中有十二個"中"氣、十二個"節"氣，統名爲二十四節氣，又名二十四氣。我國曆法起源很早，甲骨文中已有了"日至"的記載。"日至"就是以日影的長短來決定四季的長短變化，由此必須確定一個固定的地中。古人在多年觀測的基礎上，確定陽城（今河南登封的郜城鎮，在夏代爲都城，史書有"禹都陽城"的記載）是地中，後來的許多朝代都曾派天文官到這裏來進行天文觀測。現在登封的周公測景台，雖是唐人所建，但它保存了古代圭表測影的遺制。圭的設置和當地的子午線相重合，用以觀測每天日中日影的長短變化，從而找出季節的變化，把表影最長的那天定爲夏至（相當於每年西曆6月22日前後，太陽到達黃道上最北的那一點，這天地球的北半球白天最長）。古人因多天日影長而日在北，所以把多至又叫"日北至"；夏季日影短而日在南，又把夏至日叫"日南至"。

把一年中日中日影最短的一天到下一年的這一天最短的週期（即地球繞太陽一周），或把一年中日中日影最長的

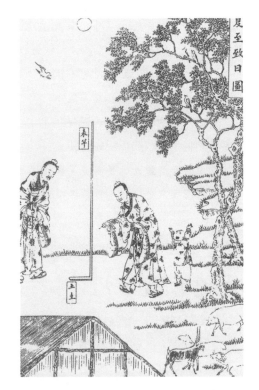

夏至致日圖

一天到下一年的這一天的週期，定爲一年，也就是從多至到多至，或從夏至到夏至是一年。在一年中，把一年的兩個日影長短相等、晝夜長短相同的日子，分別定爲春分和秋分。這就是董仲舒的《春秋繁露·陰陽出入》裏所說的"春分者，陰陽相半也，故晝夜均而寒暑平，陰日損而隨陽……秋分者，陰陽相半也，故晝夜均而寒暑平，陽日損而隨陰"。多至、夏至、春分、秋分就是一年的二至、二分。這樣全年的節氣就可以遞推，二十四節氣都可以定下來了。

二十四節氣，是表明氣候的變化和農業生產的季節。它是據"日躔(chán)"即太陽的週期而推定的，與月亮的圓缺無關。所以節氣在西曆中，日期有定，前後相差不過一二天，但在中曆中往往有時相差二十八九天。節氣的名稱，所在的季節和西曆月份是：春季：2月，立春(節氣)，雨水(中氣)；3月，驚蟄(節氣)，春分(中氣)；4月，清明(節氣)，穀雨(中氣)。夏季：5月，立夏(節氣)，小滿(中氣)；6月，芒種

（節氣），夏至（中氣）；7月，小暑（節氣），大暑（中氣）。秋季：8月，立秋（節氣），處暑（中氣）；9月，白露（節氣），秋分（中氣）；10月，寒露（節氣），霜降（中氣）。冬季：11月，立冬（節氣），小雪（中氣）；12月，大雪（節氣），冬至（中氣）；1月，小寒（節氣），大寒（中氣）。

其每月在西曆的日期大體是：上半年6日、21日，下半年8日、23日。爲了便於記憶，人們將二十四節氣編成口訣：

春雨驚春清穀天，夏滿芒夏暑相連。

秋處露秋寒霜降，冬雪雪冬小大寒。

 | 155

什麼是干支紀年？

干支就是天干、地支的簡稱。

天干有十，爲甲、乙、丙、丁、戊、己、庚、辛、壬、癸，地支有十二，爲子、丑、寅、卯、辰、巳、午、未、申、酉、戌、亥。古人把十天干十二地支依次排列組合，成爲六十個不同的單位，六十輪一遍，第六十個單位以後，又輪到第一個單位，周而復始。因甲居十天干之首，子居十二地支之首，所以第一個單位是甲子，故稱這個排列爲六十甲子。其中干支名稱，參差錯綜，故又稱“花甲子”，後謂年滿六十爲“花甲”即由此而來。六十甲子的排列方法是把十天干、十二地支作爲固定順序的雙數（偶數）配地支順序的雙數，則成爲甲子、乙丑、丙寅……永遠也不會出現“甲丑、乙寅”等搭配情況。我國使用干支紀年的歷史十分悠久，在出土的商朝的甲骨文中就有完整的六十甲子的記錄。

 | 156

陰曆、陽曆是怎麼來的？

中曆一般又叫陰曆，亦稱夏曆或農曆；西曆一般稱之爲陽曆，即現在通行西曆。中曆稱陰而與陽曆相對則不甚確切，世界上的曆法雖格式不同，但大致可分三種，即陰曆、陽曆、陰陽曆。陽曆全稱太陽曆，是以地球圍太陽公轉一周的時間爲一年而定的曆法，現在國際通用的西曆，就是陽曆。陰曆全稱太陰曆，是據月球繞地球運行的週期而定的曆法，阿拉伯史書所用的赫吉拉曆即所謂的回曆，就是陰曆。陰陽曆的特點是既照顧到了月亮盈虧的變化，又照顧到了寒暑節氣，年、月的長度都依據天象而定，我國現在一般稱的陰曆，其實是一種陰陽合曆。

現在世界上大多數國家運用的陽曆，是在埃及曆學的基礎上改訂的，因其開始於儒略·凱撒之時，故又名儒略曆。當時是西元前46年，其曆原定每隔3年爲1閏，閏年366天，逢單月大，逢雙月小，但雙月裏的2月平年29天，閏年30天，實際周天（即回歸年，地球繞太陽一周）長365.2422日即365日5小時48分45.6秒，平年365天，隔3年1閏，即第4年爲閏年。到了凱撒死後，奧古斯都繼位，改1、3、5、7、8、10、12月各31天，2月平月28天，閏月29天。其餘的爲30天，每4年1閏，後人一般稱之爲“舊曆”。此後一年平均長度爲365.25日，比回歸年長11分14秒。這樣從這一曆法實行起，到16世紀末，春分日由3月21日提早到3月11日。羅馬教皇格里高利十三世時，因曆法不合，又命人重修，乃於1582年10月4日命令以次日即10月5日改爲10月15日。置閏的法則，則改爲以西元紀年爲標準，每4年1閏，即西元紀年被4除盡的年爲閏年，如1600年、2000年。不能被4除盡的，如1700年等不置閏。閏年仍爲2月份增加一天。這就是格里高利曆，又稱“新曆”。此後，世界各國的曆法才逐漸統一起來。但這種曆法的推算仍未盡善，每隔3323年仍相差一日。

這個曆法雖稱爲西元，但西元的開始卻是在西元572年，這一年是羅馬教士推定耶穌的生年，就把傳說中的耶穌誕生這年作爲西曆的第一年，也就是西元元年，相當於我國漢平帝元始元年。在此之前爲西元前，其後爲西元後，這一標準已爲世界各國所公認。

我國在辛亥革命之後已漸漸使用西元紀年，新中國成立以後，正式採用西元紀年，並於1954年9月列入憲法，規定西元紀年爲我國的紀年方法。

關於中西曆的換算問題

我國歷史上，從有了年號以後，都採用年號紀年。但若只看年號，若一年出現兩個年號的，很容易產生誤會。爲解決這一問題，現已有不少的工具書可供查對。如陳垣先生的《二十史朔閏表》、《中國歷史年表》等，知年號可查出西曆，知西曆可查出我國歷史上哪朝哪個年號多少年。但還應該注意，以中曆的某年與西曆（即西曆）的某年相對，實際上只能是大體相同，可以換算，不可能每年都齊頭齊尾。往往中曆的年末已是西曆下一年的年初，即西曆的歲首在中曆的前一年的歲末，少者差10餘日，多者50餘日。如今年（中曆庚寅年）春節是西曆的2月14日。所以，在進行中、西曆換算時一定要注意這個問題。

157

古代是怎麼用漏壺來計時的？

元代銅壺滴漏

漏壺，又叫漏刻、刻漏、壺漏，是古代利用滴水多寡來計量時間的一種儀器。分為單壺和複壺兩種。漏壺按計時方法大體上可分為兩種：一種是觀測容器內的水漏泄減少情況來計量時間，叫做泄水型漏壺；另一種是觀測容器（底部無孔）內流入水增加情況來計量時間，叫做受水型漏壺。在一些文明古國，如中國、埃及、巴比倫等，都使用過漏壺。

我國在周朝已有漏壺，春秋時期被普遍使用。我國最早的漏壺是用銅壺盛水，壺底穿一個小洞，壺中插一支標杆，叫做箭，它的上面刻有度數，箭下有箭舟托著，浮在水面上，壺裏的水逐漸地漏下去，箭上的度數陸續顯現，以此來計時。這種漏壺也有箭漏之稱。我國還曾使用過以滴水的重量來計時的稱漏，最早製造於北魏時期，唐、宋時代盛行過。此外，還有一種以沙代水的沙漏，它的記載最早見於元代，但使用並不普遍。中國歷史上用得最多、流傳最廣的還是箭漏，現存最早的實物是西漢時期的單只泄水型銅壺。東漢時期出現了多級漏壺，中國國家博物館保存的元朝延祐三年（1316）漏壺是現存最早的多級漏壺。

| 158

古代如何用日晷計時？

日晷（guǐ），是我國古代發明的利用太陽投影測日定時的一種計時儀器。我國早在春秋時代就用圭表來測定時刻了。但這種方法在一天裏只能得到一個讀數，僅可用於校正漏刻的快慢。後來發明了把時角座標網通過表端投影到一個平面上，這樣白天無論何時都能以太陽的影子得到時刻的讀數，這就是所謂的日晷，或叫日規、日圭。

日晷通常由銅制的指針和石制的圓盤組成。銅制的指標叫做"晷針"，垂直地穿過圓盤中心，起著圭表中立竿的作用，因此晷針又叫"表"，石制的圓盤叫做"晷面"，安放在石臺上，呈南高北低，使晷面平行於天赤道面，這樣晷針的上端正好指向北天極，下端正好指向南天極。在晷面的正反兩面刻劃出12個大格，每個大格代表兩個小時。當太陽光照在日晷上時，晷針的影子就會投向晷面，當表影指向正北的瞬間為正午。太陽由東向西移動，投向晷面的晷針影子也慢慢地由西向東移動。晷面的刻度是不均勻的。於是，移動著的晷針影子好像是現代鐘錶的指針，晷面則是鐘錶的表面，以此來顯示時刻。

 | 159

什麼叫"三垣"？

"三垣"是紫微垣、太微垣、天市垣的總稱，每垣都是一個比較大的天區，內含若干（小）星官（或稱為星座）。關於三垣最早的說法，從典籍來看，紫微垣和天市垣作為星官，首見於石申所著《石氏星經》一書中。《楚辭·遠遊》中有"後文昌使掌行兮"，王逸注云："天有三宮，謂紫宮、太微、文昌也。"《史記·天官書》中已載有和三垣相當的星官名稱。它們本是星官名，自隋、唐時代的《步天歌》開始，也用做天區名稱。紫微垣是三垣的中垣，居於北天中央，所以又稱中宮，或紫微宮。

整個紫微垣據北宋皇祐年間的觀測記錄，共合37個星座，附座2個，正星163顆，增星181顆。它的天區大致相當於現今國際通用的小熊、大熊、天龍、獵犬、牧夫、武仙、仙王、仙后、英仙、鹿豹等星座。紫微宮即皇宮的意思，各星多數以官名命名。太微垣是三垣的上垣，位居於紫微垣之下的東北方，北斗之南，約占天區63度範圍，以五帝座爲中樞，共含20個星座，正星78顆，增星100顆，包含室女、后髮、獅子等星座的一部分。太微即政府的意思，星名也多用官名命名，例如左執法即廷尉，右執法即御史大夫等。天市垣是三垣的下垣，位居紫微垣之下的東南方向，約占天空的57度範圍，大致相當於武仙、巨蛇、蛇夫等國際通用星座的一部分，包含19個星座，正星87顆，增星173顆。天市即集貿市場，故星名多用貨物及市場經營內容來命名。

 | 160

"參"、"商"二星怎麼成了不和睦、不相見的典故？

參宿，其實就是獵戶座，在我國古代天文學分野中屬於由奎、婁、胃、昴、畢、觜、參七宿組成的西方白虎星宿之一。而心宿，又稱爲商宿，是天蠍座，在我國的天文學分野中屬於由角、亢、氐、房、心、尾、箕七宿組成的東方蒼龍星宿之一。白虎星宿分佈於天際的西方，蒼龍星宿分佈於東方，二者不可能同時出現於夜晚的天空中。這樣，參星在西而商星在東，當一個上升時，另一個下沉，此起彼落，故在人們的視覺中是永不相見的。後來用以比喻親友隔離不得相見或彼此對立不和睦。杜甫的《贈衛八處士》詩中"人生不相見，動如參與商。今夕復何夕，共此燈燭光……明日隔山岳，世事兩茫茫"，就是說的這個意思。

 | 161

"客星"是指什麼星？

客星，是中國古代對天空中新出現星的統稱。相當於現代天文學意義上的新星、超新星和彗星，或也包括流星、極光等其他天文現象。這類天體如"客人"一樣寓於天空常見星辰之間，故謂之客星。"客星"之名最早見於漢代，如《史記·天官書》中記載："客星出天廷，有奇令。"《漢書·天文志》中也記有："（西漢武帝）元光元年五月，客星見於房。"記錄下了西元前134年出現的一顆新星。在中國古代占星術中，客星常被分爲瑞星和妖星兩大類，前者預兆吉祥，後者預兆各種凶禍。如《後漢書·嚴光傳》中記載："（光武帝）復引光入，論道舊故……因共偃臥，光以足加帝腹上。明日，太史奏，客星犯御坐甚急。帝笑曰：'朕故人嚴子陵共臥耳。'"

 | 162

"白虹貫日"是一種什麼樣的天象？

"白虹貫日"，顧名思義就是白色的虹霓橫貫太陽。但實際上，按照現代天文學原理，這不是虹而是暈，是一種大氣光學現象。在我國古代，人們認爲人間有不平凡的事，就會引起天象的變化。白虹貫日多表現兵禍之象，"白虹"是兵，而"日"是君主，古人將"白虹貫日"附會爲預示君主將受到危害的天象異兆。如《戰國策·魏策四》中云："夫專諸之刺王僚也，彗星襲月；聶政之刺韓傀也，白虹貫日。"也附會爲人的精誠感動上天的徵兆，如《史記·魯仲連鄒陽列傳》："昔者荊軻慕燕丹之義，白虹貫日，太子畏之。"

 | 163

天爲什麼叫"九天"？

古代傳說天有九重：一爲中天，二爲羨天，三爲從天，四爲更天，五爲睟天，六爲廓天，七爲減天，八爲沈天，九爲成天。九天是天的最高層，是傳說中玉皇大帝居住的地方。後來，也用九天來形容極高極高的天空。如我們大家都很熟悉的李白《望廬山瀑布》："飛流直下三千尺，疑是銀河落九天。"毛澤東《水調歌頭·重上井岡山》："可上九天攬月，可下五洋捉鱉。"

天壇圓丘

古人還認爲天上與地下是一樣的，故把天也分爲中央與八方，合起來稱爲"九天"。如《楚辭·天問》中："九天之際，安放安屬？"王逸的解釋爲："九天：東方日皥（皥一作昊）天、東南方陽天、南方赤天、西南方朱天、西方成天、西北方幽天、北方玄天、東北方變（變一作巒，一作巒）天、中央鈞天。"《呂氏春秋·有始覽》中爲：天有九野，謂中央與四方四隅：中央日鈞天、東方日蒼天、東北方日變天、北方日玄天、西北方日幽天、西方日顥天、西南方日朱天、南方日炎天、東南方日陽天。

"天有九重"的觀念在中國古代的建築文化中也有體現，如北京天壇內專門供皇帝祭天用的建築物"圓丘"，從欄杆到石塊，都是以"九"代天的，砌的石塊都以"九"爲基數，它的圓心亭台先用九塊石頭圍成，外面也都是用"九"的倍數砌的。外面第一層三十六塊，然後就是四十五、五十四，一直砌到九九八十一塊爲止，這就代表了最高處，即九重天。

"九天"是天的最高處，與此相對應，作爲天之子的帝王所居住的宮禁之地也被稱爲"九天"，如唐代大詩人王維的《和賈舍人早朝大明宮之作》詩中就有："九天閶闔開宮殿，萬國衣冠拜冕旒。"

164

爲什麼常用“九州”指代中華大地？

“九州”一詞最早出現在《尙書》的《禹貢》篇：“禹別九州，隨山浚川，任土作貢。”意思是說大禹在根治洪水災害後，將天下分爲九個州，每個州各自按其土地等級（有上上、上中、上下、中上、中中、中下、下上、下中、下下九等）向天子交納貢賦。這九個州是冀州（相當於今山西全境，河北省的西、北部，以及河南的北部、遼寧的西部）、兗州（相當於今河北、河南、山東交界部分）、青州（相當於今山東、遼寧東部）、徐州（相當於今山東南部，以及江蘇、安徽北部）、揚州（相當於今江蘇、安徽南部，江西東部）、荊州（相當於今兩湖及江西西部）、豫州（相當於今河南和湖北北部區域）、梁州（相當於今陝西南部和四川、重慶地區）、雍州（相當於今陝西北部、中部和甘肅以及以西地方）。而在《周禮·職方》、《呂氏春秋·有始覽》中，也有九州的記載，只是劃分九州的依據、名稱、區域大小不完全一樣而已。

不過，據現代歷史地理學家的研究，先秦著作中的“九州”，只是古人心目中的設想，沒有眞正實行過。秦始皇統一天下後，在全國實行郡縣制，劃分全國爲36個郡。直到漢武帝時，才依據《尙書·禹貢》和《周禮·職方》的記載，分全國爲13個州。十三州起初還只是監察機構，直到西漢末年，州才成爲一級行政機構。在這13個州中，仍然保留有先秦九州之名，當然所轄區域是有所變化的。

先秦兩漢及其後幾千年的發展過程中，“九州”中的各州轄區一直是有變化的。而就其總稱而言，卻一直指代中華大地，這是先秦文化在後世得以延續的一個縮影。

 165

“中國”的含義在歷史上有什麼不同？

“中國”一詞，現在是中華人民共和國的簡稱。追溯歷史，這個詞古已有之，由於所指物件和時間不同，含義也有所不同。

"國"字在古代常常作"城""邦"解釋，故"中國"一詞也就成了"中央之城"或"中央之國"的代名詞。如《詩經‧大雅‧民勞》云："惠此中國，以綏四方。"鄭玄注釋爲："中國，京師也。"又如《詩經‧大雅‧蕩》云："內奰（bì）於中國，覃及鬼方。"按照唐代孔穎達的注釋，這裏的"中國"是指天子直接統治的王國。

大約到了春秋戰國之際，深受禮樂文明濡染的北方華夏區域也被稱爲"中國"。如《孟子‧滕文公》中說："陳良，楚產也，悅周公、仲尼之道，北學於中國，北方之學者未聞或之先也。"意思是說楚國人陳良喜愛周孔之道，到"中國"求學，北方的學者都趕不上這個南方人。而"中國"周邊的區域，則被稱爲"蠻夷"。如《史記‧孝武本紀》中說："天下名山八，而三在蠻夷，五在中國。""中國"與"蠻夷"相對應，顯示了文明程度和經濟發展的差異。

到了三國時代，南方地區仍把長江以北的地區稱爲"中國"。諸葛亮勸說孫權共同抵禦南下的曹操軍隊："若能以吳越之眾與中國抗衡，不如早與之絕。"周瑜在建策抗曹時也說："（曹公）捨鞍馬，仗舟楫，與吳越爭衡，本非中國所長，又今盛寒，馬無槁草，驅中國士眾遠涉江湖之間，不習水土，必生疾病。"而當時嶺南地區，更是在"中國"之外，從漢武帝到三國時，"頗徙中國罪人雜居其間，稍使學書，粗知言語，使驛往來，觀見禮化"。

到了南北朝時期，情況有所變化。晉室南渡，以華夏自居，自然稱"中國"，而北方政權，也不願放棄"中國"的美稱。這大概是因"中國"有"天下正中之國"的含義吧！

話又說回來，歷史上的一些王朝雖曾自稱"中國"，但"中國"仍只是一個普通名詞而不是專有名詞，其國名還是"漢"、"唐"、"宋"之類。正式以"中國"作爲國名，那是辛亥革命勝利而建立中華民國之後。古代文獻上的"中國"，實際上只是中華民族的一部分。

166

"五湖四海"指的是哪五湖、哪四海？

　　"五湖四海"作爲一個成語使用，起碼有一千多年了。《全唐詩》卷八五七呂岩《絕句》云："斗笠爲帆扇作舟，五湖四海任遨遊。"宋人李洪《謁皇甫清虛》詩云："五湖四海仰儀形，道貌天眞孰可名。"

　　而在更早之時，"五湖"與"四海"是分開使用的。"五湖"所指，典籍中的說法不一。《周禮·夏官·職方氏》述及揚州，有"其川三江，其浸五湖"之語，不少的注釋都說"五湖"不是五個湖，而是指太湖。當然，實指爲五個湖的更多見。《水經注》卷二十九《沔水》，乙太湖及附近四湖爲五湖，即長蕩湖、太湖、射湖、貴遊湖、滆湖。《後漢書·馮衍傳》"沉孫武於五湖兮"句下，李賢注引虞翻之說，認爲五湖是指滆湖、洮湖、太湖、射湖、貴湖。還有一種說法，就是五湖不只一湖，也不在一地，是指太湖、鄱陽湖、青草湖、洞庭湖、洮滆湖。

　　"四海"的說法起源也很早。《尚書·大禹謨》中說："文命敷於四海。"《禮記·祭義》中說："夫孝，置之而塞乎天地，溥之而橫乎四海。施諸後世而無朝夕，推而放諸東海而准，推而放諸西海而准，推而放諸南海而准，推而放諸北海而准。"古人認爲中國處於天下正中間，四周都有海，所以周邊稱四海，分別是東海、西海、南海、北海，外國就是海外了。

　　五湖、四海的範圍都很廣，合在一起就可泛指全國了，有時甚至泛指全世界。近現代以來，用"五湖四海"來表達思想，《爲人民服務》中的一段話最爲經典："我們都是來自五湖四海，爲了一個共同的革命目標，走到一起來了。我們的幹部，要關心每一個戰士。一切革命隊伍的人，都要互相關心，互相愛護，互相幫助。"

| 167

陝西爲什麼被稱作"三秦"？

今日的陝西，在春秋戰國時是秦國治地，故人們將陝西簡稱爲秦。同時，陝西還被稱作"三秦"，這是爲什麼呢？

這得從項羽說起。西元前207年，項羽的軍隊在巨鹿之戰中消滅了秦軍主力。次年，在劉邦攻佔關中後來到咸陽，自立爲西楚霸王。項羽隨後引兵東歸，都彭城（今江蘇徐州），以最高統治者自居，大封諸侯。他封劉邦爲漢王，都南鄭（今陝西漢中），統轄陝南及巴、蜀之地。爲防範劉邦勢力擴張，項羽又分封三王來牽制劉邦，即封秦降將章邯爲雍王，都廢丘（今陝西興平東南），轄咸陽以西及甘肅東部；封司馬欣爲塞王，都櫟陽（今陝西臨潼東北），轄咸陽以東；封董翳爲翟王，都高奴（今陝西延安東），轄陝北。項羽沒有料到，劉邦表面上服從，欲入蜀地，卻"明修棧道，暗渡陳倉"，殺了個回馬槍，章邯等三王並沒有控制住劉邦。這三個王都在戰國時秦國境內，故稱"三秦"，咸陽是其分界點。實際上，當年三秦之地不包括陝南。而在後世，"三秦"的觀念卻有所變化，人們把陝南、關中、陝北合稱爲"三秦"。

"三秦"稱謂產生後，使用頻率相當高。十六國時期，氐族首領苻洪起兵，在西元350年建立政權，就自稱爲"三秦王"。352年，其子苻健稱帝，都長安，國號爲"秦"，史稱前秦。"三秦"之名的長久存在，大概與陝南、關中、陝北的互相支撐，足以成爲一個基本經濟區有關。

 | 168

"中原"指的是什麼地方？

在古人用語中，"中原"二字的範圍有個變化的過程。《詩經·小雅·吉日》云："瞻彼中原，其祁孔有。""中原"是指原野之中，詩句中說的是原野中野獸數量大。《小雅》中的另一首《小宛》詩云："中原有菽，庶民采之。"中原一詞，仍是原野之意。春秋時期吳越之爭中，當會稽之圍解除時，越王勾踐向民眾謝罪時說："寡人不知其力之不足也，而又與大國執讎，以暴露百姓之骨於中原，此則寡人之罪也。"而在經過多年休養生息後，越國逐漸強盛，當吳軍前來挑戰，越王欲應戰時，范蠡進諫說："夫謀之廊廟，失之中原，其可乎？王姑勿許也。"（《國語·越語下》）兩段話中的"中原"，也都是原野的意思。

就在春秋時期，"中原"開始作為地區名而出現。《左傳·僖公二十三年》記載，晉國公子重耳流亡到楚國，受到楚成王優待，當被問及今後如何報答楚國時，重耳回答說："若以君之靈，得反晉國，晉楚治兵，遇於中原，其辟君三舍。"這裏的"中原"，就是地區名。西元前482年，吳王夫差與晉、魯、周在黃池盟會，取得霸主地位，派人向周天子報告，云："昔者楚人為不道，不承共王事，以遠我一二兄弟之國。吾先君闔閭不貰不忍，被甲帶劍，挺鈹搢鐸，以與楚昭王毒逐於中原柏舉，天舍其衷，楚師敗績，王去其國，遂至於郢。"話中的中原，指的就是周朝的中心地區。

到了漢代，中原一詞作為地區名，多數是指以洛陽為中心的黃河中游一帶，相當於今河南省以及周邊地區，有時也指黃河中下游地區。《漢書·徐樂傳》中說，徐樂在七國之亂後上書漢武帝稱："七國謀為大逆，號皆稱萬乘之君，帶甲數十萬，威足以嚴其境內，財足以勸其士民，然不能西攘尺寸之地，而身為禽於中原者，此其故何也？非權輕於匹夫而兵弱於陳涉也。"

而當割據或偏安政權出現後，"中原"所指區域就更大了。三國時諸葛亮在著名的《出師表》中說："今南方已定，兵甲已足，當獎率三軍，北定中原，庶竭駑鈍，攘除奸凶，興復漢室，還於舊都。"希望"北定"的中原，實際上是北方全境。在晉室南渡之後，東晉人士時常提到"中原淪沒"、"中原亂離"、"克復中原"等等，"中原"明顯是指原西晉控制的北方地區。這層意思，在南宋時一點沒變，陸游的千古名句"王師北定中原日，家祭無忘告乃翁"，表現得最為真切，透露了士大夫濃厚的中原情結。

在後世，人們也曾把今河南省所在區域稱作"中原"，大概是因為從東漢到宋代，不少王朝在洛陽、開封建都，河南又處於全國中部的緣故。不過，這是狹義上的"中原"。

| 169

江東、江西各指哪個地區？

漢魏以後，江東、江西的地名屢見於史籍。項羽兵敗垓下，到了烏江不願再逃命，說："且籍與江東子弟八千人渡江而西，今無一人還，縱江東父兄憐而王我，我何面目見之！"自刎而死。這大概是早期最著名人物提到"江東"之地的，故後人李清照有詩云："至今思項羽，不肯過江東。"原來，長江在安徽境內向東北斜流，人們就以此段江流爲標準來劃分江東、江西。所指區域時有大小之分，而江東主要是指蕪湖、南京一帶，也可指以蕪湖爲軸心的長江下游南岸地區，即今蘇南、浙江及皖南部分地區。東晉及宋、齊、梁、陳四朝，都在長江下游立國，故其統治區域，也可稱作江東。

與江東對應的"江西"，區域所指也有大小之別。隋唐以前，習慣上稱長江下游北岸淮水以南爲江西，有時又稱長江以北包括中原地區在內爲江西。西元733年，唐玄宗在長江中下游的南岸設立了江南西道，則是現在江西省名的由來。而從中原的位置來看，江東在左邊，江西在右邊，故又稱江東爲江左，稱江西爲江右。

 | 170

關東、關西各指什麼區域？

戰國秦漢時期，位於現在河南靈寶縣境的函谷關，是一道雄關要塞。因關隘設在峽谷之中，深險如函，故稱函谷關。這裏是東去洛陽、西達長安的咽喉，素有"天開函谷北關中，萬谷驚塵向北空"之說，重要的歷史地名"關東"、"關西"，即因此而得名。今陝西、甘肅等地稱"關西"，河南、山東等地被稱爲"關東"。

東漢末年，隴西軍閥董卓控制朝政，都城由洛陽遷至長安，袁紹、曹操等地方勢力起兵抵制董卓，就自稱關東聯軍。由於地域的差異，人才的類型也有所不同，到十六國時期，有所謂"關東出將，關西出相"之說。

關東、關西的名稱沿襲了將近兩千年，到明代又有了新的「關東」概念。由於東北地區防務的加強，山海關的地位日益重要，成爲從東北進入華北的主要陸路通道。山海關以東區域，自然被稱爲「關東」。而一些民衆爲生計所迫，背井離鄉到東北謀生，就被稱爲「闖關東」了。

 | 171

「涇渭分明」從何而來？

在日常生活中，「涇渭分明」的成語時常爲人引用，意思是涇水渭水的清濁很分明，比喻是非、優劣的顯而易見。早在《詩經·邶風·穀風》中，就有「涇以渭濁，湜湜其沚」的詩句。原來，渭河是黃河最大的支流，發源於甘肅，經陝西而流入黃河；涇水又是渭水的支流，發源於寧夏。兩條河流在西安市高陵縣船張村相匯，交匯處涇水明顯要清於渭水。但到了唐代，又有了不同的說法。詩人杜甫《秋雨歎》中說：「濁涇清渭何當分。」這到底是怎麼一回事呢？從二水流經之地考察，渭水流經關中平原、八百里秦川之地，而涇水全程流經黃土高原，是水土流失嚴重的地區，水中含沙量是大於渭水的。但在人類早期，黃土高原開發程度不太高，沙土流失現象還不嚴重，清於渭水是可能的。當代學者則從河流類型來解釋這一現象，認爲涇水是一條下切河，也叫山區河，比降大，流速快，因此下切很深，河床是石頭，所以涇河平時是沒有泥沙的，故而是清的。當然，不論這一解釋是否完全成立，因爲成語廣泛流行的緣故，每年到涇渭交匯處觀看「涇渭分明」的人總是不少。

 | 172

「三山五岳」指的是哪些山？

中國名山衆多，首推五岳。古人以中原爲中心，按地域命名，泰山爲東岳，華山爲西岳，衡山爲南岳，恒山爲北岳，嵩山爲中岳。以自然景觀而言，泰山之雄、華山之險、衡山之秀、恒山之奇、嵩山之峻，揚名於天下。

五岳除了自然景觀，文化意義也非常豐富，像東岳泰山，因巍峨陡峻，氣勢磅礴，被尊為五岳之首，號稱"天下第一山"，被視為崇高、神聖的象徵。歷代有不少帝王在泰山上封禪祭天，孔子也有"登泰山而小天下"的名言，使泰山成為所有人嚮往的山巒。至於嵩山上的嵩陽書院和少林寺、恒山上的懸空寺，都在文化史上留下了千古佳話。

與五岳並稱的"三山"，則與神話傳說有關。秦始皇時，齊人徐福等人上書，說是海中有三座神山，名叫蓬萊、方丈、瀛洲，可以得到長生不死之方。自那時以後，古代小說、戲曲、筆記之中，就少不了三山的描述，這對豐富廣大民眾的精神生活，有不小的意義。

 | 173

"五嶺"指的是哪些嶺？

五嶺是長江水系與珠江水系的分界線，地理位置相當重要。以往記載中的五嶺名稱，互有出入，綜合《廣州記》、《南康記》、《輿地志》、《水經注》諸家所說，應為大庾嶺、都龐嶺、騎田嶺、萌渚嶺、越城嶺。

大庾嶺在今江西省西南大庾縣南境，同廣東南雄縣接壤，是粵贛交通要道。都龐嶺是由湘入粵通道，在今湖南藍山縣南和廣東連縣之北，而不是現在廣西灌陽和湖南江永之間的都龐嶺。秦代著名的湟溪關就在這個嶺上。騎田嶺在今湖南郴縣與宜章之間，是湘粵通道，秦代的陽山關在這個嶺上。萌渚嶺在今湖南江華縣和廣西賀縣、鍾山之北，是由湘入桂之道。越城嶺在今廣西興安縣之北，也是由湘入桂要道。五嶺位於廣東、廣西、湖南、江西、福建五省交界處，是中國南方最大的橫向構造帶山脈。秦漢時期，五嶺以南開發程度遠不及中原。大致上從唐代起，嶺南加快了開發進度，逐漸趕上黃河、長江流域地區，促進了中華民族經濟、文化的發展。

| 174

"不敢越雷池一步"的"雷池"在哪裏？

雷池是一片水域，位於現在安徽省望江縣的雷池鄉，在望江縣城東南10公里的地方，緊挨長江北岸，面積約100平方公里。因古代雷水從湖北黃梅縣東流到這裏，積而成池，所以叫雷池，也稱大雷池。東晉前期在此築大雷戌，是江防要地。在晉成帝咸和二年（327），駐守曆陽（今安徽和縣）的鎮將蘇峻，聯合駐守壽春（今安徽壽縣）的鎮將祖約反叛朝廷，向京城建康（今江蘇南京）進軍。這時，忠於朝廷的江州刺史溫嶠火速領兵去救助建康。掌管朝中大權的庾亮得知後，卻擔心手握重兵的荆州刺史陶侃起兵反叛，便馬上給溫嶠寫信，說："吾憂西陲，過於曆陽。足下無過雷池一步也。"意思是要溫嶠坐鎮原地，不要越過雷池向東出兵了。後世"不敢越雷池一步"的典故，就源於此，指的是不可超過的界線和範圍。

 | 175

將四川稱爲"天府之國"是什麼時候開始的？

"天府"意爲天生的倉庫，"國"是地區之意。合起來，"天府之國"是對一個地區的美稱。

現在，天府之國通常是指四川。實際上，典籍中最早稱爲天府之國的是指關中平原一帶。戰國時，遊士蘇秦向秦惠王進言，稱讚秦國"田肥美，民殷富，戰車萬乘，奮擊百萬，沃野千里，蓄積饒多，地勢形便，此所謂天府，天下之雄國也。"漢初，張良也稱讚關中"左崤函，右隴蜀，沃野千里"，"此所謂金城千里，天府之國也"。大約是秦太守李冰在成都建成萬世受益的都江堰，使成都水旱從人，不知饑饉，後世也稱成都爲天府之國，這在典籍中也有依據。諸葛亮在《隆中對》中說："益州險塞，沃野千里，天府之土，高祖因之以成帝業。"從那時起，巴蜀爲天府之國的美譽一直流傳至今。

當然，中華大地到處物產豐富，其他地區也有不少稱爲"天府之國"的。

| 176

"三輔"指的是哪些地方？

三輔的稱謂，是從漢代開始的。本是指治理京畿地區的三位官員，後指這三位官員管轄的地區。

三輔之首稱京兆尹，西漢太初元年（前104）改右內史而設置，治所在長安縣（今陝西西安市西北）。按漢平帝時的記載，管轄長安、新豐等12個縣。

另外兩個是左馮翊和右扶風。太初元年，武帝將左內史改置爲左馮翊，將主爵都尉更名爲右扶風，起初治所都在長安縣，後來有所變更。西漢末年，左馮翊下轄高陵、櫟陽等24個縣，右扶風下轄渭城、槐里等21個縣。

到了東漢，都城遷到了洛陽，但"三輔"之名並沒有隨之消失，仍爲人所沿用。這種現象，一直持續到唐代。出於對西漢京畿風貌的嚮往，後世出了一本追憶性的著作《三輔黃圖》，記載的是漢代長安的古跡，對宮殿苑囿記述尤詳。

 | 177

"南洋"名稱是怎樣出現的？

明清時期，"南洋"是一個常用地名。它是以中國爲中心，對應於東洋、西洋、北洋的稱呼。西洋是指麻六甲海峽以西的印度洋地區，還包括歐洲或更遠的地方，清朝一度特指歐美國家；東洋則特指日本。南洋的區域較廣，包括馬來群島、菲律賓群島、印尼群島，也包括中南半島沿海、馬來半島等地。在中國古代，漢族民眾開始移民到南洋，在明朝時期及明亡之後，大量漢族移民湧入南洋定居、謀生，當時叫做"下南洋"，還曾在那裏建立過一系列的政權。

目前，南洋一詞已經不常用了，但作爲學校和企業名稱，在中國和東南亞地區卻還不時可以見到。

178

"中流砥柱" 是支柱嗎？

在現實生活中，"中流砥柱"常被用來形容發揮支柱作用的人或集體，它的原義同支柱有關係嗎？

原來，砥柱是位於現在黃河三門峽下方的一處像石柱的小山。冬天水淺的時候，它露出水面兩丈多高，洪水季節，它只露出一個尖頂，看上去就像要馬上被洪水吞沒似的，萬分驚險。然而千百年來，無論狂風暴雨的侵襲，還是驚濤駭浪的沖刷，砥柱一直力挽狂瀾，巍然屹立在黃河之中。正是這種難得的景象，使它成爲剛強無畏的化身，自古以來爲人稱頌。《晏子春秋》中曾說："吾嘗從君濟於河，黿銜左驂，以入砥柱之中流。"西元638年，唐太宗李世民來到黃河邊，也寫下了"仰臨砥柱，北望龍門。茫茫禹跡，浩浩長春"的詩句，命大臣魏徵刻於砥柱之陰。著名書法家柳公權也爲砥柱寫了一首長詩，其中有"孤峰浮水面，一柱釘波心。頂住三門險，根連九曲深。柱天形突兀，逐浪素浮沉"等佳句。砥柱的名聲，因此長盛不衰。

179

《水經注》是一本怎樣的書？

河流與人們的生活息息相關，古代人因此非常重視水道的記述。約在漢末時期，舊題桑欽所著的《水經》問世。該書記述河流水道137條，簡明地 述了河道的源流及經過的郡縣都會名稱，確立了因水證地的寫作方式。到北魏時，時間過去了三百年，其間河流改道，民族遷移，城邑興廢，地名變化，難以盡述。著名地理學家、文學家酈道元於是傾注心血，在《水經》基礎上，布廣前文，撰成《水經注》，記述河流水道1252條，比《水經》增加近10倍；篇幅則擴充到30多萬字，是原書的30倍。以注釋之作而超越原書價值的，這大概是歷史上的第一部。

《水經注》的地理視野十分廣闊，不僅僅是酈道元本人所熟悉的北部中國，對當時南朝治下的自然山川、人文地理，酈道元都著力描述，一視同仁。有的篇章中，還記載了不少域外地理。在卷一《河水》中，詳細描述了古代印度東南部的恒河、印度河和孟加拉灣沿岸的水文地理和風土人情。在南方，地理範圍達到今越南北部、柬埔寨和馬來半島。在北方，延及長城以外的沙漠地區；西南方則遠達緬甸“徼外”地區。可以說，《水經注》記錄了當時已知的地理範圍。

《水經注》中還具有地理變遷的觀念。對所記河流，酈道元無不窮究源流，追述古今變化。最著名的是黃河變遷，北魏以前有兩次大規模的改道，一次是周定王五年（前602），一次是王莽時期。《水經注》對這兩次黃河改道的走向都有詳細的描述，稱之為“大河故瀆”和“王莽河”。當時的華北平原，由於自然環境變遷和人為影響，很多小河流已經乾涸，酈道元也在實地考察後注明“今無水”，並感歎“今古世懸，山川改狀”。

尤為可貴的是，《水經注》的地理描述中蘊含了深切的人文關懷。對於每條水道所經，酈道元詳細記載其城邑興廢、歷史故事以至神話傳說，將國家民族的歷史文化融匯到自然山川之中。如《易水》篇中的“荊軻刺秦王”故事，《江水》中的“巫山雲雨”神話，都極為感人。自然場景一旦注入人文情景，就不再是無情物，而變成傷心地或歡娛場，不僅個人情感可以通過山水風物來表達，國家民族的集體記憶和歷史文化也可以寄託在自然山川之中。清人評說《水經注》“因水以證地，而即地以存古”，這是《水經注》的一大特色。

《水經注》之所以取得如此高的成就，是因為酈道元除了充分利用傳世文獻外，還做了大量的實地考察，充分參閱了同時代南北學者的地理學著述，後世才會流傳“水經”系列這部最傑出的著作。也正因為如此，現代日本地理學家米倉二郎將酈道元稱譽為“中世紀全世界最偉大的地理學家”。

中國人應知的

國學常識 ②

The knowledge
of Chinese

哲學宗教

中國人應知的
國學常識②
哲學宗教

180

"佛"是指什麼？

  "佛"是梵語buddha的音譯，他的全稱還有佛陀、浮陀、浮屠、浮圖等，意譯為覺者、知者、覺，覺悟真理者之意；亦即具足自覺、覺他、覺行圓滿，如實知見一切法之性相、成就等正覺之大聖者。佛也是佛教修行之最高果位——在佛教中都是大佬級人物。狹義的"佛"即指佛教的創始者"釋迦牟尼佛"。

  既然佛是修行得來的，那麼他自然不是凡夫俗子所能比的。就拿"佛"所具足的三大圓滿來說，自覺、覺他、覺行圓滿三者，凡夫就無一具足；聲聞、緣覺二乘僅具自覺；菩薩也只是自覺、覺他；而且佛之定、智、悲均為最勝者，故稱大定、大智、大悲，配於斷德、智德、恩德等三德，合稱為大定智悲。

  小乘認為現在世不可能二佛並存，大乘則認為於一時中有多佛並存：三千世界中有無數（如恒河沙之數）佛存在，即所謂十方恒沙諸佛，比如說大乘佛教的"橫三世佛"一說（"橫"說的是空間），即中央釋迦牟尼

釋迦牟尼佛

佛，主管中央娑婆世界，法身是藏傳佛教崇敬的大日如來，身邊有"大智"文殊菩薩和"大行"普賢菩薩幫忙料理教化事宜；東方藥師佛（又稱"不動佛"）主管東方淨琉璃世界，有日光普照菩薩和月光普照菩薩幫忙打理凡世的健康長壽等事宜；西方阿彌陀佛，主管西方極樂世界，有"大勇"大勢至菩薩和"大悲"觀世音菩薩協助料理人死後的解脫事宜。此外，我們所熟知的"縱三世佛"（"縱"即以時間計算，分別有未來佛彌勒佛，現世佛釋迦牟尼佛，過去佛燃燈古佛）也是大乘佛教的說法。依大乘佛教的這一說法，釋迦牟尼佛只是現在的老大，以後還要有繼任者的。

後來佛教信眾把"浮圖"這一稱呼用在了修功德上，即指佛塔。這也算是對供養和佈施的一種肯定。

 | 181

因明是印度的邏輯學嗎？

"因明學"，為印度"五明"（"明"是學問義）之一。其他四明為"聲明"（語文學）、"工巧明"（工藝學）、"醫方明"（醫藥學）、"內明"（宗教學）。

這裏，"因"指推理的根據、理由、原因；"明"即顯明、知識、學問。

因明，即對佛教教理舉出理由、進行論證的學問，學術界一般也視其為印度或佛教的邏輯學。

印度的"因明學"立宗（結論）、因（原因）、喻（譬喻）三支為言說方法和論證程序。例如"聲無常（宗），為所作性故（因），如瓶等（喻）"。在這三支中，以"因"支最為重要，故曰"因明"。

實際上，視因明為邏輯學，畢竟不大準確，因為它雖然包含了西方意義上邏輯學的內容，但它也不只是指論證、推理的學問，它更多的還是包含了佛教本身的教理。

| 182

爲什麼說"一切眾生悉有佛性"？

《涅槃經》說："一切眾生悉有佛性，如來常住無有變異。"

"一切眾生悉有佛性"，講的是所有人都有成佛的可能性。要想把這種潛在的佛性（又作如來性、覺性，即佛陀之本性）變成現實就只能是修行不懈。說得再直白一點就是：佛是覺悟了的眾生，眾生是未覺悟的佛。

在中國，"一切眾生悉有佛性"始於東晉支道林的"一闡提皆得成佛"，即再壞、再沒有資質（"一闡提"）的人，還是有著成佛的潛質。後來的六祖慧能更是提出了著名的"一切眾生皆有佛性"，使得佛教之門廣開。他認爲，一個人是否能成佛，不在於他的根器和資質如何，而完全在於他是否能明心見性，即"自性若悟，眾生是佛，自性若迷，佛是眾生。"

 | 183

什麼是"禪門三關"？

禪宗開悟的三個階段：初關（亦名"本參"）是要人明心見性，得般若之無漏慧；重關是要人以無漏慧對治並伏滅煩惱、所知二障；末後關是要淨盡煩惱，人無需功用而任運自如於塵世。

從百丈禪師透"三句"，到從悅、慧南以"三句"勘驗學人，都已蘊涵三關之意。後來"看話禪"（看，見之意；話，公案之意。"看話禪"是臨濟宗的禪風，講究的是專就一則古人之話頭，歷久眞實參究終獲開悟，故又名"機關禪"）興起，"三關"之名始漸流行。

不過禪宗終究重的是開悟見性、直了成佛，本就不立階梯。不然你說慧能一不識字，二不是登堂入室的弟子（只是負責舂米），憑什麼就能一躍而成爲眾人驚異的"肉身菩薩"、禪宗六祖？所以"禪門三關"只不過是後來祖師接引學人的方便施設的。

184

"五蘊"指什麼？爲什麼還是"空"的？

蘊，是梵語Skandha的翻譯，乃積聚、類別之意。《俱舍論》"諸有爲法和合聚義是蘊義"。"五蘊"指類聚一切有爲法之色、受、想、行、識五種類別。

一、色蘊，即指有形的物質。包涵內色與外色，內色即五根：眼、耳、鼻、舌、身；外色即五境：色、聲、香、味、觸。

二、受蘊，即是對境的承受感受之意。可分爲身受與心受，身受由五根和五境所引起，它有苦、樂、舍（不苦不樂）三種感受；心受由意根所引起，有憂、喜兩種感受。

三、想蘊，指心對境的想像作用。即是看、聽、接觸東西時，心會對境生出形象，並據此立名，也就是認識的作用。

四、行蘊，"行"是造作的意思，行蘊是驅使心造作各種業，所造作的行爲有善、惡、無記三種，也稱爲心所生法。

五、識蘊，對境而產生認識的本體根據，即八識之說。通常有大、小乘的解釋之別。

五蘊的意思是五種不同的聚合。"五蘊"也被翻譯爲"五衆"或"五陰"。"五衆"是指五種衆多的法聚合在一起；"五陰"是指五種法遮蓋住我們的智慧之意。

小乘佛教通過分析"五蘊"得出"人無我"的結論，即人和我都只是"五蘊"的暫時和合，沒有實體性的。

大乘佛教則進一步指出，不但"人無我"，"五蘊"本身也是空的，即《心經》"色不異空，空不異色，色即是空，空即是色；受想行識，亦復如是。"

所以"五蘊皆空"之後，自然就可以"度一切苦厄"，因爲無我、無物、無無。

185

"二諦"指什麼？

佛教主要目的是教人破除我執、法執而體認真實。唯有從事物的兩個對立方面互成互破，才能掃盡一切執著而顯現真實，因此中觀宗就特別重視"二諦"。

"二諦"是俗諦與真諦。俗諦又名世諦、世俗諦、情諦、有諦，真諦又名第一義諦、勝義諦、智諦、無諦。其中"諦"是真實不虛之理。真俗二諦是事、物所具有的兩種真理。凡夫俗子在時間上由於經驗了或習慣了所觀察的事物現象（有），名為世諦或俗諦，得道的聖人在究竟處體驗了事物的真實本質（空），名為第一義諦或真諦。

因此俗諦是肯定事物所以存在的道理，真諦是否定事物有其實存的道理。佛教認為只從有或只從空來理解事物，都是片面的，甚至是錯誤的，必須從空和有兩方面，即"中道實相"來體認，方能得到實際情況。就是說諸法非空非有，亦空亦有，不落二邊，圓融無礙。

 186

"四法界"是什麼意思？

"四法界"是華嚴宗的重要教義。

其中"法界"是指一切眾生身心本體，即超越言表，橫互萬事萬物的絕對實在，也就是說是整個世界的根本。其中"法"為軌則，"界"有性、分二義。就"事"上說，"界"是分歧義；就"理"上說，"界"是本性義。

此外，華嚴宗又進一步認為全宇宙系統一于一心，若由現象與本體觀察之，則可別為四種層次，即四法界：

一、事法界。指萬有諸法，一一事相有差別，有分齊，即就"事"上說的"界"。

二、理法界。指萬有諸法同一理性，眞如平等，無有差別，即就"理"上說的"界"。

三、理事無礙法界。是說理由事顯，事中含理，諸因無自性而能緣起，即理無礙事；緣生諸法皆無自性，即事無礙理。

四、事事無礙法界。指一切事法，各有分齊，各守自性，事事相望，多緣互應，一多相即，大小互容，重重無盡。

187

佛祖爲什麼死時面帶微笑？

明吳彬《涅槃圖》

因爲在佛祖看來，死亡是煩惱的解脫。

佛家稱得道之人的"死亡"爲"涅槃"（"泥洹"）、"圓寂"。"涅槃"原來指吹滅，或表吹滅之狀態；其後轉指燃燒煩惱之火滅盡，完成悟智（即菩提）之境地，即超越生死（迷界）之悟界，亦爲佛教終極之實踐目的。

爲什麼"死亡"是一種煩惱的解脫呢？因爲在佛家看來，世界是"苦"，實性爲"空"。再說下去就是涅槃三德、八味、四樂了。

涅槃"三德"爲"大、滅、度"：大，即法身；滅，即解脫；度，即般若。

涅槃"八味"有：（一）常住，指涅槃之理通徹三世而常存，圓遍十方而常在。（二）寂滅，指涅槃之理寂絕無爲，生死永滅。（三）不老，指涅槃之理不遷不變，無增無減。（四）不死，指涅槃之理原本不生，然亦不滅。（五）清淨，指涅槃之理安住清寂，諸障皆淨。（六）虛通，指涅槃之理虛徹靈通，圓融無礙。(七)不動，指涅槃之理寂然不動，妙絕無爲。(八)快樂，指涅槃之理無生死逼迫之苦，而具眞常寂滅之樂。

涅槃"四樂"是：(一)無苦樂，是說世間之樂即是苦因，若斷世間之苦樂，則無苦無樂。(二)大寂靜樂，是說涅槃之性遠離一切憒鬧之法，稱爲大寂靜。(三)大知樂，是說諸佛如來具有大智慧，於一切法悉知悉見。(四)不壞樂，是說如來之身，猶如金剛之不能毀壞，而非爲煩惱無常之身，以身不壞之故，稱爲大樂。

當然所有的這些"樂"都是要以已經覺悟爲前提的，不然即便死了也只能是開啓了又一個輪迴而已。

 | 188

"覺悟" 是什麼？

慧遠在《大乘義章・卷十二》說："覺察名覺，如人覺賊；覺悟名覺，如人睡寤。"

南本《涅槃經・十六》也說："佛者名覺，既自覺悟，復能覺他。"

"覺悟"的梵文音譯是"阿耨多羅三藐三菩提"，意思爲"無上正眞道"、"無上正等正覺"等，是指對世間萬象、諸般眞理有著透徹了解。

 | 189

"見聞" 在佛家中講的是什麼？

我們知道"眼耳鼻舌身意"是六根；"色聲香味觸法"是六識。

"見聞"就是眼見和耳聞。眼見爲"色"，耳聞爲"聲"。色、聲即爲六識中的二識，且相對主要的二識。

既然相對主要，所以現在人們就用"見聞"代指了人全部的感覺作用和認識能力。

190

"本來面目" 是什麼？

"本來面目" 也叫 "本來風光"。《壇經》中說："能云：不思善，不思惡，正與麼時，那個是明上座本來面目？"

佛家認為 "一切眾生悉有佛性"，即人人都有成佛的因數，只是後來迷失了本性。這和孟子的 "性本善"、"本心" 很像。所以在佛家看來，人的 "本來面目" 實際上是指這個因數或本心是善的、向上的一面。只要我們反身內求，發現自己的 "本來面目" ——人人悉有佛性，便是頓悟了，便是成佛了。

 191

佛家有什麼 "不可思議" 的？

佛祖 "拈花微笑"，是因為佛祖遇到不能言說的妙處，不得已而為之。可佛祖這麼高的覺悟和能力，怎麼還有不能講出來的佛法呢？因為佛法本身就是不可思議的！

另外，阿彌陀佛不但可以叫做 "無量壽佛"、"無量光佛"，而且還可以叫 "不可思議光如來"。

怎麼就不可思議了呢？這恐怕沒有答案，不過我們可以試著這樣去理解：

首先是 "心思路絕"，故 "不可思"；"言語道斷"，故 "不可議"。《五燈會元》卷十六載，光孝禪師臨終時只說了 "不可思議" 四個字，便合掌而逝。

其次，佛家的不可思議之處有 "佛不可思議，眾生身不可思議，乃至世界不可思議"（《仁王經》）。《增一阿含經》增加了一個 "龍不可思議"。《大智度論》卷三十則舉出：眾生多少（眾生無增無減）、業果報（一切差別由業力而生）、坐禪人力（由禪定之力而現神通）、諸龍力（龍之一滴水，則可降大雨）、諸佛力（佛陀圓滿成就十力）等五種不可思議。

| 192

龍樹著名的"三是"偈是怎樣的？

印度佛教中觀派創始人龍樹著名的"三是"偈是闡述中道觀的，具體爲："衆因緣生法，我說亦是空，亦爲是假名，亦是中道義。"

"衆因緣生法"講的是"俗諦"，即諸法由因緣和合而生，生即是有；

"我說亦是空"講的是"眞諦"，即雖然諸法已生，但自性爲空。

"亦爲是假名、亦是中道義"講的是"中道"，即亦有亦空，非有非空。"有"是"世俗有"、"假有"，"空"是"畢竟空"、"性空"。

這樣，統一了俗諦與眞諦的"中道"就把世間和出世間、煩惱與涅槃統一了起來；並且揭示了認識的本性就在於不可能把握客觀眞理，只能一點點地袪除錯誤。比如表達"中道"的"八不"（不生不滅、不常不斷、不一不異、不來不去）完全是一種只否定、不肯定的"遮全法"。這種只破不立的做法明晰有力地消除了人們對名言概念的執著，進而消除了對確定性知識的執著。也就是說，人們只能永恆地走在一條不斷自我否定的道路上，最終得到的是一種對已知前提的不信任。

 | 193

"一念"怎麼產生"三千"？

"一念三千"是天臺宗智者大師的重要教義，也是天臺宗修行時的觀法。

天臺宗主張人在一念之間，即具有十界三千諸法。所謂"一念"是指日常生活的一念心；"三千"是指三千世間一切諸法。那麼"一念三千"說的就是：無論凡夫還是佛陀，其一念當體（即中道實相）便圓具三千諸法而無點滴欠缺。換個說法就是，宇宙萬象本然就具備在衆生的一念之中。

其中"三千"是由《華嚴經》的十法界、《法華經》的十如是及《大智度論》的三世間相乘所得的結果，亦即十界各具十界而成百界，每一界中又各具十如是（如是相、如是性、如是體、如是力、如是作、如是因、如是緣、如是果、如是報、如是本末究竟等）而成千如，此千如和三世間（眾生世間、國土世間、五陰世間）配合成三千之法。

天臺宗創始人智在《摩訶止觀》卷五上說："夫一心具十法界，一法界又具十法界、百法界；一界具三十種世間，百法界即具三千種世間。此三千在一念心。若無心而已，介爾有心即具三千。亦不言一心在前，一切法在後；亦不言一切法在前，一心在後。"其中"介爾"的意思為"一點點"，說的是眾生一剎那的心中就具有三千性相。萬有森然具備，無須另有本原。心就是一切現象，一切現象就是心。在介爾細心中，一念動處，便是宇宙整體。

此外，天臺宗還認為，"起一念必落一界（十法界中的任意一界）"，如起嗔恚（hui）心——地獄道的因；動貪心——餓鬼道之因；生愚癡心——畜生道之因；我慢貢高者——阿修羅之因；守倫理五戒——人道之因；修禪定——天道之因。

所以當我們明白了"一念"的重要性——"一念成佛、一念成魔"，就要修持不懈了。用儒家的話說是"如臨深淵，如履薄冰"，用佛家的偈子說就是"念念刮磨心垢盡，時時話護道菜焦"。

 | 194

怎樣才能"跳出三界外，不在五行中"？

只需要明白"三界唯心"就可以了。

當然，你要先明白"三界"是指什麼。"三界"指的是欲界（指有情世界，即地獄、餓鬼、畜生、阿修羅、人、天的總稱），色界（指身體與宮殿國土等物質性存在），無色界（此界沒有身體、宮殿等物質性存在；但有受、想、行、識四蘊）。那該怎麼"跳出三界外"呢？

首先，肉體凡胎的你肯定不能像孫猴子一樣秉天地靈氣而生了；其次，你也不能妄想去吃什麼蟠桃、仙丹。所以，你就只能老老實實地一步步修煉了。

按照佛家的法門，你首先就要體"空"，即體會"緣起性空"、"五蘊皆空"

等。"三界唯心"也是如此類的"空"。

原本在竺法護譯的《漸備一切智德經·目前住品》就有"其三界者，心之所爲"一說，指的是"三界虛妄，但是心作。十二緣分，是皆依心"（見鳩摩羅什譯的《華嚴經·十地品》）。這不就是"緣起性空"和"五蘊皆空"嗎？

只不過我們這裏要討論的是"心"字。佛家講空不假，"三界唯心"也是一種空，可怎麼還有個"心"在這裏？誰的心呢？

對此，不同宗派有不同的回答，例如法相宗（即唐僧所創的唯識宗）認爲，"心"是指阿賴耶等心識，所以"三界唯心"就相當於"三界唯識"；法性宗則認爲是指如來藏之自性清淨心。由此觀之，實際上此處的"心"可以說也是強爲之名的，即"爲方便故，假說一心"。

後來唐譯《華嚴經》有"三界所有，唯是一心"，並有發揮說"心如工畫師，畫種種五陰，一切世界中，無法而不造"，最後更是有"心造諸如來"的論斷，說白了就是見心見性即見佛，所以這裏的"心"就是一語言方便故。你一旦明瞭"三界唯心"，那你就相當於見佛了。這不就是"跳出三界外"了嗎？

195

"禪宗"的"家譜"是怎樣的？

禪宗，又稱佛心宗、達摩宗、無門宗，指以達摩爲初祖，探究心性本源，以期"見性成佛"之大乘宗派，乃是最具中國特色的佛教。在中國，其最初可以追溯到佛祖拈花微笑的典故。當然，這種典故只是傳說而已。

禪宗譜系爲達摩（初祖）──神光（二祖慧可）──僧璨（三祖）──道信──法融（這一系因住於金陵牛頭山，又稱"牛頭禪"）、弘忍（五祖）──玉泉神秀（北禪漸門之祖，傳四、五世即告斷絕）；大鑒惠能（南禪頓門，六祖）；嵩山慧安（開出"老安禪"）、蒙山道明、資州智侁（開出"南侁禪"）。

後面的傳承不再稱"祖"，惠能──南岳懷讓（蒙受惠能心印，下面是馬祖道一，開棒喝豎拂之禪風，世稱"洪州宗"；馬祖弟子有百丈懷海，懷海一系開出臨濟宗、

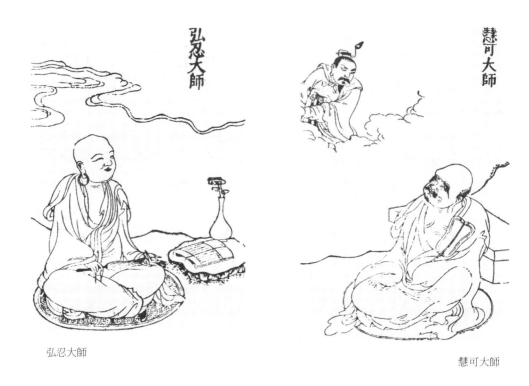

弘忍大師

慧可大師

潙仰宗，此外還有臨濟宗分出的黃龍、楊岐二派）；青原行思（下面是石頭希遷，與馬祖並稱當世二大龍象；其他弟子或再傳弟子則開出曹洞宗、雲門宗、法眼宗）；荷澤神會（開出“荷澤宗”）。

這也就是禪門繁榮的“五派七流”或“五家七宗”，即臨濟宗、曹洞宗、潙仰宗、雲門宗、法眼宗（後三家逐漸失傳）等五家，加上由臨濟宗分出的黃龍派和楊岐派（後來成爲漢地佛教的主流），合稱爲七宗。

 | 196

禪宗也講文字因緣嗎？

詩文往來而結下的緣分或友誼當然是文字因緣。我們所熟知的才子佳人也大多是因爲這樣的“因緣”才結下“姻緣”的。這樣的姻緣本是風雅之事，無可厚非。但你能想像"不立文字"的禪宗也講文字因緣嗎？

禪宗雖尚"不立文字"，但總要教學講法。這就不能不立文字，但立了文字之後還不能令弟子執著於此，以致忘了文字這根"手指"背後的"月亮"（即以手指月，卻有令人見指不見月的隱患）。不過話又說回來了，弟子是否執著，你能管得住嗎？管不住呀，悟性、慧根是人家生來就帶著的。悟性高的就能通過讀經、印經、作文、寫字等方式了悟佛法，結下"文字因緣"。那執著不悟的就只能與佛門大法做"鄰居"了。

所以在禪宗，通過文字學佛，卻能"得魚忘筌"、"得意忘言"的人三生有幸，可以有這般的文字因緣。

 197

禪宗爲什麼要以"當頭棒喝"教人？

對學生棍棒相加的老師不會是好老師嗎？不一定。

佛教教學中，相傳"棒"的施用，始於唐代德山宣鑒與黃檗希運；"喝"的施用，始於臨濟義玄（或謂馬祖道一）。也正是因此，有了"德山棒，臨濟喝"之稱。

話說黃檗禪師在接納新弟子時，有一套規矩：不問情由地給對方當頭一棒，或者大喝一聲，爾後提出問題，要對方不假思索地回答，而且隨後的每一個問題都會伴隨著"棒喝"。

語出宋代釋普濟撰寫的《五燈會元‧黃檗希運禪師法嗣‧臨濟義玄禪師》，"上堂，僧問：'如何是佛法大意？'師豎起拂子，僧便喝，師便打。又僧問：'如何是佛法大意？'師亦豎起拂子，僧便喝，師亦喝；僧擬議，師便打"。

"當頭棒喝"的目的，一是在於警醒初學佛者明白佛法之不可思議，開口即錯，用心即乖；二是在於考驗學習者的修習程度，因爲佛家講究"定"，自然要求修行者要在任何情況下不起驚懼心。所以，不少禪師在接待初學者時，常一言不發地當頭一棒，或大喝一聲，或"棒喝交馳"提出問題讓其回答，藉以考驗其悟境，打破初學者的執迷。後者如藏傳佛教在辯經時，要求發言者拍手喝喊聲中作答便是一種類似於习難般的考驗。因此，棒喝也成爲佛門特有的施教方式。

《續傳燈錄》："茫茫盡是覓佛漢，舉世難尋閑道人。棒喝交馳成藥忌，了忘藥忌未天眞。"

後來我們就用"棒喝"或"當頭棒喝"來比喻促人醒悟的警告。

 | 198

如何理解禪宗的"即心即佛"？

湖南東寺如會禪師……大寂去世，……（坐下弟子）以"即心即佛"之語誦讀不已，且念叨："佛於何住，而曰即心；心如畫師，而云即佛。"（南泉禪師）遂示衆曰："心不是佛，智不是道。劍去遠矣，爾方刻舟。"

"即心即佛"的口號，就好比是電腦桌面上的快捷方式而已。如果只是著眼於此快捷方式，而不管主程序（自然本心）是否完整或存在，那能打開想要的程序嗎？

成佛固然是好事，可也不能整日念叨著成佛吧？這樣的執著心不正是需要破除的"我執"和"口頭禪"嗎？所以南泉禪師才會說你們這是刻舟（快捷方式）求劍（成佛）。這種不斷的向前追問，以破除固執前見的做法正是禪宗的一貫宗旨。你執著於佛，執著於法，我就"呵佛罵祖"（德山宣鑒），就"持劍逼害於佛"（文殊菩薩），以行佛法。這種看似瘋狂的做法恐怕並不是什麼"無明"，而恰恰是眞正的"即心即佛"。

宋代王梾（máo）《臨終詩》云："平生不學口頭禪，腳踏實地性虛天。"

 | 199

"和尚"能隨便叫嗎？

"和尚"原來只是指那些高僧大德，後來才用作弟子對師父的尊稱，而且這師父還只能是"親教師"（意爲"親從受教之師"，戒壇三師之一。另外兩"師"是教授師、軌範師，分別教授弟子們威儀作法、指示受戒者作禮乞戒等規矩儀式）。所以，這就相當於你在學校見到輔導員、教學秘書等要叫老師，見到任課教師也叫老師，但兩個老師的含義是不同的。

世俗人則以“和尚”通稱那些出家的男衆，又作和社、鳥社、和上。

 | 200

“阿彌陀佛/南無阿彌陀佛”是什麼意思？

電視上的和尚常常說“阿彌陀佛，善哉善哉”。不過常常發錯音：“阿”是發音，絕非什麼e或o。因爲前者的梵語是不生不滅意；後者則是“流住”（生滅）的意思。如果發錯音，意思就相反了。

“南無阿彌陀佛”中的“南無”是皈依的意思；“阿”是不生不滅的意思；“彌陀”是佛的名字，像“如來”一樣，所以連起來就是“皈依不生不滅的彌陀佛”。

“阿彌陀佛”成爲一個佛教徒見面就說的佛號始於六朝。後來它更是隨著淨土宗在中國普及，成爲佛教信衆的風行問候語。

“彌陀佛”從地位上說是西方極樂世界的教主，與觀音菩薩、大勢至菩薩合稱“西方三聖”；從含義上說，此佛壽命無數、妙光無邊，故也稱無量壽佛、無量光佛。一佛而有不同義之二名，爲其他諸佛所未見。藏傳佛教中，班禪喇嘛便被認爲是阿彌陀佛的化身；而達賴喇嘛則被認爲是觀世音菩薩化身。

相傳古時，一個法藏比丘受到佛的教化，自願成就一個盡善盡美的佛國（極樂淨土），並要以最善巧的方法（口誦“阿彌陀佛”的佛號）來渡化衆生。他由此發了四十八誓願，後來賴此得以成佛——阿彌陀佛。

《阿彌陀經》：“彼佛光明無量，照十方國無所障礙，是故號爲阿彌陀。……彼佛壽命及其人民無量無邊阿僧祇劫，故名阿彌陀。”

201

"般若波羅蜜"是什麼意思？

清乾隆寫本《般若波羅蜜多心經》

《倩女幽魂》中的法術還記得麼？"般若波羅蜜！"《般若波羅蜜多心經》中也有"般若"二字。它們的意思就是：明見一切事物及道理的高深智慧。

在佛家看來，"般若"智慧跟世間的智慧還是不同的，所以譯經家不直接漢譯為"智慧"，而以音譯。可有什麼不同呢？

"般若"（智慧）有二種、三種、五種之別。其中二般若有三種說法：一、共般若與不共般若。共般若，即為聲聞、緣覺、菩薩共有的智慧；不共般若，則僅為菩薩所具的智慧。二、實相般若與觀照般若。實相般若，即以般若智慧所觀照一切對境之真實絕對者，它雖然不是般若，卻是產生般若的根源，所以也可稱為"般若"；觀照般若，即能觀照一切法真實絕對實相之智慧。三、世間般若與出世間般若。世間般若，即世俗的、相對的般若；出世間般若，即超世俗的、絕對的般若。又實相般若與觀照般若，若加上方便般若或文字般若則稱三般若。"方便般若"是以推理判斷，瞭解諸法差別之相對智；"文字般若"則包含實相、觀照般若之般若諸經典。又實相、觀照、文字三般若加境界般若（般若智慧之物件的一切客觀諸法）、眷屬般若（隨伴般若以助六波羅蜜之諸種修行），則稱五種般若。

　　菩薩爲達彼岸，必修六種行（即“六度”，亦即六“波羅蜜”）。其中般若波羅蜜（智慧波羅蜜），被稱爲“諸佛之母”，也成爲其他五波羅蜜的根據而居於最重要之地位。

　　那到底什麼是“般若波羅蜜”呢？實際上它又叫做“般若波羅蜜多”，意思是智慧到了極致，即明白了諸法實相，而窮盡一切智慧之邊際，度生死此岸至涅槃彼岸的菩薩大慧。所以碰見妖怪就喊“般若波羅蜜”，意思就是：“小小妖怪，還不覺悟，看我度化了你！”

 | 202

人人都是糊塗蛋（“無明”）嗎？

　　在佛家看來，一切眾生都是糊塗蛋。因爲眾生不明白（“無明”）一個至關重要的東西——世界（包括自己在內）的本質，這就產生了本不應該有的煩惱。爲什麼不應該有呢？因爲本來就有佛性的眾生應該是明心見性的。

　　“無明”，爲煩惱之別稱，意爲昏暗不明於佛家眞相、世界眞理的精神狀態；又爲十二因緣之一，俱舍宗、唯識宗立“無明”爲心所（心之作用）之一，亦稱作癡，屬貪、嗔、癡三毒之一。

　　既然如此，那需要明白什麼才能變得聰明起來呢？天臺宗需要明白“中道”，即非有非空之理（見龍樹的中道觀）。唯識宗需要明白“四諦”，即苦（世界是苦的）、集（世界爲什麼是苦的）、滅（要脫離苦海）、道（怎麼脫離苦海）。

　　總之，佛家就是想叫“無明”的眾生明起來、般若起來。

 | 203

爲什麼說“色即是空”？

　　《般若心經》曰：“色不異空，空不異色。色即是空，空即是色。”這句話是取完眞經回來的唐玄奘做的漢譯本。它是什麼意思呢？

佛家的"色"，廣義言之，是物質的總稱，指一切能眼見或不能眼見的事物現象。"空"指的是一切現象皆爲空幻，就是"無有實體"。

至於現實的物質世界爲什麼就"無有"了，則是因爲所有的"色"在佛家看來都是因緣和合而生，業力運轉而散。這樣，沒有常性的它們就都是非本來實有的。所以，佛家的"空"並非虛空或無之意，更不是表示什麼都沒有，什麼都不存在的意思，而是指"沒有實在性"、"沒有自主性"。

 | 204

"獅子吼"指什麼？

《倚天屠龍記》中謝遜用獅子吼震得揚刀大會上的人非死即呆。這種"獅子吼"屬於少林七十二絕技之一，按照《天龍八部》中掃地僧的說法，作爲七十二絕技的"獅子吼"必須用釋迦牟尼"獅子吼"的佛法化解。

以上說法有點剛猛和血腥味道。其實原本的"獅子吼"是形容佛法的廣大無邊，出自《維摩詰所說經‧佛國品》："演法無謂，猶獅子吼，其所講說，乃如雷震"，意思是"如來正聲"能降服一切魔鬼。

《傳燈錄》曰："釋迦佛生時，一手指天，一手指地。作獅子吼，云：天上天下，惟吾獨尊。"這裏講的是一種弘揚正法的氣概和宏願。

 | 205

"無間道"是什麼意思？

佛家的"無間道"並非像香港經典電影《無間道》開頭描述的"無間地獄"那樣恐怖；恰恰相反，"無間道"在佛家看來是一種人人應該追求的智慧。這種智慧屬於"四道"之一，講的是如何通過修行來斷除世間萬般煩惱，終得涅槃解脫的果報。

"四道"分別是：(1)加行道，又稱方便道。即於無間道之前，爲求斷除煩惱，而行準備之修行；(2)無間道，又稱無礙道。即直接斷除煩惱之修行，由此可無間隔地進入解脫道；(3)解脫道，即已自煩惱中解脫，證得真理，獲得解脫之修行；(4)勝進道，又稱勝道、三餘道。即於解脫道之後，更進一步行其餘之殊勝行，而全然完成解脫。

 206

佛家慈悲心腸，也講"十惡不赦"？

咱們覺得某些人壞透了，往往會說這些人真是十惡不赦。統治者將那些危害其統治基礎的人列為罪大惡極之人，把"十惡不赦"寫到了法律裏。但"十惡不赦"最初卻是來源於佛教用語。

佛家的"十惡"在《未曾有經》被論述為："起罪之由，起身、口、意。身業不善：殺、盜、邪淫；口業不善：妄言、兩舌、惡口、綺語；意業不善：嗔恚、貪欲、邪見。是為十惡，受惡罪報。"

俗人的"十惡不赦"是要殺頭的，佛家的"十惡不赦"就只能受報應了，比如進"六道輪迴"中的三惡道（地獄、餓鬼、畜生）什麼的。對有的人來說，這恐怕比殺頭還嚴重。這也符合佛家"善有善報，惡有惡報"的理念吧。

 207

怎樣才可以做到"頭頭是道"？

我們聽有大智慧的人講話，總是覺得人家講的"頭頭是道"，怎麼講都有理。為什麼？在佛家看來，是這種人"悟"了。

《續傳燈錄·慧力洞源禪師》上說："頭頭皆是道，法法本圓成。"說的就是人開悟之後，一言一語、一舉一動無不暗合妙道，即"隨心所欲而不逾矩"。"道"對於這類人而言也是無處不在的。不然的話，行為怎麼能不逾矩（道）呢？

現在這個詞多用來形容一個人講話很有條理，很有說服力。

為何說觀世音菩薩"大慈大悲"？

因為觀音菩薩"救苦救難"嗎？恐怕不儘然，救苦救難也只能算得上"大悲"，而"慈"與"悲"是不同的。

慈愛眾生並施予快樂（與樂），稱為慈；同感其苦，憐憫眾生，並拔除其苦（拔苦），稱為悲；所以，"大慈"、"大悲"有時又分指稱彌勒、觀音兩尊菩薩。彌勒是"未來佛"，當予眾生未來之樂，號為"大慈尊"；觀音菩薩"救苦救難"，拔除眾生現在之苦，號為"大悲菩薩"。

為什麼還有個"大"字？

首先，佛陀之悲乃是以眾生苦為己苦的同心同感狀態，故稱同體大悲。又其悲心廣大無盡，故稱無蓋大悲（無有更廣、更大、更上於此悲者）。"慈"也是類似。

其次，佛家的慈悲之所以可以成為"大"，還在於"般若"的存在。《大智度論》卷二七說："大慈與一切眾生樂，大悲拔一切眾生苦。"無論拔苦還是予樂，一旦缺了這種"般若"，就只能是慈悲心腸（佛家用語是"生緣慈"或者"法緣慈"）而已，雖說還有慈悲，但已經與"大慈大悲"（佛家稱作"無緣慈"）無緣了。沒有"般若"就會把眾生的苦與樂看做實相，即眾生實有。可在"大慈大悲"的狀態中看，眾生本身都是假相（"中道"意義上的假相）。

聽過"無人相，無我相，無眾生相"嗎？"無眾生相"只有那些具有"般若波羅蜜"的人才能做到。即便是胸懷天下的孔聖人，在佛家看來，也只是慈悲心腸中的"法緣慈"（脫離了"眾生緣慈"的"我"，但依舊不悟"法空"和"無眾生相"），而非菩薩的"大慈大悲"。

慧遠是何許人？

《南史・謝靈運傳》有言："天下才共一石，曹子建獨得八斗，我（謝靈運）得一斗，自古及今共用一斗。"這個如此自負的謝靈運，卻對慧遠和尚很是欽佩。

慧遠（334～416），東晉高僧，我國淨土宗的初祖，廬山白蓮社創始者。雁門樓煩（山西崞縣）人，俗姓賈。十三歲時，遊學許昌、洛陽，"博綜六經、尤善老莊"。二十一歲時，和弟弟慧持一起在太行恒山（河北曲陽西北）聽道安講《般若經》，感歎"儒道九流皆糠秕"，於是二人都投道安座下，剃度出家。

在教務上，慧遠主張以"方外之賓"定位自己的身份，將"協契皇極"作為自己的社會職能，較好地處理了佛教與國家政權的關係。現實中，慧遠所處的東晉時代，內部權力鬥爭嚴重，外部與諸秦對立。慧遠作為佛門領袖對各種政治勢力不即不離、不疏不附，這種做法使得他領導的佛教能在當時的各種敵對勢力中保持相對獨立的地位，獲得了相對平靜的發展。

在教義上，慧遠援道入佛，用中國經典詮釋佛經，對佛教做出本土化的努力，例如受《莊子》"以人為羈，死為返真"的影響，主張"神不滅"，並由此解釋佛家三世輪迴、因果報應和"西方淨土"的存在。慧遠的"神不滅論"與其教義上的根本主張"有我論"是相通的。慧遠在自己的《法性論》和譯介的《阿毗曇心論》中，就堅持自性實有。這是與鳩摩羅什"大乘空宗"截然不同的，也是他後來與鳩摩羅什書信論戰（《大乘大義章》）的主要領域。

此外，慧遠還譯介了"達摩多羅禪法"，開了禪宗"教外別傳"的先河；其"與寺內，別置禪林"被禪宗視為禪家典範；其"於精舍無量壽佛前，建齋立誓，共期西方"，被認為是淨土宗的初祖，並組建了名為"白蓮社"的僧團，後人記載當時有"十八賢"、"百有二十三十人"參加立誓。

| 210

玄奘取完經回到大唐後又幹了什麼大事？

　　玄奘回到大唐後把梵文的真經譯成了漢語。事實上，翻譯的過程本身就是一個重新理解和再創作的過程，最終玄奘創立了“唯識宗”。

　　人道眾生，因有六根（眼、耳、鼻、舌、身、意）故生出六識（色、聲、香、味、觸、法）；除此六識以外，還有第七識（意根：末那識）和第八識（阿賴耶識）；無色界的天人，因無色身，故只有六、七、八識；而十法界（六道，二乘，菩薩，佛合為十法界）中的一切含靈，莫不有此“阿賴耶識”（亦稱“初刹那識”、“初能變”、“第一識”。因宇宙萬物生成之最初一刹那，只有這一識，故稱“初刹那識”；而此識亦為能變現諸境之心識，故亦稱“初能變”；由本向末數為第一，故稱“第一識”）。由於有“阿賴耶識”才能變現萬有，所以唯識宗主張一切萬有皆緣起於“阿賴耶識”。至於“阿賴耶識”為清淨之真識，或染汙之妄識，乃佛學界所爭論之一大問題。

　　既然“阿賴耶識”就是“初刹那識”、“第一識”，還不能說“萬法唯識”嗎？

　　說得再明白點，“唯識”就是指整個世界都只是心識的變現，除此再無任何實在。唯識以外無其他實在，又稱為唯識無境，或據萬有從識所變之意義，而稱為唯識所變。此理論見於《成唯識論》卷二。

　　可問題又出來了，既然“萬法”都唯識了，那三界中的“法”自然也唯識。但前面都說“三界唯心”了，那“心”和“識”沒什麼矛盾嗎？沒矛盾，在大乘唯識宗（又稱法相宗）看來，“心”是強為之名，實際上就是“阿賴耶識”（參看“三界唯心”）。

 | 211

禪宗六祖慧能識不識字？

　　慧能（638～713），唐代僧人，禪宗南宗的創始人。據《壇經》、王維《六祖能禪師碑銘並序》、《曹溪大師別傳》等記載，慧能俗姓盧（故後人也有稱之爲"盧老"的），祖籍范陽（今河北涿縣），出生於嶺南，自小父親去世，與母相依爲命。

慧能大師

一天，不識字的他在鬧市中聽人念說《金剛般若經》，大爲感動，就到黃梅弘忍（禪宗五祖）處求學，做了一個負責舂米的"行者"。後來，五祖年紀大了，就命寺僧各做一偈子，據此以傳衣缽。大師兄神秀主漸修，作"身是菩提樹，心如明鏡台。時時勤拂拭，勿使惹塵埃"。不識字的慧能就口述"菩提本無樹，明鏡亦非台。本來無一物，何處惹塵埃"一偈，請人代寫在神秀的偈子後面。最後，慧能的偈子得到了弘忍的暗許。

弘忍密傳慧能法衣，並囑其南下避難（恐其他弟子不服搶奪法衣）。

南下的慧能隱避16年後，才傳其教法，內容主要有：一、"直指人心，見性成佛"的頓悟法門，自心的迷悟是人能否成佛的唯一標準；二、"定慧等學"、"戒禪一致"的修行理論，即念不起爲坐，性不亂爲禪："外離相曰禪，內不亂曰定"；三、"一行三昧"的修行方法，即提倡一種"於一切時中，行、住、坐、臥，常行直心"的修行。"直心"就是眞心，指佛性的不加修飾的直接體現和明白顯露，不假外修。四、無念爲宗，無相爲體，無住爲本。其中"無念"強調眞如佛性的自然發揮或心靈的直覺感受；"無相"指雖身處滿是聲色諸相的世間，卻能不予計較與執著；"無住"是指無所掛礙，無所執著。

此後，這些都成爲禪宗的主要教義。

| 212

"三生有幸"是怎樣的一種幸運？

蘇東坡曾寫過《僧圓澤傳》，上面講了一個故事：

唐朝有個圓澤和尚在與好友李源遊覽長江三峽時，見到一個孕婦汲水。圓澤竟突然說自己三天後就投胎到她家，並與李源相約以一笑作爲投胎的見證，並且十二年後兩人還會在中秋之夜相見於杭州天竺寺。

三天後李源去了那婦人家裏，果然見到一個初生嬰孩對他一笑。

十二年後，李源赴約天竺寺，果然見到一個十二歲的牧童，這個牧童唱道："三生石上舊精魂，賞月吟風不要論。慚愧情人遠相訪，此身雖異性常存。"

這種事眞讓人驚異，"緣分"竟可以這麼約定！

 | 213

"天人合一"是一種怎樣的思想？

"天人合一"思想自古就有。殷周時期的"天人合一"講的是原始宗教，即人間的政權是受神權保護的，例如"皇天無親，惟德是輔"。至於孟子則是用"仁義禮智"等道德範疇把天、人統一了起來，第一次提出了"盡其心者，知其性也；知其性，則知天矣"的"天人合一"說。其後這種道德倫理意義上的天人關係在《中庸》、《易傳》中得到了更明顯的發揮。

到了漢代的董仲舒，更是以天人相類說爲據提出了"天人感應"，即"人之爲人，本於天。天亦人之曾祖父也，此人之所以上類天也"（《春秋繁露·爲人者天》）、"人有三百六十節，偶天之數也；形體骨肉，偶地之厚也；上有耳目聰明，日月之象也；體有空竅理脈，川谷之象也"（《春秋繁露·人副天數》）、"天亦有喜怒之氣、哀樂之心，與人相副，以類合之，天人一也"（《春秋繁露·陰陽義》）。這樣，把人的各種器官和情緒頒給天之後，天和人還能不一樣？

至於後來的宋明，更是演繹了《中庸》和《易傳》，把人的根基建立在"天理"上。

所以，無論是什麼時代的"天人合一"，其重要論點和論據都是倫理道德性質上的，自然環境都只是末流卻又自然的演繹。當然，先秦道家的天人思想倒是淡化了這種倫理道德性，具有明顯的社會或審美意義。

 214

何謂"三綱"？何謂"五常"？

常說"天理人倫、三綱五常"，其中"三綱"是指"君為臣綱，父為子綱，夫為妻綱"，要的是臣對君、子對父、妻對夫近乎絕對的服從，同時也要求君、父、夫為臣、子、妻作出表率。它反映了傳統中國社會中君臣、父子、夫婦之間的一種特殊的道德關係。極端表現即為"君要臣死，臣不得不死；父要子亡，子不得不亡"。"五常"是指仁、義、禮、智、信五種道德規範，是分別用來調整和規範父子、君臣、夫婦、兄弟、朋友五種關係的行為準則。

"三綱"、"五常"的思想，最早淵源於孔子。孔子曾提出了君君、臣臣、父父、子子和仁義禮智等倫理道德觀念。此後，法家也有類似的說法，例如《韓非子》中就講："臣事君，子事父，妻事夫。"後來的孟子進而提出"父子有親，君臣有義，夫婦有別，長幼有序，朋友有信"的"五倫"道德規範。到了西漢，董仲舒從天人感應的思路出發，按照陽尊陰卑的理論，認為君臣、父子、夫妻三種關係存在著天定的、永恆不變的主從關係：君為主、臣為從；父為主，子為從；夫為主，妻為從。這就是人們所講的"君為臣綱，父為子綱，夫為妻綱"三綱。同時，董仲舒認為，仁、義、禮、智、信五常之道則是處理君臣、父子、夫婦、上下尊卑關係的基本準則。堅持"三綱"、"五常"之大法，整個社會秩序就能穩定和諧。

西元79年，東漢章帝親自主持，在白虎觀組織了一次全國性的經學會議，這個會議的記錄以後由班固整理編輯成《白虎通德論》，簡稱《白虎通》。這部書的內容是當時官方對經學的標準答案，也成為後世中國社會倫理綱常的真正法典，"三綱"、

"五常"的內容也首次以官方文書的形式確立起來，從此開始成爲眞正影響中國傳統社會的實際運行的道德規範。"三綱"、"五常"之連用卻是到了宋代才有的事，後來也常被簡稱爲"綱常"。

 215

什麼是"理學"？

"理學"一般指宋元明清時期的哲學思潮，也稱道學。它萌芽於唐中葉以後的韓愈、李翱，產生於北宋（"宋初三先生"：胡瑗、孫復、石介；中期有"北宋五子"：周敦頤、邵雍、張載、二程），盛行於南宋（朱熹）與元、明時代，清中期以後逐漸衰落，但其影響一直延續到近代。

廣義的理學，泛指以"天道性命"爲中心問題的整個哲學思潮，包括各種不同學派，如北宋中期周敦頤的濂學（糅合佛、道，取法孔孟，以"太極"爲最高範疇）、邵雍的象數學（根據《周易》和道教思想構造出一個"合之斯爲一，衍之斯爲萬"的先天象數體系，並以之推測和說明自然與人事的變化）、張載的關學（"氣"爲本原，提出天地之性與氣質之性）、二程的洛學（"理"爲最高範疇和世界本原，重"察之於身"以"窮理"）、王安石的新學、蘇軾的閩學、司馬光的朔學（以"虛"、"誠"爲基本範疇），南宋朱熹的閩學（繼承二程，詳細敘述了理氣關係，重"即物而窮理"）、陸九淵兄弟的江西之學（主張"心即理"），明中期王守仁的陽明學（認爲"心外無理"、"心外無物"）。

狹義的理學則專指程顥、程頤、朱熹爲代表的，以"理"爲最高範疇的學說，即程朱理學。

理學是中國古代哲學長期發展的結果，特別是批判佛、道哲學的直接產物。

216

"玄學"都談些什麼？

"玄學"指魏晉時期出現的一種崇尚老莊的學術思潮，一般是特指魏晉玄學，其名得自《道德經》"玄之又玄，衆妙之門"之句。

魏晉玄學以"三玄"（《老子》、《莊子》、《周易》）爲主要研究典籍。爭論的主要問題有：一、"有無"問題。何晏、王弼"貴無"，即"無"作爲世界的根本和世界統一性的基礎；裴"崇有"，即"有"是自生的；郭象"獨化論"，即"有"是獨自存在的，不需要"無"作爲自己的本體，而"獨化"於"玄冥之境"；二、"名教自然"問題。何晏、王弼主張"名教本於自然"；郭象主張"名教即自然"；嵇康主張"越名教而任自然"；阮籍折中名教與自然。至於玄學使用的方法則是"得意忘言"、"辨名析理"。大名鼎鼎的"竹林七賢"（阮籍、嵇康、山濤、劉伶、阮咸、向秀、王戎）灑脫、怪誕的思想和行事都成爲後人的美談。

這種"玄談"之風產生的原因有兩方面：首先是漢末儒家經學的衰微，司馬氏政治上的摧殘與壓迫，其次是魏初正始年間何晏、夏侯玄宣導的改制運動。

魏晉玄學在客觀效果上促進了儒、釋、道三教的合流。

 217

中庸是"和稀泥"嗎？

《禮記·中庸》說："君子尊德性而道學問，致廣大而盡精微，極高明而道中庸。"

"中庸"作爲儒家的道德原則，指的是不偏不倚、沒有過與不及這兩個極端。

程子解"中庸"爲："不偏之謂中，不易之謂庸。中者，天下之正道，庸者，天下之定理。"朱熹解"中庸"爲："中者，不偏不倚、無過不及之名；庸，平常也。"由此可見，"中"就是內修"朝聞道夕死可矣"的正道，"庸"便是要求在人倫日用之中體現出"中"的堅守，即無過與不及的"和"。

只有對正道有著深刻的理解，加之"上下求索""九死未悔"的執著才能言及"中庸"。沒有理解便是偏執，算不得"中"；沒有執著便是空談心性仁義，談不上"庸"。那麼什麼是正道呢？在儒家看來，仁義禮智信都是正道必須堅持的。對這些東西採取"和稀泥"的態度是孔孟嚴厲批評過的"鄉願"，孔子謂之"德之賊"（《論語·陽貨》），孟子謂之"同乎流俗，合乎汙世，居之似忠信，行之似廉潔"。說得明白一點就是，"和稀泥"對於德不能近，對於惡不能去，首鼠兩端。至於如何從容地做到"中庸"，則只能看自己的修養了，不然也不會說"唯聖者能之"。

218

"霸道"是怎樣的？

我們形容一個人蠻橫不講理時，經常會說這個人很霸道。其實，在先秦的政治哲學中也有一種"霸道"，是指憑藉武力、刑法、權勢等進行統治的政策。這個霸道是和王道相對而言的。孟子說：王道以仁義服人心，霸道以武力服人身；王道是超強的軟實力，霸道是明顯的硬實力；王道是"王天下"的正統路徑，霸道不足恃。孟子這話說得很正氣凜然，很有亞聖味道。但就是有人不買他的賬，比如說商鞅和荀子。

商鞅就說，什麼王道不王道的，全是虛的，先統一天下了再說吧。而且霸道也是"道"呀，只要強大，什麼都會有的。

荀子就更進一步了，霸道是不好，但也有自己的用處，能幹實事呀；王道是有點虛，但讓人聽著順耳呀，能收人心。所以還是霸道、王道雜用好一點。

縱觀後來的歷代王朝，荀子的話倒是應驗得多一點。王道、霸道是有區別，但不妨礙兩者雜用。不然天下恐怕早就大同或大亂了。真正的王道誰也沒見過，只是堯舜禹這些傳說中的事，所以王道的大同也就只能是說說了。那單純的霸道呢？也沒有，誰都想打著王道的旗號，至於這招牌是否貨真價實倒是看開店人的水準了。水準高的就坐穩了江山，水準低的就會費點力氣了。所以王道、霸道在現實中從來就沒分開過，它們之間的區別也就是"運用之妙存乎一心"的事情。

219

"明哲保身"是保什麼？

《詩經·大雅·烝民》說："既明且哲，以保其身。夙夜匪懈，以事一人。"

在古典文獻中，"身"是相當重要的一個概念。但它指的不是我們這個血肉之軀的"肉身"。比如儒家講的"修身"就不是修"肉身"，而是道德上的長進和養護。明代王艮在《明哲保身論》中說，"修身立本也，立本安身也"。可見明哲保身當中的"保身"其實講的是要道德上的修身。其次，生物意義上"肉身"也是要為德行服務的，即"肉身"經過道德上的"修身"，就能為"保國"、"保天下"這樣的宏偉目的服務了。王艮說："知保身者，則必愛身如寶。能愛身，則不敢不愛人。能愛人，則人必愛我。人愛我，則吾身保矣……吾身保，然後能保天下矣……知保身而不知愛人，必至於適己自便，利己害人。人將報我，則吾身不能保矣。吾身不能保，又何以保天下國家哉？……若夫知愛人而不知愛身，必至於烹身割股，捨生殺身，則吾身不能保矣。吾身不能保，又何以保君父哉？"

由此可見，"保身"完全是修身的含義，"明哲保身"發展成為貪生惡死倒是義理之外的事情了。

220

空穴如何來風？

"空穴來風"好像總是被人誤解為沒有根據的、不可能的事。可事實上只有空穴才能來風。

這個詞最早出自戰國時楚國宋玉的《風賦》："枳句來巢，空穴來風。"意思就是：枳樹的枝杈彎曲，所以能招引鳥兒築巢；由於有空的洞穴，才引來了風。

老子有言："鑿戶牖以為室，當其無，有室之用。"很明白地說明了，有些東西只有內部是空的，才能有用處，比如說房子。那空穴為什麼能招來風呢？就是因為它內部是空的。"來風"的意思是"使風來"。

所以空穴可以來風，而且是極易來風。正是因爲這點，"空穴來風"恰恰是指事情的發生是有根據的。

 | 221

"造化"是什麼？

杜甫有名句"造化鐘神秀，陰陽割昏曉"，其中的"造化"說的是天地自然的生養化育。

這與《莊子·大宗師》中"今一以天地爲爐，以造化爲大冶"的"造化"是一個意思，都有一種渾然天成、自然神奇的含義。這個神奇的施爲者其實可以是"一"、"道"、"天"等概念性存在。

《淮南子·原義》說："乘雲陵霄，與造化者俱。"

《淮南子·精神》也說："偉哉造化也。"

《淮南子·覽冥》中則說："懷萬物而友造化。"

除了這種道家色彩極爲濃重的含義外，"造化"還被我們用來指時運、運氣。

 | 222

"程門立雪"中的"程"是誰？

"程門立雪"的"程"是指程頤（1033～1107），即伊川先生，其兄長是程顥（1032～1085），即明道先生。兩人早年師從周敦頤，後自創門戶——二程洛學。

二程是洛陽伊川人，同是宋代著名儒學家。程顥去世時，推薦弟子楊時去找程頤繼續求學。"程門立雪"這個故事發生在楊時登門拜見程頤的那一天，楊時同一起學習的游酢向程頤請教學問，卻不巧趕上程頤正在屋中打盹兒。兩人靜立門口，等程頤醒來。沒想到一會兒就下大雪了，遊酢幾次想叫醒程頤，都被楊時阻攔住了。程頤一

程頤像

程顥像

覺醒來，發現門外立著兩個雪人，深受感動，更加盡心盡力教他們，而楊時也不負衆望，成爲了一個大學問家，他這一支還開出了朱熹這一碩果。二程學說，後來爲朱熹繼承和發展，世稱"程朱學派"。

與其師周敦頤相比，二程學問發端於"天理"，用程顥的話說，"吾學雖有所受，天理二字，卻是自家體貼出來"。區別於周敦頤近乎禪門的"靜"，二程特重"敬"字——"涵養須用敬，爲學在致知"，這句話也是程朱理學的藍本與總結。

兩兄弟學問相近，然性格氣質上有所差別。有一次，程顥、程頤領了一幫弟子進寺院。程顥進門後從右邊走，程頤走左邊。那群弟子全跟在了程顥後面，程頤一個人在左邊走。這是因爲程顥一團和氣、程頤嚴謹剛毅，弟子們願意跟在"好說話的"程顥後面。程顥修養上的"一團和氣"到了什麼程度呢？曾有人與他在一起待了一個月，感慨地說"某在春風和氣中坐三月來"；一個弟子說"從先生三十餘年，未嘗見其忿厲之容"。

在政治上，程顥在朝時意見多與王安石不合，與蘇軾等人也有洛蜀兩黨之爭，與司馬光也不甚對脾氣。程頤長壽，且做過帝師，使得程氏門庭光大。

| 223

王陽明的"知行合一"是指什麼？

"知行合一"是明代儒學大師王陽明的觀點，針對的是朱熹的"行先知後"。

王陽明的"知"說的是"思惟省察"，"行"指的是"著實躬行"。"知行合一"其實就是反對兩方面的偏頗，即"懵懵懂懂的任意去做，全不解思惟省察"和"茫茫蕩蕩懸空去思索，全不肯著實躬行"。在王陽明看來，"知是行的主意，行是知的功夫。知是行之始，行是知之成"。就是"行"必須要有一定的"知"（思維判斷）來支持；而"知"也必須有"行"，不然就不是"真知"。所謂"一念發動處便即是行了"、"知而不行只是未知"。

可見，王陽明的"知行合一"其實講的就是"德行"二字。德行必然是真切地"行"出來的，不是停留在口頭上的"仁義禮智信"。

 | 224

道教也講"明星玉女"嗎？

"明星玉女"一說源自道教。

"明星"原是道教的一個專有名詞，指一個女神仙的名字；"玉女"則是一種美稱。所以"明星玉女"就好像"孫大聖"一樣，是有其特指含義的。

《集仙錄》載："明星玉女者，居華山。服玉漿，白日升天。山頂石龜，其廣數畝，高三仞。其側有梯磴，遠皆見。玉女祠前有五石臼，號曰玉女洗頭盆。其中水色，碧綠澄澈，雨不加溢，旱不減耗。祠內有玉石馬一匹焉。"

"明星"在古文中還有專指"金星"（明亮耀眼）的意思。也正是這個含義，"明星"後來成為普遍名詞，指引起大家關注的名人。"玉女"也有了青春、清純的意思。

| 225

道教的"往來"是什麼意思？

"往來"起初是一個道教養生的辭彙，指的是一日之間的陰陽變化。

《養生密錄》、《金丹大成集》裏都有："子往午來，陰符陽火，自子進符至辰巳，自午退符至戌亥，始復終坤，皆以卦象則之，一消一長，一往一來，以成其變化。"意思是說：從午夜子時到早上臨近中午的時候，陰氣較長；從正午到黃昏臨近深夜的時候，陽氣較長。這樣，陰陽二氣的消長，一往一來，就構成了一日之間的變化。人要想養生，就必須按照一日之間的陰陽變化來調整自己的作息。

同樣的意思在《易經・系辭上》中也有表述，"闔戶謂之坤，辟戶謂之乾，一闔一辟謂之變，往來不窮謂之通"，也是用"往來"來敘述每日裏陰陽變化的無始無終。

 | 226

"大傷元氣"究竟傷了什麼？

"元氣"最初是先秦道家用語，說的是構成天地萬物的根本，或陰陽二氣未分之前的混沌之氣。後來經道教的一再發展，日益細微和精緻，比如說論證了道、太極和元氣三者之間的關係問題，闡述天、地、人、物的產生問題。但這些精緻大都是宇宙論上的，其中養生意義上的"元氣"最為我們所熟知。

根據天人同構的模型，"元氣"在宇宙論上是根基性的東西，那它在人的養生方面更是如此。《難經》說："氣者，人之根本也，根絕則莖葉枯矣。"所以養生之要就在於"寶精行氣"。於是出現了"服氣"的修煉法門。說得再為細緻一點，"元氣"因為在人體中的部位、作用和性質的不同，又被分為元氣（又稱祖氣或真氣，秉受於天，藏於腎及命門之中）、宗氣（飲食水穀所化生的水穀之氣與呼吸的自然之氣相結合形成的一種氣，積於胸中，關乎到人的呼吸和發聲，有助於血液循環）、營氣（經脾胃把水穀精微化生為精氣，再經由肺部，傳進脈搏，滋養全身）、衛氣（因有

保護體表、抗拒外邪的功用而得名）。"行氣"全部貯於臍下三寸的丹田氣海之中。

所以說"大傷元氣"就是傷到了根本（元氣），破壞了身體的各種平衡（宗氣、營氣、衛氣等）。

 | 227

"眞空"就是什麼也沒有嗎？

"眞空"即便在物理學意義上也不是完全的虛空，還是會有粒子存在於其中。

"眞空"除去這層物理學意義，還是一個與道教內丹修煉術有關的名詞，說的是一個內丹修煉者入靜後，心中不起絲毫的念頭，身體與太虛保持同一。

這樣的"眞空"實際上很像佛家的"禪定"，而且"空"也具有佛家中道觀"非有非無"的色彩。

《清和眞人北遊語錄》卷一中說："凡人之心，必有所好……不要廓然虛空，其中自有個不空者，故云：非有非空，是謂眞空。不治其心，何以致此，故修行，治心為要。"《金丹四百字·序》中說："然金丹之生於無也，又不可為頑空。當知此空，乃是眞空。"

《金丹大成集·金丹問答》說："返本還元為眞空。"

《邱祖全書》說："念念不離方寸是眞空"、"一意不離方寸，此眞空也"。

那道教所說的"眞空"到底是一種什麼樣的狀態呢？"返本還元"、"念念不離方寸"，其中的"本"、"元"抑或"方寸"都是一種復歸於樸、抱元守一，即對道的執著守護。

 | 228

"智慧"在道教中有特別的含義嗎？

智慧除了我們世俗意義上的聰明外，還有明智聰慧的意思。

這兩者是不一樣的，聰明人也會有自己的煩惱，但明智聰慧的人則是明瞭了人生真諦，破除了煩惱迷惑。這種人生真諦在佛家是"般若"，般若就是曉得了苦、集、滅、道四諦；在道教則是全生命之真、保性命之純。兩家都是覺得人本身的超拔是最為重要的，只不過佛家通過"性空"要人向道，道教通過"性命"要人全己。所以在它們看來，真正的智慧都是人對自己的塵世狀態不滿意，要求超拔並努力去實現超拔的東西。

人對自己固有狀態的不滿，其實就是一種要求接近智慧的意願，就如《洞真太上說智慧消魔真經》卷三說："無斷墮癡，癡劇不改，非智慧也。智慧者，改迷入道，捨邪還正，守真生氣，生氣相生，氣生變化，離合成三。一曰始元也，二曰元洞也，三曰玄空也。"

實現超拔就是智慧本身，就如《洞真太上說智能消魔真經》卷一所說："智者，知日中之上皇也；慧者，宜以生生為急也。慧字有兩生共並而共乘一急之象也。"

 | 229

"洞房"可以隨身攜帶嗎？

一般地，"洞房"被人們習慣地用來稱謂新人完婚的新房。如果"洞房"僅僅是臥室、閨房之類的建築，自然是不能隨身攜帶的。但根據道教的說法，"洞房"別有他意，是操練內丹的術語，指人體內的一個穴位，在《黃庭內景經・靈台部》就有"洞房紫極靈門戶"一說。這個穴位應該就在眉心向腦內兩寸的地方。

《黃庭內景經・靈台部》"洞房紫極靈門戶"目說，《大洞經》云："兩眉直上卻入三分為守寸雙田，入骨際三分有台闕明堂，正深七分，左為青房，右為紫戶。卻入一寸為明堂宮，左有明童真君，右有明女真君，中有明鏡神君；卻入二寸為洞房，左有無英君，右有白元君，中有黃老君；卻入三寸為丹田宮，亦名泥丸宮，左有上元赤子，右有帝卿君；卻入四寸為流珠宮，有流珠真人居之；卻入五寸為玉帝宮，有玉清神母居之。其明堂上一寸為天庭宮，上清真女居之；洞房上一寸為極真宮，太極帝妃居之；丹田上一寸為玄丹宮，中黃太一真君居之；流珠上一寸為太皇宮，太上真君居之，故曰'靈門戶'也。"

中國人應知的

國學常識 ②

The knowledge
of Chinese

語言文學

中國人應知的
國學常識❷ **語言文學**

漢字是誰造的？

關於漢字的緣起和產生，歷來有各種假說，如"結繩說""八卦說""起一成文說""手勢語說"等等。關於漢字的最初創造者，也是眾說紛紜，如"史皇作圖說""倉頡造字說""沮誦造字說"，還有的說人民大眾都是造字的倉頡。其實，漢字不可能是哪一兩個人創造的，更不可能"人民大眾都是造字的倉頡"。漢字應該是造字時期最需要使用文字的人集體創造的。

上古時期，祭祀和巫術是社會生活中非常重要的內容，"文字"是巫術儀式的重要組成部分，是巫史與精靈世界取得"聯繫"的一種途徑。可以說，巫史是後代知識份子的先驅，他們是一些通天文、曉地理、識萬物、懂醫藥、會打仗、能管理、包辦宗教儀式、專與天神地祇人鬼交往、以驚人的記憶力背誦一長串氏族譜系和遷移轉戰史的"聖人"，是當時社會的精英，是當時社會中最需要使用文字的人群之一。因此，文字的產生萌芽，主要力量是巫史，巫史集團是文字的最初創造者和使用者。

不難理解，各個方國、部落都有自己的巫史集團，不同的部落之間最初所使用的文字符號不盡相同，因此，在黃帝之前，中國大地上曾有過文字

倉頡像

"百花齊放"的時代。隨著各個方國之間的不斷戰爭，互相之間的交往也越發頻繁，各個方國使用的文字符號也逐漸融合統一。在文字的融合統一過程中，對文字的規範統一最具有權威的人，應該是當時勢力最為強大的方國部落的巫史。倉頡是勢力強大的黃帝部落的史官，因此說，倉頡當是中國歷史上第一個對漢字進行整理和規範的人。正如章太炎所說，"倉頡者，蓋始整齊畫一，下筆不容增損，由是率爾著形之符號，始為約定俗成之書契"。

 | 231

"文"和"字"各指什麼？

"文"字甲骨文字形作"𡕝"，象人在身上畫或刺花紋；小篆字形作"𡴆"，《說文》說解為"錯畫也。象交文"，可見"文"字本來就是花紋之"紋"。

"字"商代金文作"𡥩"，從宀從子，即屋內育兒之形；小篆字形作"𡦠"，《說文》說解為"乳也。從子在宀下。了亦聲"。可見"字"的本義就是"哺育，生育"，《詩·大雅·烝民》："誕寘之隘巷，牛羊腓字之。"其中"字"就是哺育之義，引申有"孳生"義。

後來"文"和"字"分別被引申指文字的種類之一。《說文解字·敘》："倉頡之初作書也，蓋依類象形，故謂之文。其後形聲相益，即謂之字。文者，物象之本；字者，言孳乳而浸多也。"段玉裁注："依類象形，謂指事、象形二者也。""形聲相益謂形聲、會意二者也。""析言之，獨體為文，合體為字；統言之，則文字可互稱。"陸宗達認為段氏誤解了許意。他在《說文解字通論》中說："這裏段氏誤解了許慎的原意。許慎所說的文和字，是說明漢字的歷史發展；六書則指的是漢字字形的構造原則。範疇既異，界說不能相混。"

| 232

什麼是甲骨文？

甲骨文是指刻在龜甲獸骨上的文字，內容主要是占卜記錄（也有少數是非占卜的紀事刻辭），所以又稱甲骨卜辭、殷契文字等。目前出土的甲骨文可以分爲殷商和西周兩個時期，廣義的甲骨文包括各個時期刻在龜甲獸骨上的文字，狹義的甲骨文專指殷商時期的甲骨文。甲骨文最早被發現是在1898年，之後經過多次發掘，到目前爲止，從安陽出土的有字甲骨已達十萬片以上。

甲骨文是我們目前見到的最早的成體系的漢字，它的字形具有以下特點：（1）象形、象意字多，形聲字只占很小一部分，而且這些象形、象意字依然保留著很強的圖畫性。（2）字形還沒有定格，異構特多，表現爲：有的字正反無別，有的字筆劃可多可少，有的字偏旁部首的位置可以移易，有的字構件可以更換、增加、減少，有的把兩個、三個字合寫在一起爲"合文"。（3）由於字形刻在堅硬的龜甲獸骨上，所以構字線條纖細，直筆和方折居多。

甲骨文

 | 233

什麼是金文？

金文又稱鐘鼎文、銅器銘文等，是古代鑄（少數是刻）在青銅器物上的文字。在青銅器物上鑄文，始於夏商，盛於兩周，延續至秦漢。作爲一個時代獨具風格的字體，金文主要是指鼎盛時期的西周金文。金文的內容主要是關於當時祀典、賜命、詔書、征戰、圍獵、盟約等活動或事件的記錄，反映了當時的社會生活。

毛公鼎銘文拓片

金文字體整齊遒麗，古樸厚重，和甲骨文相比，構字線條變得圓轉豐滿，脫去板滯，變化多樣。在結構上具有如下特點：（1）直觀表意的象形、象意結構形態減弱，便於書寫的符號形態增強。不過西周金文中的極少數字，特別是那些族徽性的字，甚至還保留著比甲骨文字更原始、圖畫性更強的形態。（2）趨向定型化。主要表現在：形旁之意相通而混用的現象大爲減少，偏旁部首的位置有了較多的固定，異字同形、合文、反書等現象大爲減少。不過同字異構的現象依然存在。（3）形聲字大量增加。有人曾作過統計，甲骨文中的形聲字只有20%左右，而金文中的形聲字則已達到50%以上。（4）在書寫形式上，越來越注意字形與銘文整體的協調、美觀。

234

字典和字書有什麼不同？

字書是中文工具書的一種，是纂輯和解釋文字一類著作的統稱。中國的字書源遠流長，自先秦到現在，幾乎歷朝歷代都有新編。

廣義而言，只彙集文字，不作注解的識字課本，如《史籀》《三倉》等；專講文字意義的著作，如《爾雅》《方言》等；統釋文字形音義的著作，如《說文解字》

《字林》等；以講解音韻爲主兼及訓詁的著作，如《聲類》《韻集》等；校正和輯錄文字形體的著作，如《干祿字書》《金文編》等，都是"字書"。

狹義而言，字書專指以統釋單個漢字形音義爲主的一類著作，此類著作自清代《康熙字典》行世之後，便一律改稱字典。可見，字典就是字書的一種，也可以說就是狹義的字書。

 | 235

部首與偏旁是一回事兒嗎？

偏旁就是組成漢字形體的構件，是由筆劃組成，具有一定表詞功能或別詞作用的形體單位。字典辭書有多種編排方法，其中之一就是按照漢字形體的不同結構特點進行歸類，並從每類字的字形中取其相同的部分作爲部目，分別統系所收漢字，此類部目就叫做部首。部首編排法始於東漢許愼的《說文解字》，後世多承用。但不同的字書分部標準不同，部首數目及其性質也不盡相同。

顯然，"偏旁"和"部首"分屬不同的學術系統，"部首"是字典辭書中常用的術語；偏旁是漢字形體分析中常用的術語。"部首"本身就是組成漢字形體的一個偏旁，組成漢字形體的偏旁在字典辭書中卻不一定能夠成爲具有標目作用的部首。

 | 236

古人怎麼注音？

古代注音的方法主要包括：譬況法、讀若法、直音法和反切法。"譬況法"是以描述性的語言說出字音的特徵。如："旄讀綢繆之繆，急氣言乃得之。""讀若法"是用相似的字音打比方，讓讀者自己猜出所注字的正確讀音來。如："珣，讀若宣。""直音法"是用同音字注音，如"單音善，父音甫"。反切法就是用兩個字來拼讀漢字，上字取其聲母，下字取其韻母，兼取其聲調。始稱爲"反"、"翻"，後稱"切"，又合稱"反切"。如：東，都紅切；多，都宗切；當，都郎切。

237

爲什麼說"笑不露齒"而不說"笑不露牙"?

現代漢語中"齒"和"牙"同義,但我們經常用的成語,如"笑不露齒"、"唇亡齒寒"、"唇齒相依"等,表示牙齒的意義都用"齒"而不用"牙"。這是爲什麼呢?

其實,"牙"和"齒"原始意義(即本義)是有明顯區別的。"齒"的甲骨文字形作"",象張口露齒之形。顯然,所露之齒是唇後的門牙。所以,齒的本義是"門牙";而"牙",《說文》說解爲"牡齒也"。牡齒就是大牙,即人們常說的後槽牙。顯然,"笑不露齒"、"唇亡齒寒"、"唇齒相依",指的是門牙,用的是"齒"的本義。

隨著語言的發展,"齒""牙"組合爲並列式合成詞"牙齒","齒""牙"的意義所指逐漸混同,"牙膏""牙刷""拔牙""鑲牙"以及"健齒""齲齒"中的"牙"或"齒",不再只指後槽牙或門牙,而是包括所有的"牙"和"齒"。

238

"走馬觀花"的"走"是什麼意思?

現代漢語中,"走"是走路、步行的意思;但這個意義卻不是"走"的本義。甲骨文的"走"字作"",上部的"",是一個前後擺動兩臂的人形,像人奔跑的樣子,下面的"",像腳之形,提示上面的行爲與腳有關,整個字形凸顯奔跑的含義。成語"走馬觀花"中的"走"正是用的本義,意思是騎在奔跑的馬上看花。這個成語出自唐代詩人孟郊《登科後》詩:"春風得意馬蹄疾,一日看盡長安花。"原形容事情如意,心境愉快。後多指大略地觀察一下。

239

"本末倒置"的"本"、"末"各指什麼？

"本""末"古字形分別作""""，小篆字形分別作""""，《說文》說解爲"木下曰本""木上曰末"。木，就是樹，"木下"和"木上"顯然分別指的是樹根和樹梢。"本末倒置"的字面意思就是把樹根和樹梢的位置倒著放，比喻把主次、輕重的位置弄顛倒了。

 240

"皇后""太后"爲什麼稱"后"？

"后"字甲骨文作""或""，左上或爲"母"，或爲"女"，或爲"人"，下爲倒"子"之形，有的字形在倒"子"下還有許多點兒，像產子時之羊水，整個字形取象於婦女產子之形。前一個甲骨文字形即後來"育"字在《說文》中的或體字"毓"，後一個甲骨文字形在後世則演變爲"后"。不難理解，在母權時代，族中最高之主宰爲母，母氏最高之德業是"毓"，即爲本氏族繁衍後代，因此，以取象於"生育"的"后"稱呼她。可見，"后"本來指母權社會中女性酋長。進入父權社會後，族中最高之主宰爲男性，但仍以"后"稱呼，如夏商時期的最高統治者爲男性，但仍被稱爲"夏后""商后"。到了周以後，最高統治者不再稱"后"，而代之以"君""王""天子"等，這樣，"后"則轉指女性中地位權力最高的"王后""太后"。

 241

從"奉匜沃盥"看古代貴族是怎樣洗手的？

《左傳》記載，晉公子重耳在逃亡過程中，經過秦國時，受到秦王的款待，秦王

曾讓懷嬴伺候重耳，懷嬴為重耳"奉匜(yí)沃盥"。"奉"字在"侯馬盟書"中寫作
"🔣"，象雙手捧著東西之形，是"捧"字初文。"盥"字甲骨文作"🔣"，象伸手
到盛水的器皿中澡洗之形，小篆字形將一隻手變為兩隻手，作"🔣"，《說文》說解
為"澡手也"，可見"盥"字本義就是洗手。"沃"是"澆，灌溉"的意思。"匜"
是古代一種器皿，帶有鋬，便於往外倒水。可見，重耳當時洗手，是由懷嬴手捧匜將
水慢慢倒在重耳的手上，下有承盤接著流下的水，這就是當時貴族洗手的方法，它不
同於普通百姓的洗手方法。

242

從"王"字形體能看出什麼？

二里頭文化玉鉞

　　"王"字甲骨文字形作🔣或🔣，金
文字形作🔣或🔣，象斧鉞類武器不
納柄之形。上古時期，斧鉞是最高軍
事統率權的象徵，可見，造字時期，
"王"在人們心目中就是最高軍事統
帥。隨著漢字形體的發展演變，"王"
的小篆字形已經喪失了"象斧鉞之形"
的象形功能；同時，"王"在人們心
目中的形象也不再是最高軍事統帥，
而是行仁政、得民心，如民父母，因而
天下歸往的政治領袖。於是《說文》把
"王"的小篆字形解釋為："天下所歸往也。董仲舒曰：'古之造文者，三畫而連其
中謂之王。三者，天、地、人也，而參通之者王也。'孔子曰：'一貫三為王。'"
《說文》對"王"字意義和構形理據重新解釋，不僅對儒家思想的宣揚有很大的促進
作用，同時，對"王"字形體在秦篆以後的演變態勢無疑也具有不可忽視的反作用。

| 243

"領袖"爲什麼成了領導人的稱謂?

所謂"領袖",就是指衣服的領口和袖口。古代衣領有三種,即交領、直領、方領;袖子有兩種,即大袖、窄袖。而領口和袖口這兩個部位因爲與皮膚直接接觸摩擦,容易起毛破損,所以古人在製作衣服時,領口和袖口都是單獨用料的,並鑲以金邊。因此在人們眼中,這兩處是既高貴又醒目。

另外,古人穿衣服很講究衣領與袖口的式樣大小,設計考究的領口和袖口,穿戴給人一種堂堂正正的印象。在古人的眼中,領子和袖子既突出醒目,又莊重嚴謹,具有表率的作用,所以便產生了"領袖"一詞。

"領袖"一詞最早見於《晉書·魏舒傳》,魏舒爲國家鞠躬盡瘁,深受晉文帝器重,文帝每次朝會坐罷,目送之曰:"魏舒堂堂,人之領袖也。"後來,"領袖"一般是指正在進行或曾經進行某項較有影響力活動的最高領導人,如"太平天國起義軍領袖洪秀全"、"革命領袖孫中山"、"偉大領袖毛澤東"等等。

 | 244

"衣冠禽獸"之說從何而來?

"衣冠禽獸"一詞來源於古代的一種官服——補服,然本意是褒義,後來逐漸轉化爲貶義。

"補服"是一種飾有品級徽識的官服,或稱"補袍"、"補褂"。它的前身是繡袍,亦稱銘文袍。據傳此袍最早產生於前秦苻堅之時,秦州刺史竇滔妻蘇氏,親手紡織彩錦製袍,上繡七言回文詩,贈予其夫,以示夫妻恩愛、夫榮妻貴之厚意,時人稱奇,爭相仿效,成爲六朝、隋代相繼流行的紋樣。武則天將其吸收入官服體系,天授二年(691)二月,賜朝集使、刺史繡袍,各於背上繡成八字銘,後成定制。唐玄宗之後遂廢,但它自則天朝代代沿襲,對明清時期袍服的影響極爲深遠,形成了一種獨特的官服——補服，即以胸背上之補子昭明身份。

明清時期官員所用的補子都是以方補的形式出現的，製作方法有織錦、刺繡和緙絲三種。明代的官補尺寸較大，製作精良，以素色為多，底子大多為紅色，上面用金線盤成各種圖案。明代的文官補子繡有雙禽，相伴而飛，而武官補子則繡單獸，或立或蹲，以形象的不同區別等級。《明史·輿服志三》記載："（洪武）二十四年定，公、侯、駙馬、伯服，繡麒麟、白澤。文官一品仙鶴，二品錦雞，三品孔雀，四品雲雁，五品白鷳，六品鷺鷥，七品，八品黃鸝，九品鵪鶉，雜職練鵲；風憲官獬廌。"

明代文八品"黃鸝"補

清代武一品"麒麟"補

與明代的補子相比，清代的補子小而簡單，前後成對，文官繡飛禽，武官繡猛獸。補子以青、黑、深紅等深色為底，五彩織繡，色彩非常豔麗。清代對補子的規定承襲明制：一品，文鶴、武麒麟；二品，文錦雞、武獅；三品，文孔雀、武豹；四品，文雁、武虎；五品，文白鷳、武熊；六品，文鷺鷥、武彪；七品，文、武彪；八品，文鵪鶉、武犀牛；九品，文練雀、武海馬。此外，都御史、按察使等，均繡獬豸。同時，清代規定，命婦受封，亦得用補服，補子各從其丈夫或兒子之品以分等級。

| 245

"冠蓋" 爲什麼成了官員的代稱？

冠蓋，分別指官員戴服的冠冕和乘坐車輛的車蓋。冠冕是區別官品的主要依據之一，車蓋同樣體現著等級性。如漢景帝中元元年（前145）定下制度：二百石以下用白布蓋，三百石以上用皀布蓋，千石以上用皀繒覆蓋。

因此，"冠蓋" 被用作官員代稱。"相望"，指互相看得見。"冠蓋相望"，形容政府的使節或官員往來不絕。如《戰國策‧魏策四》："齊楚約而欲攻魏，魏使人求救於秦，冠蓋相望，秦救不出。"《史記‧孝文本紀》："故遺使者冠蓋相望，結軼於道，以諭朕意於單于。"西漢晁錯《論貴粟疏》："因其富厚，交通王侯……千里遊敖，冠蓋相望。"

 | 246

"還以顏色" 的 "顏" 和 "色" 各是什麼意思？

"顏色" 在現代漢語中是一個常用詞語，意思是色彩。可是，又有 "還以顏色" "給某人點兒顏色" 等說法，這裏的顏色顯然不是 "色彩" 義。那麼，這裏的 "顏色" 是什麼意義，爲什麼該詞有這種意義呢？"顏" 字從頁，"頁" 字甲骨文作 "𩑛" "𩑏"，象人並突出其頭首之形，本義就是人頭。因此，與人頭意義相關的字往往以 "頁" 作爲表義構件，如 "顛" "頰" "頷" "額" "顆" "碩" 等。根據《說文》，"顏" 的本義具指所指是臉上的一個部位，即 "兩眉之間"，俗稱印堂，也泛指臉色；"色" 小篆字形作 "𢒸"，《說文》說解爲 "顏氣也。從人從卩"，即臉上所表現出來的神氣、表情，也就是臉色。可見 "顏" "色" 都有臉色的意思，組成合成詞的意義仍然是臉色，"還以顏色" "給某人點兒顏色" 中的 "顏色" 都是用的本義。由於人的臉色變化豐富，後用來喻指色彩，而它的比喻義十分常用，成了現代漢語中該詞的最基本意義。

| 247

"神州大地"的"州"是什麼意思？

"州"字甲骨文作""、""，兩旁象川流，中央象土地，即象水中高土之形。小篆字形變作""，《說文》說解爲"水中可居曰州"，可見"州"的本義就是水中可供人居住的島嶼。據史料記載，堯時華夏大地曾經歷過洪水時期，當時"湯湯洪水滔天，浩浩懷山襄陵"，華夏大地大部分淹沒在洪水之中，只有地勢高的山陵、高原等露出水面，可供人居住，就像一個個小島，因此，華夏大地又被稱爲"九州"或"神州"。後來，表示水中高地的"州"字又增加"水"旁作"洲"，目前我們說地球上有七大洲的"洲"仍是水中可供人居住的高地的意思。

 | 248

爲什麼用"尸位素餐"形容吃閒飯？

夏商周以前，祭祀逝去的先人時，都要有一位代表死者接受祭祀的活人，稱作"屍"，一般由死者的臣下或晚輩來充任。由於"屍"處在尊貴的位置接受祭祀，後來用"屍"比喻坐享俸祿，不幹實事。"屍位"意思是空占職位，不盡職守；"素餐"的意思是白吃飯。尸位素餐指的是空占著職位而不做事，白吃飯。

 | 249

何謂"題"、"目"？

現代漢語中，"題目"一詞是十分常用的，主要意思是標題、篇目等。那麼組成該詞的兩個語素"題"和"目"各是什麼意思呢？"目"字很好理解，就是人的眼睛；"題"字，《說文解字》說解爲"額也"，即人們常說的額頭。那麼，"題目"

的字面意思就是"額頭和眼睛"。因爲"額頭和眼睛"在人臉上所處的位置是上方，比較醒目，與文章標題的位置和作用十分相似，於是就用"題目"喻指文章的標題。

 | 250

何謂"樸""素"？

"樸"的本義是未經加工成器的木材，"素"的本義是未經染色的生帛。由於"樸""素"的本義都是未經過加工裝飾的東西，後來，這兩個單音詞組成並列式合成詞，並產生一系列新的意義：1.（色彩樣式等）不濃豔，不華麗；2.（生活）節約，不奢侈；3.樸實，不浮誇，不虛假；4.萌芽狀態的，未發展的。

 | 251

何謂"消""息"？

"消"的本義是"盡也"，即消失，引申有消減的意思；"息"字從自從心，"自"的本義是鼻子，心臟與鼻子都是呼吸器官，因此《說文》把"息"說解爲"喘也"。"息"的本義是喘息、呼吸，引申有生長、繁殖的意思。"消息"連用最早出現於《易經》："日中則昃，月盈則食，天地盈虛，與時消息。"意思是說，太陽到了中午就要逐漸西斜，月亮圓了就要逐漸虧缺，天地間的事物，或豐盈或虛弱，都隨著時間的推移而變化，有時消減，有時滋長。顯然，這裏的"消""息"還是兩個詞，意思分別是消減和增長，後來，"消息"凝結爲固定的詞語，用來指客觀世界的變化。到了近代，消息又逐漸成爲一種固定的新聞體裁，又叫新聞。

252

何謂"啓""發"？

"啓"字甲骨文作""，象以手開門形，本義就是開門。"發"的本義是"射箭"，引申有打開、出發等意義。"啓""發"組成合成詞產生新的意義，比喻對關閉的思維或思路進行開啓，使對方產生聯想並有所領悟。

253

何謂"尋""常"？

"尋"字甲骨文字形作""或""，象平伸雙手度物之狀，其本義是古代的一種長度單位，其長度相當於一個人平伸雙臂時，從一個手的中指尖到另一個手的中指尖的距離，這個長度大約相當於人的身高。一般人的身高爲七八尺，因此，一尋的長度，有的認爲是七尺，有的認爲是八尺。"常"字從巾尚聲，《說文》以爲是"裳"的異體字，但是根據很多從"巾"的字義與旗幟有關，且古文獻中有很多"常"作"旗幟"義的用例，可以認定"常"的本義也是旗幟的名稱。這種"常"樹立在車上，其高度有一定的標準，這種標準成爲高度的等級標誌，並由此發展爲長度單位。舊注屢見"八尺爲尋，倍尋爲常"的說法，可以得知，一常大約相當於一丈六尺。後來這兩個表示古代長度單位的片語合成並列式合成詞"尋常"，並產生新的意義——平常；普通。

254

何謂"權""衡"？

"權"的本義是秤錘；"衡"的本義是秤桿，都是稱量物體輕重的器具"秤"上的重要部件。組成並列結構的合成詞"權衡"，最初主要指稱量物體輕重的器具，如"爲之權衡以稱之"(《莊子》),"平權衡,正度量,調輕重"(《史記》);後來又引申喻指權力,如"執權衡"(《晉書》);還引申指法度標準,如"使人盡力於權衡"(《韓非子》),還引申有"衡量比較"義,這個意義是"權衡"在現代漢語中的主要用法。

 | 255

何謂"社""會"?

"社"字在甲骨文中與"土"字一樣,作"",象築土爲壇之形,是遠古時期先民祭祀時用來代表土地神的土壇形象的反映,本義就是土神。社祭的神壇和祭祀場所也稱爲"社"。古代從天子到諸侯,凡是有土地者都可以立社,甚至鄉民也可以立社祭祀土社稷壇圖地神。社日成爲睦鄉歡聚的日子,同時還有各種歡慶活動,"社戲"、"社火"就是很好的例子。"會"就是集合。現代生活中的"社會"一詞,也與社日活動有關,"社會"字面意思就是社日睦鄉歡聚。後來日本學者在明治年間將英文"society"一詞譯爲漢字"社會",近代中國學者在翻譯日本社會學著作時,襲用此詞。

 | 256

何謂"社""稷"?

如前所述,"社"字本義就是土神。後來加上了" "旁作"社"。《說文》將"社"字解釋爲"地主也",意思就是土地之神。稷,指五穀之神。"社稷"從字面來看是說土穀之神。由於古時的君主爲了祈求國事太平,五穀豐登,每年都要到郊外祭祀土地和五穀神,社稷也就成了國家的象徵,後來人們就

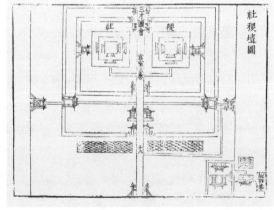

社稷壇圖

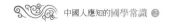

用"社稷"來代表國家。"社稷之憂"、"社稷之患"、"社稷之危"中的"社稷"都指的是"國家"。這個代稱一般現代白話文文章已經很少用了。

 | 257

何謂"藝""術"？

"藝"字金文作""，象人跽(jì)跪，雙手執禾苗或樹苗進行栽種之形，小篆作""，《說文》說解爲"種也。從坴、丮。持亟種之。《書》曰：'我藝黍稷。'"可見，"藝"的本義就是栽種禾苗或樹苗。"術"的本義是"邑中道也"，即城邑中的道路，引申指方法、策略。因此"藝術"的字面意義就是一種農業技能，隨著社會的發展，"藝術"的意義所指發生了很大變化，現代漢語中"藝術"主要指用形象來反映現實但比現實有典型性的社會意識形態，包括文學、繪畫、雕塑、建築、音樂、舞蹈、戲劇、電影、曲藝、工藝等。

 | 258

何謂"書""寫"？

"書"與"筆"甲骨文字形相同，都作""或""，象以手執筆形，從手的角度來說，是在"書"，即書寫；從筆的角度來說，是書寫工具"筆"。因此，"書"的本義就是書寫。後來"書"由本義"書寫"引申指書寫的結果"書信""書籍"等。"寫"字小篆字形作""，《說文》說解爲"置物也"，意思是把物品從他處傳置此處，即移置、放置的意思。引申爲傳輸，又進一步引申爲把自己的思想感情等傳輸出來，即傾吐、傾述義；後又引申指創作、寫作，又進一步引申指書寫、著錄等義。到了現代漢語，"書"的基本義是其引申義"書籍"；"寫"的基本義也是其引申義"書寫"，即"書"的本義。

何謂 "間" "隙" ？

"間" 的古文字形體像門閉上而見月光之形，本義是門縫。"隙" 的本義是 "壁際孔也"，也就是兩牆相交處的小孔。後來這兩個片語合而成一個合成詞，表示兩個事物之間的空間或時間的距離，後又引申指可乘的機會。如："是以群小窺見間隙，緣飾文字，巧言醜詆。"（《漢書‧劉向傳》）還可引申指隔閡、嫌隙。如："及文子成晉、荊之盟，豐兄弟之國，使無有間隙。"（韋昭注："間隙，瑕釁也。"《國語‧晉語八》）

何謂 "規" "矩" ？

規" 的本義就是用來畫圓的工具，即圓規。木工幹活會碰到打製圓窗、圓門、圓桌、圓凳等工作，古代工匠就已知道用 "規" 畫圓了；"矩" 也是木工用具，是指曲尺。所謂曲尺，並非彎曲之尺，而是一直一橫成直角的尺，是木匠打製方形門窗桌凳必備的角尺。現在常說的長方形也叫做矩形，就是因為它的四個角都是直角。"規矩" 組成合成詞，主要用來比喻

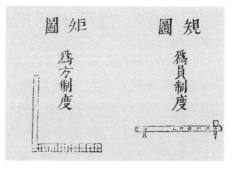

規、矩圖

標準法度規範。"沒有規矩不能成方圓" 是句俗語，常強調做任何事都要有一定的規矩、規則、做法，否則無法成功。

| 261

何謂 "綱" "要" ？

　　"綱" 字《說文》說解為 "維紘繩也。從糸岡聲" ，即 "提網的總繩" ，成語 "提綱挈領" 中 "綱" 字就是用其本義 "提網的總繩" 。由本義又引申出其比喻義 "事物的總要" ，現代漢語中 "大綱" "總綱" 中 "綱" 都是這個意義。"要" 字小篆字形作 "" ，《說文》說解為 "身中也。象人要自臼之形" ，指人體胯上脅下部分，這個意義後來寫作 "腰" 。"要" 由本義 "腰部" 引申有比喻義 "關鍵" "總要" 義，這個意義與 "綱" 的比喻義相近，因此組成並列式合成詞 "綱要" 。"要" 由 "關鍵" "總要" 義又引申有 "少" "簡略" 之義，"簡要" "要言不煩" 中的 "要" 都是 "簡略" 的意思。

 | 262

"聲" "音" "響" 有何差別？

　　"聲" 字甲骨文字形作 "" ，象以殳擊磬，下從 "耳" "口" ，整個字形表示聲聞於耳之意；"音" 在甲骨文中與 "言" 同形，作 "" ，後來為了區別，在 "言" 字下部的口字中附加一個小橫劃作為 "音" 的字形。顯然，"聲" 取象於以殳擊磬發出的聲音，"音" 字取象於 "說話" 的聲音。雖然 "聲" "音" 造字取象不同，但 "聲" "音" 的本義都是 "聲音" ，因此《說文》把 "聲" 說解為 "音也" ，把 "音" 說解為 "聲也" 。後來，"音" 又引申有 "樂音" 之義，即《說文》所說： "生於心，有節於外，謂之音。宮商角徵（zhǐ）羽，聲；絲竹金石匏土革木，音也。" 又引申為 "樂曲" "歌謠" 義，《禮記‧樂記》 "感於物而動，故形於聲；聲相應，故生變；變成方，謂之音" 。顯然，文中的 "音" "聲" 所指不同。現代漢語中，"聲" "音" 的常用義都是其本義，並組成並列式合成詞 "聲音" 。"響" 的本義是 "回聲" 。"回應" 在上古時期本來是兩個片語成的短語，意思是像回聲一樣應答，比喻用言語行動表示贊同、支持某種號召或倡議；現代漢語中“回應”已經凝結爲詞。“響”又引申有“聲音”“響亮”以及動詞“發出聲音”等意義。

 | 263

何謂“購”“買”？

“購”字，《說文》說解爲“以財有所求也”，也就是“懸賞徵求”的意思，這是“購”在上古漢語中的意思。如《史記·項羽本紀》“吾聞漢購我頭千金，邑萬戶”，《漢書·張湯傳》“後購求得書，以相校，無所遺失”。其中“購”都是“懸賞徵求”的意思；後來“購”引申有“重價收買”的意思，如《舊唐書·褚遂良傳》“太宗嘗出御金帛購求王羲之書跡”中“購”字就是這個意義；“購”的意義範圍進一步擴大，引申爲一般意義“買”，因此，與“買”組成並列式合成詞“購買”。“買”字，《說文》說解爲“市也”，本義就是以錢購物，這個意義直至現在還是它的最常用的意義。

 | 264

何謂“爪”“牙”？

“爪”的本義是鳥獸的腳趾或趾甲；“牙”本義是大牙，或者說後槽牙，後來泛指牙齒。顯然，“爪”和“牙”是動物用來防衛和攻擊的主要武器，因此在古代漢語中常用來比喻君主的得力武臣猛將，是褒義詞。如《國語·越語上》“然謀臣與爪牙之士，不可不養而擇也”，《漢書·李廣傳》“將軍者，國之爪牙也”，其中“爪牙”都是對武臣猛將的褒獎之詞。後來，“爪牙”的感情色彩發生變化，由褒義變爲貶義，用來指壞人的黨羽、走狗。

| 265

何謂"復辟"？

"復"字，《說文》說解爲"往來也"，本義就是"返回，還"，《楚辭·九章·哀郢》"至今九年而不復"中"復"就是"返回"的意思；由"返回"義引申爲"恢復"義，《史記·平原君列傳》"三去相，三復位"中"復"就是"恢復"義。"辟"字，《說文》說解爲"法也。從卩從辛，節制其辠也；從口，用法者也"，本義就是"法，法度"，《左傳·昭公六年》"夏有亂政而作《禹刑》，商有亂政而作《湯刑》，周有亂政而作《九刑》。三辟之刑，皆叔世也"，其中"辟"就是"法"義；由"法度"義引申爲"天子，國君""官吏"等義。"復辟"本義就是恢復君位。在封建社會，君主至上，"復辟"是褒義詞，《明史·王驥傳》"石亨、徐有貞等奉英宗復辟"中"復辟"就是褒義詞；封建社會瓦解之後，恢復君位是一種復古倒退行爲，因此"復辟"的感情色彩也隨之變爲貶義詞，詞義範圍也擴大爲"恢復舊制度"。

 | 266

何謂"禽""獸"？

"禽"字甲骨文字形作""，象小而柄長的捕鳥獸之網，表示捕獲之事，本義是動詞"捕獲"，這個意義後來增加表義構件作"擒"。"禽"由動詞"捕獲"引申指"捕獲之物"，即飛禽走獸的總名，華佗創造的"五禽戲"中"五禽"就既包括飛禽又包括走獸。後來"禽"的意義範圍縮小，專指"飛禽"。"獸"字甲骨文字形作""，左邊象遠古田獵用具之形，右邊象犬形，表示獵犬，本義就是"狩獵""田獵"，後來引申指狩獵所獲，即"四足而毛"的"獸"，與"二足而羽"的"禽"相對。

267

何謂"宮""室"?

先秦時，"宮"和"室"都是房屋、住宅的通稱，是同義詞。細分起來，"室"指"四壁之內"，即房間；"宮"則指院牆內的整個建築。在表示房屋、住宅的意義時，兩個詞可以相互解釋，如《爾雅‧釋宮》"宮謂之室，室謂之宮"。秦漢以後，"宮"的詞義範圍縮小，只有帝王所住的房屋、殿堂才稱宮，其他人的住宅、房屋一律不准再稱宮。《史記‧秦始皇本紀》"作宮阿房，故天下謂之阿房宮"中"宮"就是指帝王所住的殿堂。封建制度瓦解以後，"宮"除了用來指原來皇帝居住的房屋、殿堂以外，又產生了新的意義，即群眾文化娛樂的場所，如"少年宮""文化宮"等。"室"則主要用於指內室。從此"宮""室"不再是同義詞了。

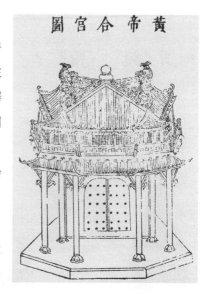

黃帝合宮圖

268

何謂"烈士"?

"烈"字《說文》說解為"火猛也。從火列聲"。本義就是火勢猛烈，"烈火"之"烈"就是這個意義；引申有"光明，顯赫"之義，《左傳‧哀公二年》"烈祖康叔"和《國語‧晉語九》"君有烈名，臣無叛質"中"烈"都是光明顯赫之義；又引申有"剛正，忠義"之義，古代漢語中的"烈士"之"烈"大都是這個意義。"烈士"一般指堅貞不屈剛強之士或有志於建功立業的人，也就是說都是指活著的人。《莊子‧秋水》"白刃交於前，視死若生者，烈士之勇也"和曹操《步出夏門行》

"烈士暮年,壯心不已"中"烈士"都是這個意義。現代漢語中,"烈士"詞義發生轉移,專指爲正義事業而犧牲的人,是死去的人。

269

何謂"錢""幣"?

戰國　平首布

"錢"字,《說文解字》說解爲"銚也。古田器。從金戔聲。《詩》曰:'庤乃錢鎛。'"說明"錢"的本義是古代的一種農具,類似現在的鐵鍬。由於春秋戰國時期有一種貨幣形狀是這種鐵鍬形(即錢形),於是"錢"成爲這種貨幣的名稱,後來成爲貨幣的統稱。"幣"字,《說文》說解爲"帛也",由於古代以束帛作爲祭祀或贈送賓客的禮物,所以車馬玉帛等聘享之物也統稱爲"幣"。也就是說,"幣"常用來指祭祀或贈送賓客的禮物。後來引申指財物,現代漢語中主要用來指貨幣。這樣,現代漢語中"錢""幣"因意義相近而組成並列式合成詞。

270

哪兩首詩被譽爲"樂府雙璧"?

漢樂府詩《孔雀東南飛》和北朝民歌《木蘭詩》合稱爲"樂府雙璧"。這兩首詩歌都是敘事長詩,以其深刻的社會思想意義和極高的藝術成就,爲歷代文人所推崇。明人胡應麟《詩藪》中說:"五言之贍,極於《焦仲卿妻》;雜言之贍,極於《木蘭》。"

《孔雀東南飛》又名《古詩為焦仲卿妻作》，是保存下來的最早的一首長篇敘事詩。最早見於南朝陳徐陵所作《玉台新詠》，題為《古詩為焦仲卿妻作》。全詩一千七百多字，通過講述焦仲卿、劉蘭芝二人的婚姻悲劇，有力地批評了封建禮教的罪惡，同時歌頌了劉蘭芝夫婦忠於愛情、堅決反抗封建禮教的鬥爭精神。全詩語言樸素通暢，敘事中兼有濃厚抒情，描寫上鋪張排比，是當時五言敘事詩的代表作品。

《木蘭詩》又名《木蘭辭》，選自宋代郭茂倩編的《樂府詩集》，也是我國古典敘事長詩的代表作之一。全詩三百餘字，講述了少女木蘭代父從軍，凱旋回朝，建功受封，辭官還鄉的故事，塑造了一個征戰沙場的少女英雄形象，打破了“女子不如男”的封建傳統觀念。它是“初唐四傑”之一駱賓王像現實主義和浪漫主義相結合的詩篇。詩的語言豐富多彩，有樸素自然的口語，有精妙工整的律句，句型或整或散、長短錯落，加強了詩的音樂性和表現力。

271

“初唐四傑”指的是哪些人？

指初唐後期出現的王勃（650～676）、楊炯（650～693）、盧照鄰（634？～689）和駱賓王（619～684？）四位詩人，因為他們的詩歌風格和年代都相近，被合稱為“初唐四傑”。他們反對當時纖巧綺靡的詩風，提倡剛健骨氣，真正反映了社會中下層一般士人的精神風貌和創作追求，是初唐詩風變革的旗手。他們都屬於一般士人中確有文才而自負很高的詩人，官小而才大，名高而位卑，心中充滿了博取功名的幻想和激情，鬱積著不甘居人之下的雄傑之氣。其中盧、駱長於七言歌行，王、楊長於五言律詩。“四

“初唐四傑”之一駱賓王像

傑"作詩，重視抒發一己情懷，作不平之鳴，因此在詩中往往有一種壯大的氣勢和慷慨悲涼的感人力量。特別是盧、駱的七言歌行，氣勢宏大，視野開闊，寫得跌宕流暢，神采飛揚，較早地開啓了新的詩風。

272

"詩仙"指的是誰？

李白像

"詩仙"，是後人對唐代偉大的浪漫主義詩人李白的美稱。

天寶年間，李白初次來到京都長安，拜見詩壇名宿賀知章，將其詩作《蜀道難》奉上。賀知章讀罷，驚訝不已，稱李白爲"謫仙人"，且邀請李白來酒店暢飲，解下所佩帶的金龜作爲沽酒之資。杜甫《寄李十二白二十韻》也提到了上述這件事："昔年有狂客，號爾謫仙人。筆落驚風雨，詩成泣鬼神。""李十二白"即李白，"十二"是他在宗族兄弟中的排行："狂客"指的是賀知章，他晚年自號"四明狂客"。杜詩有"詩史"之稱，足見"謫仙"之說當有其事。後世遂以"詩仙"稱呼李白。

那麼李白的"仙氣"具體表現在哪些方面？

首先，李白思想受道教影響很深，訪道求仙是他一生的狂熱追求。他說自己"十五遊神仙，仙遊未曾歇"（《感興》）。25歲離開四川以後，他更是"五岳尋仙不辭遠"（《廬山謠寄盧侍御虛舟》），曾去王屋山找尋華蓋君，又去山東齊州拜高天師學道，註冊成爲道教徒。

李白《上陽臺帖》（傳）

其次，他在求仙的歲月裏，創作了許多嚮往仙境的詩歌，一派光怪陸離的景象，令人驚歎。

 | 273

"詩聖"指的是誰？

"詩聖"，是後人對唐代偉大的現實主義詩人杜甫的美稱。

何謂"聖"？道德修養極高者稱爲聖，如孔、孟；精通一事者也稱爲聖，如漢代草書家張芝、唐代草書家張旭被稱爲"草聖"，唐代畫家吳道子被稱爲"畫聖"。杜甫被稱爲"詩聖"，則兼具上述兩個方面：一是指他的完美人格、醇厚的倫理風範；二是指他精深的詩歌造詣、承前啓後的詩壇地位。

杜甫的詩歌在其有生之年並未被世人重視，誠如他晚年的自歎："百年歌自苦，未見有知音。"杜甫去世八十多年以後，他的詩名才被中唐詩人韓愈、白居易、元稹等推崇，"李杜"並提成爲時尚。這與當時的政治情況和審美思潮有緊密關係。安史

杜甫像　　　　　　　　　　　　　　　　　　　　　　　　《杜工部集》內頁

之亂以及其後唐與吐蕃的戰爭、軍閥之間的爭鬥，嚴重地動搖了唐王朝的政治經濟基礎，盛唐時代的理想主義、浪漫情懷消失了，寫實主義的詩歌風氣開始盛行。於是，寫實主義的開山大師杜甫才取得了詩壇上的重要地位。

　　但杜甫被看成詩國聖人，卻是在兩宋時期。最先把杜甫與孔子作出比較的是北宋人秦觀，他在《韓愈論》中說："子美之詩，實積眾家之長，適其時而已"，"孔子聖之時者也。孔子謂集大成。嗚呼，杜氏、韓氏，亦集詩文之大成歟！"這段話裏把孔子、杜甫並提，說兩人都具有"集大成"的地位，雖未明白說出杜甫是詩聖，但詩聖的意思已隱約可見。南宋楊萬里則直接稱杜甫為"聖於詩者"（《江西宗派詩序》）。但是，明確取用"詩聖"二字來美譽杜甫，卻是明代著名詩人、學者楊慎，他在《詞品・序》中首次拈出這個詞語來稱呼杜甫。此後，"詩聖"這頂桂冠便牢牢地戴在杜甫頭上，直到今天。

274

"詩佛" 指的是誰？

"詩佛"，是後人對唐代著名詩人王維的美稱。

王維，字摩詰，祖籍祁州（今山西祁縣東南）。其名和字均取自於《維摩詰經》中的維摩詰居士。王維多才多藝，工詩善畫，兼通音樂，書法也有很深的造詣，聞名於唐開元天寶年間，當時有"天下文宗"之稱。

在盛唐熾盛的佛風中，王維虔誠地投向佛教，佛教影響了他的生活節奏和政治態度。他21歲中進士，得到張九齡提拔，官至監察御史。張九齡罷相，他便過著半官半隱的生活。晚年更是奉佛長齋，衣不文采，居藍田別墅，與道友裴迪往來，"彈琴賦詩，傲嘯終日"。他的一生與政治似遠似近，對社會似親似疏，對自我似執非執。他的詩與畫也如此。一般人只將佛境當作人生調節的手法，王維則是將佛引入人生，追求佛境中的"我"與現實中的"我"的合一，佛境中的藝術與藝術中的佛境合一，佛教深深地融入他的社會生活、政治追求、藝術創作中，達到了政、藝、禪三位一體。

王維生前，人們就認為他是"當代詩匠，又精禪上理"（苑咸《酬王維序》），死後更得到"詩佛"的稱號。

摩詰生平詩名冠代復工草隸善畫入神品至山水平遠雲根石色皆天機所到學者不及性好佛長齋不聚妻居三十年常蔬食飯僧齋中布經案退朝後焚香默坐屏絕塵累後表輞川第為寺蓉于其西

王摩詰

王維像

| 275

"詩鬼" 指的是誰？

"詩鬼"，是後人對唐代著名詩人李賀的美稱。

李賀，字長吉。晚唐詩人。福昌（今河南宜陽）人。祖籍隴西，自稱"隴西長吉"。李賀爲唐宗室鄭王李亮的後裔，但其家已沒落。他"細瘦通眉，長指爪"，童年即能詞章。一生體弱多病，27歲逝世。

李賀詩的藝術最大的特色，就是想像豐富奇特、語言瑰麗奇峭。他上訪天河、遊月宮；下論古今、探鬼魅，想像神奇瑰麗、旖旎絢爛。他的筆下有許多精警、奇峭而有獨創性的語言。如"羲和敲日玻璃聲"（《秦王飲酒》）、"銀浦流雲學水聲"（《天上謠》）、"玉輪軋露濕團光"（《夢天》）等匪夷所思的奇語，比比皆是。尤其是寫神仙鬼魅的作品，常常讓人感到幽靈出沒，陰森可怖。據統計，他的作品中出現"死"字20多個，"老"字50多個。

杜牧贊之爲"騷之苗裔"（《李長吉歌詩敍》）。高棅、王夫之等都對李賀的詩才推崇備至，黎簡甚至說："論長吉每道是鬼才，而其爲仙語，乃李白所不及。"因此，後人遂稱李賀爲"詩鬼"。

 | 276

"大歷十才子" 都有誰？

指唐代宗大歷年間十位詩人所代表的一個詩歌流派，最初見於中唐詩人姚合編的《極玄集》，即李端、盧綸、吉中孚、韓翃、錢起、司空曙、苗發、崔峒、耿湋、夏侯審十人，其中以錢起、盧綸成就較高。他們不再像前輩盛唐詩人那樣有兼濟天下的宏圖大志，而是集情趣於山水，寄心緒於景物。其詩歌多唱和、應制之作，很少反映社會的動亂和百姓的疾苦，歌頌升平、吟詠山水、稱道隱逸是其基本主題。他們的共同特點是偏重詩歌形式技巧，善寫自然景物及鄉情旅思等，但題材風格比較單調。

277

誰被稱爲"張三影"？

北宋詞人張先（990～1078），因"雲破月來花弄影"、"簾壓卷花影"和"墮輕絮無影"三句寫"影"佳句而得名"張三影"。張先是北宋年壽最高的詞人，他擅長對自然景物的描寫，往往通過物影來表現景物的動態美和朦朧美。他從兩個方面改變了詞的發展方向：一是大量用詞來贈別酬唱，擴大了詞的實用功能。以前的文士日常交際中只用正統的詩歌來唱和贈答，詞被視爲不登大雅之堂的"小道"而只寫給歌妓演唱。張先打破了慣例，在文士的社交場合中，也常常用詞來酬唱贈別，擴大了詞的日常交際功能，從而在觀念上提高了詞的文學地位。二是率先用題序，將日常生活引入詞中。他現存165首詞，有70多首用了題序，使詞的題材取向逐漸貼近作者的日常生活，改變了以往詞作有調而無題的傳統格局，也加強了詞的紀實性和現實感。此後蘇軾等人唱和詞作日漸增多和大量用題序表明創作的緣起、背景，即受張先的啓發。正因爲如此，張先詞被人視爲"古今一大轉移"（陳廷焯《白雨齋詞話》卷一）。

278

"二晏"指哪兩位詞人？

指北宋前期著名詞家晏殊、晏幾道父子。晏殊（991～1055）字同叔，江西臨川人。少時以"神童"被薦入朝，後屢歷顯要，仁宗時官至宰相，諡"元獻"。他受南唐馮延巳影響很深，繼承並發展了五代柔軟婉麗詞風，加之國家重臣地位和愛好文酒宴會的生活情趣，使他的詞雍容華貴。晏殊的年輩較高，政治地位又顯赫，歐陽修等著名詞人或出其門下，或爲其幕僚，因此，他被後人推爲"北宋倚聲家初祖"（馮煦《蒿庵論詞》）。有《珠玉詞》，絕大部分作品的內容是抒寫男女之間的相思愛戀和離愁別恨。其詞注重字句和音韻節奏，閒雅婉麗，藝術造詣很高。晏幾道（1030？～

1106？）字叔原，晏殊幼子。早年過著華貴的公子生活，不懂得處事營生，中年仕途不順，晚年窮困落魄。由於經歷了由富貴到貧窮的巨大變故，他經常以感傷的筆調描寫過去的生活，詞風近於李煜。其詞多寫男女悲歡離合，表達對那些不幸的歌女的同情，流露出濃重的感傷情調。有《小山詞》。

 279

"元曲四大家" 都有誰？

指元代四位著名的戲曲家關漢卿、馬致遠、鄭光祖和白樸。關漢卿（約1220～1300），號已齋叟，祁州（今河北安國）人。有雜劇60多種，著名的有《竇娥冤》、《救風塵》、《蝴蝶夢》、《單刀會》、《哭存孝》等。白樸（1226～1306），字仁甫，一字太素，號蘭谷。作品僅存《梧桐雨》和《牆頭馬上》。馬致遠（1250？～1321？），號東籬，代表作爲《漢宮秋》，傳世的還有《陳摶高臥》、《任風子》、《薦福碑》、《青衫淚》、《岳陽樓》、《黃粱夢》等。鄭光祖字德輝，約生於元世祖至元初年。《倩女離魂》是其代表作，另存有雜劇：《䈴梅香》、《王粲登樓》、《周公攝政》、《伊尹扶湯》等8種。四人都是元曲大家，當以關漢卿的水準最高。王國維在《宋元戲曲史》中說："元代曲家，自明朝以來，稱關、馬、鄭、白，然以年代及造詣論之，寧稱關、白、馬、鄭爲妥也。關漢卿一空倚傍，自鑄偉詞，而其言曲盡人情，字字本色，故當爲元人第一。"

 280

"三言二拍" 包括哪些作品？

是明代五本著名傳奇短篇小說集的合稱。"三言"即馮夢龍（1574～1646）的《喻世明言》、《警世通言》、《醒世恒言》的合稱。"二拍"是凌濛初（1580～1644)的《初刻拍案驚奇》和《二刻拍案驚奇》的合稱。由於"三言"和"二拍"編著年代相近，內容形式類似，故後人將其合稱爲"三言二拍"。這五部小說集輯錄了當時社會上流傳的很多故事，是我國古代短篇小說集的代表作。「三言二拍」是反映明代生活的著名作品，在通俗文學界佔有極爲重要的歷史地位。其語言通俗易懂，故事曲折生動，描寫準確有力，具有很高的思想性和藝術性，在古今中外備受關注。

 | 281

"四大譴責小說"包括哪些作品？

是晚清出現的四部譴責小說的合稱，包括李寶嘉的《官場現形記》、吳趼人的《二十年目睹之怪現狀》、劉鶚的《老殘遊記》和曾樸的《孽海花》。《官場現形記》由多個故事環繞而成，揭露了官場蠅營狗苟、排擠傾軋的醜惡現實。《二十年目睹之怪現狀》是吳趼人的自傳體小說，貫穿了近200個故事，記錄了從1884年中法戰爭開始近20年目睹的無數怪現狀，描繪出一幅行將崩潰的清朝社會畫卷。《老殘遊記》借遊醫老殘在遊歷中的所見所聞，反映了晚清的社會現實，揭露了黑暗的官場現狀。《孽海花》以狀元金雯青與妓女傅彩雲的婚姻故事爲線索，對甲午戰爭前近30年間眾多的眞實人物進行了藝術加工，反映了當時廣闊的社會情狀，表達了反帝反封建的思想。

 | 282

什麼是"應制詩"？

應制詩是古代臣屬奉皇帝之命而作的應酬詩，唐以後大都爲五言六韻或八韻的排律。內容多爲歌功頌德，少數也陳述一些對皇帝的期望。由於寫這類詩須看君王臉色，合身份，又不能離題，不可出格，實在不容易創作。而一般文學史也多以歌功頌德、附庸風雅視之，對此類文體並無太多關注。

應制詩的價值取向與審美情趣大體一樣，具有以下基本特徵：其一，以帝王爲中心。封建帝王，是天之驕子，體現上天的意志，是皇權神授的標誌，是宗法制度的權威，是宗法文化的象徵。從膜拜周天子到西漢造神運動中的神化天子，整個應制詩，因奉和應制而作，圍繞著當朝皇帝的日常活動來展開，凡是帝王生活中的重大活動或詩歌創作，大臣們歌詠之，奉和之。其二，以歌功頌德爲主旨。應制詩大多產生於王朝建國之初與盛世，於帝王，於國事，於時世，有功可歌，有德可頌。如上官儀、張九齡、張說所處的時代，正是李唐王朝的興盛時期，適逢貞觀之治與開元盛世，社會安定，經濟繁榮，政通人和，一派興盛景象，爲應制詩的基本主旨奠定了社會基礎。歌頌明主，歌頌時代，歌其功，頌其德，紀其行，述其事，感其言，明其志，自然成爲應制詩的基本價值取向。可以說，應制詩是一代帝王的頌歌，是盛世輝煌的讚歌，是歷史光明的象徵。其三，以雍容典雅爲基本風格。雍容典雅，是君子風度，是儒雅氣度，是宮廷文學藝術的美學追求，體現出來王者之氣，富貴之氣，儒雅之氣。

 | 283

古人作詩時的"分韻"、"分題"各指什麼？

"分韻"是舊時作詩方式之一。指作詩時先規定若干字爲韻，各人分拈韻字，依韻作詩，叫做"分韻"，一稱"賦韻"。古代詩人聯句時多用之，後來並不限於聯句。白居易《花樓望雪命宴賦詩》："素壁聯題分韻句，紅爐巡飲暖寒杯。"

"分題"也是舊時作詩方式之一。若干人相聚，分找題目以賦詩，稱"分題"，亦稱"探題"。大抵以各物爲題，共賦一事。宋嚴羽《滄浪詩話·詩體》："古人分題，或各賦一物，如云送某人分題得物也。"分題有時分韻，但不限制。

 | 284

什麼叫"押韻"？

押韻是詩詞等韻文的語言特點之一。一般用於偶句句尾，以同韻的字相押，所以叫"押韻"，也稱"韻腳"。其主要作用是使聲音和諧優美，吟誦順口悅耳，便於記憶流傳。"韻"和"韻母"是兩個並不完全相同的概念，所謂同韻，指韻部相同或相近的韻母，如有韻尾則韻尾相同，韻頭可以不同。爲了便於押韻，人們把同韻的、可以相押韻的字歸納爲若干韻部。

　　押韻是增強詩歌音樂性的重要手段，近體詩爲了使聲調和諧、容易記憶，對於押韻十分講究。古人通常使用官方頒佈的專門指導押韻的書，如《唐韻》、《廣韻》、《禮部韻略》、《佩文詩韻》、《詩韻集成》、《詩韻合璧》等。但是需要明白，並不值得爲遷就押韻而破壞詩句的自然，除非是參加科舉，否則即使偶爾一兩句出韻，古人也是允許的。

　　近體詩押韻有較嚴格的規定，總結如下：

　　1. 偶句押韻：律詩是二四六八句押韻，絕句是二四句押韻，無論律詩還是絕句，首句均可以押韻或不押韻。

　　2. 只押平聲韻：近體詩規定，只能押平聲韻，這幾乎是一條死規矩，事實上以近體詩的體例假如押仄聲字會感到非常拗口，所以古人都能自覺遵守這一規則。記憶中也沒有任何可供借鑑的反例，所以這裏就不另舉例。

　　3. 一韻到底，中間不能換韻。古詩（古風）允許中途換韻，但近體詩不允許這樣。

 285

什麼叫"對仗"？

　　對仗是中古時詩歌格律的表現之一。對仗又稱隊仗、排偶。它是把同類或對立概念的詞語放在相對應的位置上使之出現相互映襯的狀態，使語句更具韻味，增強詞語表現力。對仗有如公府儀仗，兩兩相對。對仗與漢魏時代的駢偶文句密切相關，可以說是由駢偶發展而成的，對仗本身應該也是一種駢偶。格律詩對仗的具體內容，首先是上下兩句平仄必須相反，其次是要求相對的句子句型應該相同，句法結構要一致，如主謂結構對主謂結構，偏正結構對偏正結構，述補結構對述補結構等。有的對仗的句式結構不一定相同，但要求字面要相對。再次，要求詞語所屬的詞類（詞性）相一致，如名詞對名詞，動詞對動詞，形容詞對形容詞等；詞語的"辭彙意義"也要相同。如同是名詞，它們所屬的詞義範圍要相同，如天文、地理、宮室、服飾、器物、動物、植物、人體、行為、動作等同一意義範圍內的詞方可為對。

詞語對仗的要求是：詞義必須同屬一類，如以山川對山川，以草木對草木等；詞性必須基本相同，如名詞對名詞，動詞對動詞等；平仄必須相對，即以平對仄或以仄對平；結構必須對稱，即以單純詞對單純詞，以合成詞合成詞；另外，要避免同字相對。句式的對仗，主要是句子的結構相同，如以主謂短語對主謂短語，以動賓短語對動賓短語等。對仗可使詩詞在形式上和意義上顯得整齊勻稱，給人以美感，是漢語所特有的藝術手段。

 | 286

什麼是"工對"、"寬對"？

"工對"、"寬對"為詩律術語。近體詩中用得很工整的對仗，稱為"工對"。要做到對仗工整，一般必須用同一門類的詞語為對，對仗須用同類詞性，如名詞對名詞，代詞對代詞，形容詞對形容詞，副詞對副詞。舊時把名詞又分為天文、時令、地理、器物、衣飾、飲食、文具、文學、草木、鳥獸蟲魚、形體、人事、人倫等門類。如杜甫《絕句》"兩個黃鸝鳴翠柳，一行白鷺上青天。窗含西嶺千秋雪，門泊東吳萬里船"，對仗相當工整。詩中的"兩個"對"一行"（數量結構對數量結構），"黃鸝"對"白鷺"（禽類名詞相對）、"翠"對"青"（顏色名詞相對）、"千"對"萬"（數詞相對）都是同類詞為對，非常工整。

寬對與工對是相對的概念。寬對是一種不很工整的對仗，一般只要句型相同、詞的詞性相同，即可構成對仗。這樣的對仗，一般稱之為"寬對"。如黃魯直《答龍門秀才見寄》詩第二聯"明月清風非俗物，輕裘肥馬謝兒曹"便是寬對。

什麼叫"一三五不論，二四六分明"？

"一三五不論，二四六分明"是前人總結出的關於唐代開始形成的近體格律詩的一個基本規律的口訣。這個口訣，是說五言句子逢一、三位置上的字，七言句子逢一、三、五位置上的字（五言的"五"位置上的字是不能更換的），平仄可以不論，而五言二、四位置上的字，七言二、四、六位置上的字，其平仄必須明確、嚴格，不可含糊。如此，除每句的尾字外，逢單位置上的字，其平仄就有了變通，這也是格律詩嚴格之下的一種自由。這個口訣對於初學格律的人來說，是有一定作用的，因為它簡單明了。

但是，"一三五不論，二四六分明"這個口訣雖然在一般情況下是相對比較正確的，但在某些情況下卻不一定適當。有時"一、三、五"不能不論，某些情況下"二、四、六"也不見得就"分明"。比如：在五言"平平仄仄平"這個格式中，第一字不能不論，在七言"仄仄平平仄仄平"這個格式中，第三字不能不論，否則就要犯孤平。孤平可是近體詩的大忌。"二四六分明"這句話也是不全面的。五言第二字"分明"是對的，七言第二四兩字"分明"是對的，至於五言第四字、七言第六字，就不一定"分明"。依特定格式"平平仄平仄"來看，第四字並不一定"分明"。又如"仄仄平平仄"這個格式也可以換成"仄仄平仄仄"，只需在對句第三字補償一個平聲就是了。七言由此類推，"二四六分明"的話也不是完全正確的。

中國人應知的

國學常識 **2**

The knowledge
of Chinese

書畫藝術

中國人應知的
國學常識 ❷ **書畫藝術**

 | 288

何謂秦隸？

　　秦隸，即秦代隸書，亦名秦分。這種書體帶有濃重的篆書遺意。點畫平直，有明顯的波挑與轉折，是秦代官方承認並在官方公文和日常生活中被廣泛應用的字體，較小篆易用。許慎《說文解字・敘》說：“是時秦燒滅經書，滌除舊典，大發隸卒，興役戍，官獄職務繁，初有隸書，以趣約易。”唐代張懷瓘《書斷》也說：“（秦朝）以

雲夢睡虎地秦簡

奏事繁多，篆字難成，乃用隸字，以爲隸人佐書。”可見隸書在秦代是小篆的輔助書體。但隸書的應用並非始於秦代，《書斷》引酈道元《水經注》曰：“隸字古，非始於秦時。”唐蘭先生也說秦隸書“有一部分是承襲六國古文”。早在戰國時期的楚國

211

已普遍使用隸書。所以秦代"以爲隸人佐書"的隸書，已是在社會上廣泛應用的一種統一的文字。隸書的出現和使用是文字發展到一定階段的產物，是在不同時代人們使用文字的結果。

1975年在湖北雲夢睡虎地十一號墓出土的《雲夢睡虎地秦簡》，就屬於"秦隸"，字體爲早期的隸書，由對篆書簡化和草寫逐漸演變而來，有些字形結構仍留有篆書遺意，字體特徵以方折爲基調，略參圓轉，筆致圓潤，氣息渾厚，有瘦硬通神、章法茂密、平實簡樸之特徵，較篆書易用。

289

何謂繆篆？

繆篆是漢代用於摹刻印章的一種篆書。形體略方，筆劃平直，與小篆略同。用繆篆刻印，方正平直，古樸深厚，具有很高的藝術性。

《武威張伯升柩銘》

對"繆"字的含義有不同解釋：一說繆即綢繆，意思是糾纏或束縛重疊，像一根繩子纏繞在一起，形容一種曲折回繞的字體。另一說：古文中的繆與謬通用，具有不合理、錯誤、違反、假裝的意思。這種字體在結構上有謬誤、不大規矩，對字體筆劃隨意增減或回環折疊，以適應印面佈局的需要，是不規範的篆體，故而被命名爲繆篆。清代桂馥《繆篆分韻》則將漢魏印採用的多體篆文統稱爲"繆篆"，亦稱"摹印"。

繆篆在結構上有五大特點：一曰字形方正，二曰橫平豎直，三曰筆劃均布，四曰線條折疊，五曰充滿頂格。繆篆體屬於篆書，但並不同於大篆、小篆，篆法也沒有完全符合《說文》的要求。清代陸增祥《八瓊室金石補正》說："以筆勢審之，似與秦篆有差異。"繆篆中融入了一些隸書的偏旁和結構特徵，字形方扁皆有，轉折處有方折帶圓轉，如《群臣上壽刻石》、《郁平大尹馮君孺久墓題記》、《武威張伯升柩銘》等，同屬於典型的繆篆。

290

何謂銘石書？

　　"銘"的本意是"鏤刻"，"鐫刻"，故銘石書即"刻石之書"，指碑碣、墓誌等上面鐫刻的文字。

　　銘石書最早見於南朝宋羊欣的《采古來能書人名》一書："鍾書有三體，一曰銘石之書，最妙者也；二曰章程書，傳秘書，教小學者也；三曰行狎書，相聞者也。三法皆世人所善。"鍾繇的書法尤其楷書流傳後世，影響極大，被後世尊稱為"楷書之祖"。因此人們認為銘石書應是鍾繇的楷書。學界對此種解釋頗有異議，《唐六典》卷十說："四曰八分，謂石徑（經）、碑碣所用。"劉有定注元代鄭杓《衍極・古學篇》說："初，行草之書，至魏晉以來，惟用簡札，至銘石刻，必正書之。故

鍾繇《受禪表碑》

鍾繇正書謂之'銘石'。"清顧藹吉在其《隸辨》一書中認為："鍾繇《受禪表》、《泰山銘》皆銘石書也，義之謂之八分。"說銘石書應是八分書。究其當時的社會背景，大凡在莊重嚴肅的場合之下，所用的書體主要是規矩嚴正的漢隸。所以銘石書應是隸書。

| 291

何謂章程書？

章程書作爲書體的一種，最早見於南朝宋羊欣《采古來能書人名》："鐘書有三體……二曰章程書，傳秘書，教小學者也。"對於"章程"二字的解釋有很多種，一種認爲章程書是專指寫公告、律令、奏章的條理分明、法則嚴格的書體。另一種則認爲章程書指的就是八分書，如張懷瓘《書斷》認爲"楷隸初制，大範幾同，故後人惑之，學者務之，蓋其歲深，漸若八字分散，又名曰爲八分，時人用寫奏章或法令，亦謂之章程書"。梁鵠云："鐘繇善章程書也。"韋續《五十六種書並序》中曰："八分書，漢靈帝時上谷王次仲所作，魏鐘繇謂之章程書。"

 | 292

何謂行狎書？

我們常說的行狎書，有人也寫作"行押書"，是早期的行書字體。押，本意爲署，即署名、簽名之意。是當時人們在簽字、畫押、傳遞訊息時隨手寫成的行書，故稱爲行押書。唐韋續《五十六種書並序》載："行書，正之小僞也，鐘繇謂之'行狎書'。"

羊欣曰："行狎書，相聞者也。""相聞"一詞是漢魏、西晉及南北朝時期的習慣用語，意謂"雙方互通訊息的書信尺牘"，如《後漢書·隗囂傳》載光武帝與隗囂書："自今以後，手書相聞，勿用傍人解構之言。"可見"行狎書"是一種專門用以書寫尺牘、便箋的書體，是簡便快捷、揮筆而就的行書。

| 293

何謂奴書？

所謂奴書有兩種意思：一是指書體平板，缺少變化。二是指書體毫無己意，全是依葫蘆畫樣。宋歐陽修《筆說》云："學書當自成一家之體，其模仿他人，謂之奴書。"宋沈括《夢溪補筆談·藝文》曰："盡得師法，律度備全，猶是奴書。然須自此入；過此一路，乃涉妙境，無跡可窺，然後入神。"

 | 294

何爲漆書？

漆書，書體名。其釋義有兩種解釋：一是以漆作材料寫成的文字。相傳在孔子住宅的牆壁中發現了以漆書爲之的古文經書，故而得名。南朝梁周興嗣《千字文》亦有記載"漆書壁經"。二是書法形體。清代中期的大書法家金農爲了進一步強化個人書法的特點，截毫端作書，用筆側鋒寫出橫畫寬厚、豎筆瘦削、字形豎長的一種字體，被後世稱爲"漆書"。金農的漆書，無論點畫撇捺，均以方筆爲主，追求刀味石趣，橫畫兩端時起圭角，豎畫收筆常露尖頭，結體方正茂密，時長時扁，字形往往上寬下窄，常取斜勢，再加上用墨黑濃，磅礴大氣，險勁雄渾，給人極強的視覺衝擊力。後人無不因其藝術上的超人創造力所折服。鄭

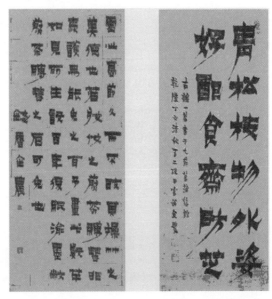

金農漆書

板橋嘗有一詩贊金農："亂髮團成字,深山鑿成詩。不須論骨髓,誰能學其皮。"這是對金農漆書藝術最高、最恰當的評價。

 | 295

何謂擘窠書?

擘窠書 "天下第一關"

擘窠(bòkē)書,大字的別稱,特別指楷書的大字。清代葉昌熾:"題榜,其極大者爲擘窠書。"對於"擘窠"的含義也有不同認識。一種認爲"擘窠"原義指食指與大拇指中間的"虎口",引申爲大字的意思。如清代朱履貞《書學捷要》稱:"書有擘窠書者,大書也。特未詳擘窠之義、意者,擘,巨擘也;窠,穴也,即大指中之窠穴也,把握大筆在大指中之窠,即虎口中也。小字、中字用擬鐙,大筆大書用擘窠。"另一種看法認爲,"擘窠"最初是篆刻印章用語,古人寫碑爲求勻整,有以橫直界線劃成方格者,叫"擘窠"。如唐代顏眞卿《乞御書天下放生池碑額表》稱:"前書點畫稍細,恐不堪經久。臣今謹據石擘窠大書一本,隨表奉進。"宋趙希鵠曾說:"漢印多用五字,不用擘窠。"

 | 296

什麼叫 "結字" ?

所謂結字,指的是書法中字的筆劃安排及形態佈置。漢字各種字體,皆由點畫連結,搭配而成。筆劃的長、短、粗、細、俯、仰、縮、伸,偏旁的寬、窄、高、低、欹、正，構成了每個字的不同形態，要使字的筆劃搭配適宜、得體、勻美，研究其結體必不可少。

東漢蔡邕《九勢》說：「凡落筆結字，上皆覆下，下以承上，使其形勢遞相映帶，無使勢背。」元趙孟頫在《蘭亭十三跋》中云：「書法以用筆爲上，而結字亦須用工。蓋結字因時相傳，用筆千古不易。」

清王澍《論書賸語》：「結字須令整齊中有參差，方免字如算子之病，逐一排比，千體一同，便不復成書。」又說：「結體欲緊，用筆欲寬，一頓一挫，能取能捨，有何不到古人處。」清馮班在《鈍吟書要》中所云：「先學間架，古人所謂結字也；間架既明，則學用筆。間架可看石碑，用筆非眞跡不可。結字，晉人用理，唐人用法，宋人用意。」又云：「書法無他秘，只有用筆與結字耳。」可見，結字在書法中佔有重要地位。

傳歐陽詢寫有《結字三十六法》，其中記有排疊、避就、頂戴、穿插、向背、偏側等結字法，明人李淳《大字結體八十四法》中則記有天覆、地載、讓左、讓右、分疆、三勻、二段、三停等，皆是對書法漢字造型結體的總結，都有一定參考作用。不過對於結字方法要靈活運用，不可以生搬硬套。

 297

什麼是「隸變」？

隸書由萌生到成熟，文字學上稱之爲「隸變」。隸變的過程就是解散篆體而隸書生成的過程。晉衛恒《四體書勢》說：「隸書者，篆之捷也。」說明了隸書是篆書的快寫。由篆書變爲隸書，一方面是對字形結構的改造，解散篆體，改曲爲直，把古字「隨體詰詘」的線條分解或改成平直的筆劃，依靠快寫，省略，假借，合併部首等；另一方面是書寫方式即用筆方法的改變，圓轉不斷的線條變爲方折的斷筆。兩方面同時進行而又相互滲透，相互影響，相互促進。其結果是字體象形性的減弱以致於消失，並在變化中逐步形成自己的規律，符號性得以增強和最終確立並普遍運用，我們把這種隸書書體的發展演變現象及內在規律稱之爲「隸變」。隸變是在戰國秦系文字

基礎上展開的，是古今漢字的分水嶺，它以簡化爲基本動力，是漢字發展史上最重要的一次變革。

 298

什麼叫"魏碑"？

魏碑指元魏時期碑誌造像等刻石的文字。現存的魏碑書體都是楷書，因此有時也把這些楷書碑刻作品稱爲"魏楷"。魏碑原本也稱北碑，在北朝相繼的各個王朝中以北魏的立國時間最長，後來就用"魏碑"來指稱包括東魏、西魏、北齊和北周在內的整個北朝的碑刻書法作品。這些碑刻作品主要是以"石碑"、"墓誌銘"、"摩崖"和"造像記"的形式存在的。龍門石窟的造像題記就有三千餘品，而著名的是《龍門二十品》。墓誌在南北朝時十分盛行，其中北魏的墓誌銘比前代都多，書法中帶有漢隸筆法，結體方嚴，筆劃沉著，變化多端，美不勝收。康有爲稱魏碑有十美："古今之中，唯南碑與魏爲可宗，可宗爲何？曰有十美：一曰魄力雄強；二曰氣象渾穆；三曰筆法跳躍；四曰點畫峻厚；五曰意態奇逸；六曰精神飛動；七曰興趣酣足；八曰骨法洞達；九曰結構天成；十曰血肉豐美。是十美者，唯魏碑、南碑有之。"（《廣藝舟雙楫》）較全面地概括了魏碑書法雄強、樸拙、自然天成的藝術特點，對我們研究魏碑書法的演變規律和對魏碑書體的學習大有裨益。

 299

何爲館閣體？

館閣體之意有兩種：一是文體名。指流行於館閣中的力求典雅莊重的文體。館閣指掌管圖書、經籍和編修國史的官署，明清兩代翰林院，亦稱館閣。館閣體的前身是宋代的院體，淵源可以追溯到中唐以後被異化的唐楷。二是書體名。指流行於館閣及科舉考試的書寫風格，方正光潔，拘謹刻板，是明清科舉取士逐漸僵化的產物。明代稱"台閣體"，清代稱"館閣體"。其特點是字體整齊規範統一，字跡清晰工整，不能塗改勾劃，不能使用異體字。此書體主要是為宮廷、皇室服務，其表現為點畫圓潤光潔，字形方正整齊，墨色濃重黑亮。宋沈括《夢溪筆談》亦云："三館楷書作字，不可不謂不精不麗，求其佳處，到死無一筆。"清洪亮吉《北江詩話》記載："今楷書之勻圓豐滿者，謂之館閣體，類皆千手雷同。"

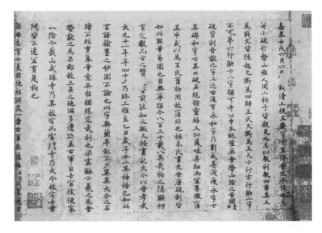

館閣體圖例

這種字體千篇一律，狀若算子，毫無生動氣息可言，既束縛了人的個性，也阻礙了書法的創新和發展。

| 300

歐體書是怎樣的字體？

歐體書是被譽為"初唐四家"之一的大書法家歐陽詢所寫的一種正楷書體。其書法結字易方為瘦長，用筆易妍媚為遒勁，寓險絕於平正之中；點畫瘦硬勁健，稜角分明，善於蓄勢造險，出奇制勝，具有"二王"法度，並吸收了北朝書法的精髓。《書斷》稱之為"森森焉若武庫矛戟"。

清梁巘(yǎn)《評書帖》說："人不能到而我到之，其力險；人不敢放而我放之，其筆險。歐書凡險筆必力破餘地，而又通體嚴正。安頓照應，不偏不支，故其險也勁而穩。"意思是說歐書造型險勁卻有穩定之感，點畫位置輕重緩急，準確無誤，絲毫不能

歐陽詢《九成宮醴泉銘》

移動，極其嚴謹。

宋姜夔《續書譜·用筆》也載：“時人稱讚歐體書為‘翰墨之冠’，清勁秀健，古今一人。”但也有反面批評語言，如“歐陽率更，結體太拘”。姜夔《續書譜·真書用筆》也說：“用筆不欲太肥，肥則形濁；又不欲太瘦，瘦則形枯；不欲多露鋒芒，露則意不持重；不欲深藏圭角，藏則體不精神；不欲上大下小，不欲左高右低，不欲前多後少。歐陽率更結體太拘，而用筆特備眾美。雖小楷而翰墨灑落，追蹤鐘王，來者不能及也。”總之，歐體書法在瘦硬勁健的基礎上，個別字跡還存在順勢成形的隸味。代表作有《九成宮醴泉銘》、《化度寺碑》、《虞恭公溫彥博碑》等。

 301

什麼叫做“中鋒”用筆？

“中鋒用筆”是書法中較為常用的一種用筆方式。我國漢代著名的書法家蔡邕在《九勢》中這樣描寫中鋒：“令筆心在點畫中行。”即在書寫的過程中，應該使筆鋒始終處於筆劃的中央。在宣紙上書寫時，墨向筆劃兩邊滲透，其滲透的程度相同。這樣的筆劃線條品質較高，看起來有立體感，筆劃的色調保持一致。如果使用了偏鋒，那麼出現的情況就是線條的一側厚實，另側單薄。清代著名的書法理論家笪重光曾云：“能運中鋒，雖敗筆亦圓；不會中鋒，即佳穎亦劣，優劣之根，斷在於此。”（《書筏》）中鋒用筆的好處有很多，可以使線條厚實凝練，筆力飽滿充實，蘊涵豐富，外柔內剛，富有變化，有著極強的表現力。古代書論中所說的“錐畫沙”、“印印泥”、“屋漏痕”等，就是強調中鋒用筆。除“中鋒”以外，筆法中還有“側鋒”、“藏鋒”、“露鋒”之說。

 302

為什麼歷代書法家愛寫《千字文》？

《千字文》是梁代周興嗣集王羲之字編寫而成的。此文一出，遂引起人們的普遍關注，成為很多書家學習書法的範本，古往今來不知有多少書法家學習《千字文》、書寫《千字文》。智永、趙佶、趙孟頫、祝枝山、梁同書等人都有《千字文》書作存世。唐朝以後，也出現了一大批以《千字文》為名的作品。唐義淨編纂了《梵語千字文》，宋代胡寅著《敘古千字文》，元代夏太和有《性理千字文》等等，可見《千字文》影響之大。那麼《千字文》為什麼有如此大的魅力呢？

首先，識字是讀書、明道的前提條件。我國古代十分重視"小學"教育，而《千字文》字字不同、形體各異，幾乎涵蓋了漢字中所有的結構、偏旁，是識字的理想範本。其次，《千字文》中包含了大量的天文、地理、歷史和人文資訊，是古代儒家思想的教科書，在識字之餘，可以達到啟發蒙童的作用。第三，《千字文》辭藻華麗，文筆優美，韻腳分明，朗朗上口，適合背誦。

《千字文》在1400多年的流傳過程中，內容也有所改動，版本不一，還遠涉重洋影響到了日本、朝鮮等國家，對中華文明的傳播功不可沒。

 | 303

《法書要錄》是一本什麼書？

《法書要錄》是唐代著名的書法家、書法理論家張彥遠的巨著。張彥遠字愛賓，山西永濟人。出身於名門大族，其高祖、曾祖和祖父皆曾為相，有"三相張家"之稱，家學深厚，學問淵博，擅長書法繪畫。尤工書法大字，擅長隸書，曾書有《三祖大師碑陰記》、《山行詩》等作品。曾歷任左僕射補闕、祠部員外郎、大理卿等。

《法書要錄》全書共有十卷，成書於唐代元和年間（806～820），這是一部書法理論集。全書收錄了自後漢趙壹《非草書》到唐代張懷瓘《書斷》等歷代書法理論著作共三十九種，有的只存有其目，實際上只有三十六篇。《法書要錄》中保存了不少珍貴的藝術史料，例如東晉王羲之的《論書》、《題筆陣圖後》、唐代虞世南的《書旨述》、張懷瓘的《書斷》等等，有著極高的文獻價值和書法理論價值。明毛晉云：
"余讀其《法書要錄》十卷，載漢魏以來名文百篇，不下一注腳，不參一評跋，豈其鑒識未精耶？蓋謂昔賢垂不朽之藝，後人睹妙絕之跡，自有袁昂二虞竇臮（jì）諸人日月在。"（《中國書學叢書》本之《法書要錄附錄》引）。其中《唐朝敘書錄》、韋述《敘書錄》、盧元卿《法書錄》等，保存了唐代第一手的法書文獻資料。後之論書者，大抵以此爲據。

| 304

書法史上的"二爨"指的是什麼？

"二爨(cuàn)"即《爨寶子》和《爨龍顏》二碑，後者因字多碑大被稱爲"大爨"，前者則被稱爲"小爨"。二碑合稱"大小爨"、"滇南二爨"或"二爨"。

《爨寶子碑》

《爨龍顏碑》

《爨寶子碑》全稱爲《晉故振威將軍建寧太守爨府君墓碑》。乾隆年間出土。此碑的書法在隸楷之間，處於隸書向楷書過渡的重要階段，爲漢字演變和書法研究提供了寶貴資料，有著較高的藝術價值和文獻價值。康有爲曾在《廣藝舟雙楫》中評《爨寶子碑》曰"端樸若古佛之容"、"樸厚古茂，奇態百出，與魏碑之《靈廟》、《鞠彥云》皆在隸楷之間，可以考見變體源流"（《廣藝舟雙楫·寶南第九》）。它率眞可愛，憨厚中見靈巧，樸拙中露端莊，氣魄宏大雄強，姿奇態妙，一派天眞。由於其脫胎於漢隸筆法，故而某些字還存有隸書特有的波磔。

《爨龍顏碑》全稱爲《宋故龍驤將軍護鎭蠻校尉寧州刺史邛都縣侯爨使君之

碑》。比《爨寶子碑》在時間上晚五十餘年，雖然楷書風格較爲明顯，但仍然介於隸楷之間。書風古雅、茂密，饒有隸意，是隸書至楷書過渡的典型。康有爲對此碑十分推崇，稱此碑“與《靈廟碑》同體，渾金璞玉，皆師元常（鐘繇），實承中郎（蔡邕）之正統”（《廣藝舟雙楫‧體系第十三》），在《碑品》中將《爨龍顔碑》列爲“神品第一”，贊其“下畫如昆刀刻玉，但見渾美；佈勢如精工畫人，各有意度，當爲隸楷極則”（《廣藝舟雙楫‧寶南第九》）。

 | 305

《瘞鶴銘》是誰書寫的？

　　《瘞（yì）鶴銘》碑原來位於鎮江焦山的峭壁上，在唐宋之際，因爲山體遭受雷擊引起滑坡，石碑就隨山石一起墜入江中。北宋慶曆八年（1048），鎮江太守錢子高從江中獲得了一塊《瘞鶴銘》殘石，便將其與另外三塊晉唐時期的石碑一起置於焦山之上，取名“寶墨亭”，後改爲“寶墨軒”，焦山碑林由此而來。殘石重見天日以後，有許多人前來觀摩摹拓，有的甚至鑿幾字帶走，學者們也都來研究它，《瘞鶴銘》從此聞名天下。

　　《瘞鶴銘》有一個美麗的傳說。傳說東晉著名的書法家王羲之到焦山遊玩，見到一對仙鶴在空中盤旋起舞，姿勢優美，十分感歎。寺中僧人遂將仙鶴送給王羲之，約定等王羲之辦事回來再將鶴帶走。等王羲之再次來到焦山時，仙鶴已經死去。王羲之悲傷至極，遂含淚在岩壁上寫下了《瘞鶴銘》（瘞鶴銘即爲埋葬鶴的銘文）以示悼念。

　　然而，《瘞鶴銘》的作者究竟是誰？千百年來始終爭論不休，這主要是由於銘文只書名號，未寫作者。有人考證王羲之的妻子是鎮江人，故《瘞鶴銘》應出於王羲之手。最早記載此銘爲王羲之說者爲唐人孫處元所著《潤州圖經》，據歐陽修《集古錄跋尾‧題瘞鶴銘》云：“按潤州圖經以爲王羲之書。字跡亦奇特，然不類王羲之筆法，而類顔魯公，不知何人書也？華陽眞逸是顧況道號，今不敢遂以爲況者。碑無年月，不知何時？疑前後有人同斯號者也。”從王羲之說者主要有宋蘇舜欽、黃庭堅、趙水晉等。也有人認為是梁代書法家陶弘景所書。陶弘景隸書、行書均佳，當時他已解官歸隱道教聖地鎮江茅山華陽洞，故有人認為這屬於他的墨蹟。如康有為云："梁碑則《瘞鶴銘》為貞白（陶弘景）之書。"（《廣藝舟雙楫·寶南第九》）也有人認為為唐代王瓚所作，此外還有皮日休說、顏真卿說等等，但目前都還缺乏證據。《瘞鶴銘》的作者究竟是誰也就成為一直困擾書法界的千古之謎，不過目前大部分人同意作者為陶弘景一說。

306

歷代有哪些著名的石經？

　　所謂"石經"，乃是我國古代刻在石碑上、摩崖上的儒家、佛家及道家的經典。石經的歷史源遠流長，早在漢代就有將儒家經典刻入石碑的先例，例如著名的《熹平石經》。

　　《熹平石經》又稱"漢石經"，是我國歷史上最早的石刻官定儒家經本，字體一律採用隸書，故又稱"一體石經"。漢靈帝熹平四年（175），蔡邕等奏求正定六經文

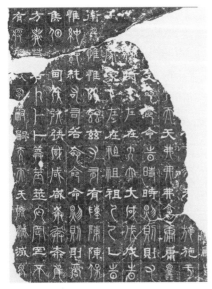

《三體石經》

字，得到了漢靈帝的許可。於是，由蔡邕等人書丹，刻碑四十六塊，立於洛陽太學門外。所刻經書有《尚書》、《論語》、《魯詩》、《儀禮》、《春秋》和《公羊傳》等，共約二十多萬字。這對糾正當時的俗儒穿鑿附會，臆造別字，維護文字、文化的統一起了積極作用。

　　除了《熹平石經》外，迄今可考的儒家石經，還有很多。例如曹魏正始二年(241)在洛陽用三體刊刻的《正始石經》，唐文宗大和七年(833)在長安楷書刊刻的《開成石經》，北宋用楷體、篆體刊刻的《二體石經》，此外還有《廣政石經》、《嘉祐石經》、《南宋石經》等。

石經除了刊刻儒家經典外，也刊刻道家、佛家經籍。刻佛經約始於北魏之末，盛於北齊、北周，著名的有《房山石經》、《泰山金剛經》等。道家所刻石經多爲《道德經》。

307

"唐書尚法"尚的是什麼"法"？

"唐書尚法"一詞相信人們都很熟悉，但"唐書尚法"這個概念提出則比較晚。董其昌在他的《容台集·論書》中說："晉人書取韻，唐人書取法，宋人書取意。"馮班在其《鈍吟書要》中說："晉人盡理，唐人盡法，宋人多用新意。"眞正把"晉尚韻"、"唐尚法"、"宋尚意"明確界定下來的要到乾隆年間的梁，其在《評書帖》中說："晉尚韻，唐尚法，宋尚意，元明尚態。"三人都認爲唐人用法。這裏的"法"應爲法度、技法之意。唐代的楷書就非常注重法度，就像唐代的詩歌重視格律一樣。唐代是南北書風大一統的時期，此前書風南北差距較大，且經歷了數百年的戰亂，文化破壞嚴重，急切需要統一的秩序。書法風貌是在崇尚以二王爲代表的晉人書風的基礎上形成的，這種追求晉人風氣促使唐人在法度的繼承和完善上形成了新目標，雖比之晉人書韻不足，但技法卻大大向前推進了一步，諸如唐人對晉人法帖的複製和集字等都體現了其對技法傳承的重視。

308

如何理解"心正則筆正"？

"心正則筆正"是中國書法史乃至中國歷史上著名的柳公權"筆諫"故事。典出《新唐書》，說的是唐穆宗時，柳公權以夏州書記的身份入奏，隨即被任命爲拾遺侍書學士。唐穆宗問柳公權書法如何用筆，柳公權回答說："心正則筆正，乃可爲法。"唐穆宗聽了臉色一變，明白他是在以書法下筆來進諫。

"心正則筆正"有兩層意思：一層含義是書法上的，說的是心正則寫出的字也是端正筆直，透出一股正氣。如揚雄《法言·問神》云："言，心聲也；書，心畫也。聲畫形，君子小人見矣。聲畫者，君子小人所以動情乎！"揚雄看到"書"與內心世界相溝通，君子可以從"書"這一"心畫"中流美，而小人也可以在"心畫"中顯現其眞面目。三國時鐘繇在《筆法》中云："筆跡者，界也；流美者，人也。"柳公權則豐富發展了這一思想。他的"心正筆正"說，以新的命題將人格、倫理與書法的關係聯通起來。從此"心正筆正"說一直流傳至後世，成爲書法倫理標準之一。宋蘇軾《東坡題跋》謂："柳少師……其言心正則筆正者，非獨諷諫，理固然也。世之小人書字雖工，而其神情終有睢盱側媚之態，不知人情隨想而見，如韓子所謂竊斧者乎？抑眞爾也？然至使人見其書而猶憎之，則其人可知矣。"又在《柳氏二外甥求筆跡》詩中曾云："何當火急傳家法，欲見誠懸筆諫時。"從創作的角度關照，此命題正是深刻揭示了書法與書家內心世界的複雜微妙的關係，也是書家人格在書法中的外化和表現。宋代姜夔在《續書譜》"用筆"一節中說："'心正則筆正'，'意在筆前，字居心後'，皆名言也。"清周星蓮在《臨池管見》中云："柳公權曰，'心正則筆正'。筆正則鋒易正，中鋒即是正鋒。"他又說："古人謂心正則氣定，氣定則腕活，腕活則筆端，筆端則墨注，墨注則神凝，神凝則象滋，無意而皆意，不法而皆法。此正是先天一著工夫，省卻多少言思擬議，所謂一了百了也。"這些都是從技法上去理解，加以評述，不無道理，但總有牽強之感。

"心正則筆正"的另一層意思則是說作爲帝王只有心正，處理國家事務時才能做到公平公正。柳公權以書喻政，一方面說明其面對書法創作的態度，一方面也巧妙地藉由書法藝術的精神進諫。

 309

"陳驚座"指的是誰？

"陳驚座"是指西漢時期的陳遵。據《漢書·遊俠傳·陳遵》記載："（陳遵）性善書，與人尺牘，主皆藏弆（jǔ）以爲榮。"爲什麼人家要把陳遵的字藏起來呢？是因爲他的書法很有名。同書又云："（陳遵）所到，衣冠懷之，唯恐在後。時列侯有與遵同姓字者，每至人門，曰陳孟公，坐中莫不震動，既至而非，因號其人曰陳驚座云。"南朝宋羊欣在《采古來能書人名》中稱陳遵"善篆隸，每書，一座皆驚，時人謂爲陳驚座"。後用以喻指善於書法或名震於時的名士。如宋蘇軾《陳季常自岐亭見訪郡中及舊州諸豪爭欲邀致之戲作陳孟公詩》："汝家安得客孟公，從來只識陳驚座。"清吳偉業《癸巳春日襖飮社集虎丘即事》："衆中誰識陳驚座，顧陸相看是老成。"

| 310

"臨池學書" 說的是誰的故事？

"臨池學書"說的是我國東漢書法家張芝（字伯英）刻苦練習書法的故事。《後漢書·張芝傳》注引王愔《文志》曰：張芝"尤好草書，學崔、杜之法，家之衣帛，必書而後練。臨池學書，水爲之黑"。晉衛恒《四體書勢》中記載：張芝"凡家之衣帛，必先書而練（煮染）之；臨池學書，池水盡墨"。後人稱書法爲"臨池"，即來源於此。

張芝是我國最早的一個今草大師。敦煌酒泉（今甘肅酒泉）人，擅長草書中的章草，將原來字字區別、筆劃分離的草法，改爲上下牽連富於變化的今草新寫法，富有獨創性，在當時影響很大。書跡今無墨蹟傳世，僅北宋《淳化閣帖》中收有他的《八月帖》等刻帖。

張懷瓘《書斷》稱他"學崔（瑗）、杜（操）之法，因而變之，以成今草，轉精其妙。字之體勢，一筆而成，偶有不連，而血脈不斷，及其連者，氣脈通於隔行"，三國魏書家韋誕稱他爲"草聖"。晉王羲之對漢、魏書跡，惟推鍾（繇）、張（芝）兩家，認爲其餘不足觀。

張芝草書

| 311

"一台二妙"指哪兩位書法家？

一台二妙典出《晉書·衛瓘傳》："瓘學問深博，明習文藝，與尚書郎敦煌索靖俱善草書，時人號爲'一台二妙'。"台爲古代官署名。一台是指他倆同是官居台省，瓘爲尚書令，靖爲尚書郎。"二妙"，是說他倆的草書都有極高的造詣，時人謂"瓘得伯英（張芝）筋，靖得伯英肉"，各得其妙。

"二妙"同時又稱以才藝著名的二人，如《新唐書·韋維傳》："（韋維）遷戶部郎中，善裁剖，時員外宋之問善詩，故時稱'戶部二妙'。"元夏文彥《圖繪寶鑒》卷四："（艾淑）善畫竹，與陳所翁同舍畫龍，俱得名，時稱'六館二妙'。"

"一台二妙"後又常用於泛稱同官而俱負時名的兩個人，如唐韋應物《路逢崔、元二侍御避馬且招以詩見贈》詩："一台稱二妙，歸路望行塵。"元范德機《寄友人》詩："如此一台兼二妙，令人萬里破千愁。"清錢謙益《送詹葉二御史赴南台》詩："帝遣雄班重鎬京，一台二妙遂先鳴。"

 | 312

"買王得羊，不失所望"是怎麼一回事？

王指的是東晉書法家王獻之，羊指的是南朝宋時書法家羊欣。羊欣少年時期學書於舅父王獻之。據《宋書·羊欣傳》載，羊欣之父爲烏程縣令時，羊欣十二歲，王獻之當時任吳興太守，非常喜歡羊欣。羊欣曾經穿著新的絹裙在白天睡覺，獻之到縣衙見到這一情境，"書裙數幅而去"，羊欣醒來，發現王獻之的墨蹟，大喜過望，從此加意練習書法，"因此彌善"。唐陸龜蒙《懷楊台文楊鼎文二秀才》詩句："重思醉墨縱橫甚，書破羊欣白練裙。"便是引用這個典故。南朝梁大文學家沈約評價："敬元（羊欣字）尤善於隸書，子敬（王獻之字）之後可以獨步。"梁庾肩吾《書品》謂："羊欣早隨子敬，最得王體。"當時王獻之的書很難求，人們如能得到羊欣的作品也很高興，因此有“買王得羊，不失所望”的諺語。後這一典故又常指摹仿名人的字畫雖然逼真而終差一等。如唐張懷瓘《書斷‧妙品‧羊欣》：“時人云：‘買王得羊，不失所望。’今大令書中風神怯者，往往是羊也。”明潘之淙《書法離鈎‧品題》：“宋齊之際人語曰：‘買王得羊，不失所望。’蓋時重大令，而羊欣為大令門人，妙有大令法者也。”明王世貞《十絕句詩畫跋》：“或云趙書有疵筆，出俞紫芝手。果爾，所謂買王得羊耳。”

羊欣的書法真跡已無流傳。北宋《淳化閣帖》中有《筆精帖》傳為他所書。另外，傳世的王獻之書跡中，可能混有他的作品，今已難辨。羊欣還撰有《續筆陣圖》，已失傳。又有《采古來能書人名》一文，是中國早期的書家簡明史傳著作。

 | 313

如何理解“非恨臣無二王法，亦恨二王無臣法”？

此語典出《南史‧張融傳》：“融善草書，常自美其能。帝曰：卿書殊有骨力，但恨無二王法。答曰：非恨臣無二王法，亦恨二王無臣法。”大意是說張融擅長草書，常沾沾自喜，自負其能。齊高帝蕭道成對他說：“你的書法很有骨力，可惜沒有二王（東晉王羲之、王獻之父子）之氣度。”他答道：“我倒不遺憾我的字沒有二王的氣度，反倒遺憾二王沒有我張融的風骨氣韻。”可見張融在書法上是多麼的自負。但從純理論角度看，此言又是絕對真理，說出了歷史嬗變的真諦。撇開張融本人而言，單論“臣法”與“二王法”，此語不無可取之處。儘管張融在特定條件下出此狂言為人譏笑，但一般地說，他的“恨二王無臣法”，在觀念上卻是凌爍前輩、居高臨下的。“二王法”是前人法，對後人言是經典；其後人之法對更後人而言，不啻也是楷範。每一時代的風尚各異，後代要有建樹，勢必要衝破前一代確立的種種“二王法”，自出機杼，獨標新幟，這對於當時人而言是“臣法”，對後世人則又成了新的“二王法”。唐之視晉與宋之視唐，元之視宋與清之視明，無不是“二王法”與“臣法”之間互相影響又互相轉換的嬗變關係。

在舉止風度上，張融亦異於常人，頗為時人所驚異，而後又常歎曰：“不恨我不見古人，所恨古人又不見我。”在事事崇古的時代風氣中，這是多麼強烈的個性！南宋大詞人辛棄疾就很欣賞這句話，將它化成自己的詞句：“不恨古人吾不見，恨古人不見吾狂耳。”

 | 314

“買褚得薛，不失其節”是怎麼回事？

褚指的是唐代書法家褚遂良，薛指的是唐代書法家薛稷，二人均為“唐初四大家”之一。薛稷為隋代著名文學家薛道衡的孫子，唐太宗名臣魏徵的外孫。薛稷書學虞世南和褚遂良，是褚遂良的高足。張懷瓘《書斷》立傳稱：“書學褚公，尤尚綺麗媚好，肌肉得師之半，可謂河南公之高足，甚為時所珍尚。”又“稷外祖魏徵家，富圖籍，多有虞褚舊跡”。豐富的家藏，得天獨厚的學習條件，再加上從魏徵處獲觀所藏虞、褚書法，臨習精勤，薛稷的書法終於與褚遂良的相去不遠。唐杜甫《寄劉峽州伯華使君四十韻》有：“學並盧王敏，書偕褚薛能。”董逌《廣川書跋》卷七評曰：“薛稷於書，得歐、虞、褚、陸（陸柬之）遺墨至備，故於法可據。然其師承血脈，則於褚為近。”故在唐中宗、睿宗之時便流傳有“買褚得薛不落節”之說。薛稷書法出自褚氏，雖有新意，然並未能盡脫褚氏之風而獨張一軍。

 | 315

被譽為“書中仙手”的唐代書法家是誰？

在唐代，不論書法創作還是書法理論上都是人才輩出，人們還結合他們自身的特點給了他們特有的昵稱，如“顛張醉素”就是說張旭和懷素，“顏筋柳骨”是指顏真卿和柳公權等，而“書中仙手”則是專指李邕。李邕字泰和，廣陵江都（今江蘇揚州）人。李邕曾任汲郡、北海太守，人又稱他為“李北海”。李邕善碑頌之文，常常有人拿巨金來求其文，當時認為，從古以來賣字得錢的人沒有能超過李邕的。他又是一位性格豪爽、仗義疏財的人，常把自己賺來及受賄的錢財，送與窮人家，所以到頭來仍是家中沒有積蓄。在書法上，李邕以行、草最爲著名，其書以二王爲宗，用筆厚重堅勁、爽邁凌厲而不失法度，李陽冰稱他爲"仙手"。他對書法力主創新，反對模仿，曾說："似我者俗，學我者死。"作品有《葉有道碑》、《端州石室記》、《法華寺碑》、《李秀碑》等，其中以《雲麾將軍李思訓碑》和《岳麓寺碑》最爲有名。

316

虞世南的"五絕"指的是什麼？

虞世南是初唐時期偉大的書法家，唐太宗曾評價他身兼"五絕"，也就是五個天下第一："一曰忠讜，二曰友悌，三曰博文，四曰詞藻，五曰書翰。"（張懷瓘《書斷》中篇之《妙品》）事實眞是如此嗎？我們不妨通過一些事例看一看。

傳說唐太宗擅長書法，但每遇到帶"戈"腳的字就束手無策，寫不好。有一次他要寫一個"戩"字，但一看到右邊的"戈"不禁感歎，突然心生一計，把"戈"部空下讓虞世南來補上。寫好後拿給大臣魏徵看。沒想到魏徵看了看回答道："只有那'戈'字寫得好。"唐太宗聽後不禁大笑。

雖然是傳說，但我們也能從中領略到虞世南書法的高妙。確實，虞世南有著很高的書法水準。他師承智永禪師，在書法上非常用功，成就突出，同歐陽詢、褚遂良、薛稷並稱爲"唐初四大家"。後世對他的評價很多，例如李嗣眞《書後品》列其書爲"上之下品"，評云："蕭散灑落，眞草惟命，如羅綺嬌春，鷗鴻戲沼，故當（蕭）子雲之上。"張懷瓘認爲："虞則內含剛柔，歐則外露筋骨，君子藏器，以虞爲優。"（張懷瓘《書斷》中篇

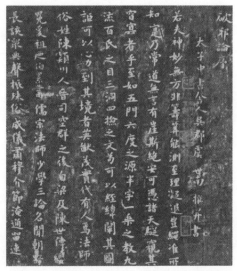

虞世南《破邪論》

之《妙品》）虞世南還擅長詩詞，很多詩詞被千古流傳，例如他的作品《蟬》：“垂緌（ruí）飲清露，流響出疏桐。居高聲自遠，非是藉秋風。”具有很高的藝術價值，被視爲其代表作。

由此可見，“五絕”之說雖有過譽之嫌，但也能從另一個方面折射出虞世南的卓爾不凡。

317

楊凝式是“瘋子”嗎？

楊凝式《韭花帖》

在五代時期，有一位以“瘋”著稱的書法大家，他就是楊凝式。其書法初學歐、顏兩家，後又涉獵二王父子，在唐代書法的基礎上一反常態，推陳出新，形成了奇絕奔放、瀟灑自如的書法風格。其作《韭花帖》被後人稱爲“五代《蘭亭》”而享有極高的聲譽。然而就是這樣一位天才書家，竟被人稱爲“楊瘋子”，這是何故呢？

楊凝式身處王朝更迭迅速的五代時期，混戰不斷，政治不穩，民不聊生。他歷仕後梁、後唐、後晉、後漢、後周五代，在傳統儒家忠君思想的影響下，思想極度痛苦，裝瘋度日。楊凝式的放蕩不羈、瘋傻癲狂正是對當時社會和自己命運的有力反擊，佯狂的背後隱藏著脆弱的內心。由於行爲放蕩，故人稱其爲“楊瘋子”。

楊氏傳世的作品有《韭花帖》、《盧鴻草堂十志圖跋》、《神仙起居法》和《夏熱帖》等。風格各異，各有千秋，被歷代所寶。所傳作品以《韭花帖》最爲知名，深得王義之《蘭亭集序》的筆意，布白疏朗，俊秀灑脫。黃庭堅云：“由晉以來難得脫然都無風塵氣似二王者，惟顏魯公、楊少師(楊凝式)彷彿大令爾。魯公書今人隨俗多尊尚之，少師書口稱善而腹非也，欲深曉楊氏書，當如九方皋相馬，遺其玄黃牝牡乃得之。”又題詩曰：“世人盡學蘭亭面，欲換凡骨無金丹。誰知洛陽楊瘋子，下筆便到烏絲欄。”（黃庭堅《山谷題跋》卷四《跋法帖》）楊凝式是書法史上承上啟下的重要人物，對宋代書風有開創之功，蘇軾、黃庭堅、米芾、蔡襄等都深受其影響。蘇軾評曰：“自顏、柳沒，筆法衰絕，加以唐末喪亂，人物凋落磨滅，五代文采風流，掃地盡矣。獨楊公凝式筆跡雄傑，有二王、顏、柳之餘，此眞可謂書之豪傑，不爲時世所汩沒者。”（蘇軾《東坡題跋》卷四《評楊氏所藏歐蔡書》）

318

五代最知名的篆書家是誰？

徐鉉(916～991)是五代最知名的篆書大家。揚州廣陵人。十歲能文，聰明好學，官至散騎常侍，是繼二李（李斯、李陽冰）之後的又一位篆書大家。《宣和書譜》對徐鉉篆書的評價說：“識者謂之陽冰之後，續篆法者唯鉉而已。”由此可見他在當時的影響。徐鉉的小篆雖然沒有完全嫻熟於秦法的高古絕塵，但其對秦以來的篆法傳承，仍起著功不可沒的作用。

徐鉉專攻小篆近五十年，初學李陽冰，晚年得到《嶧(yì)山碑》摹本，潛心精研，

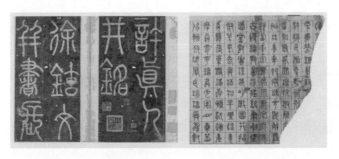

徐鉉《許眞人井銘》　　　　徐鉉《千字文殘卷》

終於成爲繼李陽冰之後的一代篆書大家。他的小篆似隸非隸，字無垂腳，字下杈股較大。結體純正，點畫精嚴，法度完備，氣息高古。宋代的沈括曾把其書跡拿來對著日光看，發現其筆劃的正中有一縷濃墨，即使是轉折處，也不偏斜。由此可見他駕馭中鋒的能力，已達到爐火純青的地步。其傳世名作有摹李斯《嶧山碑》、篆書古文《千字文殘卷》和篆書《許眞人井銘》。其弟徐鍇，文翰俱佳，在江南一帶享有盛名，時人稱爲"二徐"。

319

被譽爲"神筆"的書法家是誰？

書法史上被譽爲"神筆"的，是明末清初的書法家王鐸。王鐸（1592～1652），字覺斯，號嵩樵、石樵、煙潭漁叟等。河南孟津人。明天啓二年（1622）進士，授翰林院庶起士。崇禎十七年（1644）授禮部尚書，清順治二年（1645）降清後，官至禮部尚書，掌管弘文院事，後任太宗實錄副總裁並加太子太保。

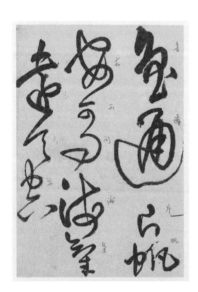

王鐸《自作五律詩》局部

王鐸博古好學，工詩文、書畫，是明末清初書壇革新派的中堅人物。他自幼學書，從《聖教序》入手，在此基礎上，廣採博取，尤對二王書派情有獨鍾，曾云："《淳化》、《聖教》、《褚蘭亭》，予寢處焉。"王鐸由於供奉翰林院，內府收藏得以飽覽，經過長期研習，對魏晉書法，尤其是二王書法，甚至能做到"如燈取影，不失毫髮"的地步。王鐸在學習二王書法的同時，突然發現最深得二王精髓的是宋人米芾，從此以米字作爲切入點和樹立自己個人風格的突破口，藉以直窺二王堂奧。在師米的同時，王鐸悟到米芾以"刷"字爲特徵的用筆，納入到自家中鋒絞轉之中，以墨的流動來製造點線與墨塊的對比，縱而能斂，勢若不盡。五十歲時，王鐸的書風已逐漸趨於成熟。晚年的王鐸，書法已達到爐火純青的境界。

王鐸所能的各書體中，以行書草書最爲世人矚目。書跡甚多，可謂件件精品，其代表作有《自作五律詩》、《擬山園帖》等等。

 | 320

隸書是由誰創造的？

隸書是在秦漢時代通行的文字。戰國時期以至秦朝建立之後，官府中有一批專門抄寫公文的小官吏，爲了書寫的迅速和方便，就把小篆圓轉的筆劃寫成方折。因爲這種字體最早在小官吏和奴隸、差役中使用，所以稱爲“隸書”。相傳，創造隸書的是秦代人程邈。程邈，字元岑，曾經當過縣獄吏，因爲得罪了秦始皇被關進了監獄，坐了10年牢。在這10年裏，他收集整理了流傳在民間的各種字體，刪繁就簡，去粗取精，把大小篆的圓轉變成了方折，從而創造了一種新的字體——隸書。後來，秦始皇知道了此事，便把他從監獄裏放了出來，並提升爲御史。因此，歷史上一般都認爲程邈是隸書的創造者。

我們從中國文字書法發展史來看，有關程邈造隸，至今沒有可靠的文獻和考古資料加以證明。考古發現中秦簡的出土，表明所謂程邈創造的新書體，早在戰國時各國民間就已流行使用。程邈造隸的故事有很大的附會性。他只是對這些字進行了比較系統的整理、加工，“去雜取精”，進一步規範罷了。

 | 321

發明“薛濤箋”的薛濤書法如何？

世人但知薛濤是一位名妓，一位女詩人，卻不知她還是一個書法家。薛濤，字洪度，長安（今陝西省西安市）人。小的時候便隨父親去了四川。後來當了樂妓，因善於書法，當時人們稱她爲女校書。當年她在西南邊陲時，每一位新上任的節度使必定都要拜訪這位成都的女校書，已成官場慣例。她後來出錢把自己從樂籍中贖了出來，搬到了浣花溪邊住，自己開始研究造紙，製成粉紅色、上有松花紋路的信箋，很得文人雅士的喜愛，後來這種經過藝術加工的信箋的製造方法便流傳了下來，人們就將這種信箋稱之為"薛濤箋"。薛濤書法以二王為宗，筆力峻邁，毫無女子脂粉氣，歷史上曾將她與東晉女書家衛夫人相提並論。傳世書跡不多，有《萱草書帖》。

 | 322

毛筆是誰發明的？

唐代文學家韓愈在《毛穎傳》裏說秦將蒙恬率軍伐楚，南下至中山地區，因見那裏兔毛甚佳，就用來製筆，毛筆就此誕生。韓愈的文章有些戲說的性質，未可當真。據考古發現，湖北省隨州市擂鼓墩曾侯乙墓發現了春秋時期的毛筆，是目前發現最早的筆。晉人崔豹在《古今注》中說："古之筆不論以竹以木，但能染墨成字，即謂之筆。"說明在蒙恬以前已經有了毛筆。蒙恬雖然沒有創製毛筆，但他對筆桿、筆毛所用材料和製法參以己意，加以改良。如採用鹿毛和羊毛兩種不同硬度的毛製筆尖，使之剛柔相濟，便於書寫。1972年甘肅武威磨咀子一座東漢中期墓中出土的一支毛筆，筆桿呈淺褐色，上面刻有隸書"白馬作"三字，筆頭的芯及鋒用黑紫色的硬毛，外層覆以較軟的黃褐色的毛。其形製與秦筆一樣，杆前端中空以納筆頭，杆外紮絲髹漆以加固。此筆可以看作是經過蒙恬改進的毛筆的典型實例。

 | 323

什麼是"礬頭"？

"礬頭"是中國畫的表現技法之一，具體指山水畫中山頂上的石頭，因其形如礬石頂部尚未結晶之形，故名。縱觀畫史上善用礬頭的畫家首推五代的董源和巨然。元代黃公望《寫山水訣》謂："董源小山石，謂之礬頭。"巨然因早年師從於董源，故

五代　董源《瀟湘圖》

米芾《畫史》謂：“巨然少年時多作礬頭。”

董源的代表作《瀟湘圖》所畫的是江南丘陵景色，連綿的山巒頂上有一個個小丘，用乾筆、濕筆、破筆劃出，濃淡相參，極盡變幻莫測之奇。郭若虛《圖畫見聞志》云：“畫山石者，多作礬頭，亦為凌面，落筆便見堅重之性。”

 | 324

畫法中的“攢聚”指的是什麼？

“攢聚”是山水畫中的一種技法，指山水畫構圖中對石塊的聚散、多寡、疏密的安排，需要精心斟酌，才能得當相宜，產生大小相間、聚散不一、形態各異的效果。畫史上有不少畫家對此提出自己的見解，清代龔賢在其《畫訣》中說：“石必一叢數塊，大石間小石，然須聯絡，面宜一向；即不一向，亦宜大小顧盼。”唐岱《繪事發微》則說：“石須大小攢聚。……有平大者、有尖峭者、橫臥者、直豎者，體式不可雷同，或嵯峨而楞層，或樸實而蒼潤，或臨岸而探水，或浸水而半露。沙中碎石，俱有滾滾流動之意。”

| 325

什麼叫做"點苔"？

"點苔"是中國畫的一種表現技法，具體是用毛筆在畫上作出圓、扁、尖以及其他不規則形狀的點子，也有畫成如"個"、"介"字等形狀，這些點稱之爲"苔點"。它用以表現山石、土坡、河岸，以及樹枝、樹根等處的苔蘚雜草，或是峰巒山巔、峭壁懸崖上的遠樹灌木。苔點不僅僅用於山水畫中，在人物、花卉、鳥獸、建築等畫的佈景中也廣泛應用。

苔點的分佈位置，在一幅畫中起著統一氣勢、平衡全局的作用，有"苔痕爲美人簪花"之譽。因此歷代畫家重視點苔，明代唐志契《繪事微言》說："畫不點苔，山無生氣。""點苔"是一幅山水畫完成時最要緊的一道"工序"，屬於"點睛之筆"。故其難度極大，要點得看似隨意但筆筆有理由有根據。清代方薰《山靜居畫論》曰："古畫有全不點苔者，有以苔爲皴者，疏點、密點、尖點、圓點、橫點、豎點及介葉水藻點之類，各有相當，斟酌用之，未可率意也。"

明末清初的石濤還根據不同畫家作畫的習慣，在實踐的基礎上概括出各種各樣苔點的特徵："點有風雪雨晴，四時得宜點，有反正陰陽襯貼點，有夾水夾墨一氣混雜點，有含苞藻絲、纓絡牽連點，有空空洞洞乾燥沒味點，有有墨無墨飛白如煙點，有焦似漆邋遢透明點。更有兩點，未肯向學人道破，有沒天沒地當頭劈麵點，有千岩萬壑明淨無一點。噫！法無定相，氣概成章耳。"在他的作品《山水清音圖》中點苔之多，用筆之奇，爲常人所不敢，尤其是苔點的筆法，全爲尖筆濃墨的"個"字或"介"字點，在畫面上顯得格外奪目。分佈於上部的主峰、兩邊的側峰以及下部的巨石上的苔點，依山石峭壁的皴法而作，很有古人所謂"以點爲皴"的味道。

| 326

什麼是"宿墨法"？

中國的傳統藝術，有著獨特的藝術魅力，其核心是筆墨技法。筆法可以出神入化，墨法也是千變萬化，宿墨法便是其中之一。

宿墨即是用剩下的隔夜的墨，不濕也不全乾，近粘液狀。因存放時間久水分蒸發，墨又濃又黑，遇水漫渙，水墨分離見筆痕，有一種獨特的效果。宿墨常用於最後一道墨，用得好能起提神作用。因宿墨中有渣滓析出，用不好極易使畫面污濁，故用宿墨要求具有較高的筆墨功夫。現代山水大家黃賓虹以善用宿墨著稱。黃賓虹平素作畫，選墨嚴格，都用上好的墨條直接泡在硯中製宿墨，故所作畫的墨色又黑又亮。他將宿墨分為"濃宿"、"淡宿"。顧名思義，"濃宿"即濃到如漆；"淡宿"因墨脫膠所致，畫到紙上，墨漬沉在紙上，漬旁化開有水漬痕，看去似"淡墨"。黃賓虹常常"濃宿"、"淡宿"混用，畫面層層墨點處點以宿墨，使墨黑中見亮，加強黑白對比，使畫面更加精神。書法家張宗祥贊道："黃賓老畫，墨黑中有光彩，與青綠相比，益顯清華。"

現代　黃賓虹《青城山色圖》

327

繪畫中"墨四要"指哪四要？

首先用墨要"筆墨一致"。筆墨技法是中國畫的基本功也是核心，因此歷代畫家、評論家無不對此予以高度的重視。明代董其昌認爲："畫豈有無筆墨者。"筆和墨的關係又是強調筆爲主導，墨隨筆出，現代國畫大師黃賓虹說"論用筆法，必兼用墨，墨法之妙，全從筆出"；其次是用墨要"活"，在落筆時要胸有成竹，乾淨俐落，使墨色滋潤自然；同時用墨要"鮮"，要具有靈動的墨韻和精神，清雅恬淡；最後就是要用墨用筆虛實結合，具有濃、淡、乾、枯、濕的變化，讓人有變幻莫測之感。

328

何謂"減筆"？

宋　梁楷《太白行吟圖》

中國古代繪畫發展到宋代，各種技法已經全面成熟。在傳統縝密細緻的畫風中出現了一種力求單純簡括，只用簡單幾筆描繪對象的減筆劃法。石恪可以說是最早將"減筆"運用到畫面中的，他的畫"惟面部手足用畫法，衣紋皆粗筆成之"，畫法獨樹一幟，爲減筆劃開山鼻祖。此後南宋的梁楷吸收了唐、五代以來的寫意減筆的技法而又有所發展變化，在繼承前人的基礎上形成自己的獨特風格。他的減筆人物畫作品《太白行吟圖》，以簡練的筆墨表現人物動態，寥寥幾筆，將太白吟詩的陶醉之態躍然紙上。他把寫意畫推上一個新的高度，後世有很多畫家效仿，如八大山人、任伯年、齊白石等。現代畫家黃賓虹說："筆墨之妙，尤在疏密，密不容針，疏可行舟。然要密不相犯，疏而不離。"又說："減筆當求法密，細筆宜求氣足。"

石恪、梁楷開一代繪畫簡率之風，豐富了中國畫的藝術表現手法，體現了中國繪畫藝術特有的審美觀念，影響深遠。

 | 329

何謂"三停五眼"？

三停五眼是中國古代人物畫創作中根據成年人的面部五官位置和比例歸納出來的如何正確描繪人物面部的規律。它依據人面部正面的縱向和橫向比例關係分成三等、五等分，即將人面部正面縱向分為三個等分即"三停"，從髮際至眉線為一停、眉線至鼻底為一停、鼻底至頦底線為一停；在橫向上分為五等分，以一個眼長為一等分，即兩眼之間距離為一個眼的距離，從外眼角垂線至外耳孔垂線之間為一個眼的距離，整個面部正面縱向分為五個眼之距離。三停五眼是衡量人的五官大小、比例、位置的準繩。

 | 330

為什麼要"惜墨如金"？

"惜墨如金"意即用墨要恰如其分，不可任意揮霍，盡可能做到用墨不多而表現豐富。

相傳北宋山水畫家李成"惜墨如金"。李成的代表作《讀碑窠石圖》所畫寒林，以渴筆畫枯枝，樹身只以淡墨拖抹，但在畫面上仍然獲得"山林藪澤，平遠險易"的效果。元代倪瓚作畫用筆輕且鬆，燥鋒多，潤筆少，多用皴擦，簡約蕭疏。錢杜《松壺畫憶》中便謂之惜墨如金。

惜墨與潑墨是兩種不同的用墨表現法，對於二者區別，清代吳曆曾說："潑墨、惜墨，畫家用墨之微妙，潑者氣磅礴，惜者骨疏秀。"

| 331

"不似之似"是什麼意思？

中國繪畫講求抒發情懷，注重意的表現，強調藝術形象妙在似與不似之間，那麼什麼是"似與不似"呢？怎麼將這對看似矛盾的關係和諧統一在同一畫面中呢？這就需要畫家的觀察和藝術的再創造，不只是照搬客觀對象而有所概括、取捨、調節，以求達到比生活更高的藝術效果。

早在晉代，顧愷之就對如何描繪對象的"形"、"神"進行研究，其後歷代畫家都在實踐中進一步探討。明代沈顥《畫塵》中將它概括成："似而不似，不似而似。"清代石濤亦有題詩："名山許游未許畫，畫必似之山必怪。變幻神奇懵懂間，不似似之當下拜。"

"不似之似"是畫家側重於把心靈、視覺感受到的內在心象，即審美意象，傳達到畫面的必然。它是"外師造化，中得心源"傳統觀念的體現。生活真實爲藝術真實提供了豐富的題材，使藝術具有真實性，它既不是對事物形狀的簡單摹仿，又不是脫離現實生活的任意虛構。藝術家要積累素材就必須深入地觀察生活，沒有對客觀對象全面真實的體會就無法創作出優秀的作品。石濤說自己"搜盡奇峰打草稿"，就說明他對自然界中的名山大川作了具體詳實的全面研究，掌握了客觀對象的本質特徵，在此基礎上他才能將客觀對象原本具有的內在美表現出來。因爲豐富的生活經驗是藝術家進行創作的基礎，要達到"不似之似"的標準，藝術家首先就要"外師造化"，然後才能"中得心源"。

黃賓虹說："作畫當以不似之似爲真似。"又說："絕似物象者與絕不似物象者，皆欺世盜名之畫，惟絕似又絕不似於物象者，此乃真畫。"齊白石認爲："作畫妙在似與不似之間，太似爲媚俗，不似爲欺世。"所謂"妙在似與不似之間"，就是妙在"不似之似"。既不似又似，既似又不似，這種辯證的藝術表達法巧妙地揭示了藝術的真諦，從而成爲最高的藝術真實。

332

"吳門四家" 指的是誰？

　　自元朝以後，江浙等沿海地區經濟迅速發展，各地商賈匯聚。經濟的發展帶動文化的進步，江南一帶，亦成為文人薈萃之地。到了明代中葉，院畫勢力日衰，"浙派" 也漸趨末流，代之而起的，是活躍於蘇州地區的 "吳門派"。史料記載，明代

明　文徵明《古木寒泉圖》

明　仇英《玉洞仙緣圖》

在蘇州有名的畫家有150餘人，占明代畫家總數的五分之一，他們在蘇州從事繪畫活動，形成一個強大的繪畫團體。又因蘇州古爲吳地，故稱"吳門"，並將這個畫家群稱爲"吳門畫派"。又將其中成就突出的沈周、文徵明、唐寅、仇英，合稱"吳門四家"。

　　吳門四家中沈、文、唐三人屬於文人筆墨，仇英雖是工匠出身，但畫風受到文人畫家的影響。吳門四家的繪畫成就很大，每一家都開一代之風。其中沈周、文徵明都擅長畫山水；唐寅山水、人物都很擅長，他們多宗南宋院體爲法；仇英以工筆人物、青綠山水見稱。他們所繪山水，既有雄偉險峻的北方山川，也有清秀幽靜的南方風景，開拓了元明清以來山水畫的新境界。

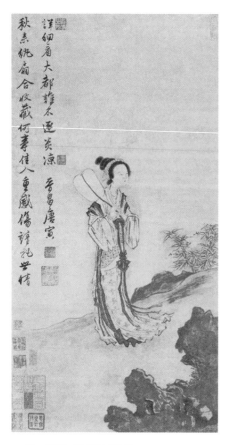

明　唐寅《秋風紈扇圖》

明　沈周《廬山高圖》

　　"吳門四家"雖關係密切，但個人風格各具特色。沈周的山水師從五代的董源、巨然，出入於元代黃公望與吳鎮，形成了筆墨挺健、氣韻渾厚的面貌，而他的花卉，繼承發展了元代寫意花鳥畫的傳統，筆墨尚樸，風格淡逸，對明代後期水墨寫意畫，具有承前啓後的作用。文徵明雖是沈周的徒弟，畫風上比較接近，但在其老師的基礎上吸取趙孟頫、王蒙的筆法，形成縝密工致、清秀古雅、抒情寫意的細筆山水。

　　唐寅和仇英都曾師從當時以"院派"著稱的周臣，吸取南宋的李成、范寬、李唐、劉松年、馬遠、夏圭諸家之長，運用了元人水墨寫意的筆墨，形成了勁秀瀟灑的風格。其中又以仇英摹古的功力深厚，他師法南宋院體，人物山水多以工筆重色為主，風格濃麗典雅，兼能水墨寫意。他所畫人物仕女，形象優美，線條流暢，形成了明代後期人物仕女畫的時代風貌，對明清畫壇影響很大。

　　"吳門畫派"是一個既有文人畫家，又有職業畫家、畫工的群體，它的出現，既振興了文人畫，又規範了"浙派"末流技法粗陋之習，推動了明代繪畫的深入發展。

 | 333

"畫中九友"指誰？

　　明清時期是中國畫發展的又一座高峰，各個畫派紛至迭出，出現了一大批對後世影響深遠的畫家。畫中九友便是指在那個時期出現的九位畫家，他們分別是董其昌、楊文聰、程嘉燧、張學曾、卞文瑜、邵彌、李流芳、王時敏、王鑒。在畫風上他們傾向於董其昌提倡的清幽簡淡的南宗畫，雖然隸屬於各個畫派，但是他們之間具有相同的追求，進而相互切磋畫藝，培養了深厚的友誼，故稱"畫中九友"。清初的吳偉業還作《畫中九友歌》讚頌他們，可見他們在當時畫壇的影響之大。

 | 334

"金陵八家"是指哪八位畫家？

　　在清代康熙、乾隆年間，南京聚集了一大批有才華的畫家，世稱"金陵畫派"。

清　樊圻《秋山聽瀑圖》

金陵畫派以龔賢爲代表，還有樊圻、高岑、鄒喆、吳宏、葉欣、胡慥、謝蓀七人，彼此畫風不盡相同，都有一定的時譽，世稱"金陵八家"。

金陵八家經歷了政治腐敗、社會黑暗的明末和階級矛盾、民族矛盾空前激化的清初。因此，他們大多隱居不仕，悠遊於江淮一帶，以書畫爲生，在以詩酒自娛的生活中流露出不趨時尚的政治抱負和藝術主張。他們都不受清初畫壇摹古之風的影響，主張從實際生活的經歷和大自然中尋找靈感，作品具有寫實性。但是他們的個人藝術風格卻大相徑庭，各有不同的專長和面貌。其中以龔賢成就最突出，其畫的佈局常有奇趣，皆自出新意。

龔賢，字半千、野遺，號柴丈人。江蘇昆山人。龔賢一生貧苦，雖一介寒士，但品格高尚。明時曾參加當時愛國團體"復社"，與復社的文人遺老有著深厚的友誼。明亡後，他曾流亡在外十年之久，內心始終保持著堅貞的民族氣節。晚年全靠賣畫、寫字和授徒維持生計，直至死於貧病。龔賢畫法師董源、吳鎮，主張師法造化，善用積墨，連皴帶擦，墨色極爲厚重，形成鮮明強烈的畫面感。程邃評其畫曰："半千用筆如龍馭風，似雲行空，隱現變幻，渺乎其不可窮，蓋以韻勝，不以力雄者也。"

樊圻，字會公，江寧人。其山水畫主要有兩種風格，細筆師法趙孟頫，清潤秀雅，粗筆師法董源，追求隨心所欲的佈局、放逸的筆墨。

吳宏，字遠度，號竹史，江西金溪人，後居

金陵。善畫山水，師法李成、范寬等諸家之長，畫石生筆方硬，畫樹多粗筆筆墨。

清　龔賢《溪山無盡圖》局部

335

"清初四僧" 指的是哪四個人？

　　清朝初年，統治者為了維護統治，採取文化高壓政策，清初畫壇以宮廷畫院畫家王時敏、王鑒、王原祁、王翬等為代表的"正統派"宣導的復古之風受到統治者的推崇，從而使畫壇呈現一種因循守舊、千篇一律的面貌。這時，畫壇一些具有強烈民族意識和富有創新精神的漢族知識份子畫家，開始突破傳統，在藝術上敢破敢立，強調個性解放，提倡"借古開今"，反對泥古不化，利用繪畫的形式來表達自己真實的生活情感，創造出不守繩墨、獨具風采的畫風，振興了當時的畫壇。其中的代表為釋家八大山人、石濤、髡殘和弘仁等。他們四人都是從明朝入清，不滿滿族的統治而削髮為僧，畫史上稱他們為"清初四僧"。

　　八大山人，名朱耷，明寧王朱權的後代。明亡後，削髮為僧。以花鳥畫著稱於世，其畫繼承了陳淳、徐渭的傳統，將潑墨寫意畫發展到了一個新的高度。他的作品往往以象徵手法抒情寫意，如畫魚、鴨、鳥等動物時，皆以白眼向天，充滿倔強之氣。這樣的形象，正是朱耷自我心態的寫照。他的山水畫，多取荒寒蕭疏之景，殘水剩山，抑塞之情溢於紙素，可謂"墨點無多淚點多，山河仍為舊山河"、"想見時人解圖畫，一峰還寫宋山河"，將憤世嫉俗之情和國破家亡之痛寄情於畫。朱耷筆墨蒼勁圓秀，清逸橫生，不論大幅或小品，構圖簡約空靈，景象奇險，格調冷雋，都有渾樸酣暢又明朗秀健的風神。朱耷的繪畫對後來的揚州八怪和近現代大寫意花鳥畫影響很大。

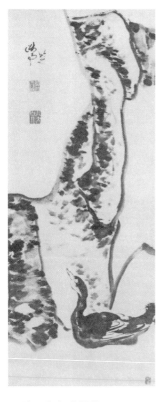

清　朱耷《鴨圖》

清　石濤《飛瀑奇峰圖》

　　石濤，爲明代宗室。本姓朱，名若極。爲僧後，更名元濟、原濟、道濟，自稱苦瓜和尚，別署阿長濟山僧、石道人，還有大滌子、清湘遺人、清湘老人，晚號瞎尊者、零丁老人等。石濤工詩文，善書畫。其擅畫山水，兼工蘭竹。他的山水畫廣泛師法歷代畫家之長，又注重師法造化。他飽覽名山大川，"搜盡奇峰打草稿"，形成自己蒼鬱恣肆的獨特風格。作品筆法流暢凝重，尤長於點苔，善用墨法，枯濕濃淡兼施並用，極盡變化；尤其喜歡用濕筆，通過筆墨的融合與水墨的滲化，表現出山川的氤氳氣象和深厚之態。構圖以奇爲勝，善用"截取法"，以特寫之景傳達深邃之境。其花鳥、蘭竹，亦不拘成法，自抒胸臆，筆墨爽利峻邁，淋漓清潤，極富個性，對清代以至現當代的中國繪畫發展產生了極爲深遠的影響。現存的代表作有《搜盡奇峰打草稿圖》、《惠泉夜泛圖》、《山水清音圖》、《梅竹圖》、《墨荷圖》、《竹菊石圖》等。有《苦瓜和尚畫語錄》一卷，闡述了他對山水畫的見解。他提出"一畫"說，主張"借古以開今"、"我用我法"及"搜盡奇峰打草稿"等觀點，在中國畫史上具有十分重要的意義。

髡殘，字石溪，號白禿，自署石道人，湖廣武陵(今湖南常德)人。因字石溪，故與石濤並稱"二石"。髡殘人物、花鳥、山水畫皆能，以山水爲最精。他性直硬，脾氣倔強，難於與人相合。這種強烈的個性表現在繪畫上則爲"一空依傍，獨張趙幟，可謂六法中豪傑"。他自己也說："拙畫雖不及古人，亦不必古人可也。"他長期生活在山林澤藪之間，侶煙霞而友泉石，躑躅峰巔，留連崖畔，以自然淨化無垢之美，對比人生坎坷、市俗機巧，從中感悟禪機畫趣。髡殘作品中的題跋詩歌多作佛家語，這不僅因其身爲和尚，而且在他看來，禪機畫趣同是一理，無處不通。如《禪機畫趣圖》軸、《物外田園圖》冊等，融禪機與畫理於一爐，是髡殘畫作的主要特點之一。他的作品於平中求奇，畫風凝重幽深。今見髡殘最早的作品爲清順治十四年(1657)所作《山水圖》軸，繪畫風格已經成熟。此後兩年無畫跡，而在清順治十七年(1660)傳世作品驟然增多，至清康熙六年(1667)，這段時間是他的創作高峰期，今天所見髡殘的作品大都是此一時期內的創作。

弘仁，俗名江舫，字鷗盟，徽州歙縣(今屬安徽)人。明朝滅亡後入武夷山爲僧，經常雲遊各地，往來於黃山、白岳之間。以畫黃山爲著，是安徽"新安畫派"的重要人物。在繪畫上弘仁主張廣泛吸收前人成果，初學黃公望，晚法倪瓚，並"凡晉、唐、宋、元眞跡所歸，師必一見"。師法前賢，卻不爲法所縛。"唐宋遺留看筆皴，自傷塗抹亦因循。道林愛馬無妨道，墨汁何當更累人。""敢言天地是吾師，萬壑千岩獨杖藜。夢想富春居士好，並無一段入藩籬。"主張學習前人筆法應當取其神意而不應在筆墨跡象間。弘仁的山水畫，無論冊頁小品還是長篇巨制，黃山爲他提供了取之不盡、用之不竭的創作源泉。同時代畫家查士標云："漸公畫入武夷而一變，歸黃山而益奇。"石濤則說："公遊黃山最久，故得黃山之眞性情也，即一木一石，皆黃山本色。"弘仁《黃山圖》冊共60幅，畫六十處風景點，將黃山的各處名勝盡收筆底，可以說他是黃山寫生第一人。山水畫之外，弘仁最愛畫松樹、梅花。現存《松梅圖》卷和《墨梅圖》軸爲其畫松與梅的代表作品。其松，落筆凝重，氣勢磅礴；畫梅，枝如屈鐵，暗香流動。松與梅衝寒傲雪、高標獨立的精神正是弘仁人格的自我寫照。

清　髡殘《蒼翠凌天圖》

清　弘仁《西岩松雪圖》

　　石濤之畫，奇肆超逸；石溪之畫，蒼古淳雅；弘仁之畫，高簡幽疏；八大山人之畫，則簡略精練，他們的藝術主張和畫風對後世產生了深遠的影響。

 336

古代繪畫的"南北宗"是怎麼分的？

　　"南北宗"原是佛教上的宗派，佛教發展到唐朝，分六祖慧能和神秀兩支。他們的修行方式不同，一個是頓悟，一個是漸修。其中六祖在南方，神秀在北方，各自為宗，因而有了"南北宗"之說。

　　明代畫家董其昌借鑒佛教的教義將中國的山水畫劃分爲"南北宗"，在他的《畫旨》中談到："禪家有南北二宗，唐時始分；畫之南北宗，亦唐時分也，但其人非南北耳。北宗則李思訓父子著色山水，流傳而爲宋之趙幹、趙伯駒、伯驌，以及馬、夏輩；南宗則王摩詰始用渲淡，一變鈎斫之法，其傳爲張璪、荊、關、郭忠恕、董、巨、米家父子，以至元之四大家。"他將李思訓和王維視爲"北宗"和"南宗"兩種畫風的始祖。"南宗"鼻祖王維用水墨渲染的方法，其後的張璪、荊浩、關同、董源、巨然、郭忠恕、米家父子、元四家在王維的基礎上將水墨山水發展到了頂峰。他們畫風多筆墨縱橫，揮灑淋漓，有一種文人氣息。"北宗"以李思訓父子著色山水爲宗，傳至宋代的趙幹、趙伯駒、趙伯驌，以及馬遠、夏圭及明代的戴進、吳偉等，他們多爲畫院的畫家，因此畫風多工致細膩。

唐　李思訓《江帆樓閣圖》

　　董其昌從自身修養出發標榜"南宗畫"，即文人畫，認爲其出於"頓悟"，因而"高越絕倫"。認爲北宗畫是"漸識"，也就是從勤習苦練中產生，從而輕視"北宗畫"。其南北宗論對後世的畫壇帶來了深遠的影響。這種"崇南抑北"的思想到了清代仍有大批追隨者。

337

"清四王"指哪四位畫家？

清代統治者實行文化專制政策，閉關自守，使明中期以來萌芽的藝術解放思潮，失去了滋生發展的土壤，從而使得全面的復古主義和禁欲主義盛極一時。在這樣的背景下，繪畫領域內也開始產生了迎合帝王趣味的審美思潮。其中，以宮廷畫院畫家王時敏爲首，王鑒、王翬(huī)、王原祁爲代表，合稱爲"清初四王"。他們在藝術上強調"日夕臨摹"、"宛然古人"，脫離現實，醉心於追摹前人筆墨技巧。摹古成爲他們山水畫創作的根本，這種藝術主張和藝術風格頗能迎合當時清王朝的文化專制政策以

清 王鑒《九夏松風圖》

清 王時敏《仙山樓閣圖》

及士大夫的審美口味，很得當權者的支持和欣賞，被奉爲所謂的"正統派"。

　　"四王"中王時敏、王鑒、王原祁是江蘇太倉人，王翬是江蘇常熟人，他們之間既是師又是友，王原祁又是王時敏的孫子，正是這種緊密的關係導致他們的藝術風格具有趨同性：摹古並崇拜元四家，注重筆墨，追求平淡清閒的情調，發展了乾筆渴墨層層積染技法，使山水畫形式更加精緻。其中王時敏、王原祁祖孫更重筆墨風格，追摹黃公望。王原祁的個人面貌稍爲突出，筆墨更爲精細。而王翬師承不拘一家，雖力主仿古，卻能合南北宗爲一體，並注重師法自然，從而面貌多樣。

　　"四王"的山水畫幾乎左右了清代。他們在畫壇，成爲清初畫壇的主流，學習借鑒

清　王原祁《仿黃公望富春山圖》　　　　　　　　　　清　王翬《虞山楓林圖》

古人立意、佈局、色彩等方面達到了很高的水準。但一味的崇古卻限制了藝術的創造性，給人畫面樣式重複的感覺，受到後世的詬病。

 338

何謂"唐卡"？

　　唐卡，也叫唐嘎、唐咯，是藏文的音譯。唐卡是藏傳佛教藝術中一種獨有的繪畫藝術，是一種懸掛在殿宇中用於供奉的宗教卷軸畫。唐卡的題材內容多為藏族的歷史、政治、文化和社會生活等，堪稱藏民族的百科全書。根據製作唐卡所用材料，可以將唐卡分為兩大類：一類用絲絹製成的唐卡叫"國唐"；另一種用顏料繪製的唐卡叫"止唐"。唐卡構圖嚴謹、均衡、豐滿、多變，畫法主要有工筆重彩與白描。它便於懸掛，易於收藏，有利於宗教宣傳，具有鮮明的民族特點、濃郁的宗教色彩和獨特的藝術風格，歷來被藏族人民視為珍寶。

唐卡

　　唐卡的繪製極爲複雜，用料極其考究，顏料全爲天然礦植物原料，色澤豔麗，經久不褪，具有濃郁的雪域風格；在施色方面，有獨特的講究，重彩底色約分爲紅、黑、藍、金、銀五種。紅唐卡多繪佛本生故事，風格富麗；黑唐卡多繪護法神、金剛一類鎭妖降魔的內容，並施金色勾線，畫面威嚴莊重；藍唐卡則多繪歡喜佛、勝樂金剛一類題材，有吉祥喜慶之意；金、銀唐卡，畫面富貴典雅，色彩單純輝煌。

　　西藏唐卡的歷史源遠流長，興起於松贊干布時期，隨繪畫藝術的興起和佛教藝術的發展而產生，後由於朝代更替和社會動亂等原因，唐宋時期保存下來的唐卡已不多見。在薩跡寺保存有一幅叫做"桑結東廈"的唐卡，上畫三十五尊佛像，其古樸典雅的風格與敦煌石窟中同時期的壁畫極爲相似，據說是吐蕃時期的作品，是一件極爲罕見的珍貴文物。

 ｜339

何謂"帛畫"？

　　帛是一種白色質地的絲織品，帛畫是指在帛上用筆墨和色彩描繪人物、走獸、飛鳥及神靈、異獸等形象的圖畫，約興起於戰國時期，至西漢發展到高峰。從現存出土的實物來看，湖南長沙楚墓的二張帛畫爲最早。其中《人物龍鳳帛畫》繪有寬袖長袍側身而立的女子，其上方有引頸張喙的鳳鳥和張舉雙足的虬龍，均呈向上升騰之狀；另一張《人物馭龍帛畫》繪有一戴高冠，著長袍，佩長劍，氣宇軒昂的男子，側身左向，執韁乘風馭龍。其後有出土於湖南長沙馬王堆漢墓1號墓和3號墓內棺上的帛畫和山東臨沂金雀山漢墓的帛畫，不僅保存較好而且具有色彩，內容上也相似。作爲我國古代的一種隨葬品，多體現引魂升天的主題。帛畫分三段，分別描繪了天上、人間和地下的不同景象。內容豐富，構圖繁複而不紊亂，線條流暢，色彩富麗，爲漢代繪畫之精品。

　　帛畫還體現了我國繪畫的發展歷史，戰國時期的《人物龍鳳帛畫》和《人物馭龍帛畫》，都是用墨筆描繪，用簡練的線條來刻畫人物形象以及人物所處的環境。到了

戰國　《人物御龍帛畫》

戰國　《人物龍鳳帛畫》

漢代，人物帛畫內容增多，構圖複雜，章法也有所改變，運筆更加流暢生動，色彩絢爛，人物造型有一定的寫實性和裝飾性，顯示出相當高的藝術水準。從長沙出土的楚漢帛畫，到傳世的晉畫摹本，從其一脈相承的用筆和繪畫風格上可以探尋到我國早期人物畫的規律，同時也可以窺見中國歷史文化的一個側面。

 340

什麼是道釋畫？

以畫道教和佛教內容為題材的繪畫形式稱為道釋畫。它在我國人物畫發展史上占主導地位。

道釋畫形成後，名家輩出。據畫史記載，東晉顧愷之在建業瓦官寺畫《維摩詰像》名動當時，此外還有唐代吳道子在興唐寺畫《金剛變相》，唐代張素卿畫《天官像》，武宗元在洛陽三聖宮畫《太乙像》等。但是這些寺院壁畫多因年代久遠和戰亂

永樂宮壁畫

等原因已蕩然無存。留存至今的僅有敦煌壁畫、新疆克孜爾石窟壁畫、永樂宮壁畫等
幾處。除了壁畫外，現存畫跡還有卷軸類繪畫，如五代宋初石恪的《二祖調心圖》、
北宋李公麟的《維摩天女》、武宗元的《朝元仙仗圖》、南宋梁楷的《斫竹圖》等，
都是道釋畫的上乘之作。

 | 341

"仕女畫" 中都是美女嗎？

"仕女" 是指我國古代封建社會貴族階級上層社會的婦女。"仕女畫" 顧名思義
特指以此類婦女生活爲題材的中國畫。出現於戰國秦漢時期，至隋唐五代發展到了
頂峰，明清又呈現出另一種風貌。縱觀畫史，歷代都有善畫仕女的高手，《女史箴
圖》、《洛神賦圖》等幾件傳爲顧愷之作品的宋人摹本是現存最早的卷軸仕女畫，它
們代表了魏晉時期的仕女畫風格，描繪的女子主要是古代賢婦和神話傳說中的仙女
等。唐代周昉的《揮扇仕女圖》、張萱的《虢國夫人遊春圖》，表現的對象則是現實
中的貴婦，通過對納涼、理妝、簪花、遊騎等女子的描寫，向人們展現了當時上層婦
女閒逸的生活及其複雜的內心世界。明代有仇英的《修竹仕女圖》、唐寅《孟蜀宮妓

清　費丹旭《柳下佳人圖》

明　仇英《修竹仕女圖》

圖》等。清代有費丹旭的《仕女冊》、改琦的《紅樓夢圖詠》等。

　　從上述的歷代名畫中可以清晰地看到仕女畫風格的流變史。魏晉時期人物體態修長，一派仙風道骨；唐代仕女體態豐碩，面頰圓潤，雲鬢高聳，服飾豔麗；五代、宋、元時期，世俗、平民女子題材開始出現於畫家筆下，人物造型嚴謹，形態比例更加準確，體態生動自然；明清時期，戲劇小說、傳奇故事中的各色女子則成爲畫家們最樂於創作的仕女形象，其中明代及清初仕女形體修長，面龐瘦削，氣格舒放，舉止間流露著女性文雅恬靜之美。但是清朝中後期，仕女畫在人物創作上日益脫離生活，所畫人物多削肩、柳腰、細目、櫻唇，呈現出一種弱不禁風的病態。

由此可見，仕女畫中出現的並不一定都是美女，但人們還是習慣將仕女畫稱爲"美人畫"，因爲她們是畫家們按照自己心中"美"的理想來塑造的，並且她們符合各個時代對女性的審美標準。因此有人說，一部仕女畫史其實也是一部人類對"女性美"意識的流變史。

 342

"文人畫" 是什麼樣的畫？

文人畫一般是指由文人、士大夫所繪之畫，此類人在學問、才情、思想和繪畫技巧上都具有一定造詣，並且還有較高的人品。近代陳衡恪先生認爲："文人畫有四個要素：人品、學問、才情和思想，具此四者，乃能完善。"因此文人畫往往具有文學性、哲學性、抒情性和藝術性。

通常"文人畫"多取材於山水、花鳥、梅蘭竹菊和木石，取其意韻，藉以抒發個

宋　蘇軾《枯木怪石圖》

人抱負和情懷。他們標舉"士氣"、"逸品",崇尚品藻,講究筆墨情趣,脫略形似,強調神韻,很重視文學、書法修養和畫中意境的締造。北宋的蘇軾最早從理論上提出"文人畫"的概念,在《東坡集》卷六十七《跋宋漢傑畫山》中云:"觀士人畫,如閱天下馬,取其意氣所到。乃若畫工,往往只取鞭策皮毛,槽櫪芻秣,無一點俊發,看數尺許便倦。"同時他還對文人畫和畫工畫作了比較和評論,認爲:"吳生雖妙絕,猶以畫工論。摩詰得之於象外,有如仙翮謝樊籠。"(《鳳翔八觀・王維吳道子畫》)他宣導具有詩情畫意的文人畫風格,反對畫風刻板、俗氣,完全追求形似的畫工風格,將唐代畫家王維推崇爲文人畫的始祖,贊曰:"味摩詰之詩,詩中有畫;觀摩詰之畫,畫中有詩。"

雖然縱觀歷代繪畫史,畫工及其作品均占相當多數,但文人畫以其特有的"雅"在中國繪畫史上獨樹一幟,對中國畫的美學思想以及對水墨、寫意畫等技法的發展,都有相當大的影響。

343

何謂"界畫"?

"界畫"就是用界尺(原是古代寫字時用來間隔行距的文具)直線繪製的畫。它既可以指繪畫的一種技法,也可以是中國畫的一種分科。明代陶宗儀《輟耕錄》載"畫家十三科"中就有"界畫樓臺"一科。

界畫多以宮室、樓臺、屋宇等建築物爲題材。它起源很早,晉代顧愷之已有"台榭一足器耳,難成易好,不待遷想妙得也"之語。到了隋代,界畫已經發展到一定水準。唐代張彥遠認爲,界畫的真正獨立歸功於隋代楊契丹、展子虔兩位畫家,因爲界畫的早期形式還不同程度地依附於人物畫和山水畫。《歷代名畫記》中評展子虔的界畫說:"觸物留情,備皆妙絕,尤垂生閣。"到了唐代,最優秀的界畫畫家當推李思訓、李昭道父子。收藏於故宮博物院的幾件李派風格的作品,如《宮苑圖》,圖中的亭臺樓閣,宮殿堂館,連綿環回於山間溪畔,雕樑畫棟,彩紋綺幔,令人目不暇接,且描畫工細,設色濃麗,金碧輝煌,洋溢著唐王朝欣欣向榮的時代精神。宋代是我國古代繪畫的鼎盛時期，也是界畫發展的高峰期。由於宋代統治階級的喜好，使畫院具有相當規模，界畫畫家在畫院中的地位比較高，《宣和畫譜》列界畫“屋木”爲諸畫種中第三位。《宋史・選舉志》明確規定，界畫家能遷升“待詔”的職位。因此畫院的多數畫家都能熟練掌握界畫技法，如郭忠恕、王士元、呂拙、李嵩、趙伯駒等。而其中最爲優秀的當推郭忠恕，他以“俊偉奇特之氣，輔以博文強學之資，遊規矩準繩中而不爲所窘”的方法畫界畫樓閣，令人有流連忘返感。其代表作《明皇避暑宮圖》工而不板，繁而不亂，清俊秀逸。元代的界畫繼承宋代的傳統，但在精細工巧方面又有自己的特色。此時文人畫大興，工筆嚴謹、造型準確

北宋　郭忠恕《明皇避暑宮圖》

的界畫遭到排斥，出現了衰敗跡象。明代《明畫錄》中所列的界畫家僅石銳和杜堇二人。清代界畫則以袁江、袁耀爲代表。

近現代擅長界畫者更少，較爲人稱道的有江西畫家黃秋園先生，他的界畫遠宗唐宋，雍容典雅，具有很強的感染力。現代研究和創作界畫的畫家更是寥若晨星，十分少見。

344

什麼是風俗畫？

南宋　李唐《村醫圖》

　　風俗畫是以日常生活為題材，表現社會風俗習慣及農民勞動生活的一種繪畫形式。最早可以追溯到漢代，如遼陽、望都等地墓室壁畫和畫像石、畫像磚中便描繪了古代宴客以及雜耍的場景。真正意義的風俗畫出現於唐代，如畫家韓滉，他以農家風俗小景入畫，最擅長刻畫牛、羊、驢等動物的神態。南宋陸游贊其畫：「每見村童牧牛於風林煙草之間，便覺身在圖畫，起辭官歸里之望。」現存畫跡有《五牛圖》、《田家風俗圖》等。其後很多畫家描繪此類題材，宋代李唐的《村醫圖》、張擇端的《清明上河圖》、左建的《農家迎婦圖》、朱光普的《村田樂事圖》、李嵩的《貨郎圖》等，均為一代名作。

　　因風俗畫獨特的視角反映了當時社會中下階層的生活面貌，使其不僅具有藝術價值，更具有重要的社會價值。

唐　韓滉《五牛圖》

345

何謂 "組畫" ？

組畫是一種以多幅繪畫作品組成的表現同一主題的繪畫形式。其中每一幅畫又是相對獨立的，不同於連環畫那樣具有前後內容的連續性。在內容上，組畫多表現道德訓諭、歷史、宗教、傳記等題材，其特點是場面廣闊，氣勢宏偉。在表現方法上，以油畫、版畫最常見。其他如壁畫、水粉畫和中國畫等也出現了組畫形式。

中國畫中組畫的表現形式與傳統的條屏有些類似，傳東晉顧愷之的《女史箴圖》便是中國早期以組畫形式出現的卷軸畫。

東晉　顧愷之《女史箴圖》（唐人摹本）

| 346

繪畫作品中的"小品"是怎樣的？

提到"小品"，人們馬上就能想到趙麗蓉、趙本山、范偉、黃宏、郭達、郭冬臨等人風趣幽默的表演。這些小品反映的小題材、小事件源於基層和老百姓中間，人情冷暖、世相百態都是小品描寫的對象，都可以通過小品這種形式在藝術上得到昇華。比起話劇、折子戲，小品以其短小、精煉活潑以及詼諧的表演形式倍受觀眾的喜愛。而在我國古代的繪畫史上，將一種尺幅較小、精細而雅致的繪畫作品也稱爲"小品"。

小品畫盛行於宋代。傳說宋徽宗趙佶建成龍德宮，命待詔圖畫宮中屏風和壁畫。因此有人說現存的小品畫原來乃是鑲嵌在屏風上的。也有說是燈片和窗紗上用的裝飾圖，故有方有圓。但據學者考證，小品畫在古代多是作紈扇之用，只是因年代久遠等原因扇骨多已經遺佚。

小品尺幅雖小，但意境深遠。南朝宋宗炳謂："竪劃三寸，當千仞之高；橫墨數尺，體百里之回。"唐代王維說："咫尺之圖，寫百千里之景。"

由此可見，此"小品"非彼"小品"，但是它們都具有小中見大、雋永警辟、簡潔精練、意味深長的特色。

宋　林椿《葡萄草蟲圖》

宋　夏圭《臨流賦琴圖》

347

何謂"小景"？

　　小景是中國畫中特有的一種構圖取景的方式，其畫面多描繪煙雨蘆雁、寒汀遠渚之景，給人一種清閒、靜謐之感。從傳世作品和史料記載中可知小景畫最早始於北宋名僧惠崇，有"惠崇小景"之稱。與其同時代的沈括在《圖畫歌》中稱讚"小景惠崇煙漠漠"，郭若虛亦云："寒汀遠渚，荒灑虛曠之象。"王安石更是在《純甫出僧惠崇畫要予作詩》中直言："畫史紛紛何足數，惠崇晚出吾最許。"足見惠

北宋　惠崇《沙汀叢樹圖》

崇的畫在當時的地位了。一代詩文書畫大家蘇軾描繪《惠崇春江晚景》云："竹外桃花三兩枝，春江水暖鴨先知。"尤爲後人所稱許，流傳至今。

　　惠崇的畫在當時深受社會名流所喜愛，有一批追隨者如趙令穰、馬賁等人。但是到了宋徽宗朝，統治者趙佶貶斥"京城外坡阪汀渚之景，不足與崇山峻嶺可比"，使小景畫逐漸衰落。但是小景畫那種獨特的蕭瑟、恬淡的意趣至今仍爲人稱道。

| 348

什麼是“折枝花”？

清　郎世寧《牡丹》

宋　佚名《碧桃圖》

折枝花是花鳥畫的一種特殊形式。在繪畫佈局上，它不畫全株，只是截取帶有花、葉的單枝花卉作爲素材。畫家在寫實的基礎上構思和創造出生動自然又和諧統一的效果。爲了避免單調，一般一枝上畫出花的各個時期的生長動態，配以綠葉，相互呼應。

早在唐代已有這樣的繪畫形式，韓偓《已涼》詩云：“碧闌干外繡簾垂，猩血屏風畫折枝。”但是眞正成型在宋元時期，很多宋畫小品都採用這樣的構圖形式。元明以後亦有很多畫家都喜用折枝花的構圖，像宋代的揚無咎、清代的惲壽平以及西洋畫家郎世寧等。

折枝花以其簡潔的構圖形式、恬淡自然的風格表現出花卉的雋雅氣質，深受人們喜愛。

349

什麼是“蘇州片”？

明代江南一帶由於經濟迅速發展，帶動文化的進步，文人雅士薈萃。許多書畫家亦雲集於此。尤其是蘇州地區畫壇名家輩出，出現了以文徵明、沈周、唐寅、仇英四大家爲代表的吳門畫家群，書畫家熱情高漲。同時，明代中後期宮廷收藏散入民間又多匯集在蘇州地區收藏家之手，使蘇州成爲了當時全國書畫創作、流通、收藏的中心。吳門商賈、文人結友贈送書畫收藏鑒賞形成風氣並帶動書畫向商品轉化，出現了一批以獲利爲目的的書畫作品。

由於書畫是一種特殊的商品，取決於收藏家的喜好，而收藏家搜求的作品多是傳世古跡和當代名家的書畫，其眞品數量遠遠不能滿足市場的需求，因爲利潤的驅使使作僞之風盛行。清代學者顧炎武在《肇域志》中載：“蘇州人聰慧好古亦善仿古法爲之。書畫之臨摹，鼎彝之治，能令眞贗不辨之。”

“蘇州片”就是這種崇尙收藏、嗜古之風下形成的一種特殊的行業。它是以作坊形式，依照藍本分工合作生產，以銷售牟利爲目的的仿古書畫。在形式上以手卷爲

蘇州片贗本《清明上河圖》

多，畫法工細繁瑣，色彩豔麗俗氣。"蘇州片"主要仿製絹本的青綠山水和工筆人物畫，如唐代的李思訓、李昭道父子，宋代趙伯駒、趙佶及明代文徵明、唐寅、仇英作品爲多。

"蘇州片"流行於明清兩代，那些缺乏個性、匠氣十足的程式化的作品對後來興起的湖南、河南、揚州等地作僞之風的影響很大，嚴重擾亂了書畫市場的有序經營。

董邦達《設色山水圖》

| 350

"後門造"是什麼意思？

後門指的是北京故宮地安門一帶，京城民間習稱地安門爲故宮的後門。清代末年至民國初年，這一帶開始大批地僞造清代帶有"臣字款"的書畫，包括清代宮廷如意館書畫家及清代某些官僚的作品，以及王公大臣爲皇帝創作和臨摹的書畫，尤以仿郎世寧的作品居多，經古玩店出售，這些贗品書畫被稱爲"後門造"。

"後門造"的贗品題材廣泛，有山水、人物、花卉、走獸等。在形式上有手卷、成扇、卷軸等等。"後門造"用特製的材料裝裱，形式上同一般書畫的裝潢也有所不同，多用錦緞裝裱，外觀極爲富麗堂皇。它的作僞特點爲：畫幅裝潢豪華，並有大批僞造的清宮各種收藏印。畫法上多仿郎世寧等西洋畫家那種中西融合的畫法，工細複雜。最著名的"後門造"作品是僞造郎世寧的大張手卷，如郎世寧《圓明園觀圍圖》、郎世寧《百駿圖》、焦秉貞《人物界畫圖》軸等，還有署有"臣董邦達敬繪"字樣的董邦達的《設色山水圖》軸等，都是"後門造"的典型代表。

 | 351

我國古代所說的"裝潢"是指什麼？

"裝潢"是我國古代特有的一種對書畫、碑帖、善本等進行裝裱的技藝。它的起源很早，唐張彥遠《歷代名畫記》載："自晉代以前，裝背不佳。"裝潢技術發展到唐代已經漸趨成熟，發展成專門的技藝，而且各家有獨特的裝裱方法和形式。《新唐書·藝文志序》謂唐貞觀年間："列經、史、子、集四庫。其本有正有副，軸帶帙籤皆異色以別之。"不僅如此，唐代還出現了專門的裝潢匠。據《唐六典》記載，崇文館有裝潢匠五人，秘書省有裝潢匠十人。宋代的裝潢技術益加精妙，南宋周密《齊東野語》云："四庫裝軸之法，極其瑰致。"

書畫、碑帖等經過裝潢加工，更加具有裝飾性、觀賞性，也利於保存。此後逐漸將裝潢引申爲對商品、器具的裝飾，並著重從視覺藝術的角度來探討和研究房間設計、裝修、傢俱佈置、小飾品的擺放等等，成爲現代人家居設計理念的代名詞。

中國人應知的

國學常識 ②

The Knowledge
of Chinese

戲曲曲藝

中國人應知的
國學常識② **戲曲曲藝**

 | 352

什麼叫底包？

梨園行所謂的"底包"，也稱"班底"，相對於戲班裏外邀的名角而言，底包就是京劇戲班裏的基層演職人員或者說基本成員。比如武行，即在戲中扮演各路英雄好漢、兵勇、嘍囉、打手等等的角色；再比如扮演宮娥彩女、僕婦丫鬟、旗鑼傘報、家院門客等等角色的這一類演員；還包括大多數演員們公共通用的伴奏人員、服裝化裝等後臺服務人員等。

曾經風靡一時的"民國第一言情小說"《秋海棠》，秦瘦鷗先生即以京劇演員為原型而創作，其中有一段說："（管事）領著他在後臺兜了一個圈子，所有管事的人和'班底'裏的一班二三路角色，也替他逐一引見。"班底或者底包演員之中也有後來聲名鵲起的顯赫人物，最著名者恐怕非花臉名宿金少山莫屬了。金少山（1890～1948），幼習淨行，他的父親是京劇早期名震一時的正淨金秀山。金少山早年並不得志，曾經長期在上海共舞臺擔任"底包"演員。著名戲曲評論家徐慕雲先生著《梨園外紀》有文記金少山云："十數年前少山方出演老共舞臺時，月包只百數十元，除唱開鑼戲外，即京伶南下亦很難輪到他充任配角"；"有一年（程）硯秋偕（貫）大元、（侯）喜瑞、（周）里安諸人獻技該台，某日值（貫）大元貼《洪羊洞》，因此劇照例須有兩個分量相稱的花面扮演黑紅二將，而硯秋又僅帶侯氏一人，故而遂把班底裏的金少山選拔出來，擔任焦贊一角"。自此金少山才算是由底包演員裏熬出來了，後來又因為在上海與梅蘭芳合作演出《霸王別姬》，人稱"金霸王"，而聲名大振，最終成為獨自挑班的頭牌名淨。

| 353

"檢場的" 是什麼意思？

檢場的，這裏是指京劇戲班裏的一部分後臺服務人員。凡是在舞臺上搬桌移椅、擺放道具、安床帳、撒火彩、打台簾、扔拜墊等瑣碎事物均由檢場的負責。

京劇有"七行七科"之說，據齊如山先生云："中國戲班的規定，是登臺演戲的人員，都名曰行；副佐幫助演戲而不登臺的人員，都名曰科。""七行"包括生行、旦行、淨行、醜行、武行、流行、上下手；"七科"包括音樂科、劇通科、劇裝科、盔箱科、容裝科、經勵科、交通科。齊如山先生又說："那麼這七科二字，始自何時？始自清末民初。"其中的劇通科就是指檢場人員。齊如山先生文中記載——"這科人員，從前名曰監場人，亦曰檢場人。"檢場有許多規矩，比如不是萬不得已，不得在臺上橫穿走來走去，倘若舞臺的另一側有事情，必須從後臺繞過去，不能亂竄。雖然是管理擺放道具的瑣碎工作，卻並不簡單。在寫意化的京劇裏，許多道具桌椅也是虛擬性的，並不能隨意擺放，是有很多講究的。下面再來引用一段齊如山先生的話——"比方只說椅子一項，有內場椅、外場椅、裏八字、外八字、倒椅等等，各有各的意義，擺設不對，便要於劇情發生障礙。且各劇有各劇的情形，故排一齣新戲時，則監場人亦非到不可，倘彼於劇情不熟，則全劇亂矣。故彼亦須有提綱，詳記各場之情節，此即名曰場子提綱，因爲他熟知每場的情節，連戲中某人同某人是什麼關係，他都得知道，否則桌椅便無法擺設，故他名曰劇通，也算有些意思。"這足以說明檢場的重要性了。

 | 354

什麼是封箱？

封箱就是將平時演出時盛放行頭、道具所用的箱子封裝起來，貼上"封箱大吉"的封條，表示暫時不再演出，此乃京劇戲班中的一種習俗，也就是年終休息。戲班謂之

"封箱"或者"封臺",官員謂之"封印"。各行各業辛勤勞作一年,至年終歲暮之時都需要休息,連官員也不例外。清代徐珂編撰《清稗類鈔》"時令類"中記云:"京師大小官署,例於每年十二月之十九、二十、二十一三日之內,由欽天監選擇吉期吉時,照例封印,頒示天下,一體遵行。"此外,清末富察敦崇著《燕京歲時記》又云:"封印之後,梨園戲館擇日封臺,八班合演,至來歲元旦則賜福開戲矣,亦所以歌詠升平也。"

封箱之前還要演一場封箱戲。在《尚小雲與榮春社》一文中,尚長春先生回憶榮春社的演出情況時,寫道:"一年最後的假期就是春節了。一般是臘月二十三演封箱戲,第二天起停止演出。"

雖然封箱期間不演出,可是也還是有些事情要做的。比如,所有在科班裏學戲的學生,出科之後仍要效力一段時間,雖無月薪,但是每天演唱一場之後會付給戲份,戲份的多少由社長和老師們評定。那麼什麼時候評定呢?據葉龍章先生所著《喜(富)連成科班的始末》一文記載:"每年評定兩次,一次是每年三月十八祭神日,一次是每年十二月二十日封箱休息時。"

封箱幾日,稍事休息之後還要開臺,恢復演出。據齊如山先生云:"從前舊規矩,每年正月初一日開戲,較平時早一兩個鐘頭,大致上午十點便可開戲,此名曰開臺。"新一年的演出活動又開始了。

 355

傳統舞臺上的"出將""入相"是什麼意思?

中國傳統的戲曲演出舞臺,無論室內室外,通常是一座四方形的建築樣式,這種舞臺三面開敞,面向觀眾,一面留作後臺。前後臺之間設有板壁,於板壁左右兩端開設小門,板壁面對前臺的方向掛的就是"守舊"——門簾臺帳。臺帳上繡有各種裝飾圖案,門簾上方通常就會繡上"出將""入相"的字樣,有些露天的舞臺乾脆就直接在兩側小門上方雕刻出這四個字來。這兩個門是為演員上下場所用,傳統演出時,演員一般從右門上自左門下,所以右側為上場門——寫"出將"二字,左側為下場門——寫"入相"二字。

所謂"出將入相"，本意是說文武雙全，出戰領兵爲將，入閣理事爲相。北魏《元英墓誌》中有："出將入相，朝望攸居。"唐代吳兢《貞觀政要·任賢》中亦云："才兼文武，出將入相，臣不如李靖。"舞臺上的上場門和下場門用這四個字是別有意味的。在中國戲曲舞臺上，時空變換是非常自由的，這是一個詩意化的、寫意味道十足的舞臺。在門簾的一起一放之時，演員的一出一入之間，今與古、時與空都瞬間變化了，也正是在這出出入入、上上下下之間，觀眾看到他們喜愛的演員爲將爲相、演文扮武，眞眞假假，虛虛實實，妙不可言！尤其是那上場門，一幅"出將"的門簾挑起來並不簡單。齊如山先生說："因爲打上場門簾必須懂得鑼鼓經，鑼鼓牌子打到尺寸，便須打開，早一點晚一點都不成。國劇好角出臺，應有碰頭好，倘門簾打得不對勁，那就可以把碰頭好給耽誤嘍。倘如此則不但演員恨怒，於全劇也可以減色。"

 | 356

什麼是臉譜？

與寫意的戲曲精神相應合，中國戲曲的化裝也是誇張的。將角色的五官相貌、骨骼肌肉、紋理膚色，乃至心理性格以圖案化的方式，用"油"或者"水"調和顏料，畫在演員的臉上，這些圖案具有一定的規範和樣式，這就是臉譜。廣義的臉譜，可以說生、旦、淨、丑各行當都有各自的臉譜樣式，不過一般我們提到的臉譜，是指狹義的臉譜，專指大多數應用於"淨行"和"丑行"的臉譜樣式。中國各種地方戲曲都有臉譜，其中京劇臉譜更是集大成於一身，精美豐富，蔚爲壯觀。

作爲一種化裝的方式，臉譜有大面和塗面兩個源頭。"大面"，亦作"代面"，是用金、木等材料製成面具以代替或遮擋本來面目。《太平御覽》卷七十九引《龍魚河圖》云："蚩尤兄弟八十一人，並獸身人語，銅頭鐵額。"這大概就是最早的金屬面具吧。這種面具應用於戲曲舞臺就是"大面"。據《舊唐書·音樂志》記載："大面出於北齊。北齊蘭陵王長恭，才武而面美，常著假面以對敵。嘗擊周師金墉城下，勇冠三軍，齊人壯之，爲此舞以效其指麾擊刺之容，謂之蘭陵王入陣曲。"唐代崔令欽所著

《教坊記》中也有相似的記載，更說出"乃刻木爲假面，臨陣著之"的話。這部《蘭陵王入陣曲》是著名的大面歌舞戲，有唐一代非常流行。在唐代，除了使用面具化裝的表演，也出現了直接在臉上塗抹化裝的表演形式，如參軍戲。到宋金時期，塗面化裝進一步發展，形成了"素面""花面"的基本形式。至元雜劇一興，中國戲曲臉譜藝術也就隨之形成規模，漸趨成熟。

357

京劇臉譜有哪些樣式？

"臉"而名"譜"，這"臉"便有類別可考，便有系統可循。

在京劇舞臺上，劇中人物的臉譜看起來五彩繽紛，千姿百態，絕無雷同。雖一樣是面黑而勇猛的武將，張飛的臉譜並不同於銚期的臉譜，銚期的臉譜也不同於項羽的臉譜，和現實生活中一樣的是"人心之不同各如其面"，而絕不會是"千人一面"。雖然變化多樣，仍然有譜可循，有譜可依，這就是譜式，也就是圖案的樣式，也可以說是臉譜的類別化和系統化。

以京劇淨行爲例，大致的基本譜式有十幾種。常用的有：整臉，如三國戲中之關羽、曹操；六分臉，如《群英會》之黃蓋、《二進宮》之徐彥昭；三塊瓦臉，如《天水關》之姜維、《刺王僚》之專諸；十字門臉，如《蘆花蕩》之張飛、《打金磚》之銚期；碎花臉，如《金沙灘》之楊七郎、《桃花村》之周通；歪臉，如《三打陶三春》之鄭恩、《審七長亭》之李七；象形臉，如《四平山》之李元霸、《鬧天宮》之孫悟空；僧道臉，如《野豬林》之魯智

《洪羊洞》—孟良—武淨飾

《黑風帕》—高旺—武淨飾

《釣金龜》—張義—丑飾

深、《五臺山》之楊五郎；神佛臉，如太乙眞人、如來佛；太監臉，如《法門寺》之劉瑾、《鳳還巢》之周監軍等等。

依據這些圖譜、樣式，演員再加以前人的經驗、自己的觀察以及劇中人物的生理特點、性格特徵，臉譜便可千變萬化，由一式而生百樣了。

 | 358

什麼叫三塊瓦？

這是京劇臉譜的一種樣式，也是最基本、最爲常見的一種譜式。這種臉譜突出的是面部的眉、眼、鼻三個部位，把這三個部分非常誇張地勾畫出來，使得額頭和兩頰的主色被平均分爲三塊，其形如瓦，故名三塊瓦臉；也因爲眉、眼、鼻這三部分被稱作眼窩、眉窩和鼻窩，所以這種譜式也叫三塊窩臉。

三塊瓦臉的用途較廣，很多人物都可以使用，而且還能加以演變。例如，在三塊瓦臉的基礎上，增加花紋，使其豐富，就是花三塊瓦臉，如《連環套》之竇爾敦；在三塊瓦臉的基礎上，使眉、眼、鼻以及額頭、兩頰等部位的花紋更加細密，就是碎三塊瓦臉，如《長阪坡》之許褚；在三塊瓦臉的基礎上，將眼梢的線條勾畫成下垂的形狀，用以表現劇中人物年老，皮膚鬆弛的特點，就是老三塊瓦臉，如《嘉興府》之鮑賜安。

 | 359

臉譜的色彩有什麼含義？

京劇臉譜的勾畫方法基本上可分為揉、抹和勾三種，用色十分鮮明，效果強烈。京劇藝術雖然誇張，但依然來源於生活，正如黃殿祺先生在《我國戲曲臉譜的色彩》一文中所云：“色彩不論怎麼強烈，它也還是對人的皮膚顏色的誇張而已。”至於人的膚色，在生活中或者在評書、小說中常常聽到許多形容，如“滿面紅光”、“面如重棗”“臉色煞白”、“面無血色”、“面皮黝黑”、“面似生鐵”、“臉色蠟黃”、“臉似淡金”、“面如傅粉”等等，舞臺上紅、白、黑、黃等顏色也最為常見，之後又逐漸發展豐富，藍、綠、粉、紫、灰、赭、金、銀，構成了臉譜完整的色彩系列。

這些色彩在應用的過程中被賦予了象徵性的含義。某一個典型人物的臉譜色彩一旦被固定下來，人們就會約定俗成地將這個人物的性格、氣質和人品特點賦予這種色彩，於是乎，某種色彩就象徵著某一類人物的性格、氣質和人品了。京劇藝諺有云：“紅忠紫孝，黑正粉老，黃狠灰貪、藍兇綠躁，水白奸邪，油白狂傲，神怪妖魔，金銀普照”，說的正是各種色彩象徵的性格含義。比如，紅色，以三國中的關羽關雲長為典型人物，關羽忠勇正義的典型性格就成為紅色的含義，所以很多使用紅色臉譜的人物也都或多或少地具有類似的性格特點，比如姜維、吳漢、申包胥等；粉紅色，以隋唐故事中的靠山王楊林為代表，表示烈士暮年，忠勇依然，可是血氣漸衰；黑色以宋代的包拯為代表，表示秉公執法，剛正不阿；水白色以曹操為代表，表示奸疑多詐；油白色以馬謖為代表，表示剛愎自用。以此類推，各不相同。

360

京劇髯口有多少種樣式？

京劇髯口多用犛牛毛或者人髮製成，樣式很多，配合劇中人物的年齡、身份、容貌、境遇等情況而有不同。

清代徐珂編撰《清稗類鈔》，其中戲劇類中記載云："髯之總名曰口面。老生之三綹長鬚，黑者曰黑三，白者曰白三，花者曰彩三。"這種老生三綹的髯口，簡稱為"三"，多用於文雅清秀的人物，與徐珂所記不同的是灰黑色的三綹髯，表示花白的鬍鬚，現在稱作"黪（cǎn）三"，而非"彩三"，想來是讀音訛誤之故。另外，還有一種大黑三，以人髮製成，黑、長、光、順，為"美髯公"關羽所專用。

三綹之外，還有不分綹的"滿髯"，簡稱"滿"，淨行所用的"滿"長而密，如《鍘美案》中之包拯。滿髯也有黑滿、白滿與黪滿之分，另外也有個特別的例子，就是"紫滿"，為碧目紫髯的孫權所用。比較短而稀薄的滿髯，被稱為"二濤"，多用

《李陵碑》—楊繼業—老生飾，俊扮

《烏盆記》—張別古—丑飾

於地位較低的家人院公之流，如《南天門》中之曹福。將滿髯中間嘴的部位，另作一開口，再吊一小片於頦下，就成爲"䯓髯"，簡稱"䯓"，《清稗類鈔》中謂之"抓"，多用於性情粗豪的淨行角色，如《李逵探母》中之李逵。

丑行所用的髯口，也有三髯，只是稀薄短細的三小綹，稱爲"丑三"；極短的滿髯，形如"一"字，有黑、紅兩色，叫做"一字髯"；還有如《清稗類鈔》中所記的"鬚之下頷用鬃絲吊掛短髭者曰吊達"，現在寫做"吊搭"，也是丑行常用的髯口。

除此之外，還有"一戳"、"二字"、"八字"、"四喜"、"五撮"、"虬髯"等等，名目尚多。

 | 361

什麼叫揿？

在陳凱歌導演的電影《霸王別姬》中，有這麼一段情節：新時代來臨了，《霸王別姬》的開戲鑼鼓照舊響起，可是後臺悄然發生了變化，"霸王"和"虞姬"已經裝扮完畢，正準備上場時，段小樓（張豐毅飾）發現長期搭檔的師弟程蝶衣（張國榮飾）被新時代的寵兒"小四兒"替換下來，面對著這兩個"虞姬"，段小樓氣衝衝地對旁邊的人大喝一聲："揿(tiàn)嘍！揿嘍！我不唱了，誰愛唱誰唱去！"

《梅蘭芳舞臺生活四十年》第六章云："這場大武戲完了之後，楊老闆（即楊小樓）下來雙手輕快地揿了盔頭，對我說：'蘭芳，我累了，今天咱們就打住吧。'"

"揿"字的本義是輕輕撥動，如《聊齋志異·促織》云："遽捕之，入石穴中，揿以尖草，不出。"在京劇裏，說"揿"或者"揿頭"，乃是指卸去盔帽、頭面的動作。如果在演出當中，頭盔或者頭面不慎脫落，也叫"揿"，但是場上揿頭就是演出事故了，應當力戒。舞臺上淨行和武生行最容易揿頭，因爲淨行出於勾畫臉譜的關係，頭盔僅戴於腦後，而武生則因爲舞蹈動作繁複，跌撲翻打，倘若頭上水紗、盔帽勒得不緊，都會造成場上揿頭的事故。

362

靠是什麼？

《借雲》－趙雲－武生飾

　　古代武將臨陣殺敵，身上都要穿戴起保護作用的盔甲，盔者護頭，甲者護身，鎧甲就是戰衣。《周禮‧考工記》疏云：“古用皮，謂之甲，今用金，謂之鎧。”用金屬也好，用皮革也罷，現實生活中的戰衣鎧甲總是沉重無比的。到了舞臺上，載歌載舞之時，如果穿上這真實的鎧甲，對於演員來說，那可真成了“生命中不能承受之重”了。所以人們就用精綢彩緞，盤金繡銀地製成適合舞蹈的美化了的鎧甲戰衣，這就是“靠”，它是寫意化的、象徵性的鎧甲。穿上這樣的靠服，盤旋起舞之時，靠旗飄飄，衣甲生風，而且金彩滿目，五色生輝，加之演員英氣勃發，威風凜凜，真是美不勝收。

　　在劇中，男性角色穿的名男靠，女性角色穿的名女靠。靠分為硬靠、軟靠和改良靠三種。後背紮帶四面三角形靠背旗的靠，是硬靠，也稱“大靠”。不紮靠背旗的就是軟靠。還有一些經過改造的比較輕便的靠叫改良靠。一身完整的大靠，包括靠身、護肩、腰窩、靠肚、吊魚、後斗、靠忒、靠領、靠旗、靠杆、靠枕、靠穗、靠掌、靠綢、靠繩等部分。穿靠的時候，有紮靠和披靠兩種方式。像《長阪坡》、《挑滑車》等大武生戲中，趙雲、高寵都是紮靠，表示全身披掛上陣臨敵。像《李陵碑》中的老令公楊繼業，不穿靠袖，只是把靠身的前後片披在身上，這就是披靠，表示劇中人身處困境，甲胄不全。

| 363

把子是什麼意思？

古代武將們身上的盔鎧甲冑經過傳統戲曲的加工提煉，變成了舞臺上的盔頭和靠服，那麼手中使用的刀、槍、劍、戟、斧、鉞、鉤、叉、钂、棍、槊、棒、鞭、鐧、錘、抓等等兵器也被舞臺化，全部武器道具的總稱就是"把子"。

舞臺上刀來槍往、大動干戈的劇情，總離不開各種各樣的把子。模擬武功打鬥的基本功，就叫做"把子功"；盛放把子的戲箱叫做"把子箱"。據葉龍章先生《喜（富）連成科班的始末》記載，當年富連成科班制定的梨園規約中，有對於後臺座位次序的管理規定——"末行坐靴包箱，武行上下手坐把子箱，丑行座位不分。"

 | 364

什麼叫起霸？

在戲曲舞臺上，表現大將軍上陣臨敵之前整盔理甲的動作，是一套非常經典的舞蹈，這套舞蹈被稱為"起霸"。據說始於明代沈采的傳奇《千金記·起霸》。梅蘭芳先生的代表作《霸王別姬》就是依據這部《千金記》傳奇編寫而成的。其中《起霸》一折的內容，就是霸王項羽頂盔掛甲，罩袍束帶，做好上陣前的準備，整理檢查盔甲的情況。通過舞蹈動作表現霸王的英雄氣概和大將風度，所以名曰"起霸"。後來，在戲曲舞臺上，起霸是廣泛應用於各種武將的出場舞蹈。可分為：男霸、女霸、整霸、半霸、正霸、反霸、單起霸、雙起霸還有多人起霸等等。不同的角色應用起霸時，有不同的動作特點，以適應不同的身份與性格。如程硯秋先生

《霸王別姬》楊小樓飾項羽

《演戲須知》中論起霸云："老生要躬，花面要撐，武生取中，小生要緊，旦角要鬆，以上對胸背而言。"

365

什麼叫走邊？

如果說"起霸"多用於身份沉穩的大將軍的話，那麼，"走邊"則多用於身手敏捷的江湖豪傑。表現夜行、巡查等情節，月黑風高，羊腸小徑，夜行人出發前整袖、勒胸、緊大帶、繫靴子，行動時眼觀六路，耳聽八方，高縱低越，飛身潛行，這一切都演化成舞蹈動作——走邊。走邊多用於短打武生，比如《惡虎村》之黃天霸。走邊和起霸相似，也可以分為單人走邊、雙人走邊和多人走邊等。

《惡虎村》—黃天霸—武生飾，俊扮

366

邊式是什麼意思？

這其實是一句老北京話，也寫做"邊飾"。齊如山先生編著的《北京土話》第四章就收錄了這個詞條——"邊飾，穿衣服長短肥瘦周身合適，曰'邊飾'；身材長短肥瘦合適亦曰'邊飾'。或云係由'修飾邊幅'四字省來。"枝巢子夏仁虎先生（1873～

1963）所著《舊京瑣記》卷二"語言"中亦云："美曰俊，亦曰俏式，又曰邊式、曰得樣。"就是好看、美的意思。所以當演員的表演動作瀟灑俐落、服裝大方美觀、化妝乾淨準確時，就可以用"邊式"來稱讚他。

 | **367**

"腔"與"調"是不是一個意思？

宋人袁去華有長短句《思佳客》一闋，題曰"王宰席上贈歌姬"，其詞云："把酒聽歌始此回，流鶯花底語徘徊。神仙也許人間見，腔調新翻聲下來。銀燭炧(xiè)，玉山頹。誰言弱水隔蓬萊。絕勝想像高唐賦，浪作行雲行雨猜。"

提到音樂、戲曲時，我們常常腔調並稱。其實，腔與調還是有區別的。京劇大師程硯秋先生創造了優美婉轉的"程腔"，他對於腔調曾經專門論述——"調只是'工尺'，是屬於物的（笛管或胡琴），是公共的，是固定的。"所以"調"就是音樂的旋律或調式，長短高低，有一定之數。依照《說文新附》的解釋："腔，內空也。從肉，從空，空亦聲。"有肉（月），有聲（空），這不就是歌唱麼！既然是唱，那麼輕重、頓挫、連斷、徐疾的唱法，就因地而異，因人而異了。所以，程硯秋先生云："腔是個別的，不是公共的，是靈活的，不是固定的。"例如，同樣是京劇西皮、二黃的曲調，可是譚鑫培唱來有譚鑫培的腔，馬連良唱來有馬連良的腔，奚嘯伯唱來有奚嘯伯的腔。

 | **368**

"戲"與"曲"有什麼區別？

中國漢字有"六書"之說，所謂指事、象形、形聲、會意、轉注、假借是也。戲曲的這個"戲"字，如依舊體字的寫法是"戲"，乃是形聲字，左聲右形。《說文解字》的解釋是："三軍之偏也，一曰兵也。從戈聲。"既然有"戈"，這個字的本意就和戰爭、軍隊、爭鬥有關。而舞臺上抑揚褒貶、忠奸善惡，其實處處充滿矛盾與衝突。所以古人將“演故事”名之曰“戲”，實在是很有道理的。

然則“曲”又是什麼呢？曲就是歌唱，就是音樂。中國人是以歌舞演故事，歌舞雖並稱，而歌舉其首，於是乎以“曲”演“戲”，“戲”“曲”相連了。若論戲與曲的區別，程硯秋先生曾言：“‘戲’是整個的，‘曲’是一部分。”一齣戲，要有劇本、有演員、有舞美、有道具、有音樂。在中國，“曲”是“戲”的重要組成部分，然而“曲”又不僅是“戲”的一部分，更是戲的靈魂。甚至可以以“曲”代替“戲”，有詩為證——“可憐一曲長生殿，斷送功名到白頭”；“新排一曲桃花扇，到處爭傳四喜班”；“一曲清歌動九城，紅氍毹（qúshū）襯舞身輕”等等，詩中所說何止一段歌曲而已，其實是在說戲，可是卻以“曲”涵蓋了“戲”。由此也可看出中國人對於歌唱的重視。戲曲中的“四功”，說“唱、念、做、打”也好，說“唱、做、念、打”也好，“唱”總是第一位的。同樣的道理，“以歌舞演故事”，也是歌舞在先的。

369

京劇的“五法”有哪些？

1932年赴歐洲考察時的程硯秋

四功五法是京劇表演的基礎。“四功”已經在前文解釋過了，那麼“五法”又是什麼呢？關於“五法”，常見的說法是指“手、眼、身、法、步”。手有手法，眼有眼法，這都可以說得通，可是“法”法是什麼呢？實在有些古怪。於是，有人解釋說是“手、眼、身、髮、步”。頭髮上的功夫值得單立一法？恐怕要有待高明之士去說圓全了。

“五法”之說，程硯秋先生的論述最為準確——“所謂五法，它是口法、手法、眼法、身法、步法。通稱‘口手眼身步’。這五個法子，雖然各有各的獨立性，但是在舞臺上又必須相互為依、互相配合的。”

與“四功”之中的“唱功”居首相應和，“五法”之中便首先強調“口法”，發音、吐字、換氣、偷聲無不在於口中有法；唱得字正腔圓，念得抑揚頓挫，也必須口中有法。

京劇舞臺，舉手投足無不是舞，齊如山先生著《國劇身段譜》專列有“手譜”，梅蘭芳先生手姿精絕，如何指人、如何持物、如何托盤、如何拈花、如何舉扇，美如蘭花，千姿百態，有手勢譜的照片傳世。

眼為心之苗，兇、狠、媚、醉、喜、怒、悲、思無不從眼中出，眼之重要自不待言。身體是樞紐，腳步是根基，也必須依“法”而行。

五法與四功相互配合，使演員能夠更好地塑造人物、刻畫性格，使觀眾能夠欣賞到更加完美的戲曲藝術。

 | 370

什麼是五音四呼？

《孟子·離婁上》：“不以六律，不能正五音。”

中國古代是五聲音階的，這五個音即宮、商、角、徵、羽。在歌唱時，就要使氣息與口腔相互配合，才能做到音準。據宋代司馬光《辨五音例》云：“欲知宮，舌居中；欲知商，開口張；欲知角，舌縮卻；欲知徵，舌柱齒；欲知羽，撮口聚。”所謂舌居中，就是喉音；開口張，就是齒音；舌縮卻，就是牙音；舌柱齒，就是舌音；撮口聚，就是唇音。準確掌握這唇、齒、牙、喉、舌五種發音，才能唱準確，唱清晰，進而唱情唱意，如程硯秋先生云：“歌以詠言，聲以宣意，哀樂所感，托聲於歌。”

“五音”之外，又有“四呼”。開口喊叫謂之“呼”。清代段玉裁《說文解字注》云：“外息也。外息、出其息也。”開口出聲、發音吐字之時，口腔有四種形狀，分別是——開口呼、齊口呼、合口呼、撮口呼，簡稱開、齊、合、撮，這就是“四呼”。比如，唱念“麻”“開”等字時就是開口呼；唱念“急”“七”“金”等字時就是齊口呼；唱念“和”“路”等字時就是合口呼；唱念“如”“履”等字時就是撮口呼。四呼是口腔形狀的規律，演員掌握好了就能做到字正，字正而後腔圓，腔圓而後音美，音美而後韻揚，觀眾才能聽得準、聽得清、聽得舒暢。

 371

什麼是自報家門？

這是中國傳統戲曲中一種特殊的表現手法，是由角色上場時向觀眾自我介紹。以王實甫之《西廂記》為例：「第一本第一折，【正末扮張生騎馬引僕上開】小生姓張，名珙，字君瑞，本貫西洛人也。先人拜禮部尙書，不幸五旬之上，因病身亡，後一年喪母。小生書劍飄零，功名未遂，遊於四方。即今貞元十七年二月上旬，唐德宗即位，欲往上朝取應。路經河中府，過蒲關上。……」這一段念白很長，限於篇幅，不能全錄。僅這幾句，已可看出「自報家門」的面目了。戲剛一開始，不必畫外音，不必打字幕，這個角色的姓名、籍貫、家庭背景、生活狀況以及故事發生的時間、地點，就已經清清楚楚地介紹給觀眾了。

京劇裏也保留了這種手法，自報家門的情況十分普遍。例如《失街亭》，諸葛亮一上場，念完引子，歸座，念定場詩，然後就是自報家門——「老夫，複姓諸葛名亮，字孔明，道號臥龍。」《女起解》中的老解差崇公道上場：「你說你公道，我說我公道，公道不公道，自有天知道。小老兒崇公道。」自報家門在舞臺上大多數情況都是用念白的方式進行介紹，目的就是讓觀眾聽得清楚明白。

 372

引子是什麼？

「引子」在京劇裏是指一種有唱有念的韻文，半說半唱，似有說唱藝術的遺韻。

引子在宋元時代的說唱藝術裏是指開始演唱時的第一支曲子，如宋代周密《武林舊事・車駕幸學》：「駕至純禮坊，隨駕樂部，參軍色念致語，雜劇色念口號，起‘引子’，導駕至大成殿欞星門。」在崑曲中也是如此，如《牡丹亭・驚夢》一折，杜麗娘出場唱的第一支曲子《繞地遊》：“夢回鶯囀，亂煞年光遍。人立小庭深院。炷盡沉煙，拋殘繡線，恁今春關情似去年？”這支曲子也屬於引子的性質。

其實引子也有“自報家門”的意思，在角色初次登場時使用。只不過比自報家門更加凝煉，詞句是詩意化的，在長短句的格式中把角色自己的身份、處境、情緒、志趣等等唱念出來。引子可長可短。短者如：《四郎探母·坐宮》一折，楊四郎登場所念“金井鎖梧桐，長歎空隨一陣風”，觀者在這句引子的引導下，似乎已經感受到楊四郎失落番邦鬱鬱寡歡的心情了。長的引子，如：《失空斬》中諸葛亮登場所念：“羽扇綸巾四輪車，快似風雲。陰陽反掌定乾坤，保漢家兩代賢臣”，前面王平、馬岱、趙雲、馬謖四員大將起霸站帳，鋪墊了氣勢，然後諸葛亮手持羽扇緩步登場，念完這支大引子，讓觀眾立刻感受到諸葛亮沉穩肅穆、決勝千里的指揮官氣質。引子的使用通常還會和“定場詩”相配合，比如《擊鼓罵曹》，禰衡念完引子之後，歸座念：“口似懸河語似流，全憑舌戰運機謀。男兒若得擎天手，自然談笑覓封侯。”其實可以說是另一種形式的“自報家門”。

 | 373

程式化是什麼意思？

提到京劇的時候，人們常常會說它的特點是程式化。如王元化先生著《京劇與傳統文化》一文：“虛擬性、程式化、寫意性這三個基本特徵是京劇界經過多年探討，積累了許多人的研究成果概括而成的。”

程式者何謂？規格也，準則也，法式也！《管子·形勢》：“儀者，萬物之程也；法度者，萬民之儀表也。”將生活中的自然形態加工提煉，變成舞臺上的規範形式，這就是京劇的程式。例如，倘若途中遇雨，又沒帶傘，在現實生活中人們總是會用手、用手絹或者用書、用報來遮著點頭部，而到了舞臺上，一手抬臂、翻水袖在頭側一擋，另一手撩袍、存腿，這就是一個程式化的動作。提鞭當馬，搬椅做門，一顰一笑，一舉一動，唱念做打無不有規則，無不是程式。傳統戲曲塑造人物的方式，俞振飛先生說：“首先，是通過學習、模仿、訓練，來掌握大量的程式，作為表現手段，作爲外部表演的素材；然後通過深入生活、體驗角色，來醞釀內心感情，成爲內心表演的素材；再以後，還有一個外與內的結合，即程式與體驗結合的過程。"正是因爲京劇是通過程式來演人物的，所以人們常說這是"帶著手銬腳鐐的舞蹈"。可是運用好了，戴著手銬腳鐐也未嘗不可以舞出動人的姿態來，不會運用或者運用不好，就是沒有手銬腳鐐，也會磕磕絆絆、醜態百出，關鍵還是在人、在演員身上。仍然借用俞振飛先生的話："表演程式鮮明、強烈，合乎美學要求，用好了，很有藝術魅力！"

 | 374

什麼叫連臺本戲？

所謂連臺本戲，就相當於現代的電視連續劇，是需要接連幾天才能演完的整本大戲。最近我們能在舞臺上看到的最著名的連臺本戲，就是白先勇先生創作的青春版《牡丹亭》，要連續三天才能演完。

連臺本戲在京劇繁榮鼎盛的時期是非常流行的。四大徽班中的三慶班就常常上演連臺本戲，如《三國志》，由"馬跳檀溪"到"戰長沙"，是整本大戲；四喜班有八本《施公案》、八本《雁門關》和四本《永慶升平》等。此外，著名的連臺本戲還有《濟公傳》、《西遊記》、《封神榜》、《狸貓換太子》等。《狸貓換太子》前幾年也曾經複排過，由麒派老生陳少雲扮演陳琳，作爲新編連臺本戲上演，如今已成爲上海京劇院的代表劇碼了。但是總體來說，隨著時代的變遷，欣賞習慣的變化，連臺本戲的演出狀況基本上是今不如昔了。

 | 375

什麼叫打炮戲？

演員到一個新的地方演出，前兩三天演出的劇碼，被稱爲打炮戲，大約是取大炮一響、一鳴驚人的意思。

著名的劇評家丁秉先生曾著文《金少山在北平》，其中專立一章曰"抵平四場打炮戲"，特別記錄這位"十全大淨"的打炮戲。據丁先生回憶："金少山是在（民國）二十六年一月（丙子年臘尾）回到北平的"，打炮戲安排在二月十四日（舊曆丁丑年正月初五日）開演，這一天"貼出金少山、周里安、王福山的頭二本《連環套》，自行圍射獵，坐寨盜馬起，到盜鈎下山完"。第二天的劇碼是金少山、李多奎的《遇後龍袍》。這兩天的打炮戲，受到北京觀眾的歡迎，丁秉先生還爲天津《大公報》寫了報導，主標題是《金少山演出盛況》，副標題是——"遇皇后打龍袍黃鐘大呂，盜御馬連環套痛快淋漓"，可以說金少山初到北京，一炮而響、一炮而紅了。演員都會選擇自己拿手的、擅演的劇碼作爲打炮戲。

梅蘭芳先生在民國二年（1913）剛滿二十歲時，初到上海，在丹桂第一舞臺演出。《梅蘭芳舞臺生活四十年》中記載："頭三天的打炮戲碼，我們是這樣擬定的。第一日《彩樓配》、《朱砂痣》；第二日《玉堂春》、《取成都》；第三日《武家坡》。"當然也是一炮而紅，在上海立住了腳。

 | 376

什麼叫對臺戲？

兩個演員、兩個班社或者說兩個劇團，實力相當，在同樣的時期，相近的地點進行演出，爭一時之長短勝負，就叫演對臺戲。

行當相同而又實力相近的演員之間的競爭是屢見不鮮的。京劇史上被傳爲佳話的對臺戲，自然也不少。比如著名的"梅程之爭"，就是梅蘭芳和程硯秋兩位旦角大師的對臺戲。據丁秉先生的《菊壇舊聞錄》記載："民國三十五年，梅程在上海又對壘了一次。梅在中國大戲院，配角有楊寶森、俞振飛、姜妙香等；程硯秋在天蟾大舞臺，配角有譚富英、葉盛蘭等，雙方陣容都極爲硬整，兩戲院打對臺。"這樣的對臺戲，是兩個演員之間藝術水準的競爭，不失爲一段佳話，而且還能給觀眾帶來更加精彩紛呈的演出，所以觀眾們也是樂見其爭的。

| 377

馬前、馬後是什麼意思？

　　北京評書一代宗師連闊如（1903～1971）先生除開創了連派評書藝術之外，還留給後人一部奇書《江湖叢談》，其開篇即談江湖之春點。何爲春點？老連先生云：“各行都有各行的術語，俗話說叫‘調侃兒’，江湖藝人管他們所調的侃兒，總稱叫做‘春點’。”比如，管“走”調侃兒叫“竅”，管“吃飯”調侃兒叫“安根”等等。這“馬前”、“馬後”也可以說是梨園行常用的一句“春點”，這樣的行業術語，非常實用。

　　“馬前”的意思就是要加快演出的速度，如果臺上的表演或者後臺的化裝速度過慢，都可以用“馬前”來催促演員。若是在臺上，就要減少唱念的詞句或者壓縮表演的內容；若是還在化裝，手底下就得加快速度了。“馬後”的意思則是要放慢速度了。比如，後面出場的演員來晚了，還沒有化好裝，或者乾脆就還沒來，那麼只能讓前面的演員在臺上放慢速度，拖延一點時間。只要提醒一句“馬後”，前面的演員就明白了，在臺上演唱時可以即興增加一些詞句，或者增加一些表演。《中國京劇史》上卷，老生前賢“余三勝”的傳記中云：“相傳，還有一次余三勝與演旦角的胡喜祿合演《四郎探母》，胡誤場，余已登場演至西皮慢板唱段，當余聞知胡誤場未到時，臨場加唱‘我好比’數十句，直至胡穿好戲裝方止。事後有人問余，若胡還未到做何處理？余說，我唱完之後還可以加念話白，若還未到，我一個人也會將這場戲結束下臺的。”這是一段“馬後”的佳話了，也足見余三勝老先生經驗之豐富、功力之深厚了。

 | 378

京劇老生的三鼎甲是誰？

　　前文提到的“老生前賢余三勝”，就是京劇老生“三鼎甲”之一。

鼎甲者，中國古代科舉制度中狀元、榜眼、探花之總稱。以鼎有三足，一甲共三名，故稱。在京劇形成的初期，也就是清代的道光年間，程長庚、余三勝與張二奎被譽爲"三鼎甲"。

其中程長庚聲望最盛，以學養之深、品德之高、技藝之精而有"伶聖"之譽。程長庚（1811～1879）本名椿，字玉珊，三慶班的主演和班主。他的演唱高亢雄壯、慷慨激昂，《梨園舊話》云："高亢之中，又別具沉雄之致，視他伶之徒唱高調，聽之索然無韻者，殆有天壤之別。"

《群英會》程長庚飾魯肅

余三勝（1802～1866），本名開龍，字啓雲，是三鼎甲中最年長者，也成名最早。他的演唱抑揚婉轉、優美動聽，使京劇的聲腔藝術進一步完美和豐富，據說京劇中的二黃反調都是余三勝所創。余三勝的兒子余紫雲也是清代末期名噪一時的京劇旦角演員。他的孫子余叔岩，也成爲京劇老生行當中里程碑式的人物，開創了老生余派藝術。

張二奎（1814～1860），原名士元，原爲票友，後下海演戲，是四喜班的主演和班主。他的演唱，按照《清代聲色志》的說法是："嗓音洪亮，行腔不喜曲折，而字字堅實，顛撲不破。"也許因爲他本籍河北，故而還保留著"燕趙悲歌"的古樸元素。張二奎是三鼎甲中最年輕，也是舞臺生涯最短的一位。

余三勝造像

京劇的三大賢是誰？

《定軍山》余叔岩飾黃忠

《貴妃醉酒》梅蘭芳飾楊玉環

京劇《珠簾寨》裏有一個著名的老生唱段——"昔日有個三大賢"，而在現實之中，京劇界的確也是"昔日"曾有"三大賢"之說。這三大賢是指楊小樓、余叔岩和梅蘭芳三位先生。

楊小樓（1878～1938）名嘉訓，出身梨園世家，祖父楊二喜，工武旦；父楊月樓，工武生。楊小樓是公認的"武生泰斗，一代宗師"，是京劇武生楊派的創始人，表演風格以"武戲文唱"而著稱於世。如今已是耄耋之年的著名戲劇家劉曾復先生自謂平生四件得意事，其中之一就是"聽過楊小樓"，足見楊小樓的魅力，可惜的是沒有留下影像資料，只有唱片傳世。

余叔岩（1890～1943）名第祺，字小雲，出身梨園世家，祖父余三勝，工老生；父余紫雲，工旦角。余叔岩是京劇老生余派的創始人，他的演唱"清、剛、醇、厚"，表演細膩，藝學譚鑫培而有出藍之勝，創立余派，影響深遠。為後人留下唱片資料共"十八張半"，成為老生聲腔藝術之圭臬。

梅蘭芳（1894～1961）名瀾，字畹華，也是出身梨園世家，祖父梅巧玲，工旦角；父梅竹芬，工旦角，早亡；伯父梅雨田為"胡琴聖手"。梅蘭芳先生是最著名的中國京劇演員，他創造的梅派藝術成為京劇旦角藝術的典範，更是中國藝術美的典範，以“梅蘭芳”三字命名的中國傳統戲曲表演藝術體系獨樹一幟於世界藝術之林。

這三位大宗師雖然所工的行當不同，但是他們的藝術都達到了中國傳統藝術的至美境界——即中正平和之美，共稱三賢，良有以也。

 380

南麒北馬關東唐指的是誰？

《四進士》周信芳飾宋士傑　　《借東風》馬連良飾諸葛亮　　《古城會》唐韻笙飾關羽（右）

這是指三位著名的老生演員，即上海的周信芳先生、北京的馬連良先生和東北地區的唐韻笙先生。他們都是老生演員，長於做工，表演的劇碼也有許多相似之處，可以說是一時瑜亮。

周信芳（1895～1975）本名士楚。所謂“南麒”，是因為周信芳先生的藝名是“麒麟童”，浙江慈溪人，長期演出於上海。周信芳先生的表演極富情感，嗓音雖不佳而善於利用，別有韻味，念白與做工尤為擅長，世稱“麒派”，代表劇碼有《四進士》、《徐策跑城》、《蕭何月下追韓信》等。

馬連良（1901～1966）字溫如，北京人，幼年學藝於北京最著名的戲曲科班“喜連成”，是“馬派”創始人、四大須生之一。與周信芳先生相同之處，也是念、做俱佳，上演的劇碼也有相似，如《四進士》、《打嚴嵩》、《清風亭》等，可是風格各異，馬先生流利瀟灑，周先生則頓挫老辣。

　　唐韻笙（1902～1971），原姓石，幼失怙。文武全才，能戲甚多。長期在東北地區演出，三十歲左右即名聲大噪，有"關外麒麟童"之稱。老生戲中也擅演《徐策跑城》、《蕭何月下追韓信》等劇碼，還擅演紅生戲《古城會》、《灞橋挑袍》等。

381

京劇有哪些流派？

《四郎探母》譚鑫培飾楊延輝

王瑤卿便裝照

　　流派作爲中國傳統戲曲的一個獨特標誌，在各種地方戲中也有體現，然京劇尤甚，流派紛呈，各個行當都有許多傑出的代表派別。徐城北先生《京劇與傳統文化》中云："流派在哪裏呢？都在表演中"，"當初，總是這位演員先在表演上有創造，得到了觀衆的認可，於是便有觀衆以其姓氏'加封'成派。一旦加封，便相對穩定——人在、派在，人不在了，派也還能再延續一段或長或短的時間"。

　　京劇中的流派，依行當來說，生行之中有譚（鑫培）派、汪（桂芬）派、孫（菊仙）派、余（叔岩）派、言（菊朋）派、馬（連良）派、高（慶奎）派、楊（寶森）派、奚（嘯伯）派、麒（周信芳）派、楊（小樓）派、尚（和玉）派、姜（妙香）派、葉（盛蘭）派等。

　　旦行之中有王（瑤卿）派、梅（蘭芳）派、尚（小雲）派、程（硯秋）派、荀（慧生）派、筱（翠花）派、張（君秋）派、黃（桂秋）派、李（多奎）派等。淨行之中有金（少山）派、郝（壽臣）派、侯（喜瑞）派、裘（盛戎）派等。

　　丑行有蕭（長華）派、王（長林）派等。

這些流派的創始人依據自己的個人條件在唱、念、做、打的表演風格上形成了特色，形成了派別，更有許多門人弟子學習繼承，一傳再傳，使其"派"而能"流"，生生不息。

382

曲藝中的拜師收徒是怎麼回事兒？

拜師收徒是戲曲曲藝等行當中最基本的習俗。在舊社會，藝人為了維護自身利益，都嚴格遵循師承關係。從藝者必須磕頭拜師才算有了門戶，同行才會予以承認；否則將會被同行罵為"沒爹"（因那時師徒關係是"一朝為師，終身為父"，徒弟對師父負有養老送終的義務），並可禁止其演出。

《廉錦楓》蕭長華飾吳士公

曲藝各門類中拜師的情況大體相同。以相聲為例，拜師時必須有"引"、"保"、"代"，即引師（介紹人）、保師（保證人）、代師（代教人）；還要請"說評書的"、"變戲法兒的"、"唱八角鼓的"、"練把式的"各門來一位師父，在某飯莊定下幾桌酒席，舉行拜師儀式。屆時要立門生帖（即字據），通常上寫："師道大矣哉，入門授業投一技所能，乃係溫飽養家之策，歷代相傳，禮節隆重。今有（師賜藝名）情願拜於門下，受業學演相聲。三年期滿，謝師效力一年。課藝期間，收入歸師，吃穿由師供給。自後雖分師徒，誼同父子。對於師門，當知恭敬。身受訓誨，沒齒難忘。情出本心，絕無反悔。空口無憑，謹據此字，以昭鄭重。"下面即是藝徒簽字畫押，引、保、代師簽字畫押，"年月日立"。有的還寫有"四路生理，天災人禍，車軋馬踏，投河覓井，懸樑自盡，各聽天命，與師無涉。中途輟學，賠償三年膳費"等詞句。然後，燒香供祖，給師父磕頭，師父按輩給字，為徒弟起藝名。拜師之後，大家彼此賀喜，然後入席聚餐，餐後各自散去。

　　比如下面就是相聲演員佟大方拜金曉珊爲師學藝所立之字據（現存北京廣德樓曲藝博物館），字據立於民國三十八年（1949）六月，全篇143個字，無標點，毛筆書寫在一張長25.8釐米、寬18.2釐米的"北平市政府公文紙"上。字據爲藝徒規定了受業內容、學藝期限、收入分配方法及應負擔的責任。不知何因，是件只有立字據人簽名，介紹人、保師、代筆師、師父均無簽名。字據分正反兩面，其文如下：

　　　　立字人佟大芳〔方〕藝名鈺承情願拜金鳳魁字曉珊門下爲授業學鼓曲書詞
　　代學口技言明六年爲滿期限期內所掙之錢與老師均分吃穿自備年期月滿謝師
　　後掙錢歸自己並養贍老師直到養老送終鈺承擔負完全責任恐口無憑同衆立字爲
　　證由國曆三十八年六月日起至四十四年六月止雙方各無返〔反〕悔立字爲證

立字據人佟鈺承

介紹人

保師

代筆師

師父

　　此外，徒弟尙分"授業"、"拜門兒"、"寄名"等類。授業即入室弟子，大多數從幼年學藝，受到較爲系統的傳授。"拜門兒"一般是帶藝投師，在原有基礎上再受指點。以上兩種都有拜師儀式。"寄名"則無拜師儀式，只憑一封信或一句話就算某老師的弟子了，故又稱"口盟"。再有就是"帶拉師弟"，藝人由於年齡或其他原因，不便將投者收作徒弟，則由大師兄替師父收爲弟子（算作自己的師弟），儀式與拜師大致相同。

 383

什麼是曲藝演員的臺緣兒？

　　所謂"臺緣兒"，也就是演員的"人緣兒"，指說唱者的舞臺風度，亦即說唱者自身形象的塑造。也有人用北京話直呼爲"臉上有沒有買賣兒"。

　　一名曲藝演員的風度如何，臺緣兒好壞，直接影響著其藝術創造的成績與效果。除摹擬作品中的人物外，演員在舞臺上大部分時間是以"自我"身份出現的。而演員呈獻給觀眾的"自我"形象，並非純粹的呈自然狀態的演員本體，同時也是一個經過刻意塑造的藝術形象。那一個個理想的舞臺"自我"，富有強烈的時代氣息，與觀眾親密無間，熱情、高尚、美好，一面對觀眾的欣賞需要和藝術趣味給予滿足，一面對個別觀眾不正當的要求予以引導和匡正。這既是獨具匠心地塑造各類典型人物，同時也是兢兢業業地塑造著以求觀眾喜愛的"自我"。這就要求演員與觀眾共同進行藝術創造。良好的風度、台緣兒，是靠演員多方面的努力才得以顯現的，其中包括對健康的心智、高尚的情操、正確的審美觀、敏銳的觀察力和高超的藝術表現技巧，包括演員平日在台下的行爲操守等等的統一追求。正因爲如此，曲藝演員的說、唱、做，才能發揮出最理想的審美效應。

 | 384

曲藝中的"手眼身法步"是什麼意思？

手眼身法步，本是戲曲表演藝術的五種技法，亦稱"五法"。手，指各種手勢動作；眼，指各種眼神表情；身，指各種身段工架；步，指各種形式的臺步；法，則總指上述幾種表演藝術的規程和法則。而"唱做念打"四種表演要素與"手眼身法步"五種技法合在一起，則總稱爲"四功五法"，是戲曲演員的基本藝術修養。而曲藝中的"手眼身法步"與之基本類似，一代山東快書名家高元鈞（1916～1993）曾對其做出總結與具體要求，合轍押韻，通俗易懂：

> 手：伸手眼要疾，出入胸前抵，雙手同時舞，二肘稍彎曲。
> 眼：視物如翻掌，隱假不露虛，遠望有真境，近看似釣魚。
> 身：挺身立如松，體態避彎曲，往返面向外，周身成一體。
> 法：欲動先要靜，視高先襯低，欲進先後退，指東先畫西。
> 步：抬腿無須高，最怕碎步移，停步如山穩，行動分男女。

| 385

曲藝裏常說的"綱鑒"是什麼意思？

綱鑒是指從女媧煉石補天、三皇五帝唱到明清歷朝歷代，通篇講述中國史話，穿插神話、傳說、歷史人物故事。因說書人水準不同，掌握知識多寡不同，因此演唱內容的詳略也不盡相同。這類曲目詞句文雅，但琅琅上口，有藝諺云"學會大綱鑒，歷朝歷代唱一遍"。比如以下這首由求轍的綱鑒：

古往今來幾千秋，

這期間，龍爭虎鬥不斷頭。

先有三皇後五帝，

堯舜禹湯夏商周。

大周朝坐了八百載，

引出五霸七雄鬧春秋。

秦始皇併吞六國興人馬，

統一中原滅諸侯。

傳二世胡亥無道萬民怨，

才引起楚漢分兵取帝都。

漢高祖平秦滅楚成一統，

西漢江山相傳二百秋。

十二代平帝無能王莽篡，

漢劉秀南陽訪將到處遊。

十二年訪來二十八員將，

雲台剷莽報冤仇。

光武帝遷都洛陽為東漢，

東漢又坐二百秋。

到後來，三國鼎立分天下，

爭王奪位無盡頭。

曹孟德獨霸中原稱魁首，

孫仲謀虎踞龍盤號東吳。

唯有那失時落魄的漢劉備，

身如浮萍到處遊。

徐元直走馬薦諸葛，

劉玄德三顧茅廬把賢求。

先取荊州為根本，

後攻劉璋取成都。

那時節三國成了鼎足勢，

司馬篡位才把三國收。

登基改為東西晉，

又分出宋齊梁陳周。

隋楊堅掃平群雄成一統，

傳二世楊廣無道下揚州。

五花棒打死昏君隋煬帝，

晉陽宮李淵起義又出頭。

大唐家二十代傳坐三百載，

又出了後梁後唐與後周。

周世宗柴榮反被奸賊害，

趙匡胤陳橋兵變滅後周。

從此國號稱大宋，

三百年宋室江山亂不休。

北九帝來南九帝，

北坐汴梁南坐臨安州。

忽必烈滅宋即了位，

元朝江山開了頭。

十一帝共坐九十載，

一統江山被洪武收。

朱元璋開拓明天下，

坐了二百八十秋。

到了崇禎朱由檢，

兵荒馬亂不斷頭。

陝西出了個闖王將，

舉旗造反打京都。

煤山上吊死崇禎帝，

吳三桂才把清兵求。

清兵入關如潮水，

李自成倉皇逃走無處投。

老順治駕坐北京安天下，

大清朝延續二百八十秋。

辛亥年孫文起首鬧革命，

幾千年封建王朝從此休。

 | 386

什麼是曲藝中的"現掛"？

所謂現掛，指曲藝演員根據演出的實際情況，在適宜的情境聯繫當時當地發生的事件，現場即興發揮，從而收取意想不到且火爆的藝術效果；在相聲藝術中，也叫"抓哏"。現掛是演員反應機敏、幽默感強的具體表現，是曲藝表演中重要的組成部分。一般來說，現掛用於鋪墊環境、營造氣氛及場上發生意外事故時。現掛能夠平息或制止現場有可能出現的尷尬或騷亂，體現相聲演員隨機應變的聰明才智，一般喜劇效果都比較強烈。

比如2000年在慶祝侯耀文、石富寬合作三十五周年相聲專場中，相聲名家常寶華巧使現掛。當時輪到常寶華與師勝傑合作表演，但主持人在報幕時誤將常寶華說成常寶霆，常寶華一上來就說："沒事沒事，名字只是個代號，不叫二百五就行。"觀眾大笑。師勝傑緊接著說："您把小名兒都告訴大夥了。"觀眾笑得更開心了，掌聲、叫好聲四起。沒想到常寶華繼續翻包袱："你說你壞不壞，可遺憾的是我跟你爸爸一個小名。"最後，沒占到任何便宜的師勝傑自言自語，無可奈何地"嘟囔"了一句："老前輩，一句不讓啊。"一個小失誤卻引發出三個包袱，足見現掛的精彩魅力。

現掛是一種與現場聽眾或觀眾即時交流，引發其審美共鳴的主要藝術方法，能夠打通表現對象與接受對象之間的審美壁壘，在藝術和現實之間架起審美要求的橋樑。這種審美溝通的直接運作，只能而且必須借助笑的方式，即喜劇性創造，在機智的類比與輕鬆的調侃中巧妙實現，通過引發聽眾或觀眾會意的笑聲來完成藝術的審美創造。

 | 387

"白沙撒字"指的是什麼？

舊時曲藝演出習俗，行話叫"戳朵"。相聲大師侯寶林曾考證：宋朝有"沙書改字"、"沙書改畫"，顧名思義很可能就是"白沙撒字"（一說"白沙灑字"）。宋朝還有"地謎"、"商謎"，也是在地上用沙子書寫。而相聲藝人在表演時，左手提著一個白沙子布袋，右手從布袋裏抓一把沙子，用握著沙子的手當漏斗，把沙子漏下去成字。一般先用沙子在地上畫一個圈，藝人站在圈內，觀眾站在圈外，這就是"畫鍋"。最後再用白沙撒字。

白沙撒字最早始於清朝咸豐年間，相聲藝人朱紹文（藝名"窮不怕"）慣用此技法。他每天隨身必攜帶一把笤帚、一副竹板和一個小布口袋，袋內裝有白沙（漢白玉粉末）。表演時，以地爲紙，以沙爲墨，右手撒字，左手擊打竹板，口唱太平歌詞。比如在寫"容"字時這樣唱道：

小小的筆管空又空，能工巧匠把它造成。渴了來喝硯瓦水，悶了來花箋紙上任意縱橫。先寫一撇不成個字，後添一捺把"人"字成。"人"字頭上添兩點兒念個"火"，大火燒身最無情。"火"字頭上添寶蓋兒念個"災"字，災禍臨身罪不輕。"災"字兒底下添個"口"念個"容"字，勸諸位得容人處且把人容。

侯寶林白沙撒字

唱詞通俗易懂，曲調悠揚悅耳。唱畢，字也撒好，觀眾也圍滿了。這時，朱紹文再根據字意談古論今說笑話，演出效果上佳。據說，他能撒出一丈二的大字，如"虎"、"福"、"壽"等。字是空心的，這種寫法即為"雙筆勾"。因為他有文化基礎，所以撒出的行書筆鋒遒勁，很見功底。最後，他還要撒一副對聯，常撒"畫上荷花和尚畫，書臨漢書翰林書"。這副對聯不僅對仗工整，而且正念倒念字音相同，頗有趣味。

由朱紹文創立的白沙撒字技法為一代代相聲藝人所用，流傳至今。有的藝人用白沙撒字既是吸引觀眾，同時也為自己要說的段子作鋪墊。後來直到藝人從撂地轉入雜耍園子，這個習俗才隨著演出場所的改變而漸漸消亡。值得一提的是，侯寶林在世時，曾為電視臺專門錄製白沙撒字的節目，使很多相聲愛好者得以一窺白沙撒字之廬山真面。

 | 388

什麼是曲藝中的"發托賣像"？

原是雙簧術語，指後臉兒演員在說唱的同時，前臉兒演員仿學其動作口型。後逐漸延展到整個曲藝領域，引申爲演員在表演時要惟妙惟肖，通過喜怒哀樂刻畫出生旦淨末丑的藝術形象，這種表演手段和形式就是"發托賣像"。目前，在表演相聲、評書等節目時對演員發托賣像的要求更爲嚴格。

 | 389

什麼是雙簧？

雙簧，也稱雙黃。它是一種一人用形體表演，一人用聲音說唱，合二爲一，以假亂眞的藝術形式。曾有一副對聯描述雙簧表演的惟妙惟肖："假說眞學彷彿一個，前演後唱喉嚨兩條。"

雙簧誕生於清朝末年。據說慈禧太后當權時，經常把著名戲曲曲藝藝人叫到宮裏爲她表演，其中有個八角鼓藝人黃輔臣，很受賞識。一次，慈禧傳黃輔臣到內廷演出，正趕上他鬧嗓子病，可又不敢不去，於是帶兒子一起進宮。上場時，老黃彈弦子做面，小黃藏在椅子後面演唱做裏。不想被慈禧看穿了，開始很生氣，可再一見父子配合得天衣無縫、妙趣橫生，不但沒有怪罪，反而開玩笑說："你們這是雙黃啊！"從此誕生了這樣一種藝術形式——雙黃（據說後來爲了與京劇二黃相區別，改爲雙簧）。

目前雙簧多由相聲演員兼演。甲化裝在前，模擬動作口形，一般稱爲前臉兒；乙隱藏在後，或說或唱，一般稱爲後臉兒。表演雙簧時必須有場面桌和椅子，道具除了醒木、手帕、摺扇之外，還有一個演雙簧專用的頭飾：套在頭上的小辮兒，一般都用繩圈拴一個小圓托，上連一根衝天杵獨辮兒。演員上場時一般先用相聲墊話鋪場，甲逗乙捧，然後正式表演雙簧。前臉兒坐在桌後椅子上，一拍醒木，後臉兒即開始說唱，前臉兒學其動作口型。表演一小段後故意露出破綻抓笑料，此時甲站起離桌露出乙，二人插科打諢幾句後再進行表演。如此往復幾次，最後以一個大包袱作底結束。

以雙簧享譽曲壇的名家有"大狗熊"孫寶才、王文祿、顧榮甫、戶福來等。

| 390

唱單弦用來伴奏的樂器八角鼓有何含義？

八角鼓

八角鼓盛行於清初，演奏岔曲時所用之八角鼓，其八角即暗示八旗之意；其鼓旁所繫雙穗，分為兩色，一為黃色，一為杏黃色，其意繫左右兩翼；至於鼓之三角，每角上鑲嵌銅山，總揆其意即三八二十四旗也。惟八角鼓只是一面有皮，一面無皮且無把，意指內、外蒙古，鼓無柄把，取意永罷干戈。八角鼓之八部，分為乾、坎、艮、震、巽、離、坤、兌，由此八卦中分其歌曲之藝術為八樣，即吹、打、彈、拉、說、學、逗、唱。

 | 391

傳統曲目《花唱繞口令》中的"花唱"是什麼意思？

1954年，西河大鼓名家馬增芬（1921～1987）將傳統相聲曲目《十八愁繞口令》整理成西河大鼓曲詞演唱，原相聲中不同的繞口令共有十六段，整理時精選其中活潑有趣的七段加工成西河大鼓曲詞表演，並改名為《花唱繞口令》，此後快板等曲種也有所借鑒。這七段繞口令依次是：1."六十六歲劉老六"，油求轍；2."十道兒黑"，灰堆轍；3."出前門往正南"，言前轍；4."板凳寬扁擔長"，江洋轍；5."姐妹二人去逛燈"，中東轍；6."高高山上小廟兒"，遙條轍；7."閒來沒事兒出城西"，一七轍。七段繞口令選用七種轍韻，這種唱詞轍韻的結構被稱為"花轍"，因此在標題上稱做"花唱"。

| 392

評書研究會公佈的29種可以說演的評書包括哪些？

評書研究會是民國初由北京評書演員發起成立的評書研究團體，會員皆爲北京評書演員，老藝人雙厚坪被推舉爲會長。1916年，潘誠立（1872～1929）繼任會長。1919年，該會改組爲同業公會性質的評書協會，會長仍爲潘誠立。評書研究會成立後，經常召集會員舉辦業務活動，促進了評書界同仁的團結。爲適應社會潮流，對歷來流行的眾多書目進行了甄別，曾公佈"可以演述可以加以改正的評書"29種：

長槍袍帶書：《大周興隆傳》（又名《封神榜》）、《西漢》、《東漢》、《三國》、《列國》、《隋唐》、《薛家將》、《飛龍傳》（又名《五代殘唐》）、《楊家將》（又名《倒馬金槍傳》）、《高家將》（又名《十粒金丹》）、《精忠說岳》、《明英烈》、《鐵冠圖》（又名《明清演義》）；短打公案書：《粉妝樓》、《大宋八義》、《宏碧緣》、《明清八義》、《永慶升平》、《三俠劍》、《彭公案》、《施公案》、《于公案》、《包公案》、《小五義》、《水滸傳》、《兒女英雄傳》；佛學神怪書：《濟公傳》、《西遊記》；談狐說鬼愛情書：《聊齋》。後又追加一種短打公案書：《雍正劍俠圖》。

 | 393

相聲藝術風格之"帥、賣、怪、壞"是何含義？

所謂"帥"，指藝術風格瀟灑俊逸，自然大方，予人高雅脫俗之感。無論演員表演傳統曲目還是新作品，都應當追求這種高格調、高層次的藝術境界。帥雖然表現爲舞臺風度和藝術風格，卻能反映演員的基本素養。

所謂"賣"，指藝術風格火爆潑辣，神完氣足，予人飽滿熱烈之感。相聲作爲喜劇風格濃郁的藝術，取得熾烈的演出效果，體現出"賣"的風格，這並不困難，關鍵要求演員做到不溫不火，從容掌握火候，掌控節奏，既追求火爆潑辣，又保持凝煉含蓄；既予人充分的藝術滿足，又能取得回味悠長之效果。

侯寶林、郭啓儒《關公戰秦瓊》

所謂"怪"，指藝術風格標新立異，獨樹一幟，予人創新奇巧之感。"怪"，絕非擠眉弄眼，低級趣味，而是刻意求新，出奇制勝。它不是隨意性的產物，而是創造性的結晶。

所謂"壞"，不能按照字面意思解釋，而有其特殊含義，指藝術風格靈動狡黠，劍走偏鋒，予人聰慧機智之感。這種特殊含義的"壞"與"拙"相對立，貴在自然，往往會製造出大出意料之外，又在情理之中，令人拍案叫絕的藝術效果。

 394

西河大鼓中的"三碗醬"指的是什麼？

"三碗醬"是一句戲言，借"醬"與"將"諧音，代指西河大鼓書最經典的三部長篇：《楊家將》、《呼家將》和《薛家將》。

《楊家將》的故事自明清以來就廣為流傳。西河大鼓《楊家將》經過歷代藝人不斷修改完善、整理續編，成為流傳最廣的一部看家書。一般從楊七郎打擂開書，到大破天門陣結束。後來藝人又敷衍編纂出《楊家將前傳》以及《楊宗保征西》、《小五虎演義》等，一直延續出楊家九代的故事，但還是以《楊家將》為核心，流傳最廣。楊家九代的故事內容梗概大致如下：

1.《火山王楊袞》：頭代英雄楊袞武藝高強，自立為火山王。扶後漢戰遼邦立下戰功後，因識破劉知遠不是明君，棄官歸家，仍為火山王。

2.《金刀楊令公》：二代英雄楊繼業，娶妻佘賽花（後來的佘太君），叛漢歸宋，率七郎八虎下幽州，大戰金沙灘。因奸臣潘仁美陷害，兵敗兩狼山，碰李陵碑而死。

3.《楊六郎征遼》：三代英雄六郎楊延昭回京狀告潘仁美，呼延丕顯十二歲下邊庭捉拿潘仁美，宋太宗調寇准進京審潘楊訟，寇准假扮陰曹審明此案，潘仁美被罷官。楊六郎於黑松林假扮響馬殺死潘賊，隱歸家中。遼邦犯境，寇准背靴探地穴，六郎掛帥，收孟良、焦贊，打敗遼兵。內奸王強設計加害，六郎被發配雲南，結識好友任炳。王強陷害六郎，任炳代死。楊六郎假冒任炳赴北國販牛，爲寇准識破，官復原職，大擺牯牛陣，出奇制勝。後有孟良盜馬得刀、穆桂英大破天門陣、楊宗英下山等故事。結局是孟良北國盜骨，誤傷焦贊，楊六郎悲痛身亡，是爲三義歸天。

4.《楊宗保征西》：講四代英雄楊宗保征討西夏的故事。

5.《楊文廣三下南唐》（又名《呼楊合兵》）：講五代英雄楊文廣征討南唐的故事，包括楊金花奪帥印、呼延雲飛助戰、智救少八王、平滅南唐等情節。

6.《小五虎演義》（又名《楊懷玉征西》）：六代英雄玉面虎楊懷玉與震京虎呼延雲飛、都興虎孟通江、臥街虎焦通海、金毛虎高英等小五虎征西，打敗西夏等三國兵馬，救出穆桂英，楊文廣戰死沙場。

7.《楊士瀚掃北》：講七代英雄楊士瀚打傷人命，逃出京城，入山學藝，下山救駕，大戰洪飛掛帥掃北的故事。

8.《小將楊金豹》（又名《大鬧金陵府》）：講佘太君辭朝，全家歸西寧，中途被困，八代英雄楊金豹下山解圍，認祖歸宗的故事。

9.《楊再興尋父》：楊金豹征南未歸，奸臣張邦昌誣告楊金豹投敵，宋徽宗傳旨殺楊家滿門。太師李綱送信，楊金豹夫人攜子楊再興逃出京城，於九龍山巧遇玉面小霸王周士登。周是楊金豹的好友。他們同往雲南，得貴陽趙檢幫助，打敗安安王，解楚雄府之圍，楊金豹父子團圓。父子歸京後，楊金豹病故，楊再興投入抗金大軍。

10.《小將楊滿堂》：西夏興兵侵犯南宋，朝廷派人請楊家將帶兵退敵。佘太君爲保存楊家後代，不願出兵，十代英雄楊滿堂私逃出門，不料在前線被擒。佘太君帶楊排風等救出楊滿堂，打退敵兵，得勝還朝。

《呼家將》，又名《金鞭記》、《肉丘墳》、《呼延慶出世》、《呼延慶打擂》等。說的是北宋時期，奸臣龐文陷害忠良，殺死呼延丕顯全家一百餘口，埋入肉丘墳。呼延守用、守信兄弟逃出。呼延守用在大王莊招親，娶妻王鳳英。不久呼延守用又逃往北國，娶公主蕭賽紅，當了駙馬。王鳳英生一子取名呼延慶。呼延慶十二歲時知道自己是呼門之後，與孟強、焦玉進京，三上肉丘墳，大鬧東京城。呼延慶打擂，打死歐子英。後來遇叔父呼延守信及兄弟呼延平。呼延慶北國尋父，借來六國兵馬，蕭賽紅助陣，兵伐東京，為國除奸。時逢西夏犯邊，皇上命呼延慶掛帥西征，蕭賽紅攻打剪子口（一說剪子峪），大軍得勝還朝，拿住龐文，報仇雪恨。

《薛家將》，內容包括《薛仁貴征東》、《回唐傳》、《薛仁貴征西》、《薛剛反唐》等。因為敘述的是薛仁貴、薛丁山、薛剛等幾代英雄的故事，所以演出時，既可獨立成章，也可籠統稱之為《薛家將》。

1.《薛仁貴征東》：唐王李世民征東，時有山西龍門薛仁貴投軍，主帥張士貴壓制人才，只令其當夥頭軍。薛仁貴愛穿白袍，屢建戰功，均被張士貴記在其婿何宗憲名下。薛仁貴三箭定天山，淤泥河救駕有功，被唐王封為元帥，大破摩天嶺，打敗遼將蓋蘇文，得勝還朝。唐王加封薛仁貴為平遼王，斬張士貴。

2.《回唐傳》（又名《三請薛仁貴》）：薛仁貴回龍門縣探親，路過汾河灣，見一猛虎要傷射雁少年。薛仁貴箭射猛虎，誤中少年，猛虎叼少年而去。薛仁貴到家方知遇難少年是其子丁山。皇叔李道宗因舅兄張士貴被斬，懷恨薛仁貴，設計將薛仁貴騙入宮中灌醉，抬至公主床上，公主羞憤自盡。李道宗誣告薛仁貴，唐王大怒，欲斬薛，經群臣保奏，押入天牢。西突厥興兵犯境，朝無良將，經徐茂功保奏，唐王方命薛仁貴戴罪征西。

3.《薛仁貴征西》（又名《大西唐》、《三請樊梨花》）：薛仁貴征西，連破三關，初戰告捷。薛丁山為王禪老祖所救，奉師命下山投軍認父，被命為先鋒。丁山於寒江關收梨山聖母之徒樊梨花為妻。樊原許突厥大將楊凡為妻，後一心要嫁丁山，薛對樊行為有疑，三趕樊梨花。後來薛仁貴在白虎關陣亡，薛丁山三請樊梨花，劍斬楊凡，夫妻重歸於好。

4.《薛剛反唐》：樊梨花得勝還朝，被封為威寧侯。後生下四子：勇、猛、剛、強。三子通城虎薛剛元宵佳節大鬧花燈，誤傷太子，嚇死皇上李治，武則天稱帝，改國號為周，殺死薛家滿門，埋入鐵丘墳。薛剛逃出京城，收紀鸞英為妻，生子薛葵。後於九焰山聚義，兵伐長安，打開鐵丘墳，嚇死武則天，笑死程咬金。李旦登基復唐。

| 395

評書中常說的"八大錘"都有誰？

所謂"八大錘"，指評書中常常出現使錘的大將，一般是四員，分別手使擂鼓甕金、梅花亮銀、青銅倭瓜、鑌鐵軋油八柄錘。在很多評書中，都有"八大錘"式的人物，比較重要且知名的有以下這些：

《東漢》中的八大錘：金錘朱剛、銀錘盧方、銅錘魏致、鐵錘朱柔。

《隋唐》中的八大錘：金錘李元霸、銀錘裴元慶、銅錘秦用、鐵錘梁師泰。

《薛剛反唐》中的八大錘：金錘薛葵、銀錘白文豹、銅錘秦文、鐵錘熊天慶。

《精忠說岳》中的八大錘：金錘岳雲、銀錘嚴成方、銅錘何元慶、鐵錘狄雷。

《明英烈》中的八大錘：金錘朱沐英、銀錘李文忠、銅錘劉輔、鐵錘趙繼祖。

 | 396

"八大棍兒"指的是什麼？

這是目前相聲中常用的一個術語。關於這個詞的來歷，有幾種說法。

第一種，指八部長篇單口相聲，包括《君臣鬥》、《碩二爺跑車》、《大小九頭案》、《解學士》、《張廣泰回家》、《馬壽出世》、《宋金剛押寶》、《康熙私訪月明樓》等八段，其中後四段出自評書《永慶升平》。但究竟八大棍兒指的是哪八部長篇單口相聲，說法很多，其他如《古董王》、《張雙喜》、《賊鬼奪刀》，以及後來的《槍斃劉漢臣》、《白宗巍墜樓》等，也可以納入其中。這樣一來，八大棍兒就不止八段了。所以，這種說法是將八大棍兒理解為長篇單口相聲的統稱，"八"不過是一種泛指。

第二種，八大棍兒應為吧嗒棍兒。吧嗒棍兒指的是短篇評書，以短小精悍、情節跌宕見長。《江湖叢談》裏對它的定義就是"說短期的三五日有拿手能攏座兒的書"。這恰恰與長篇單口相聲的特點相吻合，於是吧嗒棍兒這個詞被引入到相聲中，後來由於訛傳，就成為八大棍兒。

　　第三種，據天津相聲名家李伯祥介紹，八大棍兒的說法源自清後期北京城中的賭博場所，也就是通常說的"寶局"。快板名篇《諸葛亮押寶》裏就曾經描寫過寶局裏賭博的混亂場景。而所謂"久賭無贏家"，有些輸紅了眼的賭徒就鋌而走險，到寶局裏"耍橫"、"立棍兒"。其中一種極端的"立棍兒"方法就是"跳寶案子"。來人躺在賭桌上，雙手護住頭及要害部位，微屈身體成半弓形，這時寶局老闆就要按照江湖規矩辦事，"請"出鎮局之寶——一根三尺多長的粗木棍，向此人身上隨便擊打，可以致殘，但絕不允許把人打死。而這根粗木棍有一個專用名稱，即八大棍兒，這在當時是一個頗具傳奇色彩的名詞。早期的長篇單口相聲《宋金剛押寶》、《馬壽出世》、《張廣泰回家》、《康熙私訪月明樓》等，都涉及到粗木棍或者有關寶局的內容，因此相聲藝人就把這樣的作品稱做八大棍兒。後來，《白宗巍墜樓》、《解學士》、《落榜豔遇》、《雙槐樹》等多篇單口相聲，內容雖未涉及寶局，但篇幅與原有的八大棍兒相似，故此也被藝人們統稱爲八大棍兒。這也是漢語中常見的一種詞義擴大的現象。

 | 397

相聲《八扇屏》與八扇屏風有關係嗎？

　　《八扇屏》是相聲傳統曲目，因"八"在行話中爲"掌"，所以又名《掌扇兒》。"八扇屏"是八扇屏風的簡稱。在清代，屏風是官宦人家放在大廳裏擋風或是作爲屏障的傢俱，一般都是硬木框兒絹裱的芯兒，共八扇，每扇都畫有歷史人物故事，或寫詩詞歌賦。《八扇屏》運用貫口手法，由甲簡明扼要地介紹畫屏上某些歷史人物的主要事蹟後，揶揄乙無法與古人相比，從而找出笑料。每段貫口中有褒有貶，如稱滅紂興周的姜子牙是"漁人"，楚霸王項羽是有勇無謀的"渾人"，三國蜀將張飛是"莽撞人"，三國吳大夫魯肅是"忠厚人"，三國周瑜、孔融和北宋文彥博、司馬光等是"小孩子"，隋煬帝楊廣"不是人"，唐初名將尉遲恭是"粗魯人"，宋太祖趙匡胤的軍師苗廣義是"江湖人"，北宋名臣寇准是"鄉下人"，南宋岳飛帳下參謀王佐是"苦人"等等。這些人物都來自膾炙人口的古典小說，也是評書藝人口中津津樂道的形象。早年演出此曲目時，要說上八段不同內容的故事；自20世紀40年代以來，由於時間限制，演員一般只從上述故事中選擇兩到三種來表演。

 │ 398

"文怕《文章會》，武怕《大保鏢》"是什麼意思？

京劇裏有一句話，"男怕《夜奔》，女怕《思凡》"，指的是京劇裏最難演的兩齣戲。而相聲裏也有類似的說法，就是"文怕《文章會》，武怕《大保鏢》"。這是兩段很吃功夫的傳統相聲。過去講究說相聲不能使《文章會》，不會使《大保鏢》的，拿不了整份兒錢，可見其難度和功力。最早它們本是一個段子，《文章會》是作為《大保鏢》的墊話出現的，習文不行，這才棄文學武。後來為適應劇場演出的需要，才逐漸發展成為兩段相聲。在《文章會》中，有大量涉及中國傳統文化的貫口，表演時頗能顯現演員的功底；在《大保鏢》中，有許多習練拳腳棍棒的武術行話口訣，並需要演員模仿武術招式，因此這兩段相聲常被用來考核相聲演員一"文"一"武"的表演水準。

 │ 399

相聲中常說的"砍牛頭"是怎麼回事？

20世紀20年代，相聲藝人李德錫與周德山合說相聲，李逗周捧。一次，二人赴天津演出，說的是對口相聲《大保鏢》，這段相聲本應該這樣收底：

> 甲：我一抱腦袋，摸著雙刀啦。趕緊抻出雙刀，左腳踹鐙，牛打盤旋，賊人的棍打空啦。我左手剪住賊人的腕子，右手來了個海底撈月，噗的一聲，紅光迸現，鮮血直流，斗大的腦袋在地下亂滾……
>
> 乙：您把賊殺啦？
>
> 甲：我把牛宰啦！

不料那天演到這個地方，場子裏進來一個熟人，捧哏稍一走神兒，把逗哏的

"底"給說出來啦,說成:"您把牛宰啦?"見此,李德錫憑著豐富的舞臺經驗,轉身就走。周德山知道說錯了,忙問一句:"您幹嘛去?"李德錫扭頭回了一句:"我賣牛頭肉去!"因爲劇場門口常年有個賣牛頭肉的,生意紅火,盡人皆知,觀眾聯想至此,不由哄然大笑。而李德錫此舉不但彌補了捧哏的失誤,並產生了奇妙的效果,受到前後臺的一致稱讚。

從此,相聲界又多了一句術語——砍牛頭。以後再有捧哏的刨"底",內行就稱之爲"砍牛頭"了。

 400

"相聲八德"指的是哪八位相聲藝人?

"相聲八德"是20世紀二三十年代活躍於京津一帶的八位著名相聲藝人,分別是:馬德祿、周德山、裕德隆、焦德海、劉德智、李德錫、李德祥、張德泉。

馬德祿(1882~1935),是相聲名家馬三立的父親。13歲隨恩緒學藝,後拜春長隆爲師,長期在京津一帶演出,深受觀眾歡迎。表演相聲注重刻畫人物,語言形象幽默,風格穩健細緻,既嚴謹紮實,又不失諧趣。1920年前後爲李德錫捧哏,頗爲李所倚重。代表作如《倭瓜鏢》、《粥挑子》,單口相聲《古董王》、《怯跟班》、《五興樓》、《君臣鬥》等。

周德山,藝名周蛤蟆,是馬三立的師父,師從範有緣。在他之前,相聲是撂地賣藝的營生,是他把相聲帶進了劇場。

裕德隆,"德"字輩大師兄,藝名瞪眼玉子,師從富有根。

焦德海(1878~1935),師從徐有祿。以說、學見長,臺風穩健,表情細膩,口齒清晰,語言幽默,在"相聲八德"中活路、見識較廣,功底較深。曾與李德錫連袂演出數年,互相切磋;後又長期同劉德智搭檔,聽眾戲稱之爲"焦溜(劉)",是當時捧逗俱佳、頗有影響的一對演員。代表作有《財迷回家》、《開粥廠》、《洋藥方》、《對對子》,單口相聲《五人義》、《假行家》、《吃餃子》等。收徒甚多,有張壽臣、于俊波、朱闊泉等。其子焦少海得其家傳,頗具功力。

　　劉德智（？～1952），師從徐有祿，是盧德俊帶拉培養的師弟。在焦德海猝然病故後，20世紀40年代曾在天橋說單口相聲，後參加啓明茶社相聲大會的演出。1950年參與創建北京相聲改進小組，被選爲副組長，積極投身於相聲改革工作。收徒郭啓儒等。

　　李德錫（1881～1926），藝名萬人迷，師從恩緒、徐有祿、富有根等。說相聲以“怪”著稱，說話甕聲甕氣卻吐字清楚，繃著臉慢慢抖包袱兒，因此有“冷面滑稽”之譽。曾與張德泉搭檔，捧逗和諧，相得益彰。像演《粥挑子》時，李逗張捧；演《豆腐堂會》時，張逗李捧。觀眾讚揚說：“相聲誰最棒？粥李豆腐張。”後與馬德祿、周德山等合作演出。代表作有《醋點燈》、《交租子》、《打燈謎》、《八扇屛》、《繞口令》，單口相聲《滿漢鬥》、《古董王》、《日遭三險》，群口相聲《扒馬褂》、《大審案》、《四字聯音》等。李德錫扶掖青年演員，不遺餘力，如張壽臣就曾受益匪淺。

　　李德祥，師從恩緒。

　　張德泉（？～1920），藝名張麻子，師從恩緒。常與李德錫同台表演，互爲捧逗，有“張諧李莊”之譽。二人一起創造或加工了《耍猴兒》、《交租子》、《洪羊洞》等曲目，表演的《對對子》、《賣對子》、《交租子》、《燈謎》曾由百代公司灌製唱片。

 ｜ **401**

有“淨街王”之譽的評書名家是誰？

　　王傑魁（1874～1958），23歲開始在北京說評書，拜王致廉爲師，得其親傳，專說《包公案》及其續書《小五義》、《續小五義》，是北京評書界“傑”字輩頂掌門戶的門長。他說書以說表細膩、慢而中聽、變換聲調塑造人物著稱。因爲熟悉平民百姓的生活，所以表現三街六市、五行八作及民間習俗頗有獨到之處，由此形成了他的流派特色。從20世紀30年代末至40年代末，他長年在北京一些商業電臺連續播講《包公案》，各商號的收音機爭相播放，行人趨集店前聆聽，街上嘈雜之聲頓消，故得“淨街王”之美譽。許多京劇演員都喜聽王傑魁的評書，著名武丑葉盛章改編《藏珍樓》、《徐良出世》、《智化盜冠》等劇碼，都是從王傑魁的評書中汲取到豐富的營養。

至王傑魁年事已高，極少登臺，所演說的《包公案》惟"三吃魚"片斷有記錄本保存，被收入《評書傳統作品選》一書。王傑魁收徒傅闊增等。

 | 402

被譽爲"評書大王"的是誰？

在清末民初北京各行藝人中，"京劇大王"譚鑫培、"評書大王"雙厚坪與"鼓界大王"劉寶全並稱"藝壇三絕"。

雙厚坪（？～1926），藝名雙文興。他擅說《隋唐》、《水滸》、《濟公傳》、《施公案》、《精忠傳》、《封神榜》等，有"雙記書鋪"之譽。雙厚坪說書，結構嚴整，形象生動。他熟知北京的五行八作、市俗民風和社會各階層人物的心態，善於用語音聲態細膩真實地刻畫人物，聽來如聞其聲，如見其人；他能夠熟練地掌握評書"古事今說，佐以評論"的藝術特色，用幽默雋永的"活口"敷衍書外書，冷嘲熱諷，針砭時弊。

雙厚坪說《隋唐》，曾留下一段"雙厚坪說賣馬，半個月不撒馬嚼環"的趣聞。據說有一次雙厚坪說到秦瓊賣馬，老聽客、皇宮大總管劉德泰恰好要去天津辦事，不能繼續聽，深以爲憾。雙厚坪說："這麼著吧！您去辦您的事，這'馬'我給您留著。"劉德泰一走，他便由馬說起，引申發揮，另辟旁枝，講典故，扯市井人情，聽眾愛聽，書館仍然座無虛席。半個月後，劉德泰回京直奔書館。見他進門，雙厚坪一拍醒木停書了。劉德泰問："這'馬'怎樣啊？"雙厚坪說："沒賣！"由此可見其說書功力之一斑。

雙厚坪說《水滸》，在說到殺嫂一段時，武松邀請四鄰，他說四鄰是酒、色、財、氣四家，各有所好。從開酒鋪的第一家，便說起清末崇文門外的十八家酒店，大街上的大酒缸、黃酒館子，胡同裏的小酒鋪，以及販賣私酒的如何半夜過城，兌水摻假，喝醉了的酒客怎樣撒酒瘋，並引出《貴妃醉酒》、《醉打山門》等京劇。第二家色，是妓院，由此說起北京妓院的裏裏外外。第三家財，是賭局，由此說起押寶、搖攤、推牌九、鬥紙牌、打麻將、擲骰子和"腥賭"（賭博騙局）。第四家氣，是一位掛著"善觀氣色"招牌的相面先生，由此談到算卦、批八字、燈下術、揣骨等命相之術。洋洋灑灑，諧趣環生。

雙厚坪說《濟公傳》，也與一般說法不同，由濟公降生說到九僧搶韓殿、西天朝佛繳法旨爲止，故事完全，獨成一家。像濟公三探娘舅爲三大節書，以探娘舅爲染塵緣，每探一次娘舅即受一次魔災，中間穿插小西天、五雲陣、搶韓殿等幾個大柁子。說到八魔煉濟顛時，譬喻百端，妙緒頗多。連闊如在《江湖叢談》中稱雙厚坪說此書"發托賣像，形容最好，當場抓哏，詼諧百出"。

雙厚坪有弟子楊雲清、海文泉等。

 | 403

被譽爲"鼓界大王"的是誰？

"鼓界大王"指一代京韻大鼓名宿劉寶全。

劉寶全（1869～1942），自幼習唱木板大鼓（俗稱怯大鼓），後綜合各家唱腔之長，並將京劇、河北梆子、石韻、蓮花落、馬頭調等表現手法熔冶到京韻大鼓的唱腔和表演之中，他創造的唱腔既剛勁又華美，既莊重又俏皮，有時借鑒京劇老生的唱法，眞嗓假嗓兼用，同時還完善了似說似唱、說唱交融的演唱方法。1920年，劉寶全被時人譽爲"鼓界大王"，其大鼓藝術被稱做"劉派"。至20世紀30年代初，他在藝術上已達到爐火純青的境界。1938年某期《半月戲劇》曾有人著文讚揚他演唱的《單刀會》：

……精神活潑，音調鏗鏘，表情尤細膩周密，拔高時清脆流利，如長空鶴唳；走低時圓渾灑脫，如玉盤走珠。狀關壯繆莊嚴肅穆，表魯子敬矩謹誠厚，不特臉上指上有戲，即眉目腰腿兩足間，亦無一不有戲情溢露。迨轉入快板以後，佳腔更多，忽而疏朗，忽而緊張，忽而幽靜，忽而激昂，忽而如春波蕩漾，忽而如江潮怒吼，忽而如婺婦泣訴，忽而如萬馬奔騰。妙在不促不滯，不慌不忙，抑揚頓挫，徐疾有致，歷時凡四十分鐘絕無些微氣喘衰頹之像。以一古稀老叟，居然勝任此渾身費力之繁劇工作，實屬難能可貴……

劉寶全

劉寶全劉寶全另有三大絕藝，即彈琵琶、唱石韻、唱馬頭調，以此豐富並提高了京韻大鼓藝術。

劉寶全一生演唱的京韻大鼓曲目共計34段，灌製的京韻大鼓唱片有27張，中央人民廣播電臺存有全部唱片錄音。其中1939年上海中華影業公司曾將他演唱的《寧武關》拍攝成舞臺紀錄影片，得以留下珍貴的影像資料。

劉寶全正式收徒五人，即白鳳鳴、譚鳳元、常旭久、鍾德海、韓德榮。

中國人應知的

國學常識 ②

The Knowledge
of Chinese

文化典籍

中國人應知的
國學常識② 文化典籍

  404

何謂韋編三絕？

　　這個成語是用來形容讀書刻苦勤奮的。"韋"是用於編連竹、木簡的熟牛皮繩子，所以"韋編"在先秦兩漢時期也是書籍的代稱。"三"是約數，表示多次。我國魏晉以前的書，主要是以竹、木片為書寫材料的，每一根竹、木片稱為"簡"，用火烘乾後在上面寫字。竹、木簡有一定的長度和寬度，一根竹、木簡只能寫一行字，多則幾十個，這樣一篇文章就要用許多根竹、木簡，這些竹、木簡必須用牢固的繩子編連起來才便於閱讀。像《易》這樣的書，當然是由許許多多竹、木簡編連起來的。所以《史記·孔子世家》記載："孔子晚而喜《易》……讀《易》，韋編三絕。曰：'假我數年，若是，我於《易》則彬彬矣。'"

  405

史書為何又稱為"汗青"？

　　南宋詩人文天祥《過零丁洋》詩寫道："人生自古誰無死，留取丹心照汗青。"這裏的"汗青"，就是史書的意思。史書為何又稱為"汗青"呢？這與我國古代的書寫材料有著密切的關係。我國古代在紙張沒有普及之前，人們用於書寫的主要材料是竹、木簡。書寫前，要先將竹簡放在火上烤，去掉水分，再刮去竹青部分，這個程序就稱為"汗青"。乾後的竹簡，既容易書寫而且不易生蟲。後來，人們用書寫材料代稱書寫結果，就用"汗青"來代稱著作了，後來特指史冊。平時人們在將要做完一件事情時，往往說要"殺青"了，這也和古代書寫用的竹簡有關。古代著書，每一篇文章或一本書的草稿往往先寫在青竹的表皮上，青竹的表皮比較光滑，需要修改時，很容易將原來的字跡擦掉。待定稿後，再削去青皮，書於竹白，謂之"殺青"。所以後來人們習慣稱著作定稿爲殺青。

406

什麼是卷子？

卷子也稱"卷軸"，是中國古代的一種書籍裝訂樣式。卷軸裝是由簡策卷成一束的裝訂形式演變而來的。開始於漢，主要盛行於魏晉南北朝至隋、唐時期。縑帛的書，文章是直接寫在縑帛上的，爲了便於閱覽和存放，通常都在卷末裝上一根竹、木或其他材料製成的小棍，小棍的兩頭稍長於書卷，猶如車軸一樣，然後以小棍爲中軸向前翻卷，這樣既方便閱讀，又方便插架存放。由於紙與縑帛一樣都便於舒卷，所以紙寫本的書在出現之初，便也採用了與帛書相同的方法，先將紙張按需要黏成長卷，將軸黏在紙的一端，然後卷成一束，這就是卷軸裝。這種裝訂形式的書，又被稱作"卷子"或"手寫卷子"。爲使書的內容免受汙損，卷軸裝的卷首，一般都黏接一張

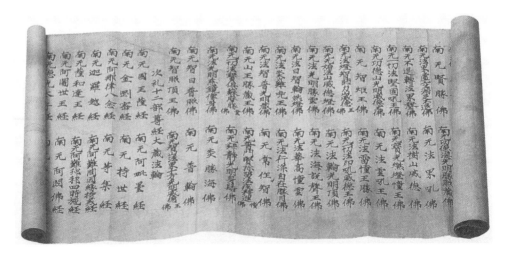

卷子

叫做"裱"的紙或絲織品。裱的質地堅韌，不寫字，主要起保護作用。這部分又稱爲"縹"、"玉池"，俗稱"包頭"。加縹之後，再繫上絲帶，以便於捆紮卷子。這種書籍裝訂形式在我國古代流行了數百年的時間，現存最早、有確切出版日期的卷子裝圖書，是868年採用木刻版印刷的《金剛經》。

 | 407

古書中篇目爲何稱爲"卷"？

篇和卷實際上都是我國古書的計量單位，但二者又有很大的區別：一般來說，篇與書籍內容的起訖有密切關係。如司馬遷的《史記》一百三十篇，是指從內容上《史記》分爲一百三十個單位；而卷最初時則是依據物質形態劃分的，竹木簡、帛書和卷子都是可以卷舒的書籍，所以以卷爲計量單位。早期書籍中，篇和卷是基本統一的。後來，隨著書籍裝訂形式的變化，二者出現了不對稱，有時一卷可以包括若干篇。書籍裝訂形式由卷子發展到冊頁之後，篇、卷、冊三者之間的差別就更明顯了。一般來說，冊頁書中一冊可以包含若干卷，一卷又可以包括若干篇。由於篇這一計量單位與書的內容密切相關，所以篇目對於一部書來說至爲重要，無論書籍的形態如何變化，篇都是基本不變的。而卷在書籍裝訂演變爲冊子之後，幾乎失去了實際的意義，書籍分卷也變成了一種傳統的習慣。冊就更具有隨意性了，厚薄也無規律可循。如明、清時期的刻本，一般一冊包括若干卷，每卷有幾十頁。分卷要照顧到內容的完整性，所以有時卷的長短差別很大，特殊情況下，一卷甚至僅有一頁。

 | 408

什麼是經折裝？

經折裝是中國古代的一種圖書裝訂方式，是在卷軸裝的形式上改造而來的。由於這種裝訂方式是受佛教貝葉經裝訂形式的啓示，所以又稱梵摺裝、梵夾裝，大約是在唐朝中後期出現的。隨著人們對書籍需求的增多，卷軸裝的許多弊端逐步暴露出來，如要檢閱卷軸裝書籍的中後部分時，也必須把整卷書從頭打開，看完後還要再捲起，十分麻煩。經折裝的出現大大方便了人們的閱讀，也便於取放。其方法就是把卷子長幅改作折疊，紙張仍是連接起來的長幅，但不是卷起來的，而是按一定寬度一反一正折疊成一長方形的冊子，成為書本形式，軸和縹都不需要，而是換成了兩塊大小與折紙一樣的硬紙板或薄木板，把摺子夾起來，成為從外表上看與梵夾一樣的形式。由於經折裝製作簡便，翻閱時省力省時，所以很快便推廣開來。宋代及其以後的佛經、道藏大多採用這種裝訂形式。

 409

什麼是旋風裝？

旋風裝是中國古代圖書的裝訂形式之一，它是由卷軸裝演變而來的，亦稱"旋風頁"，是我國書籍由卷軸裝向冊頁裝發展的早期過渡形式。唐代中期已經出現。關於旋風裝的形制，現在學術界還沒有統一的看法：一種意見認為，旋風裝是將經折裝的書再用一張紙的一半把書的第一頁黏起來，另一半把書的最後一頁黏起來，這樣整張紙就把書的第一頁和最後一頁連同書背一起包起來；另一種意見認為，旋風裝是抄書時，先一頁一頁地抄寫，再依次序像魚鱗一樣逐頁黏在一張卷軸式的底紙上，收卷時，書頁鱗次朝一個方向旋轉，宛如旋風，所以又稱為旋風卷子。展開時，書頁又如鱗狀有序排列，故又稱"龍鱗裝"。雖然有些分歧，但大致上這種裝訂形式捲起時從外表看與卷軸裝無異，它是由一長紙做底，首頁全幅裱貼在底上，從第二頁右側無字處用一紙條黏連在底上，其餘書頁逐頁向左黏在上一頁的底下。書頁鱗次相積，閱讀時從右向左逐頁翻閱，收藏時從卷首向卷尾捲起。現存故宮博物院唐朝吳彩鸞手寫的《唐韻》一書，用的就是這種裝訂形式。

410

什麼是蝴蝶裝？

　　蝴蝶裝是中國古書裝幀形式之一，它是由經折裝演變而來的。雕版印刷書籍出現以後，特別是宋代雕印書籍盛行以後，書籍生產方式發生巨大變化，必然引起書籍的裝幀方法和形式也相應地發生變化。雕印書籍要受版面制約，即每版只能雕印一定行款的字數，且通常都有邊欄、界行。這樣印出的書頁，都是以版為單位的單頁。這種書頁若是仍然沿用卷軸裝或經折裝，就必須先將書頁首尾黏連，且要設法去掉或掩蓋每頁的左右邊欄，勞力費時，極為不便，於是蝴蝶裝應運而生。蝴蝶裝又簡稱"蝶裝"、"黏頁"，它最早大約出現在唐朝後期，盛行於宋朝。其裝訂方法是：把書頁依照中縫，將印有文字的一面向裏對折起來，再以中縫為準，將全書各頁對齊，用糨糊黏附在另一包裝紙上，最後裁齊成冊。用"蝴蝶裝"裝訂成冊的書籍，翻閱起來冊頁就像蝴蝶的兩翼翻飛、飄舞，故名之為"蝴蝶裝"。五代時期雕版印刷的監本經書，就是用這種方式裝訂成冊的。

 411

什麼是包背裝？

　　包背裝是中國古代圖書的一種裝訂形式，興起於南宋後期，是由蝴蝶裝演化而來。雖然蝴蝶裝有很多方便之處，但也很不完善。因為文字面朝內，每翻閱兩頁的同時必須翻動兩空白頁，於是到了元朝，包背裝便取代了蝴蝶裝。包背裝與蝴蝶裝的主要區別是對折頁的文字面朝外，背向相對。兩頁版心的折口在書口處，所有折好的書頁，疊在一起，戳齊折扣，版心內側餘幅處用紙撚穿起來。用一張稍大於書頁的紙貼書背，從封面包到書脊和封底，然後裁齊餘邊，這樣一冊書就裝訂好了。包背裝的書籍除了文字頁是單面印刷，且又每兩頁書口處是相連的以外，其他特徵已經與今天的書籍非常相似了。由於包背裝的書口向外，豎放會磨損書口，所以一般是平放在書架上的。包背裝的圖書裝訂及使用，雖然較蝴蝶裝更方便，但由於裝訂手續仍較複雜，所以不久即被另一種裝訂形式——線裝所取代。

412

什麼是線裝？

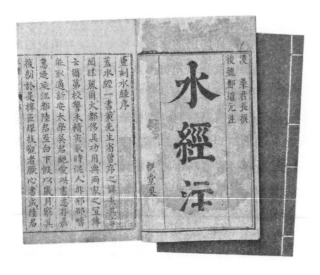

線裝書

線裝，也稱古線裝。這種書籍裝訂方式出現在包背裝盛行的14世紀的明朝中葉，是我國書籍裝訂技術史上第一次將零散頁張集中起來，用訂線方式穿聯成冊的裝訂方法。它的出現，表明我國的書籍裝訂技術進入了一個新的階段。其方法是：將原來包背裝的護葉由一張裹背改為前後兩張，不再包書背。裝訂時先訂紙撚，再上封皮，然後切齊，包角，再打眼上線。一般書籍是打四個裝訂眼，或者在書背上下兩角加打兩眼，成六眼裝。線裝一直沿用到清朝末年及民國時期，今天流行的平裝和精裝，是清朝中後期從西方傳入的。但直到現在，翻印古書，仍然多採用這種線裝的裝訂形式。

413

什麼是烏絲欄和朱絲欄？

烏絲欄和朱絲欄是古代抄書時於紙張上用墨筆或朱筆劃出的界格。起源於縑帛上下以烏絲或朱絲織成欄，其間用朱墨作爲界行的形式。帛書文字是由上而下書寫，每行字數不等，爲使各行文字書寫整齊，有時帛書仿照簡冊的原有界線，用朱筆或墨筆畫上界欄。如馬王堆漢墓出土的帛書《老子》，各行間就有用朱砂畫成的紅色界行。帛書的界欄，早期大多爲手畫，當帛書盛行以後，爲使用方便和美觀，於是有人用朱絲或黑絲事先在縑帛上織出界欄，如同今日稿紙，專門供書寫之用，後人稱之爲"朱絲欄"、"烏絲欄"。後來，也把有墨線格子的卷冊之類稱爲烏絲欄。如唐代蔣防的《霍小玉傳》中說："玉管之暇，雅好詩畫，筐箱筆研，皆王家之舊物。遂取繡囊，出越姬烏絲欄素縑三尺以授生。"欄有時又作"闌"、"襴"，如宋陸游《雪中懷成都》有"烏絲闌展新詩就，油壁車迎小獵歸"。有時也省作"烏絲"，如陸游《東窗遣興》中有"欲寫烏絲還懶去，詩名老去判悠悠"。

 | 414

什麼是手稿本？

已經寫定尚未付印的稱稿本，其中著書人手書的稿本稱手稿本。這種本子由於是作者親筆所寫，所以文中往往多有勾塗之處。但大多數情況下，都是作者寫完書稿後，請人謄清，這種本子叫清稿本。稿本謄清後，作者往往要進行校對，還會有少量的添改，添改處爲作者的手跡，同時稿本上還往往有作者的印鑒。

 | 415

什麼是抄本？

凡是手寫而非版印的書籍均稱爲抄本，抄本中字體尤爲工整漂亮者又稱爲寫本。現存最早的抄本書是西晉元康六年(296)寫的佛經殘卷。抄本中往往有十分罕見的古籍，尤其是一些著名的藏書樓如明朝毛晉汲古閣，清朝錢曾述古堂、鮑廷博知不足齋、黃丕烈士禮居、劉喜海味經書屋和近代劉承幹嘉業堂等，往往有自己專門的抄書稿紙，版心或欄外印有堂名，書中往往有校，有抄書題記，鈐有印記。抄本常因是

明抄本《聖政雜錄》

名家手跡、接近原稿、保存完整等原因，十分珍貴。如《聊齋志異》因原稿散失一半，而鑄雪齋抄本，保存篇章較多，因而它成為今天刊宋刻本《大唐西域記》書影印該書的主要依據。從紙格的顏色上，人們往往也將抄本分為紅格抄本、藍格抄本、黑格抄本，或稱朱絲欄、烏絲欄。一般來說，明朝人抄書多使用藍格，清朝人抄書多使用紅格和黑格。但也不能一概而論，在鑒別抄本時，要具體情況具體分析。

 | 416

什麼是刻本？

刻本是古代用雕版印刷方法印、裝的書籍。在雕版印書長期發展過程中，由於時代、地域、刻書者、刻版形體及印刷技術的不同，產生了類型各異的刻本。從時代上區別有宋、金、元、明、清刻本；從地域上區別有浙江、江蘇、安徽、江西、福建、湖北、四川、廣東、湖南等各地刻本；依出資者區別，有官刻（我國各行政機構雕版印行的書籍）、坊刻（書商刻印的書）和家刻本；從刻版字體上看，有大

宋刻本《大唐西域記》書影

字本、小字本；從刊刻先後看，有初刻本、重刻本、影刻本（又稱覆刻本、影刊，其方法是先照原書影摹，然後再雕版）；從開版大小看，開版小者又稱爲巾箱本；從版式上看，有黑口本、白口本等；從行款上看，有十行本、八行本等；從墨色上看，有藍印本、朱印本、墨印本，藍印、朱印多是刷印校樣，大抵明朝人多用藍印，清朝人多用朱印；從刷印早晚看，有初印本、後印本、重修本、增修本、三朝本、遞修本等。刻本的出現和流通，對保存、傳播我國的歷史文化遺產起了極大作用。

 417

什麼是坊刻本？

坊是指市面上的書坊，凡由書坊刊印的書，統稱爲坊刻本。我國自唐朝至清朝，各地書坊曾刊印了大量的書籍。編刻圖書並經營書業的書坊，在唐朝就已經出現，至兩宋更加興旺。當時，北宋的開封、南宋的杭州，都有很多書坊、書齋、書軒、書林、書堂、書肆、書棚、經籍鋪、書籍鋪和紙馬鋪。西南地區的四川，中南地區的兩湖，華東地區的江、浙、皖、贛，尤其是福建建陽的麻沙和崇化，書坊很多。明朝的南、北兩京，蘇州、揚州、杭州、徽州、常熟和建陽，仍然書坊林立。清代的書坊遍佈全國各地，但有的已是單純經銷，並不編刻圖書。書坊刻書是以營利爲目的的，所以他們刊刻的圖書多爲社會所需要。早期書坊的書商爲速成易售、降低工本，印製了很多品質很差的書籍，如行狹字細、紙墨粗劣、校勘不精、開本局促等。後來爲吸引買者，許多書坊對自己刊刻的圖書加強編纂，校勘日精，其中也不乏精刊本。爲了推銷書籍，不少書坊在版面設計上，諸如二節版、字欄、竹節欄、博古欄，以及插圖形式、牌記廣告等裝幀藝術方面，也有不少發明創造。

418

什麼是監本？

　　監本爲官刻本的一種，是官刻本中的代表。我國歷史上的許多朝代都在國子監設立專門的刻印書籍機構，後世將各朝國子監刻印的書籍統稱 "監本"。國子監也稱國子學，又簡稱國學，是封建社會的教育管理機關和最高學府。晉武帝咸寧二年(276)始設，與太學並立。隋煬帝時改名國子監。此後，唐、五代、宋、明、清各朝代均沿用。國子監刻書，始於五代後唐明宗長興三年(932)至後周太祖廣順三年(953)刊刻 "九經"。宋朝的國子監刻書，規模和範圍比五代時期均要大得多。景德二年(1005)，國子監所集書版已達十餘萬塊。到北宋末年，正史也交由國子監全部校刻行世。當時的國子監，除主要刊刻正經、正史外，還將重要的醫書如《脈經》、《千金要方》、《千金翼方》等分官詳校、鏤版頒行。元朝的中央刻書機構不屬國子監，歸由秘書監下屬的興文署和廣成局，故元朝沒有監本一說。明朝在當時的南京和北京都設有國子監，刻書數量也很多。據不完全統計，明朝的南、北國子監共刊刻圖書315種。清朝修纂、校刻書籍由武英殿總其成，故雖設有國子監，但刻印書籍並不多。

　　國子監刻本大多經過了精校、精審，且紙墨精良、刀法精緻，刊刻的也多是重要的經、史圖書，所以頗受後世珍惜。監本又分爲北宋監本、南宋監本，明朝時期又有南監本、北監本。明朝的南、北二監先後刊刻的 "二十一史"，在中國古代書籍史上頗有盛名。

419

什麼是殿本？

　　殿本也稱 "武英殿本"，指清朝於武英殿設立的專門刊刻書籍的機構所刊刻的書籍，也稱殿版。康熙四十三年 （1704），康熙皇帝詔命於武英殿開館，校刻《佩文韻府》，從此武英殿就成爲了皇宮內府常設的御用修書、印書機構，是清代影響最大的官刻機構。清朝的武英殿刻書，涉及經學、小學、數學、樂律、文學、藝術、目錄、金石等門類，集中反映了當時學術研究的成果和水準。所刻書籍以刻工精整、印刷優良著稱，刻書品質高，開精寫、精校、精刊之風氣，且刻畫和套印技術均超越前代。如刊刻的《萬壽盛典》，大典場面宏偉，涉及人物眾多。刊刻的《避暑山莊三十六景詩》中，三十六幅山水版畫，精妙絕倫，採用了雙色、三色及五色套印。殿本多使用開化紙，書品寬大，印刷墨色的光澤追求盡善盡美，書名大多冠有“欽定”、“御纂”等字樣。但殿本書中對有些古書上的文字出於現實的政治需要而進行挖改，成爲一大弊病。嘉慶以後，武英殿刻書逐漸衰落。光緒二十七年（1901），殿內版籍因兩次失火被全部燒毀。

 | 420

什麼是巾箱本？

巾箱是古人放置頭巾的小箱子。巾箱本指開本很小的圖書，意謂可置於巾箱之中。據宋戴埴《鼠璞》記載：“巾箱本，起於南齊衡陽王手寫《五經》置巾箱中。”《北堂書鈔》卷135“王母巾箱”條引《漢武內傳》說，漢武帝見王母巾箱中有一卷小書，盛以紫錦之囊。東晉葛洪的《西京雜記·後序》中說，葛洪家遭遇火災，家藏書籍全被燒光，只有“抄本二卷在巾箱中，嘗以自隨，故得猶在”。《南史》卷41也記載，衡陽王鈞“手自細書《五經》爲一卷，置於巾箱中，以備遺忘。……諸王聞而爭效爲巾箱《五經》”。由此可見，書籍無論是手寫本，還是刻印本，只要開本小，於隨身攜帶的巾箱小篋中能夠裝下，均可稱之爲巾箱本。由於這種圖書體積小，攜帶方便，有時可以放在衣袖之中，所以又被稱爲“袖珍本”。古代的書商爲了射利，還曾刊刻一種儒家經典解題之類的小冊子，專供科考的舉子挾帶科場作弊之用，這種袖珍本又被稱爲“挾帶本”。

421

什麼是孤本？

孤本是海內外僅存一本的圖書，也包括海內外罕見某書的某種碑刻的舊拓本和未刊刻的手稿等。現存世界最早的印刷品——我國唐代(868)印刷的《金剛經》卷子，就是孤本。又如春風文藝出版社出版的明末清初小說《後水滸傳》，就是以大連圖書館藏的孤本整理刊印的珍中之珍。

 422

什麼是善本？

善本最初的概念是指經過嚴格校勘、無訛文脫字的圖書。印刷術產生前，書籍大都是寫本。把原稿或別本認真繕寫下來，經過與原文校核無誤，就成爲善本。善本概念最早出現在宋朝時期，是指版刻書籍的精品。善是好的意思，善本的原始內涵指那些版刻古籍中校勘好、裝幀好、時代久、流傳少、具有學術價值和歷史價值的書籍。版刻書籍是用木版雕刻文字印刷而成的書籍，唐朝以前沒有印刷技術，文字都是用刀或筆刻、寫在竹木簡、縑帛、紙和羊皮上的。到了宋朝，雕版印刷技術已經相當發達，書籍發行量大增。當時的印書分爲官刻、坊刻和家刻，官刻是由朝廷經辦的，品質好。民間書坊刊刻的書籍品質參差不齊，多有脫字、訛字，裝幀、紙張、字跡等方面也存在種種問題，於是就有了對善本書的講究。

不同版本的書籍收錄的文獻有多有少，校勘精審程度也不相同，於是就有了足本和殘本、精本和普通本之別。同時，書籍的版本出現有早晚，珍稀程度也不相同，也就相應地產生了古本和今本、孤本和複本的差別，這使得善本的內涵更加擴展。後代許多學者對善本的概念不斷進行總結歸納，最終形成了現在通用的善本"三性"、"九條"說。善本的"三性"是指書籍應具備較高的歷史文物性、學術資料性和藝術代表性。"九條"主要是指：元代及元代以前刊刻或抄寫的圖書，明代刊刻或抄寫的圖書，清代乾隆以前流傳較少的刻本或抄本，太平天國及歷代農民政權所刊印的圖書，辛亥革命前在學術研究上有獨到見解或有學派特點的稿本以及流傳很少的刻本或抄本，辛亥革命前反映某一時期、某一領域或某一事件資料方面的稿本以及流傳很少的刻本或抄本，辛亥革命以前的名人學者批校、題跋或過錄前人批校而有參考價值的印本或抄本，在印刷技術上能反映古代印刷術發展的各種活字印本、套印本或有精校版畫、插畫的刻本，明朝的印譜、清代的集古印譜、名家篆刻印譜的鈐印本以及有特色的親筆題記等。善本的時代下限，現在一般確定在清乾隆六十年（1795）。

 423

什麼是版本？

一種書籍經過多次傳抄、刻印或以其他方式而形成的各種不同的本子就是所謂的版本。它過去一般是指書籍的雕版印本，後來含義逐漸擴大，包括刻本、抄本、校本、稿本、石印本、活字本、影印本、鉛印本等不同的版本類別。一部書，無論是經抄寫、刻印或以其他方法製成，由於時代、地區、條件、寫刻人等有所不同，各種本子之間也會產生種種差異，進而呈現出不同的特徵，如抄寫或刊印的形式、年代、版次、字體、行款、紙張、墨色、裝訂，內容的增刪、修改、變化以及在流通過程中留存於書上的題跋、識語、批校、藏章印記等等，這些特徵就共同構成了一本書的版本差異。研究書籍的版本特徵，辨其真偽優劣，就逐漸形成了一門新的學科——版本學。

 424

什麼是百衲本？

百衲（nà）本為書籍出版術語，是指用同一種書的不同版片拼印或用一種書的不同版本拼配起來的圖書。這是個借喻性的版本稱謂。衲，原義是僧人所穿經過多次補

綴的衣服。百衲，形容補綴很多，引申爲用零星材料集結成一套完整的東西。王隱的
《晉書》中說：“董威輦於市，得殘繒輒爲衣，號曰百衲衣。”蔡絛的《鐵圍山叢
談》中記載：“唐濟公者號善琴，乃自聚靈材爲之，曰百衲琴。”蔡君謨在《畫錦堂
記》中也說：“每字作一紙，裁截布列，連成碑形，謂之百衲碑。”由此可見，“百
衲”具有雜拼之義。所以，用同一種書零散不全的不同版片拼湊印製，或用同一種書
的不同版本拼配而成的圖書，就稱之爲“百衲本”。百衲本書籍，開始出現於清朝
初年的宋犖，他用兩種宋刻本、三種元刻本，配置印製成一部80卷的《史記》，稱爲
《百衲本史記》。近人傅增湘也用幾種宋刻本拼配印製了一部《資治通鑒》，被稱爲
《百衲本資治通鑒》。商務印書館曾匯集不同版本的史書，拼配印製過一部《二十四
史》，被稱爲《百衲本二十四史》。

 | 425

什麼是宋體？

宋體起源於宋代雕版印刷時，通行並確立於明代，是現代印刷行業應用最爲廣泛
的一種字體。宋代“興文教，抑武事”，文化呈現出前所未有的繁榮昌盛景象。印刷
出版業在宋代進入了黃金時期，雕版印刷興旺，刻書中心眾多且發展較快。元、明時
期大量翻刻宋朝的刊本，於是字體美觀端莊、便於書寫和刻寫的宋體字便逐漸成了當
時印刷出版業的通行字體。

根據字的不同外形，宋體字又可分爲書宋和報宋。宋體字的字形方正，筆劃橫平
豎直，橫細豎粗，稜角分明，結構嚴謹，整齊均勻，有極強的筆劃規律性，從而使人
在閱讀時有一種舒適醒目的感覺。

 | 426

什麼是仿宋體？

仿宋體是印刷字體的一種，這種印刷用字體類比北宋刊本歐體字的筆調，略帶長

行。宋代隨著經濟的發展，雕版印書業發展迅速，爲適應印刷業的需要，刻工們要求有一種比楷書更爲整齊規範的字體，他們經過不斷探索，創造出了一種較爲規範的雕版印刷字體。這種字體很接近楷體，橫豎筆劃也沒有太大的差別。到了明代，這種雕版字體發展得更爲規範，成爲橫輕豎重，略帶稜角的字體。清代有武英殿聚珍版本，用仿宋字體。20世紀初，錢塘丁輔之、丁善之等人集宋代刻本字體，仿刻了一種印刷活字字體，這種字體橫豎粗細相等、筆劃秀麗，字形呈長方，清秀美觀。現在，這種字體已成爲我們日常生活中應用極爲廣泛的一種字體。

 | 427

什麼是聚珍仿宋本？

採用仿宋體活字印成的書，稱爲聚珍仿宋本。聚珍版即活字版的另一稱呼。北宋慶曆年間，布衣畢昇發明了泥活字，明朝的毗陵人就用鉛製成了活字用於印書。清朝康熙時期，編纂《古今圖書集成》，用銅鑄造活字排印，其字貯藏於武英殿中。至乾隆時期，因歷時久遠，多有被盜，適值當時鑄造錢幣用的銅稀缺，於是這些銅活字全部被毀用於鑄造錢幣。乾隆時期，開館編纂《四庫全書》，乾隆皇帝命令館臣從輯錄自《永樂大典》和各省呈進的書籍中，選擇罕見之書校正刊行，由戶部侍郎金簡主持此事。金簡用棗木製成活字二十五萬餘個，用於排印精選出來的善本。乾隆皇帝嫌活字本這一名稱不夠雅致，就賜其名爲聚珍版。

 | 428

什麼是紀傳體？

紀傳體是中國古代史書最重要的體裁之一。這是一種以本紀、列傳人物爲綱，時間爲緯，反映歷史事件的史書編纂形式。其突出特點是，以大量人物傳記爲中心內容，是記言、記事的進一步結合。從體裁上看，紀傳體是本紀、世家、列傳、書志、史表和史論的綜合。本紀，基本上是編年體，兼述帝王本人事蹟。世家，主要是記載諸侯和貴族的歷史。列傳，是各方面代表人物的傳記。書志，是關於典章制度和有關自然、社會各方面的歷史。表，是用來表述錯綜複雜的社會情況和無法一一寫入列傳的眾多人物。優秀的紀傳體史書把這些體裁配合起來，在一部史書裏形成一個相輔相成的整體。它既有多種體裁的混合，又有自己的特殊規定性。我國最早、最優秀的一部紀傳體史書，是西漢司馬遷編纂的《史記》。《史記》共計一百三十篇，分本紀、表、書、世家、列傳幾部分，記載了從傳說中的黃帝，一直到漢武帝太初年間上下三千多年的歷史。紀傳體史書中又有通史與斷代史的分別，紀傳體的斷代史以東漢班固的《漢書》最有代表性，所取得的成就也最高。自《漢書》成書以後，以紀、表、志、傳為主要形式，以斷代為史的史書體例，便成為後世修撰“正史”的標準樣式。中國古代官方正史“二十四史”中的其他史書，均是以紀傳體編纂而成的。但紀傳體也有其自身的弊端，即“一事而複見數篇，賓主莫辨”，分頭敘述人物，歷史事件則被分記在人物傳記之中，重複矛盾在所難免。到南宋時期，出現了旨在彌補編年、紀傳二體缺陷而綜合其優點的新的史書編撰形式──紀事本末體。

 429

什麼是編年體？

以年、月為線索，編排有關歷史事件的史書編纂方式即為編年體。編年體史書以時間為中心，按年、月、日順序記述史事。因為它以時間為經，以史事為緯，所以能比較容易反映出某一時期各個歷史事件的聯繫，可以說這是一種最簡單的歷史編纂方法和記注史料的基本手段。中國的古史，一般都是編年體史籍。在我國現存的史書中，編年體史書的數量很多。現存最早的一部編年體史書是《春秋》，為春秋末年的孔子依據魯國史官所記國史加以整理修訂而成。而《左傳》則是我國第一部較為完備的編年體史書，相傳是春秋末年的左丘明為解釋孔子的《春秋》而作，名為《春秋左氏傳》。《資治通鑒》是我國第一部編年體通史，也是我國編年體通史的傑作，由北宋司馬光（1019～1086）耗費十九年的時間主編而成，記事上起周威烈王二十三年（前403）的三家分晉，下至五代時期周世宗顯德六年（959），共1362年的歷史。編年體的優點是便於考查歷史事件發生的具體時間，瞭解歷史事件之間的相互聯繫，並可避免敘事的重複。其缺點是記事按年、月分列雜陳，難以集中瞭解某一歷史事件的完整過程，難以記載不能按年、月編排的歷史事件，所以這種體裁的史書往往是詳於政治事件而忽略經濟、文化等方面的史實。

 | 430

什麼是紀事本末體？

　　紀事本末體是以歷史事件為綱的中國史書編撰體裁，它與編年體、紀傳體合稱為古代三大史體。這種體裁，每事一題，每題列為專篇，把分散的材料，按時間先後加以集中敘述。它既不同於編年體的以紀年為主，也不同於紀傳體的以傳人為主，而是以記事為主，把歷史上的大事，詳其首尾，集中表述其過程，所以它兼有編年體和紀傳體的優點，因其詳於記事，故方便閱讀。南宋的袁樞，首創這一編撰體裁。袁樞在閱讀《資治通鑒》時，因感於一件事或一個人的行跡分散於多年的記事之中，非常不便，於是就將一件事或一個人的相關材料自《資治通鑒》抄錄集中在一起，並因事或因人命篇，編成《通鑒紀事本末》一書。這本是一種抄書行為，卻無意中開創了一種新的史書編撰體裁。其後，用這種體裁改編或創作的史書很多，如明朝陳邦瞻的《宋史紀事本末》、《元史紀事本末》，張鑒的《西夏紀事本末》和清朝谷應泰的《明史紀事本末》以及近人黃鴻壽的《清史紀事本末》等，以至這種體裁的史書貫通古今，自成系統。另外，清朝時期，每一重大軍事、外交行動結束後，就將有關詔諭奏報按時間順序匯編成書，稱為方略，《四庫全書》也將其列入“紀事本末體”之中，這是專史性質的紀事本末。

　　紀事本末的優點，是每一歷史事件獨立成篇，各篇按時間順序編寫，能夠完整地反映歷史事件的全過程，可補編年體與紀傳體在記事方面的不足。其缺點在於難以展示同一時期各個歷史事件之間的有機聯繫。

| 431

什麼是會要？

會要是記載歷代各項經濟、典章制度的史書，內容除法令制度以外，兼敘史實，是分門記述各項制度沿革的史料匯編。唐朝蘇冕所撰的自唐高祖至德宗九朝《會要》，是現今所知最早的會要體史書。唐宣宗時，又命楊紹復等人續修，成《續會要》四十卷。宋朝初年，王溥在蘇、楊二書的基礎上，補缺拾遺，編成《唐會要》一百卷；此後，他又撰成《五代會要》三十卷。宋朝皇帝十分重視對本朝《會要》的編纂，經十餘次重修續修，撰成《十三朝會要》，今只存《宋會要輯稿》。元代仿唐、宋舊制，官修《經世大典》八百餘卷，其實也是會要的別名。此外，經後人補修的前代會要，還有南宋徐天麟的《西漢會要》、《東漢會要》，清楊晨的《三國會要》、孫楷的《秦會要》等。這樣，會要體史書也自成序列，構成了完整的中國古代典章制度通史。

 | 432

什麼是通史？

不間斷地記敘各個歷史時期史實的史書稱為通史，也可以理解為貫通的歷史，就是記載一個國家、地區或世界從最早文明到現在的歷史。既然叫通史，就首先要求敘述內容的廣泛性，即所有重要事件和研究課題（如軍事、文化、藝術）涉及的內容都要涉及到。其次要求在敘述中體現歷史發展脈絡或貫穿其中線索，給人以整體的歷史認識。要做到這兩點是十分困難的，需要編寫者具備相應的才華、積澱和理論素養。西漢司馬遷的《史記》，是我國現存最早也是最優秀的一部紀傳體通史，該書記載了上自傳說中的黃帝，下至漢武帝時期三千多年的歷史。北宋司馬光主持編撰的《資治通鑑》，是我國古代成就最高的編年體通史。

433

什麼是斷代史？

斷代史是指以某一朝代或時代為斷限的史書，主要特點是只記錄某一時期或某一朝代的歷史。東漢時期班固編撰的《漢書》，是我國第一部紀傳體斷代史，分為12紀、8表、10志、70傳，共100篇，記載了上起漢高祖元年，下至王莽地皇四年，共229年的歷史。實際上，"二十四史"中除了《史記》以外，其他的史書原則上都屬於斷代史。此外，以朝代或時代為斷限的編年體和紀事本末體史書，也屬於斷代史的範疇。有時，同一史書按不同的標準又可以同時歸入不同的體例，如《三國志》既是紀傳體史書，又是國別體史書，同時還屬斷代史書。

 434

什麼是國別史？

國別史是以獨立的政權或國家為單位，分別記敘各自歷史事實的史書。《國語》是我國第一部國別體史書，又稱"國記"，記事起自西周穆王，訖於戰國初年的魯悼公，分載周、魯、齊、晉、鄭、楚、吳、越等八國的歷史，分《周語》三篇、《魯語》二篇、《齊語》一篇、《晉語》九篇、《鄭語》一篇、《楚語》二篇、《吳語》一篇、《越語》二篇，共二十一篇。該書最初的記錄者可能是當時各國的史官，在春秋戰國之際由晉國的史官編纂成書。晉陳壽的《三國志》也屬於國別史，主要記載了魏、蜀、吳三國的歷史。

 435

什麼是正史？

正史是封建時代官方欽定為正宗的史籍，以各家對正史的注補校訂之書為附庸。

正史之名始見於南朝梁阮孝緒的《正史削繁》，至《隋書‧經籍志》將《史記》、《漢書》等以帝王傳記爲綱的紀傳體史書列爲正史，居史部書之首，後世相沿不改。清乾隆年間，遂詔定自《史記》至《明史》二十四部紀傳體史書爲正史，並確定凡不經皇帝批准的史書不得列入。也就是說，凡是列入正史類的史籍，都是經過嚴格選擇的，不是所有紀傳體的史書都可以列入正史類。同時，歷代列入正史類的史籍，也並非僅有紀傳體史書一種體裁，一些編年體史書，在有些朝代也被列入正史之中。如《明史‧藝文志》中所收正史就既有紀傳體，又有編年體。

 | 436

什麼是別史？

別史是區別於正史、雜史，私撰紀傳體記載歷代或一代史實的史書，如《東觀漢紀》、《東都事略》、《大金國志》以及《通志》等史書都屬於別史。由此可見，別史實際上是正史類史籍的重要補充部分，猶正史之別支，所以《四庫全書總目‧史部‧別史類敘》中才有"猶大宗之有別支"的說法。別史之名，創始於南宋陳振孫的《直齋書錄解題》，用以著錄"上不至於正史，下不至於雜史"之書。其後《宋史‧藝文志》、《千頃堂書目》、《四庫全書總目》等均有此項。

 | 437

什麼是霸史？

霸史指記載稱霸一方、割據一地的非正統政權歷史的史書。霸史之名始見於《隋書‧經籍志》中，《隋書‧經籍志二》云："自晉永嘉之亂，皇綱失馭，九州君長，據有中原者甚衆，或推奉正朔，或假名竊號。……當時臣子，亦各記錄。後魏克平諸國，據有嵩、華，始命司徒崔浩，博采舊聞，綴述國史。諸國記注，盡集秘閣。爾朱之亂，並皆散亡。今舉其見在，謂之霸史。"如《十六國春秋》，就是北魏崔鴻所著的一部霸史，也是研究十六國史的重要材料。《隋書‧經籍志》將史部區分爲十三類，有關十六國史的著作大都列入霸史類。

 438

什麼是雜史？

雜史泛指我國古代私家著述的史書，是以記載帶有掌故性見聞爲主的史書。它不同於紀、傳、表、志等體例齊全的正史，也不同於關係一朝執政的別史。它不受體例限制，博錄所聞，雖雜荒疏淺，卻可彌補官修史書的疏漏與不足，包括家史、外史、小史、稗史、野史、逸史等類別。雜史之名始見於《隋書·經籍志》。《隋書·經籍志·雜史敘》中說："體制不經，又有委巷之說，迂怪妄誕，眞虛莫測。然其大抵皆帝王之事，通人君子，必博采廣覽，以酌其要。故備而存之，謂之雜史。"《四庫全書總目·史部·雜史類敘》認爲雜史："大抵取其事系廟堂，語關軍國，或但具一事之始末，非一代之全編；或但述一時之見聞，只一家之私記。"由此可見，雜史大多可以成爲正史的補充，儘管所記內容在一定意義上有時並不一定是歷史上眞實發生過的事情，但我們也可以借助雜史瞭解到一些事情，從而在一定程度上猜測到在正史春秋筆法似的文字下面還隱藏了哪些歷史眞相。

 439

什麼是政書？

政書是指主要記載一代或數代典章制度沿革變化及政治、經濟、文化發展狀況的專書。它原是歷史著作的一個門類——典章制度專史，由於其具有資料匯編的性質，所以一般也把它作爲工具書使用。政書一詞最早出現在《四庫全書總目》中，"二十四史"中的史志目錄和歷代私人修撰的目錄學著作中稱爲"故事"、"典故"、"儀注"之類的書籍，都屬於政書的範圍。如所謂的"九通"或"十通"以及各種會典、會要等都是政書。我國歷史上，記載典章制度的專書，可以追溯到"三禮"，而政書的起源卻是開始於唐朝中期劉秩的《政典》。劉秩仿照《周官》所職，採輯經、

史、百家之言，編成《政典》一書，以三十五卷分列典章政事。其後的杜佑以其書條目
有缺失，廣其所缺，參照《開元禮》，撰成《通典》二百卷，這是我國的第一部政書。

| 440

什麼是實錄？

《滿洲實錄·進攻寧遠圖》

　　實錄爲中國傳統史
籍之一，是中國古代史
籍中編年體史書的一種
類型，專記某一皇帝在
位期間的大事。其方法
是按年、月、日記述當
時的政治、經濟、軍
事、文化、災祥等，並
依次插入亡歿臣僚的
傳記，實際上也就是
各朝皇帝的政務大事編
年。一些私人記載祖先

事蹟的文字，有時也稱爲實錄。實錄一般以所記皇帝的諡號或廟號爲書名，如唐朝
的《順宗實錄》和清朝的《世祖章皇帝實錄》。也有以某一皇朝命名的合刊本，如
明朝十六位皇帝的十三部實錄合稱爲《明實錄》和清代十二位皇帝的十一部實錄合
稱爲《清實錄》等。據《隋書·經籍志》記載，最早的實錄是南朝梁周興嗣編撰的
《梁皇帝實錄》和謝昊（一作“吳”）編撰的《梁皇帝實錄》，前者記載的是梁武
帝事，後者記載的是梁元帝事。實錄均由官修，每當先皇去世，即由繼位皇帝指令
史臣撰修先皇一朝的實錄，歷代相沿，成爲定制。至清代《德宗景皇帝實錄》（光緒
帝實錄）爲止，中國歷史上曾修撰過一百一十多部實錄。因實錄的內容往往涉及當朝
許多重大的政治機密，所以實錄修成之後，往往藏於宮禁或有關機構，從不刊印流

布，以致隨封建皇朝的興衰交替，大都毀於兵火。因此，南北朝至元代的實錄，除唐韓愈所撰的《順宗實錄》和宋錢若水、楊億編撰的《太宗實錄》殘本20卷外，大都已佚失。明、清時期各朝的實錄，因時代較近，則基本保存了下來。

441

什麼是起居注？

起居注，簡而言之就是記錄君主言行動止之事的史書。起居注起源很早，《詩經·靜女》中有"女史記事規誨"，《左傳》中有"君舉必書，書而不法，後世何觀"？《周禮》中有"內史掌王之命，遂書其付而藏之"等記載，這可能是起居注的早期形態。起居注名稱的出現，有案可查的歷史記載，最早的是漢武帝的《禁中起居注》。兩漢時期，起居注由宮內修撰，此後各朝

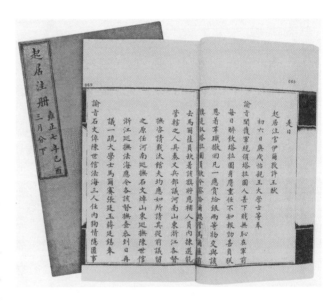

雍正起居注

史官記注皇帝言行，均稱為起居注，為官修史書的主要來源之一。魏、晉以後，設官專修。唐、宋時凡朝廷命令赦宥、禮樂法度、賞罰除授、群臣進對、祭祀宴享、臨幸引見、四時氣候、戶口增減、州縣廢置等事，皆按日記載。元、明以後趨於簡單。魏、晉及南北朝時期，《起居注》一類的史書多以著作郎兼修。北魏時期，開始設置"起居令史"，另有"修起居注"、"監起居注"等官，掌侍從皇帝、記錄皇帝言行。隋朝於內史省（即中書省）設"起居舍人"。唐、宋又於門下省設"起居郎"，

和"起居舍人"分記皇帝言行。元朝以給事中兼修《起居注》。明初曾專設起居注，後漸廢。清朝以翰林、詹事等日講官兼充，稱"日講起居注官"。

442

什麼是方志？

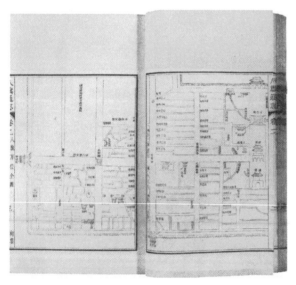

《八旗通志·鑲黃旗方位圖》

方志是指詳細記載某一地域地理、沿革、風俗、教育、物產、人物、名勝、古蹟以及詩文、著作等情況的史志。方志的起源，歷來眾說紛紜，有兩種代表性意見：一是方志起源於史，它是從古代史官的記述發展而來的，像《周禮》中所提到的外史掌"四方之志"，可能就是方志的源頭；二是方志脫胎於地理學，是由我國古代最早的地理學著作《尚書·禹貢》和《山海經》演變而來的。東漢初期，會稽人袁康撰《越絕書》，記吳、越兩國的史地，這是一部具有方志性質的史學著作，在方志編撰史上有開創之功，被後世的很多學者視爲中國方志的鼻祖，所謂"一方之志，始於《越絕》"。經過幾千年的發展，中國的地方誌體例、內容逐漸完備，積累的數量也極多。可惜的是，許多方志在流傳過程中都已亡佚了，特別是宋代以前的方志亡佚更屬害。中國方志的類型有主體與支流之分。主體類型主要是按行政區劃而定，全國性的叫"一統志"，如《大明一統志》、《大清一統志》；專記一省的叫"通志"，如《河南通志》等；州、府、縣、鄉、鎮也各有志；此外還有衛志、關志、鹽井志、土司志等。支流類型，就自然對象劃分則有山志、水志、湖志、塘志、河閘志等；就人文對象劃分則有書院志、古蹟志、寺觀志、遊覽志、路橋志等。另外，專記一方瑣聞、軼事，兼及政治、經濟、文化的雜誌也屬此類。地方誌的性質決定了它具有地方性、廣泛性、資料性、時代性和連續性等突出的特徵。

| 443

什麼是譜牒？

譜牒又稱為"族譜"、"宗譜"、"世譜"、"家乘"、"家牒"、"譜系"、"譜錄"等，是舊時家族記錄其世系和事蹟的書籍，而皇帝的家譜則稱為"玉牒"。譜牒的核心內容是記錄家族的世系，以男子為主幹，按照血緣關係，先父後子，先兄後弟，依次排列。婦女附於男子，女兒附於父親，妻子附於丈夫，一般只記男子的名字，女性不記名。譜牒的撰述應當起源於講究世系的父系氏族社會時期，所以我國的夏、商、周時期都應

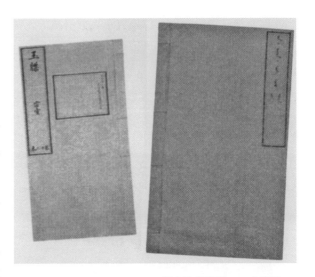

清朝皇室家譜──《玉牒》

該有帝王世系。司馬遷在《史記·太史公自序》中云："三代尚矣，年紀不可考，蓋取之譜牒舊聞。"《漢書·藝文志》著錄有《世本》十五篇，班固認為是"古史官記黃帝以來訖春秋時諸侯、大夫"的書。可見，《世本》就是記載黃帝以下至春秋時期帝王、諸侯、卿大夫的世系、諡號、名、號等的世系譜，這就是早期的譜牒。

早期的譜牒因為事關國家大事，所以是由政府修纂的，目的是保證帝王、諸侯、

卿大夫社會地位傳承的準確性和嚴肅性。漢魏六朝時期，由於家世事關選官制度，所以譜牒的修纂也是由官方嚴格控制的。科舉制度確立後，再加之社會動盪之下家世變化無常，出身在決定個人前途方面已失去了決定性的意義。於是，從宋朝開始，譜牒由官修逐漸變爲以私人撰修爲主了。至明、清時期，私修譜牒非常盛行，不僅數量多，而且每家的譜牒往往定期重修。譜牒主要由如下幾個主要內容構成，即：一、世襲。實際上就是一個家族的血緣關係圖；二、世系錄。這是對世系表中每個人簡歷的記錄，一般包括所出及排行、字、號、科第、官曆、封賞、生卒年月日時。娶某官、某地、某人之女，生卒年月日時，以及繼室、側室、妾，葬所。子女及其嫁娶情況，妻妾多人者，要記明子女誰氏所出；三、譜序。有舊序、新序、跋等，由此可以看出譜牒歷次修訂情況、修訂經過以及刊刻情況。此外還有恩榮錄、譜例、像贊、圖、傳志、誦芬錄、懿行錄、家規家訓、文獻、志、修譜人員、陳設圖、領譜字型大小等重要內容。

 444

什麼是年譜？

　　年譜的編撰開始於宋朝，這種體裁，是按年、月專門記載某人生平事蹟、經歷、著述的著作。在年譜中，被記述的人，稱爲譜主，一般是政治家、學者或其他知名人士。撰寫年譜的人，則大多是著名的學者，或是對譜主生平行事很熟悉的弟子或後學。年譜除主要記述譜主的生平行事外，往往也述及其生活的社會背景、功業成就、學術道路或德行情況等各方面的相關資料。材料主要來源於死者生前的行狀、著述及史籍所載事實，所以大多數年譜中充滿了溢美虛誇之辭。宋呂大防的《杜甫年譜》和洪興祖的《韓愈年譜》，都是現存較早的年譜之作。宋朝以後，年譜的作者範圍進一步擴大，不再僅限於死者的後人或門生故吏，後人爲前人編撰了大量的年譜。至清代，年譜更爲盛行，其中不乏名作。如張穆的《顧亭林先生年譜》，顧棟高、蔡上翔分別編撰的《王荊公(安石)年譜》等，但均不出此範圍。

445

什麼是墓誌？

墓誌是指隨葬記載墓主姓名、家世和生平事蹟的傳記性文字，多刻於石和磚上，個別以鐵鑄或瓷燒製而成。內容包括姓名、家世、生平事蹟和韻語頌辭等。由於在志文之後大多附有用韻語寫成的銘頌，所以又稱為墓誌銘。我國的墓誌大約起源於東漢時期，魏、晉以後逐漸盛行。北魏以後，方形墓誌始成定制。下底上蓋，底刻志銘、蓋刻標題。所記真實內容是確定墓葬年代的重要依據，也可以作為歷史資料佐證史籍記載的偏差。隋、唐以後，志、蓋相合，遂成定制。志文的內容也逐漸形成一種固定的文體，首先敘述死者姓名、籍貫和家世譜系；再記其生

周文卿墓誌銘

平事蹟，官職履歷，並頌揚其政績德行；最後記其卒葬年、月和葬地；志文後為四字韻語的"銘"，以表達悼念哀思之情。南北朝至隋的墓誌上皆不署撰者書者姓名，唐朝以後才在志文標題下署撰者、書者姓名和官銜。也偶有自撰墓誌的。如甘肅蘭州出土的明彭澤墓誌，志前線刻彭澤肖像，志文即為彭澤自述。

446

什麼是目錄？

乾隆寫本《欽定四庫全書簡明目錄》

"目"指篇名或書名，"錄"是對"目"的說明和編次。前人把"目"與"錄"編在一起，謂之"目錄"。傳統目錄學中的目錄，是記錄圖書書名、著者、出版與收藏等情況，按照一定的次序編排而成，為反映館藏、指導閱讀、檢索圖書的工具。我國的目錄，萌芽於先秦時期，起源於《詩》、《書》之序。從"六經"所做的大序、小序，到戰國、秦、漢諸子百家著述的自序，再到劉向校書的書錄，反映了我國目錄學的形成過程。那些大序、小序和自序，在當時已起著"內容提要"的作用。隨著目錄工作的發展，逐漸衍生出了一門新學科——"目錄學"。但具體到一本書中，目錄就是指的書籍正文之前所載的目次。

447

什麼是類書？

類書是摘錄、匯輯經、史、子、集等多種文獻中的詞、句、段、篇，然後按內容性質等分門別類進行編排組織以供尋檢和徵引的一種傳統的工具書。據史料記載，我國最早的類書是三國時期編纂的《皇覽》，可惜此書於唐代便已散失，今天無法考見其面目。以後，歷代帝王相繼仿效，委派臣下依據皇家藏書纂修巨型類書。齊、梁、唐、宋和清初，此風尤盛。清代初期，特別是康熙、雍正兩朝，類書之盛，達到頂峰。當時編纂的類書，如敕撰的《淵鑑類函》四百五十卷、《駢字類編》二百四十卷、《分類字錦》六十四卷、《子史精華》一百零六卷、《佩文韻府》四百四十三卷、《古今圖書集成》一萬卷，無論從數量還是品質來說，都遠遠超過前代。其中《古今圖書集成》為現存最大的一部類書。全書分為六編、三十二典、六千一百零九部。此書收錄有不少精美的插圖，圖文並茂、文字翔實，實為今日查核典故、考經證史的重要依據和憑藉。

類書的種類，按內容性質，可分為綜合性類書和專科性類書。綜合性類書如《藝文類聚》、《太平御覽》、《永樂大典》、《淵鑑類函》、《古今圖書集成》等。專科性類書如《太平廣記》、《事物紀原》、《子史精華》等。其中，《太平廣記》專收小說異聞，《元和姓纂》、《萬姓統譜》之類專收姓氏，《植物名實圖考》專收植物，《事物紀原》專考事物起源，《子史精華》收子、史兩大部類書中的名言雋句。依編錄體裁可分為征事性類書、征事兼采詩文類書、專收詩文詞藻的類書、匯集圖表的類書、編成韻語的類書、綜合幾種體裁的類書。依編排方式又可分為按類編排的類書和按韻編排的類書。依字韻編寫的類書也可分齊句首字、齊句尾字兩種。

 448

什麼是叢書？

叢書，又稱叢刊、叢刻、匯刻書、套書，是把各種單獨的著作匯集起來，並冠以總書名的一套書。其形式分為綜合性的和專門性的兩種。在古代，叢書多為綜合性的叢書。隨著科學文化事業的發展，各種專門性的叢書相繼出現。

叢書之名起於唐朝陸龜蒙的

《四庫全書》書影

《笠澤叢書》，但這只是個人的文集，而不是叢書。中國叢書的刊刻，一般認爲始於南宋，俞鼎孫、俞經的《儒學警語》可算爲叢書的鼻祖，該書成於南宋嘉泰二年（1202），一直到1922年經陶湘刊印，才爲世人所知。該書共收錄了六部宋代人的著作。以後各代多有編纂，比較有名的叢書如《四庫全書》、《四部叢刊》、《四部備要》等。其中《四庫全書》的規模之大，堪稱中國古代叢書之最，共收書三千五百零三種，七萬九千三百三十七卷，約九億九千七百萬字。當時，《四庫全書》沒有刻印，全書只繕寫七部，分藏於清代的七大藏書閣。

 449

什麼是"九通"？

"九通"是中國古代九種記載典章制度的典籍的合稱。《通典》、《通志》、《文獻通考》舊稱"三通"。清代乾隆年間，以官修的《續通典》、《清通典》、《續通志》、《清通志》、《續文獻通考》、《清文獻通考》六書與三通合稱爲"九通"。1937年，商務印書館又以劉錦藻的《清續文獻通考》一併刊印，稱爲"十通"。

 450

"二十四史"指的是哪二十四種史書？

"二十四史"是指中國古代各個歷史時期由不同的歷史學家撰寫的而被封建朝廷列入正史的二十四種史書的總稱。三國時期，當時社會上就已有了"三史"之稱。三史通常指《史記》、《漢書》和東漢劉珍等編撰的《東觀漢記》。范曄的《後漢書》出現後，取代《東觀漢記》，成爲三史之一。三史加上陳壽的《三國志》，就有了"前四史"之說。唐朝官修南北朝八史和《晉書》成，再加上之前的前四史，就出現了"十三史"之說。到了宋代，在十三史的基礎上，加入《南史》、《北史》、《新唐書》、《新五代史》，就形成了"十七史"之說。明代又增以《宋史》、《遼史》、《金史》、《元史》，合稱"二十一史"。清朝乾隆初年，刊行

《明史》，加上先前的各史，總名爲"二十二史"。後來又增加《舊唐書》，成爲
"二十三史"。在編撰《四庫全書》的過程中，學者又從《永樂大典》中輯錄出來
《舊五代史》，經乾隆皇帝欽定，也被列入正史，合稱"欽定二十四史"。乾隆四年
至四十九年，由武英殿刻印的"欽定二十四史"，是中國古代正史最完整的一次大規
模匯刻。"二十四史"記事上起傳說中的黃帝，止於明朝崇禎十七年（1644），總計
三千二百一十三卷，約四千萬字，都是用統一的有本紀、列傳的紀傳體編寫而成的史
書。

 451

何謂"六經皆史"？

　　"六經皆史"，是說《易》《書》《詩》《禮》《樂》《春秋》六經都屬於中國
古代史書，這是中國傳統史學中適應封建社會後期史學思潮，以持世救偏姿態出現的
重要的治學理念。六經皆史說，歷代均有學者提倡。隋朝的王通曾說："昔聖人述史
三焉。其述《書》也，帝王之制備矣，故索然而皆獲；其述《詩》也，興衰之由顯，
故究焉而皆得；其述《春秋》也，邪正之跡明，故考焉而皆當。此三者，同出於史，
而不可雜也，故聖人分焉。"以後，又有宋朝的陳傅良、元朝的郝經、明朝的宋濂、
王守仁、王世貞諸人相繼展開論述。其中王世貞的論述較爲詳細，他在《藝苑卮言》
中提出："天地間無非史而已。三皇之世，若泯若沒；五帝之世，若存若亡。噫！史
其可以已耶？六經，史之言理者也。"並將六經的各文體進行了具體區分，認爲它
們有的是"史之正文"，有的是"史之變文"，有的是"史之用"，有的是"史之
實"，有的是"史之華"。清朝的袁枚在《隨園隨筆》中也提出"六經自有史"的見
解。清代史學家章學誠是將這一命題深入闡發和系統整理的集大成者。章學誠在《文
史通義・內篇・易教上》中提出："六經皆史也。"他認爲六經乃夏、商、周典章政
教的歷史記錄，並非聖人爲垂教立言而作。進而提出了"六經皆史"、"六經皆器"
等命題，反對"離器言道"。

| 452

什麼是避諱？

清科考敬避字諱折

諱者，隱也，避也。古代的人爲貴者隱，爲親者諱。人死之後其子孫爲了崇敬祖先，不願別人直呼其祖先名字，而採取避諱的方法加以解決，故而古人有“入境問禁，入門問諱”之禮。避諱之事起自《春秋》，後代更加盛行，特別是皇帝、官僚、貴族等階層的人死後，避諱則更加嚴格。避諱往往採用改字、空字或缺筆的辦法。改字之法，常見於秦、漢典籍。《史記·秦始皇本紀》記載：二十二年，秦王召王翦將征“荊”，按“荊”即楚，爲了避秦莊襄王子楚之名諱，而將“楚”改稱“荊”。漢高祖名劉邦，於是《漢書》的作者爲避其諱，遂改“邦”爲“國”。唐太宗叫李世民，故當代人改“世”爲代，改“民”爲“人”。至唐代，又始創了缺筆或改音的避諱方法。如孔子名丘，清代以前出版的相關書籍，凡提到有“丘”字的都缺一筆以避諱。有改姓的，如項羽名爲籍，後來籍氏爲避項羽之嫌，而改以“席”字行。五代時期楊行密據揚州，揚州人呼蜜爲蜂糖。一般來說，避諱也有規律可循，如宋代雕版刻印的古書，凡屬皇帝的名，都缺筆避諱，而且要求嚴格。滿洲貴族入主中原，統治者十分忌諱胡、虜、夷、狄等字，凡屬行文書寫、刻印書籍均須避諱。爲此，雍正十一年（1733）四月諭內閣曰：“朕覽本朝人刊寫書籍，凡於胡、虜、夷、狄等字，每作空白。又或改易形聲，如以夷爲彝，以虜爲鹵之類，殊不可解。”其實，這是可以理解的，乃爲避諱所致。

453

什麼是校勘？

校勘就是用同一部書的不同版本和有關資料加以比較，考訂文字的異同，目的在於確定原文的眞相。校勘的源頭可以追溯到春秋時期。《國語·魯語》載魯大夫閔馬父對景伯說："昔正考父校商之名頌十二篇於周太師，以《那》爲首。"前人一般認爲正考父是孔子的六世祖，西周末年爲宋國的大

北齊校書圖

夫。孔子整理六經，將《詩》、《書》去其重，寫版定本，必然經過校勘。西漢劉向大規模整理古籍，編制目錄，把搜求版本、校勘文字作爲一道重要的工序，並給"校讎"二字下定義，將其提到理論高度，於是產生了校勘學。校勘學有廣、狹二義。廣義的校勘學，前人稱爲校讎學，包括了版本、校勘、目錄、考證、辨僞、輯佚等內容，現在稱爲文獻學。因廣義校勘界定不明，今已不用，遂成爲歷史名詞。現代所謂的校勘學，即狹義的校勘學，指專門研究古籍整理、文字比勘的科學方法和理論的學問。校勘學始於漢，成於宋，大盛於清。近人陳垣在總結前人成就的基礎上，提出了校勘古籍的一系列理論、方法、原則和通例，初步建立了校勘學體系。

| 454

什麼是章句？

章句是一種注釋古籍的方法，起源於漢代。古人解經，往往在訓釋字義之外，再分章析句地來解釋古籍的意義，依據前代注釋家的說法，簡略地概括文句的大意，逐句解釋，以便於閱讀，漢朝人把這種注釋方法叫"章句"。如東漢的《楚辭章句》。

 | 455

什麼是義疏？

義疏是古書的注釋體制之一，盛行於南北朝時期，和集解很接近。"義"是說明義理的意思，"疏"的意思是疏通，"義疏"就是疏通其義的意思，也就是疏通、闡釋古書義理，有時也單稱義或疏，後來指經注兼釋的注解。當時盛行的義疏專著是從講論佛家經典演變而來的，其實是講解經書的稿子，因而稱之為講疏。後來用作訓詁的名稱，南北朝後期，便出現了這種講義式的義疏。正因為這種訓詁方式是由講稿發展而來的，所以它比漢儒的經注更詳細，它不僅解注詞義，而且串講句子的意義，甚至還闡發章旨，申述全篇大意。它的特點是，逐字、逐句、逐章地講解古書，據一家之說，從不違反，故有"疏不破注"的規定。如南朝梁皇侃的《論語義疏》、清郝懿行的《爾雅義疏》等。

 | 456

什麼是集解？

集解就是總匯各家的說法。這種注釋古書的方式可以大致分為兩類：一是匯輯諸家對同一典籍語言和思想內容的解釋，斷以己意，以助讀者理解。如三國魏何晏的《論語集解》、南朝宋裴駰的《史記集解》等；二是匯合"經"與"傳"，為之解

釋。如晉杜預的《春秋經傳集解》就屬於這一類。後世的集說、集注、集釋等，都屬
於集解這個類型。

 | 457

什麼是正義？

正義，即用於正前人的義疏。
唐代出於思想統一和科舉考試的需
要，由官方以指定的注本為基礎，
對前代繁雜的經說來了一次統一的
整理，編出了統一的經書注釋，曰
"五經正義"。這套正義，強調學
有所宗，對於舊注只允許引申、發
明，但不能夠另立新說。當時的
官修稱之為"正義"，私人的這類
著作則稱為"疏"，取其疏通證明
之意。如唐朝孔穎達等有《五經正
義》、張守節有《史記正義》等。

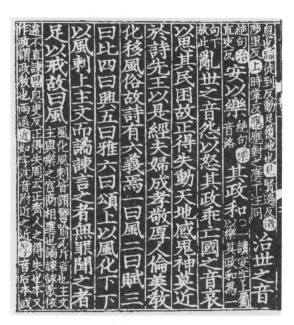

《毛詩正義》書影

 | 458

《五代史》的新、舊是怎麼來的？

《新五代史》和《舊五代史》同是"二十四史"中記載五代十國時期歷史的兩部
史書。

北宋統一中國後，就著手編撰五代時期的歷史。早在建隆年間，范質就在五代時
期各朝實錄的基礎上整理編撰成《五代通錄》。開寶六年（973）四月，宋太祖詔令
編纂官修《五代史》。薛居正以宰相監修，參加人員有盧多遜、扈蒙、張澹、李昉、

劉兼、李穆、李九齡等，至次年閏十月書成，前後費時不足二十個月。因其記載了中原地區相繼出現的後梁、後唐、後晉、後漢、後周等五個政權的歷史，所以該書又名《梁唐晉漢周書》。由於該書主要依據五代時期的實錄，又加上成書時間倉促，所以其內容多有煩瑣失實之處。北宋中期，歐陽修在編撰《新唐書》時，便開始著手收集有關五代時期的史料，打算獨自重新編撰。經過大約十八年的時間，終於編撰成《五代史記》一書，為了與此前官修《五代史》相區別，時人將前者稱為《舊五代史》，而將歐陽修的《五代史記》稱為《新五代史》。北宋時期，新、舊《五代史》並行。金朝章宗時期曾下令天下學者專用《新五代史》，科舉考試也依《新五代史》。此後，《舊五代史》遂不被人所注意，至明朝，只在宮廷中尚藏有此書。所以，明朝修《永樂大典》時方得以收入該書。清朝乾隆時期編撰《四庫全書》時，始終沒有找到原書的刻本。後來邵晉涵等人從《永樂大典》中輯出，用《冊府元龜》等書中引用的《舊五代史》的史文作為補充，並注明補充之文的出處，並用其他史籍、類書、文集等進行考訂，恢復了原書面貌的十之八九。乾隆四十年（1775），遂將其作為《四庫全書》之一繕寫進呈，這就是我們今天所看到的《舊五代史》。

 | 459

《唐書》的新、舊是怎麼來的？

在"二十四史"中有兩種《唐書》，一是劉昫編撰的《舊唐書》，一是歐陽修、宋祁編撰的《新唐書》。這是什麼原因呢？原來，早在五代時期的後晉天福五年（940），趙瑩、張昭遠、賈緯等人就已奉石敬瑭之命修撰唐史，到後晉開運二年（945）完成。當時一般宰相都要監修國史，書成之時劉昫正位列宰相，所以他自然就成了該書的署名撰者了。而這種《唐書》僅流傳了一百年左右，就遭到了厄運。從宋仁宗慶曆年間起，北宋朝廷認為劉昫的《唐書》蕪雜不精，於是命曾公亮等搜訪材料準備重修。重修過程中，宋祁和歐陽修等先後加入。這部《唐書》於宋仁宗嘉祐五年（1060）撰成，開始"布書於天下"。於是當時社會上就流行著兩種《唐書》，為了表示區別，在北宋時期就已開始將歐陽修、宋祁編撰的《唐書》稱為《新唐書》，而將劉昫編撰的《唐書》稱爲《舊唐書》了。由於歐陽修當時在文壇上的地位很高，所以社會上的人也就自然多喜歡讀《新唐書》，該書的刻印也就自然多一些。這樣一來，署名劉昫所編的《唐書》遂逐漸散佚。至明朝初年，甚至想找一本完整的《舊唐書》都很不容易了。於是明朝嘉靖年間，開始有人加以搜集、整理、校對，於嘉靖十七年（1538）重新刊行。到清朝乾隆年間編修《四庫全書》時，《舊唐書》被列入"二十四史"之一。

460

《資治通鑑》的書名是怎麼來的？

《資治通鑑》是由北宋著名的政治家、歷史學家司馬光主持編撰的一部編年體的通史巨著。開始時，書名並不叫《資治通鑑》。北宋神宗時期，王安石主持變法，而作爲反對變法舊黨首領的司馬光主動要求出京爲官。在他外放做官期間，就將自己

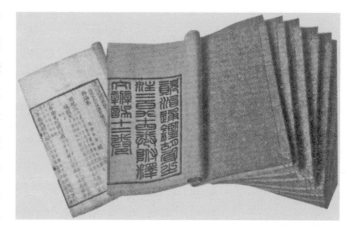

《資治通鑑》書影

醞釀已久的編著一本既系統又簡明扼要的通史的想法付諸了行動。還在宋英宗治平元年（1064），司馬光就已把自己編寫的史書《歷年圖》二十五卷呈獻給英宗，過了兩年又呈上了八卷本的《通志》。英宗看後，非常滿意，要他繼續寫下去，並下詔設置書局，供給費用，增補人員，專門進行編寫工作。宋神宗即位後，認爲《通志》比其他的史書更便於閱讀，也易於借鑑，就召見司馬光，大加讚賞，說該書"鑑於往事，有資於治道"，並親賜書名爲《資治通鑑》，還親自爲書作序。神宗還將穎邸舊書

三千四百卷賞給司馬光參考，寫書所需的筆、墨、紙、硯以及伙食、住宿等費用都由朝廷供給，這給司馬光提供了優厚的著書條件，同時也促進了這部史書的編修工作。到神宗元豐七年（1084），《資治通鑒》終於完稿，前後共用了十九年的時間。

中國人應知的

國學常識 ②

The knowledge
of Chinese

考古文物

中國人應知的
國學常識❷ **考古文物**

461

考古工作者如何進行田野發掘？

　　經常可以在電視或報紙上見到有關考古發掘現場的情景，考古工作者在地面上的一個個小方格子裏進行發掘工作。這樣的小方格子就是發掘探方，是按照一定的規劃將遺址劃分成的發掘單元。一般一個探方的大小爲5米×5米，而其中實際的發掘面積爲4米×4米，需要留出兩條一米寬的隔樑用以分隔各個探方。有的時候還可以根據實際需要調整探方面積的大小。

　　在實際發掘中，考古工作者是依據地層學逐步向下發掘的。所謂地層原本是借用地質學的名稱。一般說來，有過人類活動的地方或多或少都會留下人類活動的跡象，例如生活用品、建築基址、墓葬等。在歷史的變遷中，這樣的人類活動面逐漸被掩埋，後來的人類又在新的活動面上生活，就逐漸形成了具有不同遺跡遺物的地層。當然有時劇烈的自然因素例如洪水、火山等也可以形成沒有人類活動的地層，考古學上稱之爲間歇層。如果沒有經過擾亂的話，地層中上層的年代相對於下層要晚。這樣在考古過程中按照地層進行發掘，並記錄下不同地層所出土的文物，考古工作者就可以依據地層的早晚關係推定上層出土的文物相對於下層出土的時代要晚。

462

考古工作者如何推斷出文物的年代？

　　人類在生活中所使用的器物、穿著的服飾、居住的建築都會隨著技術、觀念、審美的發展而變化，在一定歷史時期內，這種變化是有一定規律可循的。比如我們使用的手機，從早期的大哥大到今天的超薄型手機就有一定的變化規律。在考古學中研究出土遺物發展規律的學問被稱作類型學。前面講到地層學時說過，上層的遺物時代較晚，下層的遺物時代較早，那麼在考古發掘中考古工作者會依據地層將文物分成早晚期，經過一定時間的積累可以總結出同一類文物從早期到晚期的變化規律。當在其他遺址中出土同類器物時，就能推斷出這種類型處於該器物發展序列中的哪個階段，從而推斷出其相對年代。所以對於考古工作者來說，即使是一小塊器物的殘片，只要它保留了一定的時代資訊，都可能是極具考古學價值的文物。

 | 463

如何測量文物的年代？

碳-14是碳的一種同位素，所謂同位素是指質子數和電子數相同而中子數不同的同一種元素。雖然這些聽起來有些複雜，其實在我們每個人身上都有碳-14。碳-14來自宇宙射線對大氣中的氮-14衝擊後產生的核反應，並且可以被地球上的植物吸收，動物直接或間接地食用植物後也獲得了碳-14。只要生物體存活就會使體內的碳-14與大氣中的碳-14保持一定平衡。當生物體死亡後，停止與大氣的交流，其體內的碳-14就會逐漸減少。碳-14有比較規律的衰減週期，最初計算出經過5568±30年死亡的生物體內的碳-14減少一半，後來修正為5730±40年衰減一半，但現在國際上仍然通行使用前一數值。

碳-14測年法是由美國芝加哥大學W.F.利比（Willard Frank Libby）於1946年發明的，隨後將此發現應用到考古和地質學界，利比也因此獲得了1960年度的諾貝爾化學獎。只要是考古發現中的動植物遺骸，例如屍骨、紡織品、樹木等，都可以通過碳-14法測量絕對年代。當然碳-14法測年也存在誤差，時間相差越久遠，其誤差越大。現在碳-14法主要應用於5萬年以內的年代測量。經過一些校正方法，碳-14的測量精度甚至可以達到±10年以內。

464

考古學家如何判斷人骨的年齡？

對於考古工作者來說，最常遇到的考古對象就是墓葬，而墓葬中的人骨骨架對於認識墓葬的等級、性質有著至關重要的作用。隨著科技的發展，越來越多的新技術進入了考古學領域，人骨的鑒定也變得細緻、精確。但在遠離實驗室和科學設備的考古工地上，及時地判斷出骨架的相關資訊也是非常必要的。以下為大家簡要介紹一些考古學家如何鑒別人骨年齡的方法。

對於人骨年齡的判斷主要是通過人的牙齒和顱骨兩部分判斷的。

1. 根據牙齒來判斷年齡

人類一生要長兩次牙，五六歲以前長出的叫乳牙。乳牙不論上下顎每側五顆，一共二十顆。從中間開始為中門齒、側門齒、犬齒、第一臼齒和第二臼齒。乳牙最早長出的是中門齒（半歲左右），最晚長出的是第二臼齒（兩歲左右）。當小孩子生長到五六歲時開始換牙，換牙長出的就是恒牙。恒牙一共三十二顆，最先長出的是第一臼齒，隨後乳牙逐漸被恒牙代替，到十三四歲時長出第二臼齒後基本穩定。第三臼齒的情況比較特殊，因為通常是最後長出，此時人已

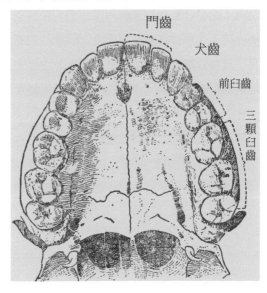

成人的牙齒

經步入青年階段，所以又稱“智齒”。有的人十四五歲就開始長，但也有晚到三十歲或者根本不長出來的情況。乳牙與恒牙區別明顯，前者體型較小，釉色純白，根部較短。恒牙的情況正好相反。

根據乳牙、恒牙的外觀以及生長規律，我們就可以通過人骨上兩種牙齒的交替來判斷人骨年齡。當然這種判斷方法只能用在處於幼兒到青年階段的人骨上。如果是已經完成牙齒更換的成年人，還可通過對牙齒磨損程度的觀察來推算。人的恒齒一旦長出便不再生長，隨著年齡的增大也會不斷地磨損。特別是第一、二臼齒，是最主要的咀嚼工具，磨損程度也最為明顯。當人類生長到三十歲左右時，臼齒局部的釉質開始脫落，暴露出內部黃色的牙質。到五十歲左右時，牙冠幾乎被磨掉，牙質全部暴露。當然由於體質和飲食習慣的不同，牙齒的磨損情況會有很大差別。所以根據牙齒磨損程度推算骨架的年齡不如根據牙齒更換判斷得那樣準確。如果使用這個方法，還需要參考顱骨的相關資訊。

2. 根據顱骨判斷骨架年齡

人的顱骨是由許多骨片組成的，在這些骨片之間有不規則的鋸齒形縫隙。人在剛出生時，這些骨縫都沒有癒合。因此我們感到小孩子的頭頂是軟軟的。隨著年齡的增長，這些骨縫會逐漸癒合，有的最終可以完全閉合。骨縫的癒合是由顱內側開始的，通過觀察顱骨縫隙的癒合程度也可以判斷骨架的年齡。顱頂最主要由左右兩塊頂骨和前部的額骨組成。兩塊頂骨間的縫隙叫作矢狀縫，頂骨與額骨間的縫隙叫作冠狀縫。矢狀縫從人22歲左右開始癒合，到36歲基本完成。冠狀縫在靠近頭頂的部分從人24歲開始癒合，到40歲基本完成，在靠近太陽穴的地方從30歲開始癒合，到65歲基本完成。當然還有很多部位的骨縫可以判別骨架的年齡，以上只是列舉了最基本的兩條。骨縫的癒合同樣在人類中存在一定差異，所以最好將骨縫癒合與牙齒磨損等方法結合使用，來獲得更為準確的推算。

 465

考古學家如何判斷人骨的性別？

男性和女性在骨骼的結構和數量上是一致的，但在一些細微的地方存在著差異，這也就為我們判別骨架的性別提供了依據。總的說來，男性的骨架比較粗大，關節突出，女性的比較纖細，關節較小。當然有些骨架性別特徵不明顯，這就需要通過一些特殊部位的骨骼來判定。首先是顱骨，男性的眉弓突出、額骨比較平緩地向後延伸，而女性眉弓不發達、額骨多呈陡直的折角。在顱骨後部我們俗稱"後腦勺"的部位，男性的突出明顯，而女性的較爲圓潤。還可根據盆骨的形狀和開角來判別。男性的盆腔近圓錐體，而女性的近圓柱體。盆骨的開角，男性的開角較小，約等同於人手食指和中指之間的最大開角；女性的開角較大，約等同於人手食指和拇指之間的最大開角。根據這些性別特徵非常明顯的部位，我們一般就可判別骨架的性別。當然這種對骨架性別的判斷需要有一定經驗，綜合多種因素後才能得到比較準確的推斷。

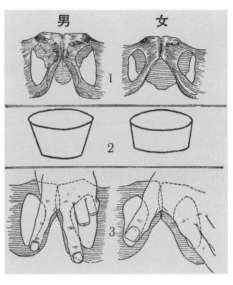

男女盆骨特徵示意圖

 | 466

傳奇的洛陽鏟有什麼功能？

　　位於洛陽一帶的邙山集中了大批魏晉到隋唐時代的墓葬，有"邙山之上無臥牛之地"的說法，用以形容邙山上墓葬的密集。在邙山下的村落也就逐漸形成了盜墓的風氣，有的家庭甚至成爲盜墓"世家"，子承父業、代代相傳。由於盜墓在當地的職業化，使得當地許多人都是盜墓的高手，根據地表的遺跡現象和地下的土質土色就能推斷出墓葬的範圍和隨葬品的多少。洛陽鏟就在這種環境中逐漸產生。關於洛陽鏟產生的種種推測還難以確定，但是這種工具是在洛陽周圍逐漸產生的應該是事實。

　　洛陽鏟其實就是半圓形的鐵鏟，將其垂直向地下戳擊可以將地下的土帶出來。當時的盜墓者根據經驗分析洛陽鏟帶出來的土的顏色和質地，從而推斷墓葬的有關資訊，做到有的放矢，事半功倍。由於洛陽鏟對於判斷地下資訊的有效，迅速地在洛陽地區流傳開來。在後來的發展中，考古工作者逐漸發現了洛陽鏟的功能，便把它引入到考古勘探中來，如今洛陽鏟已成為考古調查、發掘所必備的工具之一。

 | 467

古代墓葬中有哪些防盜措施？

由於中國的古人信奉"事死如生"的生死觀念，將死後的世界想像為今生的延續，所以竭盡全力要把生前的財富帶到死後。龐大的墓葬、奢華的隨葬品都成為了死後生活的保障。但是這些死後的財富也成為了世人覬覦的寶藏。很多墓葬在剛剛封閉後不久就開始遭受盜墓者的侵擾，有些墓葬的盜擾現象甚至延續了幾個朝代。為此，古人也想出了種種方法來防備盜墓者的侵襲。以下介紹幾種古代墓葬的防盜措施：

1. 積沙墓

戰國時代，三晉地區高等級墓葬中流行一種積石、積炭或積沙的墓葬，用以防潮防盜。所謂積石、積炭、積沙，就是在整座墓葬的外槨外填上石塊、木炭或流沙，可以起隔絕墓葬與外界的效果。特別是積沙墓防盜效果明顯，當盜墓者想通過挖盜洞的方式進入墓室時，只要挖到流沙層，流沙會不斷填充盜洞致使盜墓者無法繼續。即使是將局部的沙子取出，一旦打通墓室頂部，大量的沙子也會填充進入墓室，盜墓者再想找到珍貴的隨葬品也變得難以實現。不過這種看似高明的防盜措施也並非無懈可擊，狡猾的盜墓者還是想出了應對的方法。為了不讓流沙進入墓室，盜墓者將盜洞從地面直接挖到墓室底部，然後將沙子通過盜洞不斷運出，當墓室底部的所有流沙都取出後，再打通墓室。這種盜掘方式在盜墓者中稱為"地攻天"。

2. 鑿山為穴的漢代帝王陵

漢代的帝王陵中除了傳統的木槨墓外，還流行一種開鑿在山體中的崖墓。這種崖墓往往規模宏大，例如徐州的龜山漢代楚王夫婦墓，東西長83米，南北最寬處33米，總面積700餘平方米，臥室、客廳、馬廄、廚房一應俱全，宛如一座地下宮殿。最令人驚歎的是兩座崖墓甬道的設計施工水準，甬道長56米，高1.78米，寬1.06米，整體沿中心線開鑿，最大誤差僅5毫米，精確度為1/10000，四壁光滑如鏡，即使是現代技術也很難實現。為了防盜，兩條甬道各用26塊重達6～7噸的長方形巨石封堵，並且巨石表面加工平整，一旦封入甬道，便很乾陵墓道外景難取出，可謂煞費苦心。但即使是如此精心的設計，還是未能倖免於被盜掘的厄運。由於楚王夫婦墓開

龜山漢墓甬道封石

鑿在岩石堅硬的龜山內，所以盜墓者很難通過挖盜洞的方式進入墓室，唯一的辦法就是將甬道中的巨石取出，通過甬道進入墓室。於是盜墓者將封堵在甬道內的巨石上鑿出如同牛鼻環一樣的穿孔，再用繩索將其綁定，用牲口在外面將一塊塊的巨石拖出，最終楚王夫婦墓仍被洗劫一空。

3. 固若金湯的乾陵

乾陵以其同時埋葬了唐高宗李治和中國歷史上唯一的女皇武則天兩位皇帝而舉世

乾陵墓道外景

聞名。乾陵不僅是唐代十八陵中保存最完好、規模最宏大的一座，也是中國歷史上少有的可以確定未被盜擾的帝王陵墓。這主要歸功於乾陵固若金湯的封門系統。乾陵繼承了"依山為陵"埋葬形制，將墓室開鑿在岩體堅硬的梁山之中。在容易遭受破壞的封門處，使用了8000餘塊石條將墓

道封閉，石條之間使用細腰的鐵拴板固定，並且上下層之間還穿孔用鐵棍貫穿，加強了石條之間的緊密性，最後在石條之間灑上石炭粉，澆灌鐵水使得石條與山體融爲一體。這樣精心的設計，不要說一般的盜墓者，就是覬覦乾陵寶藏的地方軍閥都只能是"望陵興歎"。唐末的黃巢和五代時期的溫韜都曾動用過軍隊發掘乾陵，但最終只能"惟乾陵風雨不可發"。

4. 三合土澆漿墓

澆漿墓是指用石灰、細紗、黃土加黏合劑混合而成的灰漿澆築的墓室，又可稱爲三合土墓。此種澆漿在乾燥後硬度極高，可與今天的混凝土相比。在《天工開物》中稱其爲"輕築堅固，永不隳(huī)壞"。從宋代開始，這種建築材料出現在墓葬中。引起極大關注的南京"秦檜"家族墓中就採用了澆漿。由於三合土澆漿墓的堅硬構造，使許多盜墓者望而卻步。位於蘇州的張士誠父母墓採用了由三合土澆漿、石板、青磚構築的複合結構，盜墓者本想打破澆漿層進入墓室，但是當打到第七層時，再也無力堅持，最終無果而返。由於澆漿墓出色的防盜、防腐功能，使得這種墓葬形式在江南地區廣爲流傳。

 | 468

陰界的地契是怎樣的？

古人認爲生前所居住的房產、耕種的土地需要契約作爲所屬憑證，而死後生活的場所同樣需要獲得陰間憑證，於是就模仿生前世界的契約格式製作出購買陰間土地的買地券。

受到"事死如生"的喪葬觀念以及道教思想的影響，買地券從東漢時期逐漸產生。其形狀一般爲長方形，材質有鉛、錫、磚、石等多種，文字主要爲朱書和刻劃。早期的買地券有很多就是真正的買地契約，其內容包括買賣雙方、買地的面積、四至、價格以及證人等，幾乎不見迷信用語。但在發展過程中，人們逐漸賦予了這種契約以豐富的宗教色彩。其內容往往爲敬告陰界的諸位神靈，死者已經購買了陰界的土地，希望能得到安息。例如東漢延熹四年（161）鍾仲游妻買地券："延熹四年九月丙辰朔卅日乙酉直閉，黃帝告丘丞墓伯、地下二千石、墓左墓右主墓獄吏、墓門亭長，莫不皆在。今平陰偃人鄉莨富里鍾仲游妻薄命早死，今來下葬，自買萬世塚田，價值九萬九千，錢即日畢。……時證知人先□曾王父母□□□氏知也。自今以後，不得干擾生人。有天帝教如律令！"

買地券文中所提到的丘丞墓伯、地下二千石、墓左墓右主墓獄吏、墓門亭長等都是陰間的神明，而券文的最終目的是希望死者在陰界的土唐代鎮墓獸俑地財產能得到這些神明的見證，讓死者能夠安息不要影響生人。

469

鎮守墓葬的是什麼？

今天在一些大型賓館、商場門口常見左右擺放一對獅子或老虎的雕像，其含義是用於驅穢避邪，保佑自家經營順利。這一觀念源於古代鎮宅守屋的風俗。古人在宅第門外常會安放一些鎮宅之物。即使是平民百姓，至少也要在大門上貼一對門神，以保佑全家平安。

在非常重視喪葬的古代社會，人們相信死後的靈魂還會以墓葬爲居，長久地活動在地下世界。墓葬就成爲了死者在另一個世界的家。同樣，爲了地下的宅第免受鬼魅的侵擾，也需要在墓葬中安放鎮墓之物，這就是鎮墓獸。鎮墓的觀念起源甚早，在戰國時期的楚國墓葬中就有一種帶有鎮墓性質的器物。此類鎮墓神物，外形由鹿角、神獸、器座組成。但這種鎮墓神物流行時間並不長，進入漢代便已經消失。魏晉南北朝時期鎮墓獸出現了多種類型，主要有以牛、馬、獅、虎等動物作爲原形的樣子。到了唐代，鎮墓獸基本定型，多爲一對蹲坐的神獸，二者身體基本相

唐代鎮墓獸俑

同，但一為人面、一為獸面。神獸頭部長有長角，背部有長長的鬃毛，靠近頭部的鬃毛呈戟狀直指向上，肩部長有翅膀，下身往往蹲坐在平板或者臺上，形象十分兇悍可怖。此類鎮墓獸多由唐三彩製成，色彩絢麗，造型生動。將這樣一對鎮墓獸放在墓門門口，足以震懾企圖侵擾墓葬的鬼怪。

| 470

古人是如何用甲骨來占卜的？

　　甲骨文是我們現在能夠確定的漢字最古老的祖先，因其刻寫在龜甲或牛肩胛骨上而得名。甲骨文的內容相當程式化，大多為對某事的占卜以及占卜的結果。

　　甲骨的製作、使用程序相當複雜，首先是選取骨料。龜要選擇在秋天捕獲，到來年的春天殺死，並去其皮肉，這在文獻中稱作“攻龜”。等到占卜前，還要將龜背甲與腹甲分開，當然背甲由於有弧度並且過於堅硬，實際很少利用。隨後將分開的腹甲邊緣凸起的部分修整平齊。如果是牛的肩胛骨，也要將骨臼、骨脊修理平整，以便占卜、刻辭。整理完甲骨後，還要在甲骨上加工出圓形的鑽和橢圓形的鑿。如果是龜甲，則在龜甲背面沿其自然生長的中心線（又稱“千里路”）以鑽向內鑿向外的方式對稱排列。如果是牛胛骨，則在左胛骨背面以鑽在鑿的右邊縱向排列，右胛骨反之。結束了以上這些複雜的加工程序後，就可以進行占卜了。殷人崇尚鬼神，遇事則求諸卜師占卜吉凶。卜師用火燒灼鑿處，由於甲骨鑽、鑿處較薄，導致局部受熱不均，發生爆裂。在甲骨的正面便會出現“卜”字形的裂紋，卜師通過觀察裂紋的走向推斷事情的吉凶。這就是“卜”這個象形字字形、字音的來源。當然除了占卜的卜師沒

甲骨正面的“卜”字形裂紋

有人知道甲骨上的裂紋代表了什麼。卜師使用甲骨占卜結束後，還要將占卜記錄寫在甲骨上，內容通常為：什麼時間為何事占卜，結果如何。這些卜辭也就是我們今天所看到的甲骨文。

471

古代簡牘如何保密？

今天我們傳送私人信件或重要文書時，可以用信封或專用密封袋封緘。但這是紙張的使用普及以後才逐漸形成的。而在此之前使用簡牘的時代，人們又如何做到文書以及信件的保密呢？

由於簡牘不像紙張，不能粘貼，一卷竹簡卷起後，只能用繩子紮起來。但如果有人解開繩子看到竹簡的內容，隨後再將繩子繫起，使得收件人不知道此前已有人看過，這樣就不能做到文件的保密了。為了防止文件洩密，人們發明了一種簡牘的保密裝置——封檢。封檢其實就是一塊特殊的小木板，有長方形、尖頭形等形狀，在正面有一個方形的凹槽。當竹簡用繩子繫好後，就把檢貼在卷子外，將繫竹簡的繩結放到封檢外側的凹槽裏，然後填入封泥，再在封泥上蓋上發信人或發件機構的印章，等封泥乾後郵件即可發出。這樣如果有人要打開竹簡，就必須破壞封泥，因為不能復原封泥上的印章，所以就可以被收件方發現，從而可以追究窺閱者的責任。封

封檢

檢不僅可以用在成卷的竹簡上，也可用於單片的牘以及盛放物品的包裹外，只要最後將繩結處用封泥封好，蓋上印章就可確保文件或物品保密。

472

從法門寺出土文物看古代玻璃生產的工藝

說到玻璃，可能人們會認為這是近代以來才由西洋傳入的物件。其實我國自古就有玻璃。

據考古發現，我國在西周時期已經能夠生產玻璃了。當然此時的玻璃只是作為裝飾附件的鑲嵌玻璃珠。此類玻璃珠的主體圖案多表現為螺旋紋或同心圓，很像是許多隻複疊的眼睛，因此玻璃研究者稱其為“複合眼珠”（Compoundeyebeads），在我國考古學界通常稱為“蜻蜓眼”。進入漢代以後，我國的玻璃製造工藝有了長足的進步，由於此時流行的崇玉思想，很多玻璃製品都是仿造玉器的造型，例如：璧、劍飾、印章、首飾等。到了魏晉南北朝，我國出現了大量產自羅馬和薩珊波斯的進口玻璃製品，這些玻璃器多採用先進的玻璃吹製技法生產，色彩豐富，造型帶有明顯的異域色彩。隋唐帝國除了大量進口玻璃外，還學習西方的吹製技術生產具有中國特色的玻璃器。陝西扶風法門寺地宮出土的一套玻璃茶碗和託盤就是無模吹製成型的中國茶具，這套茶具與同時期的瓷器茶具造型完全相同，可能屬於唐代宮廷作坊生產的產品。

法門寺出土玻璃托盤茶盞

隨著伊斯蘭教國家的興起，大量以冷加工刻花工藝為特色的伊斯蘭玻璃傳入了中國。遼代陳國公主墓中就出土了一件刻花玻璃瓶，其造型、紋飾與以色列博物館收藏的一件幾乎完全相同，均被認為是在伊朗生產的。由於明清時代長期海禁，中國本土與海外的交流逐漸減少，我國民間的玻璃製造也隨之衰落。

到了鴉片戰爭之後，西洋玻璃傳入，很多人甚至已經不知此爲何物。

| 473

古代的虎符是怎樣的？

　　郭沫若先生寫過一部話劇《虎符》，講的是戰國時代魏國公子信陵君"竊符救趙"的故事。趙國自長平之戰後，國勢衰微。秦國趁此圍攻趙國邯鄲，趙王向魏國求救，而魏王懼怕秦國，遲遲不敢發兵。戰國四公子之一的信陵君讓魏王寵妃如姬盜出宮中虎符，最終發兵打敗了秦國。

　　故事中所講的虎符就是古代發兵的憑證，由青銅鑄造而成，造型如虎，縱向可以分成兩半，往往在虎的背部接縫處刻有銘文。平時虎符一半留在帝王宮中，另一半留給領兵將領。當需要派遣部隊出征時，帝王會將發兵命令和手中的一半虎符交與傳

秦國"杜"虎符

令的官員。當傳令官員到達部隊駐地，出示手中的虎符與將領的相合，證明命令確實是帝王所下達的，將領即可按命令行事。在陝西西安出土過一件秦國的虎符，虎身共有錯金銘文40字"兵甲之符，右在君，左在杜。凡興士披甲，用兵五十人以上，必會軍符，乃敢行之。燔燧之事，雖毋會符，行也"。大意是說：虎符右半在秦王手中，左半在杜這個地方。如果要調動軍隊超過50人就必須要使用虎符。如果沒有虎符，出現烽火報警，也可行動。可見帝王對於調動軍隊是非常謹慎的，超過50人就需要得到批准。漢代的虎符與秦代的相似，但也有錯銀銘文的。到了晉代，在虎符背部突起一塊，專門用於刻寫銘文。直到宋代以後兵符才多改用牌。

474

古人的腰帶扣是怎樣的？

《東周列國志》中說到春秋五霸之首齊桓公時有這樣一個故事：齊襄公死後，他的兩個兒子，住在魯國的公子糾和住在莒國的公子小白爭先趕回齊國即位。公子糾的謀士管仲為了阻攔公子小白入齊，便用暗箭射中小白腹部。以為小白已死的公子糾自信大局已定，不再著急向齊國趕。其實那支箭並未射中小白，而是射中了他腰上的帶鉤。大難不死的小白日夜兼程趕回齊國，即位為齊侯，也就是後來有名的齊桓公。故事中救了齊桓公一命的帶鉤，其實就是古人的腰帶扣。

西漢玻璃帶鉤

最遲到西周晚期，我國已經出現了帶鉤。帶鉤多呈細長形，在靠近腹部的一側，伸出一個鍪（pàn），用來固定腰帶的一端。在帶鉤的末端向外卷成鉤形，用來鉤住纏繞腰部一周腰帶的另一端。從戰國到漢代，這種帶鉤非常流行，並且有銅、金、銀、玉等多種質地。我們今天使用的帶有活動扣舌的帶扣最早出現在秦代，在秦始皇兵馬俑出土陶馬的鞍具上已經出現了這種帶扣的形象。用於人腰部的實物帶扣是從漢代出現的，經過魏晉南北朝時期，這種帶扣逐漸成為了帶具的主要形式。從北朝開始，人們更加注重腰帶上的裝飾，在帶身上裝設許多金屬構件，並且這些構件可以懸掛許多隨身物品，如小刀、鏡子、打火石等，當時稱此種腰帶為“蹀躞（diéxiè）帶”。後來人們逐漸放棄懸掛這些隨身物品，而只保留下腰帶上的裝飾構件。

475

朱然墓出土的古代名片是怎樣的？

　　今天我們在日常的社交場合，爲了方便介紹自己會遞上名片。其實這一物件自古有之，古人稱此物作"刺"，又稱爲"名刺"，最初是用竹簡或木簡製成，當紙張普及後才逐漸改用紙的。刺上通常寫明自己的姓名、字型大小、籍貫以及官職等內容。劉熙《釋名》："刺書其官爵及郡縣鄉里也。"古人在登門拜訪或是祝賀獻禮時都會先敬呈自己的刺，作爲自我介紹。

　　考古發現的刺最早出現在漢代，到三國時期逐漸增多。至今以安徽馬鞍山朱然墓出土的名刺最爲豐富，共出土有十四枚。朱然名刺長約24.8釐米、寬約3釐米餘，長度相當於當時的一尺。名刺上墨書"弟子朱然再拜問起居字義封"、"丹陽朱然再拜問起居故鄣字義封"等內容。此墓還出土有3枚"謁"。謁應屬於刺的一種，往往在晚輩對長輩、下屬對上司等場合使用。朱然墓出土的謁與名刺長度相同，但是寬度是名刺的三倍。謁除了書寫官職和姓名外，還有大面積的空白，可能是用於在覲見長官時填寫贈送禮物的禮單。古代名刺主要爲具有一定身份地位的人使用，而今日的名片早已成爲尋常之物。值得一提的是，我國鄰邦日本至今稱名片仍用"名刺（めいし）"一詞，可見兩國文化淵源之深。

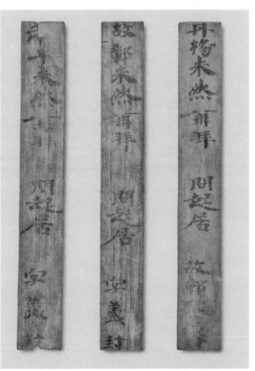

朱然墓出土的名刺

476

從出土文物看古人如何做廣告？

北宋"濟南劉家功夫針鋪"印刷廣告

如今在我們的生活中廣告可以說是無處不在，其實在我國古代，作爲宣傳商品的廣告同樣非常發達。早在春秋戰國時代，就出現了推銷產品的旗幟，《韓非子・外儲說右上》："宋人有酤酒者，升概甚平，遇客甚謹，爲酒甚美，縣幟甚高。"到了漢代，在一些出土的銅鏡上鑄有"長宜子孫，詔見貴人"、"長吏買竟（鏡）位至三公。古（即商賈）人買竟百倍田"等吉祥語，通過這些祝福的話語來吸引顧客；也有鑄著"新有善銅出丹陽，和以銀錫清且明"、"清冶銅華以爲鏡"等宣揚自己產品精良的標語。三國時代的一些銅鏡上還有"揚州會稽山陰師唐豫命作竟"、"吳向里柏師作鏡"等冠有產地和工匠的銘文，可能其中的一些產品已經形成了自己的品牌。到了唐代，商品經濟更加發達，對外貿易也達到了空前的程度。在朝鮮半島上就出土了唐代長沙窯燒造的瓷器，上面寫有"鄭家小口天下第一"、"卞家小口天下有名"的詩句。

隨著印刷術的普及，以紙質的印刷品作爲廣告宣傳的形式也應運而生。中國國家博物館就收藏有一塊北宋"濟南劉家功夫針鋪"的銅印版。版上刻字號，中間可能是自家"白兔搗藥"的商標，左右寫著"認門前白兔兒爲記"，下寫"收買上等鋼條，造功夫細針，不誤宅院使用，客轉爲販，別有加饒。請記白。”可見此時的商業廣告已經非常發達，不僅有品牌、廣告詞，就連商標都已出現。

| 477

從出土文物看古代道教的祈禱儀式是怎樣的？

投龍是一種古代道教的儀式，簡單地說就是將祈禱的文字寫在金、玉等質地的板上，投到名山大川中。

這種儀式可能早在先秦時期就已出現，在華山出土有秦國禱病玉簡，其內容爲秦國君主因疾病所困，祈告華山及天地神祇（qí）保佑。作爲道教儀式的投龍出現在南朝劉宋時，但此時這種儀式只是流行在一般民衆和道教徒中。由於唐代皇室姓李，自詡是老子李聃的後代，所以特別尊崇道教，甚至把流行於民間的投龍儀式變成國家儀典。唐代投龍起源於高宗，其後多位皇帝都舉行過投龍。1982年河南嵩山的一位農民在峻極峰北側的山體石縫中發現一枚長36釐米、寬8釐米、重233.5克的金版，後經認定，此物爲武則天投龍金簡。金簡上所寫內容大意爲：武則天是崇尚道教、敬重神仙的，希望能除去自己的罪名。唐代有關投龍的記載非常豐富，幾乎貫穿唐朝始終。五代時吳越國錢氏也重視投龍，現已發現的吳越國投龍告文已達十件，均發現在杭州西湖和

錢鏐投龍告文玉簡拓片

紹興的河道中，文中稱作“告水府文”。告文的主要內容是保佑國家風調雨順。在道教聖地武當山的一處窖藏中出土了明朝初年湘王開普天大齋時埋下的玉簡。

道教的投龍源於對自然界"天、地、水三官"的崇拜，敬天如武則天金簡，投在中岳之巔，敬地如明湘王所埋玉簡，敬水如吳越國錢氏的"告水府文"。這三官也就是我們常說的"三元"。

| 478

從出土文物看古代時鐘有哪些類型？

古代沒有今日機械、電子類的時鐘，但為了國家機構的正常運作，同樣需要準確測定時間。最早出現的圭表就是依靠測量日影的長度來計算時間，但圭表不夠準確，而且受天氣等因素的影響較大。於是人們又利用滴水的均勻速度製造了漏壺。我國古代的漏壺主要有兩種類型：一種是在容器底部開孔，西漢"千章"漏壺容器內有表示泄水時間的尺規，稱為泄水型；另一種是將泄水型的漏壺所滴出的水用一容器盛接，盛水容器內有表示時間的尺規，稱為受水型。最早發現的漏壺是西漢"千章"漏壺，屬於泄水型。

漏壺在使用過程中，隨著水量的減少，壓力降低，水滴的速度也會變慢，誤差逐漸加大。所以漏壺通常配合圭表一起使用來矯正誤差。為了保持漏壺中的水壓穩定，古人又在漏壺上加一個補償壺向漏壺中注水，漢代的張衡就提到了二級補償式漏壺。後代為了提高漏壺測時的準確性，不斷增加補償壺。現存最早的多級漏壺是元代延祐三年（1316）製造的受水型漏壺。它有三級漏壺，稱為日壺、月壺、星壺，下面才是受水壺。上部漏壺放置在階梯式架座上，通高達到2.64米。這組漏壺原存放在廣州城拱北樓上，一直使用到清代晚期，現藏於中國國家博物館。漏壺的日常使用也極其講究，漏壺中的水要定期更換，滴水水管也要定期清理，以保證水流通暢。

西漢"千章"漏壺

479

古代的冰窖是怎樣的？

對於老北京來說，冰庫胡同、冰窖口胡同等都是熟悉的名字。這些胡同因作爲清代以來貯藏冰塊的窖藏所在地而得名，有些冰窖甚至使用到電冰箱出現以後。我國貯藏冰的歷史可以追溯到很遠，在《詩經・豳風・七月》中就有"二之日鑿冰沖沖，三之日納於凌陰"的記載。詩中所說的"凌陰"就是相當於冰窖一類的建築。在後代追述記錄周代制度的《周禮》中，也有專門負責管理貯冰事務的"凌人"一職，"凌人"主要負責在冬季將冰貯藏到"凌陰"中，等到夏天再取出使用。

現已發現的最早的"凌陰"遺址位於陝西鳳翔，是春秋時期秦國修建的。此處"凌陰"遺址的最大貯冰量爲190立方，根據《周禮》上記載的消融比例，到夏天時此冰窖也能提供至少65立方的冰塊。在戰國七雄中，韓國、燕國、楚國的國都中都發現有用於冷藏或者貯冰的設施。後代又逐漸將藏冰的設施與地上建築相結合，設計出帶有"集中空調"的殿堂。在洛陽漢魏故城中就發現了一處被推測爲帶有冰室設施的建築遺址，該遺址設計獨特，下部有用磚砌築的規則圓形"冰室"，並有用於藏冰入窖和排水的設施。"冰室"外包25米×25米方形夯土高臺，並出土有磚、瓦等遺物，推測高臺上原來應有建築，建築的地板上可能有與"冰室"相同的冷氣通風口。遺址中還發現了大量的稻草遺跡，應是用於"冰室"的隔溫。根據《永樂大典》卷9561中所載北魏宮城的古圖，與此處遺址相當的地方繪有"清暑殿"一座。可見這應是當時皇家用於消暑的宮殿。

 480

中國歷史上使用時間最長的窯爐是哪幾種？

陶瓷器之所以能從泥土中昇華而出，是因爲經過了窯爐的燒造。在我國歷史上流行最廣、使用時間最長的當屬饅頭窯和龍窯。

饅頭窯的窯室和煙道

饅頭窯最早在西周時期就已出現，因外形似饅頭，故得名。饅頭窯主要由火膛、窯室、窯床、煙道等幾部分組成。由於煙道位於窯室最後，火膛裏的火焰升到窯室的頂部後，不得不隨著空氣流動倒向窯室後部，所以饅頭窯又被稱作半倒焰式窯。火焰在窯室中倒下時經過要燒製的坯胎，熱能可以被充分地利用。饅頭窯的特點是升降溫較慢，有利於對火的控制，但燒成時間長，而且產量不高。由於中國北方瓷器胎釉中鉀含量高，胎壁較厚，比較符合饅頭窯的燒造特性，所以饅頭窯在北方地區非常流行。

流行在中國南方的龍窯因多利用自然山地的斜坡修建長條形的窯室，所以得名。龍窯的最低端是火膛，整個窯室依山而建，煙道位於最高處。火膛裏的火焰隨著空氣的抽力一直向高處的煙道上升，窯室內也自下而上升溫。龍窯的升降溫速度較快，有利於燒造胎壁較薄的瓷器。由於龍窯窯室較長，一次可以燒製大量的瓷器。在福建建陽的將口龍窯全長達53米，可見其燒造量之大。

481

新石器時代的陶器能達到多高的水準？

在我國新石器時代龍山文化遺存中有一類胎壁薄如蛋殼的陶器，考古學家將其命名為"蛋殼陶"。這種陶器僅見於典型的龍山文化，器型為高柄杯，一般由盤口、杯身、杯柄、底座等幾部分組成。蛋殼陶的陶質為細泥質黑陶，幾乎不含雜質。最令人驚歎的是這類陶器的胎壁極薄，通常為0.5毫米，最薄的可達0.1毫米。通過觀察器身可以發現，“蛋殼陶”不是一次加工成形的，柄、杯處有明顯的黏合痕跡，應是各個部位分別製作成形後粘接到一起的。從器身和底座上的圖案看，“蛋殼陶”是採用快輪加工而成。但是爲了保證胎壁如此單薄，對於快輪輪盤旋轉的穩定性和均勻性要求極高，即使是今天的製胎設備都難以達到。有人推測可能是將胎製成後在半陰乾的狀態下進行刮磨，以減薄胎壁。即使如此，將這樣薄的陶坯放入陶窯燒也是一個難題。“蛋殼陶”在燒製時還採用了十分高超的滲碳技術，質地堅硬並且滲水率幾乎可以同瓷器相比。燒製好的“蛋殼陶”表面還經過了磨光處理，使得整件器物看起來烏黑黝亮，精美絕倫。

蛋殼黑陶高柄杯

 | 482

從“商鞅銅方升”看秦國的標準容量是多少？

我們今天去參觀故宮時，會在太和殿前發現一個不起眼的被稱作“嘉量”的物件，與銅鶴、銅龜、日晷等禮儀器一同擺放在月臺上。這個“嘉量”實際就是一件容積量器，代表著國家實行的容積標準。

秦始皇統一六國後（前221），曾下詔書將秦國實行的度量衡標準推廣到全國範圍，所以嘉量也在一定程度上代表著國家的統一。秦在統一天下前就非常重視度量衡的標準，商鞅變法時曾製造了一批標準量器。今天能看到的“商鞅銅方升”、“高奴禾石銅權”都是商鞅監督製造的標準器。

“商鞅銅方升”是秦孝公時秦國頒行的標準一升的容積量器。在其左壁側刻有“十八年，齊□卿大夫衆來聘，冬十二月乙酉，大良造鞅，爰積十六尊（寸）五分尊（寸）一爲升”。大意是說：孝公十八年（前334年），齊國派來的卿大夫訪問秦國。冬十二月乙酉，身爲大良造的商鞅制定了體積16.5立方寸的量器爲一升。這個標

商鞅銅方升

準確立後一直在秦國實行，到秦始皇統一六國後，又再次以詔令的形式將商鞅制定的標準推行到全國。在"商鞅銅方升"的底部有秦始皇二十六年（前221）補刻的詔書："二十六年，皇帝盡並兼天下諸侯，黔首大安，立號爲皇帝，乃詔丞相狀、綰，法度量則不一歉（嫌）疑者，皆明一之。"大意爲：二十六年，皇帝統一六國，百姓安定，乃稱皇帝號，下詔書給丞相隗狀、王綰，度量衡標準不一致的要統一起來。可見"商鞅銅方升"從秦孝公時一直到秦始皇時代使用了一百多年。

 | 483

漢長安城有"地下通道"嗎？

看過電視連續劇《漢武大帝》的朋友肯定對漢代長安城中未央宮、長樂宮等名字並不陌生。漢長安城位於今天西安市的西北郊，這裏曾是西漢的政治中心，城內佈滿了各類宮殿。

建國後不久，考古工作者就開始對長安城進行整體的調查工作。從上世紀80年代開始，集中對以未央宮爲中心的宮殿區進行發掘。當發掘到未央宮中皇后所居的椒房殿時，在整座宮殿的東北部配殿基址中發現了密封式巷道遺跡。巷道的設計非常嚴密，寬度在一米左右，用土坯包砌的牆體與外界隔離，牆表抹以草拌泥並塗有白灰，地面以條磚鋪砌。起先這個發現並沒有引起考古工作者的關注，認爲只是宮殿建築中的附屬部分。隨著發掘工作的繼續展開，椒房殿內又出現了多條這樣的"秘密通道"，將宮內許多房屋互相連接起來，有的甚至連接到地下室，這逐漸引起了考古學界的關注。在隨後發掘太后所居的長樂宮和嬪妃所居的桂宮時也發現了類似的地下秘密通道。這些密道的基本特點是長度在二三十米以內，只連接同一宮殿內的兩個建築，宮殿之間並沒有聯繫。而且這種密道多爲皇宮中女性所居的宮殿，椒房殿、桂宮、長樂宮均是如此。

　　關於這些密道的性質眾說紛
紜，有人將其演繹為後宮的幽
會之所，也有說是逃生的秘密
通道。當然種種猜測都缺乏可
靠的依據，關於這些"密道"
的真正用途還有待考古學家們
的深入研究。

桂宮遺址中的"地下通道"

 | 484

漢代的"搖錢樹"是怎樣的？

　　"聚寶盆"、"搖錢樹"都是人們想像中獲得財富
的寶物。在出土的漢代文物中就有一類掛滿方孔圓錢的
銅樹，考古學家稱其為"搖錢樹"。這種搖錢樹出現在
東漢中晚期的西南以及長江三峽地區。

　　搖錢樹通常由樹座、樹幹兩部分組成。樹座部分多
用陶或石製成，造型往往模仿仙山的樣子，頂部有孔用
以插接樹幹部分。樹幹由青銅鑄成，分層插接青銅枝
葉。青銅枝葉是搖錢樹最富表現力的部分，在整個枝葉
的邊緣均鑄有方孔圓錢，並且這些銅錢周圍伸出有羽毛
或樹葉。除銅錢外，枝葉間的雲氣中還刻畫有許多人
物、動物、仙人、神獸等造型，充滿著神秘色彩。在
這些奇特的形象中，最為引人注目的當屬記載於《山海
經》中居住在昆侖山瑤池的西王母。在搖錢樹的枝葉
中，西王母通常端坐在由龍虎共同抬起的寶座上，身著
華麗的衣服，頭頂架有華蓋，形象神秘而莊嚴。西王母

漢代的"搖錢樹"

是傳說中引導升仙的神靈，而搖錢樹上所刻畫的正是人們想像中的神仙世界。隨著早期佛教藝術的傳入，在一些搖錢樹上也出現了佛陀形象，可見此時人們對佛教的理解並不深，誤以爲佛陀也是神仙世界中的一位。

 | 485

魏晉人喜愛服用的五石散是什麼東西？

魯迅先生寫過一篇叫作《魏晉風度及文章與藥及酒之關係》的文章，文中在講到魏晉時代的丹藥時說：「'五石散'是一種毒藥，是何晏吃開頭的。漢時，大家還不敢吃，何晏或者將藥方略加改變，便吃開頭了。五石散的基本，大概是五種藥：石鐘乳，石硫磺，白石英，紫石英，赤石脂；另外怕還配點別樣的藥。」

服用丹藥的傳統伴隨著道家丹鼎派的興起從漢代就開始流行，人們爲了追求長生不老和羽化升仙開始研製各種丹藥。到了魏晉時代，服食丹藥更加流行，晉代葛洪所著《抱樸子內篇》就記錄了許多當時煉製、服食丹藥的方法。從魯迅先生文章中所提到的何晏開始，服食丹藥的習慣逐漸與名士風度相結合，五石散就是名士間最爲流行的一種丹藥。

據相關學者的研究，魯迅先生所講五石散的配方取自唐代藥王孫思邈所著的《千金方》，並非魏晉時的五石散。魏晉時的五石散不含石硫磺，而是採用的礜（yù）石。礜石的化學名稱叫作砷黃鐵礦（FeAsS），屬於有毒礦物。當人吃下五石散後身體便有劇烈反應，通常表現爲身體發熱，皮膚變得極其敏感不能觸碰。爲了減輕這些生理反應，服食者必須穿上輕薄寬大的衣服，不停地行走，以揮發熱量。這在當時被稱作「行散」。魏晉名士追求的也正是這種「行散」的超然風度。

在東晉第一高門琅琊王氏的家族墓中就出土了當時所服食的丹藥。王氏家族墓位於南京象山，共出土粉劑、丸劑丹藥四種。其中丸劑顏色呈朱紅色，經化驗以汞爲主要成分。汞就是水銀，同樣對人體有毒。正如五石散和出土的丸劑配方所顯示的那樣，當時的丹藥都是以礦物質爲主，甚至有些對人體有毒，如果長期服用會對人體產生嚴重後果。同樣出身於琅琊王氏的王羲之一生服食丹藥，到了晚年長期忍受著病痛的折磨。正如他在《右軍書記》中所言"僕下連連不斷，無所一欲。啖輒不消，諸弊甚，不知何以救之"。難怪魯迅先生稱其爲"毒藥"了。

 | 486

鸚鵡螺杯爲何珍奇？

鸚鵡螺是生活在印度洋和南太平洋的一種珍稀海螺，因爲其源自古生代而被生物學家譽爲"活化石"。鸚鵡螺最爲奇特的就是其螺殼內部的隔室構造，這些隔室是用來調節氣體，以控制整個身體在海水中懸浮。這個構造與現代潛水艇是同一原理，所以在凡爾納所著《海底兩萬里》中所描寫的傳奇般的潛水艇被命名爲"鸚鵡螺號"。因爲鸚鵡螺的外殼有著紅色螺旋紋，非常鮮麗，所以在古代就被視爲南海的特產，甚至還將其加工爲酒杯成爲一種精緻的酒具。《藝文類聚》中記載："《南州異物志》曰：'鸚鵡螺狀似霞，杯形如鳥頭，向其腹視，似鸚鵡，故以爲名。'"李白詩中也有"鸕鷀勺，鸚鵡杯，百年三萬六千日，一日須傾三百杯"的詩句。

這種傳奇般的鸚鵡螺杯在考古發掘中確有發現。在南京象山東晉王氏家族墓中就出土了一件用鸚鵡螺製成的酒杯。此杯高10.2釐米、長13.3釐米、寬10釐米，利用天然鸚鵡螺殼製成，在螺殼口部和中脊處鑲有鎏金銅邊，並在口部兩側模仿耳杯形製裝有銅耳。鸚鵡螺杯出土時已經嚴重破損，後雖經考古工作者復原，但一側的螺殼缺失，使得螺殼內部的隔室構造展示出來。

鸚鵡螺杯

487

隋唐時期洛陽附近的大糧倉到底有多大？

讀過《隋唐演義》的朋友肯定會對瓦崗軍攻打洛陽，開洛口倉賑濟災民的事蹟留有印象。文獻上形容洛口倉"米逾巨億"。洛陽是隋唐兩代的東都，有著舉足輕重的政治地位。洛陽還是隋唐大運河的中心，帝國的財富通過永濟、通濟兩渠源源不斷地從河北、江南輸送而來。為了儲備這些財富，洛陽修建了大量的倉窖，"米逾巨億"的形容可能並非誇張。在洛陽城北就發現了一處規模龐大的糧倉遺址──含嘉倉。

含嘉倉位於隋唐洛陽城的北部，四邊有垣牆，東西長600餘米，南北長700餘米，現已探明的糧倉287座，分行整齊排列，行距6～8米，糧倉間距3～5米。糧倉均為地窖式，最大的直徑18米、深12米，最小的直徑8米、深6米。倉窖的建築方法為：先在地面挖坑，將其底部夯實、火烤，再在底部鋪上紅燒土塊、木炭、石子等用以防潮，然後在窖底和四壁鋪上木板和席。窖頂應為木構架的草頂，頂上塗泥。當各地運來的糧食放入糧窖後，還要在磚上刻上該窖處於含嘉倉內的具體位置，窖內存放的是何時何地運來的糧食，最後寫上負責人的名字。寫好後將磚放入窖內作為收納紀錄，可見管理的嚴密。這些糧窖的貯藏數量是相當驚人的，在編號為窖160的倉窖裏，還殘存有半窖炭化的穀子，經計算僅這些穀子當時就有五十萬斤。

488

唐三彩是日常器皿嗎？

唐三彩因多見紅、綠、黃三色而在近代古董收藏者間逐漸得名。時至今日也是古董市場上價值連城的一類文物。由於此類器物主要流行於唐代，前後時代所見極少，因此十分珍貴。

所謂唐三彩實際是一種低溫燒成的釉陶器。製作時以白色的粘土作胎，塑造成所需要的形象，將素胎經過1000℃左右的溫度燒結定型，隨後將燒好的素胎塗以礦物質的著色釉料。其實唐三彩的顏色不僅有三種，常見的礦物質釉料就有銅（綠色）、鐵（紅色、黃色）、錳（紫色）、鈷（藍色）等。由於礦物質的釉料需要1300℃高溫才能燒成，這已經達到了瓷器的燒成溫度，所以爲了降低燒成溫度，還要在釉料裏加入助熔劑——鉛。由於鉛的助熔作用，釉料只需800℃即可燒成。鉛不僅能夠降低釉料的燒成溫度，而且還可以增加燒製過程中釉料的流動性，所以我們見到的唐三彩通常呈現出一種不均勻的斑駁美。不過這也在很大程度上限制了色彩的細節表現。也正是因爲唐三彩釉料中含有鉛，如果長期接觸會導致人體鉛中毒，所以三彩器實際不能用作日常生活中的飲食器具，而更多地用作陪葬的明器。

今日我們常見的三彩器主要有文武官員、鎮墓獸、馬、駱駝等，這些三彩俑造型極其生動，在我國雕塑史上具有獨一無二的地位。唐三彩雖然流傳時間並不長，但是對於宋代以後的低溫色釉和釉上彩瓷有重要影響。並且這種工藝還遠傳周邊民族以及朝鮮半島、日本列島，日本在平城時代就仿造唐三彩生產出了奈良三彩。

唐三彩文官俑

 489

乾陵“六十一王賓像”的原型是什麼人？

唐代乾陵石刻以其題材豐富、數量巨大而著稱於世，唐高宗述聖紀碑、武則天無字碑以及各類石像生令人流連忘返。在乾陵朱雀門外東西兩側放置的“六十一王賓像”是乾陵最富特色的石刻群。石像東側29尊，西側32尊，各分成四行排列。“六十一王賓像”模仿的是唐高宗和武則天時期周邊國家和部族的首領及使臣覲見唐朝的情景。根據文獻可以考證出其中三十七位王賓的身份，在有些石像的身後還保留有他們的名字和官職。這些王賓大多是來自北方突厥諸部以及西域諸國的酋長，最遠

六十一王賓像

甚至有來自波斯的首領。令人奇怪的是，這六十一尊王賓像的頭部全部缺失，僅存有頭部的幾座也是嚴重受損。

對此，人們提出了種種猜測，有傳說說石像夜晚會活動，破壞周圍的莊稼、影響人們的生活。爲了不讓石像活動，村民們打掉了石像的頭。也有人猜測是近代的文物販子將石像頭賣給了國外古董商。當然這些猜測都缺乏確鑿的依據。根據文獻記載：王賓像可能最初有六十四尊，到了元代時只有六十一尊了，但是保存尚且完好。到了明代，記載這些石刻“左右列諸番酋像，左之數二十有八，右之數三十。僕豎相半”，“然多無首”，可見王賓像是大約到明代才受損缺失的。有學者據此考證，明嘉靖三十四年關中地區的一次大地震導致了石刻的嚴重受損。但也有人懷疑：地震爲何導致全部石像的頭部受損，而其他部位保存尚好？看來關於王賓像頭部缺失之謎還有待進一步研究。

 490

陝西出土的唐代香囊有什麼特點？

古代士人多愛隨身佩戴香物，屈原就曾描述自己“扈江離與薛芷兮，紉秋蘭以爲佩”。通過佩戴這些香草表現出詩人心中所追求的高潔境界。但是像江離、薛芷、秋蘭之類的天然香草的香氣效果並不持久，所以後來人們更多地使用焚香香料。在考古發掘中，焚香香爐的出土屢見不鮮。香爐由於體積較大且需要燃火，多用於居室使用，不宜出行攜帶。爲了能夠隨身攜帶香氣效果出色的焚香，古人發明了可携式的焚香香囊。

在陝西西安何家村唐代金銀氣窖藏中就出土了一件葡萄花鳥紋銀香囊。這件香囊外部爲銀質，呈球形，鏤空雕刻出花鳥圖案。銀球上有扣舌機關，打開後銀球可分成兩個半球。下部銀球內有兩圈銀環，內側銀環內還有一個金盂，銀環和金盂之間均用相互垂直的可轉動的鉚釘連接。金盂內可放焚香，由於重力的作用，金盂始終保持開口向上，這樣金盂內的焚香就不會灑落。此物在文獻中被稱作“香囊”。

唐代還有一則關於楊貴妃所佩戴香囊的故事。安史之亂時，唐明皇攜楊貴妃、楊國忠等一起逃亡四川，途徑馬嵬驛時，將士們因禍亂由楊氏兄妹而起，請誅之。明皇無奈與楊貴妃訣別，並葬其於驛路旁。後來安史之亂平息，明皇密令宦官將楊貴妃改葬。宦官開啓墓葬時，發現屍體已經腐爛，只有香囊依舊，便將香囊呈獻給唐明皇，明皇看到香囊後淒感流涕。

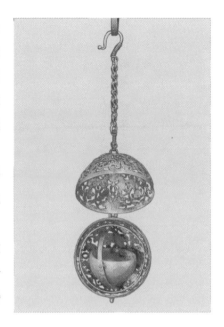

唐代葡萄花鳥紋銀香囊

 491

從法門寺出土文物看唐代人如何煎茶？

我國飲茶的歷史至少可以追溯到東漢時代，後經魏晉南北朝逐漸發展興盛。但是此時的飲茶方式多種多樣，且製茶的技術也不甚成熟。直到我們所熟知的陸羽撰寫《茶經》時，製茶、飲茶才形成了統一的規範，並且迅速風行全國。

《茶經》中所記載的飲茶方式被稱作“煎茶”法。在法門寺地宮中出土了一整套唐代煎茶的工具，主要包括：茶籠、茶碾、茶羅、茶末盒、鹽台等。這些工具與《茶經》所記載基本相同，大致可以復原“煎茶”的全過程。當時的茶被製作成餅形，用紙包裹好放在茶籠中貯存。飲用前先將茶餅用茶碾碾碎成細米顆粒，並且用茶羅篩

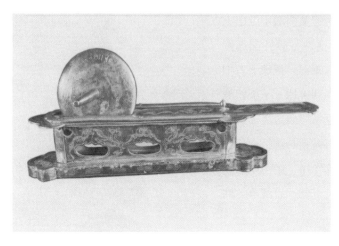

法門寺出土銀茶碾

選。篩好的茶末可先放到茶末盒中等待煎煮。煎煮用茶釜，當釜中的水煮沸後便將茶末放入，依據個人喜好還可以適當放入鹽調味。煎煮完畢後，將釜中的茶湯倒入盞中飲用。

到了唐末五代時，又出現了被稱爲"點茶"的飲茶法。點茶法與煎茶法最大的不同在於：茶末並不放入釜中煎煮，而是直接放入茶盞中用湯瓶中的沸水沖點，沖點時還要用茶筅不停地攪動。這兩種飲茶法最終都是要將盞中的湯汁、茶末全部飲盡，所以茶末的加工越來越細。《茶經》中只說茶末需碾成細米顆粒，但到了宋代，竟使用細磨將茶磨成細粉狀。

我們今天的泡茶法在元代時開始出現，明代逐漸流行。隨著泡茶的興起，此前使用的茶碾、茶磨、茶羅等茶具不再使用，而易於襯托茶色的白瓷器和能夠提升茶香的紫砂茶具則廣泛地流行開來。

 | 492

錢鏐鐵券是免死金牌嗎？

《水滸傳》第九回說到小旋風柴進時，"他是大周柴世宗嫡派子孫，自陳橋讓位有德，太祖武德皇帝敕賜予他誓書鐵券在家中，誰敢欺負他？"書中所言誓書鐵券就是我們常說的免死金牌，是由皇帝賞賜給有功之臣，當功臣或其子孫犯法時，可以持此物抵罪。但古代眞的有免死金牌嗎？

據文獻記載，漢高祖時曾製鐵券，並將其一分爲二，一半藏於皇宮，一半賜予功臣。如果功臣或其後代犯法，可以赦免其罪。其後史料中能夠零星見到有免死鐵券的記載。直到唐代安史之亂後，由於藩鎮割據愈演愈烈，唐皇室只能利用地方軍閥來抵制強藩的反叛勢力，甚至對於許多有過反叛行爲的軍閥，也只能賜其免死鐵券來安撫。

中國國家博物館收藏有一件唐昭宗賜予鎮海、鎮東軍節度使錢鏐的免死鐵券。該鐵券長約52釐米，寬29.8釐米、厚0.4釐米，外形似瓦，上有嵌金詔書333個字。詔書的內容主要爲：因錢鏐平復了越州一帶董昌的叛亂，被任命爲杭州地區的節度使，並可免除九次死罪。“卿恕九死，子孫三死，或犯常刑，有司不得加責。”其後唐朝

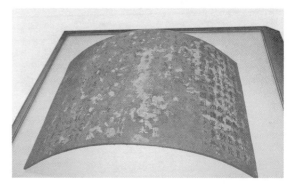

錢鏐的免死鐵券

覆滅，錢鏐憑藉實力建立了吳越國。宋朝興起後，錢鏐後代向宋朝投誠，爲了表彰吳越的歸順，宋朝承認此鐵券繼續有效。正是因爲得到此免死鐵券的殊榮，錢氏子孫一直奉爲至寶，供在錢氏宗祠之中，直到新中國成立後才捐獻給國家。

 | 493

從考古遺址看宋代的國家慈善機構有哪些？

說到慈善機構，很多人會以爲這是隨著西方教會組織的建立才在中國產生的。其實在唐代文獻中就出現有“悲田養病坊”，是由國家設立、用於救助貧苦和疾病百姓的機構。到了北宋時期，這類國家的慈善救助機構更爲發達，出現了居養院、安濟坊、漏澤園三大組織。居養院主要是爲鰥寡孤獨、貧乏不能自存的貧民提供住宿、飲食以及必要的生活費。安濟坊是爲身患疾病而無錢醫治的貧苦百姓提供免費治療的慈善醫院。漏澤園則是公共墓地，無主屍骨和無力下葬者由國家組織安葬於此。這三個

北宋漏澤園墓地

機構都由國家統一組織，有著嚴格的運作規程。

在河南三門峽市就發現了一處北宋漏澤園墓地的遺址。該遺址先後經過三次發掘，共清理墓葬849座。這些墓葬整齊地分行排列在一起，墓葬的面積基本相同。墓葬中沒有棺槨，葬具多是採用兩口陶缸對接，將屍體放在其中。墓中還放有簡單的磚墓誌，寫明屍骨的姓名、年齡、身份、死亡地點和埋葬時間等內容。在墓誌上還寫有此墓在漏澤園中的編號，通常採用千字文編號，也有用數位編號的。例如編號124號墓出土的墓誌："號字型大小。降（絳）州雄猛第二指揮軍人喬忠，年約二十六七，於牢城營身死，十一月二十三日檢驗了當，二十四日依條立峰，葬埋記識訖。" 通過這些墓誌，我們可以發現漏澤園中收葬的主要是軍人和貧苦百姓，他們多來自安濟坊、牢城營和州府附近的客店等處。

 494

哥窯是如何得名的？

在我國陶瓷發展史上，宋代可謂是一個高峰。特別是五大名窯"官、哥、汝、定、均"的產品，由於大多傳世較少且造型、色彩獨特而成為難得一見的珍品。在五大名窯中，除了哥窯以外，其他窯口均已找到了比較確定的燒造地點，並且有獨立的產品特徵。但哥窯一直沒有發現燒造的窯口，甚至連特徵也不是非常明確。

從傳世至今被定名為哥窯的瓷器來看，其主要特點是胎色較深，在器物口沿和足部釉料較薄處，會呈現出"紫口鐵足"的特點。釉色通常較暗，呈青灰色，通體帶有開片。開片就是瓷器上帶有裝飾性的裂紋，起初是由於燒造時釉料的膨脹係數不均造成的，後來被工匠巧妙地利用而產生出一種特殊紋飾。由於此類瓷器胎色與釉色的特殊搭配，在開片處展現出“金絲鐵線”的效果。

　　哥窯的定名也頗具戲劇色彩，在宋代的文獻中，沒有任何關於哥窯的記載，元代出現了“哥哥洞窯”的稱呼，直到明代中後期才有了哥窯的名字，並開始流行起一個關於哥窯來歷的傳說。傳說處州有章生一、章生二兄弟都從事製瓷業，章生一所生產的瓷器紫口鐵足、滿布裂紋，因其爲兄稱爲哥窯；章生二生產的瓷器青翠無裂紋，如同玉器，因其爲弟稱爲弟窯，以地處龍泉，又稱龍泉窯。由於哥窯瓷器與龍泉窯的深胎瓷器有相似之處，所以許多後來者對此傳說深信不疑。但經過現代化學分析，哥窯與龍泉窯成分不同，而非常接近宋代官窯的產品，很可能是官窯器中的一種。今天杭州鳳凰山下老虎洞是南宋官窯的所在地，故此地又稱“官窯洞”，而杭州方言中讀“官窯洞”

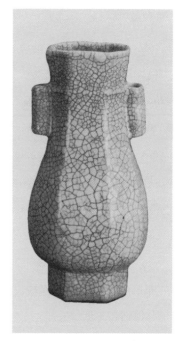

哥窯雙耳瓶

爲“哥哥洞”，這可能就是元代“哥哥洞窯”的來歷，到了明代又開始附會出“哥窯”、“弟窯”的傳說了。

 495

明代外國傳教士的墓地有什麼特點？

　　北京阜成門外的北京行政學院校園內，坐落著一處靜謐墓園。如果細看墓園中樹立的墓碑，可以發現墓碑上除了漢字以外還有西洋文字，而且無一例外地都刻有十字架圖案。這裏就是從明代開始安葬天主教來華傳教士的“柵欄”墓地。

　　“柵欄”墓地的緣起始於著名的義大利傳教士利瑪竇。利瑪竇長期在華傳播天主教和西洋科技，並得到了明朝士大夫階層的普遍尊敬。利瑪竇於明萬曆三十八年

利瑪竇和外國傳教士墓地

（1610）在北京逝世，因當時天主教尚未取得明朝的認可，所以外國傳教士只得返回澳門安葬。利瑪竇生前曾有遺願，希望能葬在北京，以促進天主教在中國的合法化。爲此，耶穌會士龐迪我向萬曆皇帝上奏章，表示利瑪竇仰慕天朝希望能夠安葬在京都。萬曆皇帝便將平則門

（即阜成門）外的一處被沒收的宦官別墅"滕公柵欄"賜予他們，以安葬利瑪竇和供其他傳教士居住。

後來，主持清朝欽天監的湯若望、南懷仁，參與中俄簽訂《尼布楚條約》的徐日升，協助設計圓明園的著名畫師郎世寧等一大批來華傳教士相繼安葬於此。"柵欄"墓地也逐步發展出教堂、修道院、神學院、教會醫院等諸多教會機構。在義和團運動和"文化大革命"中，"柵欄"墓地遭到了嚴重破壞。許多墓葬被挖掘，墓碑被推倒掩埋。現在雖然又重新將散落的墓碑集中保護，並將此墓地升級爲全國重點文物保護單位，但是"柵欄"墓地早已不見昔日的風采了。

496

明初功臣徐達墓前古碑有什麼奇特之處？

2003年南京明孝陵連同周圍六座明初功臣墓一起列入了世界教科文組織《世界遺產名錄》。在這六座功臣墓中，保存最完好的當屬明朝第一開國元勳徐達的墓葬。徐達早年就追隨朱元璋南征北戰，先後打敗佔據兩湖地區的陳友諒、蘇州地區的張士誠等地方勢力，隨後又征戰中原，最終攻陷元大都，迫使元順帝北走大漠。由於徐達

爲明朝立下的赫赫戰功，他死後被朱元璋追封爲中山王，並賜葬紫金山，配享功臣廟，位列309位開國功臣之首。

徐達墓現保存有龜趺神道碑一座，石馬及控馬人、石羊、石虎、武將、文臣各一對。特別值得一提的是，其中中山王神道碑形製巨大，通高8.95米、寬2.2米、厚0.7米，比朱元璋"神功聖德碑"的高度8.78米還要高出0.17米。中山王神道碑由朱元璋御筆親書，全文兩千餘字，盛讚徐達的功績。更令人稱奇的是，此碑文在斷句處均劃有小圓圈，如同今日的句號一般。

對此流傳有一個故事：由於朱元璋文化不高，碑文只能請手下的文士代寫。文士寫好後要遞呈給朱元璋檢閱，但是擔心皇帝難以句讀，就在斷句處加上"句號"以便皇帝御覽。碑文經過朱元璋首肯後，交

中山王神道碑

給刻工鐫刻。因爲是以皇帝手書的名義寫成的，所以工匠不敢對文章妄加修改，就把其中的"句號"一同刻在石碑上了。

但許多學者都對此持有懷疑觀點，因爲皇帝手書的文章都要經過謄寫才能交給下屬，就算是爲了方便朱元璋閱讀才加上"句號"的，當他看到碑文上公然展示自己文墨不通，恐怕也不會讓此碑留傳於世的。

 | 497

明初功臣李文忠墓前石刻爲何未完成？

在距徐達墓東邊不遠的地方，坐落著明朝開國第三功臣李文忠的墓葬。李文忠也是明初著名的武將，曾經率領十萬大軍遠征漠北，俘獲元順帝之孫以及數百文武官

未完成的石馬及控馬人

員，並繳獲元朝國庫所藏璽印、圖冊以及衆多珍寶。不僅如此，李文忠更因是朱元璋的親外甥而在明朝初期具有舉足輕重的地位。李文忠死後，被朱元璋追封爲岐陽王，賜葬紫金山。李文忠墓現存有龜趺神道碑一通，神道西側有石馬及控馬人一組，神道兩側排列著石羊、石虎、武將、文臣各一對。如果對照上面所提到的徐達墓前石刻可以發現，李文忠墓前少了一組石馬及控馬人。在墓前神道東側還擺放著一塊僅雕出大致輪廓的石材，不難發現這就是缺失的那組石馬及控馬人。

　　這件未完成的雕刻被認爲與明太祖朱元璋有關。朱元璋生性多疑，建立明朝後對手下大臣大加誅滅，除興大獄殺胡惟庸、藍玉等功臣外，另有徐達、李文忠在內的衆多開國功臣之死，也都被後人懷疑與他有關。雖然在李文忠剛剛去世時，朱元璋曾“痛悼不已，輟朝三日，親爲文遣使致祭”。但兩年後，他在下給李文忠長子李景隆的詔書中說：“（李文忠）非智非謙，幾累社稷，身不免而終……”可見朱元璋內心對李文忠的眞實看法。可能正是因爲這個原因，李文忠墓的建設至此停止，那件未完成的雕刻也就這樣廢棄在那裏了。

中國人應知的

國學常識
②

The Knowledge
of Chinese

中華醫藥

中國人應知的
國學常識② 中華醫藥

 | 498

中醫認爲是哪些原因導致了疾病？

所謂病因，就是導致疾病發生的原因。中醫學很早就開始思考究竟是什麼原因導致人體生病的問題，比如春秋戰國時候秦國有一個名醫，名字叫和，他認爲"六氣"是致病的原因，這"六氣"是陰、陽、風、雨、晦、明。《黃帝內經》中把來自於自然界氣候異常變化，往往傷害人體的外部肌表的病邪歸爲陽邪；起居不當，飲食不節，房事失度，情志過極等，往往傷害人體內在的臟腑，被歸爲陰邪。醫聖張仲景在《金匱要略》中說"千般疢（chèn）災，不越三條"，即所有的病因可歸做三類：第一類是從內來的病因，是經絡受邪，進入到臟腑；第二類病因是四肢九竅，血脈相傳，壅塞不通；第三類病因是房室、金刃、蟲獸所傷。到隋代巢元方在《諸病源候論》中特別提出一種叫"乖戾之氣"的病因，是傳染性疾病的病因。到宋代的陳言則在《三因極一病證方論》裏提出把病因歸納爲"三因"，即六淫邪氣，爲外所因；七情所傷，爲內所因；飲食勞倦、跌僕金刃和蟲獸所傷，爲不內外因。

今天的中醫學仍然繼承著這樣的認識。第一類病因是"六淫"，淫，是太過的意思，六淫實際上是指"六氣"太過，"六氣"是指自然界的風、寒、暑、濕、燥、火，自然界正常的氣候變化，不會導致人生病，變化太過了導致人生病時，就成爲外感病邪。人體的抵抗力下降時，正常的氣候變化也會導致人生病，此時相對於生病的個體而言，氣候變化還是太過，所以也叫六淫致病。第二類病因叫"七情"，中醫學把人的精神情志變化歸納爲七種，即喜、怒、憂、思、悲、恐、驚，強烈持久的情志刺激，超出人體適應能力，損傷臟腑功能，這叫"七情內傷"，指情志因素從內傷害人體。第三類病因是"癘氣"，是指那些具有強烈致病性和傳染性的外感邪氣，它也是從外侵襲人體，引發的疾病往往發病急、病情重、傳染性強，中醫學稱這類疾病爲"疫癘病""疫病""瘟病""瘟疫病"。第四類病因是飲食失宜，指因爲飲食不潔、過饑、過飽、飲食偏嗜等致病因素。第五類病因是勞逸因素，過勞或過逸都可能成爲致病的原因。第六類病因是指中醫學描述的一些病理產物，比如痰濕，淤血等。還有一些其他因素，如跌僕閃挫、外傷、燒燙傷、凍傷、蟲蛇所傷、寄生蟲、用藥不當、醫療處置不當、先天稟賦等，都可能成爲致病的原因。

 499

中醫的"病歷"怎麼寫？

說到現代醫學，大家都知道從病人就診開始就會有嚴謹的關於醫療活動的記錄，其中非常重要的一種記錄就是"病歷"。中醫學也有類似病歷的記錄，不過中醫的記錄與現代醫學稍有差異，中醫的老祖宗稱它們爲"醫案"。醫案起始於西漢太倉長淳於意，當時叫"診籍"，記錄了淳於意的臨床治療的二十五個病例，是他醫療實踐的如實記錄。到漢代，張仲景在《金匱要略·痰飲咳嗽病脈證並治》中有一篇"小青龍湯加減五法"的記載，也是一個醫案。至明清則有"醫案專著"，如江瓘《名醫類案》、魏之琇《續名醫類案》、《葉天士醫案》、《吳鞠通醫案》等，都影響很大。

從古到今，中醫留下了很多醫案，但記錄體例不是很統一。到明清時候某些醫家開始認爲醫案記錄也需規範，比如明代的喻昌就專門談論過醫案的規範書寫問題，他認爲醫案必須記錄"某年某月某地縣，人年紀若干，形之肥瘦長短若何，色之黑白枯潤若何，聲之清濁長短若何，人之形志苦樂若何……一一詳明，務令絲毫不爽"。基本上需要記錄中醫學辨證過程中觀察到和歸納出的患者人口學情況、健康基本情況、病史和治療史資料、疾病的症狀和體徵表現、治療處理的思路和方法、治療過程中的變化、癒後等內容。

中醫學在臨證治療時有很多靈活變動的地方，因人、因時、因病、因地域、因疾病的不同表現等，都可能有不同的治療策略。某種程度上說，中醫學的每一次治療都是一種個案，很難複製。因此《古今醫案按》的作者余震說：治療的原則和方法是有限的，但是使用這些原則和方法的巧妙之處卻是無限的，而醫案則既能反映治療原則和方法，又能體現應用巧妙之處。李齡壽在給《古今醫案按》作序時說："醫之有方案，猶刑名家之例案也。"醫家的醫案記錄就像法學的案例一樣，法律標準是有限的，但是依據法律量刑時有輕重出入，醫案的作用就在於提供例案。正因為如此，歷來中醫學都非常重視對醫案的學習研究。

 | 500

人真的有"魂魄"嗎？

"魂魄"大約是最難以說清楚的傳統文化概念之一了，很容易讓人聯想到鬼神，比如傳說人死後去輪迴前要經過一個奈何橋，喝孟婆做的忘魂湯，於是就忘掉了前世所作所為，可以安安心心地重新做人了。從這兩個字都有"鬼"這個偏旁也證明"魂魄"的字義和鬼神有關，《說文解字》說"凡鬼之屬皆從鬼"，所以魂、魄應該是屬於鬼一類的東西。而"鬼"的含義在《說文解字》裏是"人所歸為鬼"，人總是要死的，死是最後的歸屬，這個歸屬就是鬼。人們想像出來的這個"鬼"，大概是沒有形體的純精神存在，再細分下去，屬陽的部分為"魂"，屬陰的部分是"魄"。這種想像出來的鬼神世界，道教的理論裏說得比較多，他們認為魂魄是依附於形體又可以離開形體的精神，細分下有"三魂七魄"，都是用來說明人的精神活動、生命形成或者命運等的術語。日常話語裏說"失魂落魄""魂飛魄散"等，也大都與人的精神意識狀態相關，由此可見，不論"魂魄"究竟是什麼東西，總歸和人的精神意識活動有關。

那麼從中醫學的觀點看，人有沒有"魂魄"呢？中醫學也論述了"魂魄"問題，主要有兩種論述：

一種在《靈樞·本神》中說"天之在我者德也，地之在我者氣也，德流氣薄而生者也。故生之來謂之精，兩精相搏謂之神，隨神往來者謂之魂，並精而出入者謂之魄"，這段論述認為人的生命是天地之氣和德交感化生而來，父母之精相合變化而成新的生命個體，這種"精"是與生俱來，在父母之精"相搏"產生新生命的同時也產生了"神"，人一旦具備了形體也就同時具備了精神，精神中隨著神思而動的部分被稱為"魂"，用現在的話語來說，"魂"大致相當於一些非本能的、較高級的精神意識活動，精神中還有一部分緊隨形體而被形體生命掌握的，它們被稱為"魄"，相當於現代話語所說的本能性的、較低級的精神意識活動。

另一種論述是《黃帝內經》的主要觀點，其中主要體現在《素問·六節藏象論篇》裏，這種論述中把人看作一個以五臟為核心的功能系統，心、肝、脾、肺、腎各主管一套內容，其中肝藏魂，是"魂之居"，肺藏魄，是"魄之處"，具體的肝藏之魂和肺藏之魄有什麼用，《黃帝內經》沒有正面說，但是在《靈樞·本神》中從病理角度闡述了肝魂、肺魄受傷會出現的情況，它說"肝悲哀動中則傷魂，魂傷則狂忘不精，不精則不正當人"，"肺喜樂無極則傷魄，魄傷則狂，狂者意不存人"，即太過悲傷就會使肝魂受傷，於是出現癲狂、遺忘、悵然若失等舉止失常的表現，大喜過度則傷害肺魄，肺魄受傷會出現狂妄、自高自大、不能正確對待他人等症狀。

 | 501

中醫是怎樣"解夢"的？

做夢一直都是一個吸引人的問題，《黃帝內經》也有自己的解夢方法，認為夢不是鬼神作祟，而是人體生理病理變化而產生的反映，因為陰陽盛衰的變化，或者五臟虛實的變化，可以對應於做不同的夢。

《素問·脈要精微論篇》中比較集中地討論瞭解夢的問題，它說"是知陰盛則夢涉大水恐懼，陽盛則夢大火燔灼，陰陽俱盛則夢相殺毀傷；上盛則夢飛，下盛則夢墮；甚飽則夢予，甚饑則夢取；肝氣盛則夢怒，肺氣盛則夢哭；短蟲多則夢聚眾，長蟲多則夢相擊毀傷"。這裏列舉了幾種夢境，並且分析夢對應的意義：如果陰寒盛就容易夢到蹚過很大的水溝之類，並伴有恐懼的情緒，如果陽熱盛則容易夢見大火，並有發熱燒灼的感覺，如果陰陽之氣鬥爭得很厲害，則夢見與人相互殺傷搏擊；如果上部的氣盛則容易夢見飛翔，如果下部的氣盛則夢見墜崖等墮落之事；如果太飽了就夢見給予別人東西，如果很饑餓則夢見到處找東西吃……

類似的討論也出現在《靈樞·淫邪發夢》中，它說"肝氣盛，則夢怒；肺氣盛，則夢恐懼、哭泣、飛揚；心氣盛，則夢善笑恐畏；脾氣盛，則夢歌樂、身體重不舉；腎氣盛，則夢腰脊兩解不屬"，又說"厥氣客於心，則夢見丘山煙火；客於肺，則夢飛揚，見金鐵之奇物；客於肝，則夢山林樹木；客於脾，則夢見丘陵大澤，壞屋風雨；客於腎，則夢臨淵，沒居水中；客於膀胱，則夢遊行；客於胃，則夢飲食；客於大腸，則夢田野；客於小腸，則夢聚邑沖衢；客於膽，則夢鬥訟自刎……"

還出現在《素問·方盛衰論篇》中，它說："是以肺氣虛，則使人夢見白物，見人斬血籍籍，得其時，則夢見兵戰。腎氣虛，則使人夢見舟船溺人，得其時，則夢伏水中，若有畏恐。肝氣虛，則夢見菌香生草，得其時，則夢伏樹下不敢起。心氣虛，則夢救火陽物，得其時，則夢燔灼。脾氣虛，則夢飲食不足，得其時，則夢築垣蓋屋。"

掌握《黃帝內經》的解夢，一方面可以把以上三個章節的相關內容理解記住，把它們當作一個解夢的詞典，以後碰到什麼夢就查這個詞典對照來解釋，這是稍微笨點的辦法。另一個高明些的方法是總結《黃帝內經》解夢的指導思想，學習其解夢的思路，總結起來規律有兩條：以類比的方法解夢，比如水屬陰，所以陰盛就夢見大水；以臟腑的生理功能特徵解夢，比如肝在志爲怒，所以肝盛就夢見發怒。

 | 502

"病入膏肓"這個說法是怎麼來的？

現在人們都知道病入膏肓的意思是說病到沒有什麼辦法救治的程度，也引申指事情完全沒法挽救了。那病入膏肓究竟是什麼樣的病呢？膏肓又是什麼呢？

這個說法來源於一個故事，據《左傳》記載：晉國的國君做了一個噩夢，夢見一個厲鬼在那裏一邊跺腳跳躍著一邊用手拍打自己的胸膛，對晉侯說："你殺死了我的孫子，實在是不仁義，我已經在上天帝王那裏告了你的狀"，一邊說著一邊把大門、內堂的門都給打破並跑進了屋。晉侯很是害怕，就往寢室裏躲，那厲鬼就連寢室門也給弄壞了。晉侯醒來就找來巫師給解這個噩夢，巫師說：“這夢昭示著晉侯您吃不到新麥子了，命不久矣！”晉侯因爲生病，請求秦國給予醫療支援，秦國的國君就派遣了一個名字叫緩的名醫來給晉侯治病。緩還在路上，沒到晉國，晉侯又做了一個夢。這次晉侯夢見他的病化作兩個小子，這兩個小子在那裏商量說：“秦國來的這個緩可是個好大夫啊，我們怕是要被他傷害了，這下可往哪裏逃啊？”其中一個說：“我們跑到肓的上面，膏的下面，待在這個地方，緩又能把我們怎麼樣呢？”緩到達秦國，看到晉侯後，說：“您這病沒法治了！在肓之上，膏之下，是針刺達不到，藥力也達不到，沒法治了。”晉侯一聽，覺得這個醫生真是神醫啊，雖然治不了自己的病，還是給了緩一筆豐厚的診金，讓他回國去了。

　　這個帶有傳奇色彩的故事引出了“病入膏肓”這個成語。後人認爲膏是指心尖脂肪，而肓是指心臟和膈膜之間。是不是疾病到這個地方就沒得救了呢？從中醫學來說，用膏、肓來說明人體生理病理變化的論述較少，大多從臟腑、陰陽、氣血等來論說疾病的危重程度，認爲病在“膏之下，肓之上”就沒法救治的說法，有待醫理上、臨床上的進一步論證；從現代醫學來說，在心尖脂肪之下、心與膈膜之間位置之上發生的疾病也不是沒法救治。

 | 503

中醫所說的“邪不勝正”是什麼意思？

　　通常話語中的“邪不勝正”是指邪妖之氣不能戰勝剛正之氣，這種說法帶有判斷意味，意思是剛正的一方總會贏。且不論事實如何，在中醫學中也有邪不勝正的說法，不過這裏描述的更多是疾病狀態，是對發病機制的闡述。

　　中醫學把人體自身抗病、袪除病邪、調節整體功能、修復等作用統稱爲“正氣”，相對的，把存在於外界或由人體內部產生的種種具有致病作用的因素稱爲“邪氣”。邪氣很厲害、很旺盛，稱之爲實，即邪氣實；正氣如果被邪氣損害或者本來就正氣不足，稱爲虛，即正氣虛。疾病的發展變化其實就是邪正雙方交爭變化，正氣旺盛，奮起抗邪，就會戰勝邪氣，邪氣退卻，這叫正勝邪退；邪氣亢盛，正氣受損而衰弱，病情轉向沉重，叫邪勝正衰；正氣不弱，邪氣也不退，雙方勢均力敵，誰也奈何不了誰，疾病處於遷延狀態，叫邪正相持；如果正邪鬥爭的結果導致正氣大虛，邪氣也弱小了但還沒有完全消除，或者邪氣潛伏得很深，正氣又不足，不能祛除深藏的邪氣，病情因此而纏綿難癒，叫正虛邪戀。

總之，"邪不勝正"在中醫學中是指正氣戰勝邪氣，祛除病邪，疾病向痊癒的方向發展的一種描述。並不一定是邪不勝正，邪氣也可以很厲害，損耗正氣，使人身體虛弱，疾病不能好轉。所以中醫學在治療時一方面是注意驅邪，一方面是不忘扶正。

 | 504

"上火"就是發炎嗎？

"上火"是一個中醫特色的概念，要理解這個概念，首先需要理解中醫學所謂"火"的概念。中醫所說的火，有三種意思：第一種火，中醫稱為"少火"，是生命不可缺少的動力，和腎中的陽氣息息相關，是維持生命活動的，《黃帝內經》說"少火生氣"；第二種火也來自於人體內部，被稱為"壯火"，指過於旺盛的火，能煎熬消耗人體的陰性物質，損耗正氣，《黃帝內經》說"壯火食氣"，即壯火會吃掉人體的氣；第三種火屬於外來的，稱之為"火邪"、"火毒"，比如日常話語中我們說某些食物"火氣大"，就是指這種食物具有很強的陽熱性質。

如果人體內的陰陽失調，陽熱過多，陰液被損耗，就會表現出屬於火熱類型的症狀，典型的症狀就是紅、腫、熱、痛，加上情緒的煩躁不寧，單從這一組症狀的特徵來看，和現代醫學的所謂炎症反應有相似之處。不過中醫學的火熱症狀還有更寬泛的內容，現代醫學的所謂炎症反應也可以表現出其他類型，二者不能等量齊觀。

中醫學所說的火熱之邪有外感火熱之邪和內生火熱之邪之分，而內生的火熱之邪還可以分出兩種情況，一種是陽氣、火熱之氣太過亢盛，叫實火，一種是由於陰虛而致使陽熱相對亢盛，叫虛火。就火熱病證而言，往往是外火與內火相互勾結所致，或者是外感火熱之邪引動內火，或者是內火旺的機體狀態、體質，導致容易感受外來火熱之邪。從而也導致了"上火"的原因和表現各不相同，比如"上火"既可表現出口舌生瘡等，也可表現爲疔瘡、眼睛紅腫疼痛、大便乾燥、口苦咽乾、煩躁失眠等。不過凡屬火熱致病，還是有一些共同點的，首先，和自然界的火一樣，火性容易往上躥，所以症狀往往出現在頭面部；其次，火熱容易耗陰液，耗正氣；再次，火熱與心相應，所以容易擾亂心神，出現煩躁不安等症狀。

所以"上火"不能簡單理解爲發炎，需要分清是外感所致，還是體內陰陽失調所致，分清是實火還是虛火，發炎有現代醫學自己的判斷標準，不一定非得表現出上火的症狀，二者是不同的範疇。

 | 505

什麼是中暑？

"中暑"就是被暑熱之邪所中而得病，今天所謂的"中暑"病比古人所說的"中暑"範圍要廣很多，對症狀和發病機制的認識也深刻很多了，但是在處理原則上仍有一些共同之處。

古代中醫認識的中暑即所謂的"暑邪"，主要來源於與自然界酷暑氣候相聯繫的環境因素，中醫學認爲暑邪是六淫（風、寒、暑、濕、燥、火）之一，是炎熱夏季獨有的邪氣。暑邪致病有三個特點：首先，中醫學認爲暑邪爲陽熱之邪，致病表現出一派火熱症狀，如高熱、心煩、面色紅、脈搏快而有力等；其次，是暑邪致病會耗氣傷津，中暑的人往往大汗淋漓，導致氣被消耗，人因此會乏力、沒有精神，呼吸短促而顯得吸入的氣不夠用，津液也被耗散而出現口渴、小便少等症狀；再次，暑邪容易和濕邪混雜在一起傷害人體，尤其濕度大的地區，炎熱的夏季裏中暑的人往往感覺到身體、四肢像被濕布包裹住一樣，又沉重又昏悶，心胸煩悶，有時會有嘔吐，大便也黏黏糊糊的，一派不清爽的感覺，這些都是暑濕所致。以上這些症狀在夏季出現，屬於傷暑，算是病情較輕，若善加調理，一般不會出問題。

不過古人也已經認識到，在炎熱且濕氣重的酷夏季節，暑邪傷人還會導致一種更重的病證，那就是所謂的"中暑"，會導致人突然昏倒，不省人事，虛汗淋漓，手足冰冷，渾身無力，頭暈嘔吐等。這一組症狀正是今天現代醫學討論的heatstroke的臨床表現，在翻譯西醫學這個病名時就選用了“中暑”這個詞，這也增加了今天中醫學對“中暑”的認識內容：高溫和熱輻射的長時間作用是中暑的首要病因；空氣中濕度大，環境中通風狀況差，產熱集中，散熱困難等因素是中暑的重要誘因；有顱腦疾病者、老弱者、孕產婦等耐熱能力差的人群容易中暑。

中暑是夏季容易出現的急重症，處理的第一要務就是要讓患者離開暑熱環境，把他移到陰涼通風的地方去，重症的要及時就醫，輕症可以給他飲用含鹽分的清涼飲料，中成藥十滴水、藿香正氣水也可以使用。

 506

什麼是中風？

“中風”是中醫學病證的一種，一提到這個病，大多會聯想到突然倒地、偏癱臥床等很嚴重的情況，事實大約如此，這是一個嚴重危險的疾病，需要提高警惕，積極就醫。

“中風”的“中”字讀第四聲（zhòng），是一個動詞，中風就是被風邪射中、命中而導致人體生病。所以這麼命名，與中醫學對風邪致病的認識有關，中醫學認為風邪致病有四大特點：第一個特點是浮越，指風邪傷人的症狀趨勢是向外、向上發越，多表現出體表的、上部的症狀，如頭痛、咳嗽、咽癢、怕風等；第二個特點是善行數變，指病變的部位遊走不定，症狀多樣，如中醫所說風濕病，關節疼痛的症狀遊走不定，就是風邪的特點；第三個特點是善動，風吹則草木搖擺振動，中醫學於是就類比地認為風邪所致的病，在症狀上也有動的特點，比如肢體震顫、頭腦晃動等常被看作是“肝風”的症狀；第四個特點是常常兼挾其他的邪氣一起來侵襲人體，比如說風濕、風寒、風熱，就分別是風邪挾濕邪、寒邪、熱邪致病。

中風往往發病急驟，症狀多樣，病情變化多端而且快，表現為突然昏仆、不省人事，伴口眼歪斜、語言不利、半身不遂等，這些症狀和病情特點都符合風邪致病的特點，所以中醫學以“中風”來命名。

被風邪所中，依據風邪的不同，風邪所中部位的不同，中醫學又有不同的認識。風邪分爲外風和內風，外風是外部世界產生的風邪，比如冬春季節窗戶沒關嚴，從縫隙裏吹來邪風，一覺醒來發現嘴角歪了，老百姓都會說"是不是受風了？"這類的風邪常被歸屬爲外風；內風主要是指肝風，中醫學所謂的肝陽亢或肝血虛、肝陰虛都可以成爲肝風動的原因，肝風的症狀主要表現爲身體不受控制的震顫動搖。據所中部位則可分爲中經絡和中臟腑，中經絡一般症狀較輕淺，比如皮膚肌肉的麻木、瞤(rún)動、抽搐，甚至某些口眼歪斜等，一般沒有神志方面的改變；中臟腑則常常有突然昏仆、不省人事等神志方面的改變。實際情況是外風、內風常常糾纏在一起，比如受外風可引發內風，內風動又導致更容易受外風侵襲，中經絡和中臟腑常常兼雜，比如某個老人用筷子夾菜時突然拿不住筷子，筷子掉地上了，但症狀一下過去了，神志也清醒了，之後也沒有異常，似乎是經絡病變的表現，深層卻不能排除臟腑病變的可能，需要警惕；而那些中臟腑的中風患者，除了神志方面的改變，同時也表現出經絡方面的改變，如手腳不利索、皮膚肌肉的異常感受等。

 | 507

什麼是濕氣？

聽到"濕氣"這個詞，最先聯想到的可能是一些疾病的症狀，比如皮膚上的濕疹，表現出水液浸漬的樣子。另外一種狀況是從中醫大夫那裏聽來這個診斷，說某些症狀是濕氣重所致。在中醫學的概念裏，濕氣就是濕，加一個"氣"字以概括其無形、抽象的意味，就像"火氣"這個概念一樣。

濕，在中醫學裏分外濕和內濕。顧名思義，外濕指存在於人體外部的濕，在時令上主要產生於夏秋之交，天氣潮濕、雨水較多的季節，在地域特徵上往往會考慮南方濕度大區域，地勢低窪、陰冷或潮濕的地方等，中醫學認爲在這樣的氣候條件和環境條件下，容易被濕氣侵襲而生病。內濕則是人體自內而生的，主要因爲脾虛所致。中醫學認爲人每天吃進去的水穀及飲進的水等飲食物，主要通過脾胃的運化而把有用的部分轉化爲精微物質爲人體所用，把沒有用的部分排出體外。於是飲食物經運化被分為清、濁兩種，清的由脾主管，隨脾氣往上升去營養機體，濁的隨胃氣向下降而排出體外，而且脾自身也喜歡乾燥清爽，討厭濕濁。如果因某種原因導致脾虛，由飲食物而來的水濕不能很好地被運化，混濁的水濕困住了脾，就會進一步妨礙脾代謝水濕的能力，整個機體都表現出混濁不清爽的狀態，比如清氣沒法隨脾氣上升到頭腦，頭腦會昏悶，四肢也像被濕東西裹住一樣，困倦乏力，口中黏糊糊，吃什麼都沒有口味，大便變稀不成形等等，這就是所謂的"脾虛生內濕"。

內濕和外濕常互相影響，同時或先後出現，更不容易被袪除，濕氣所致的病因此而纏綿難癒。而且濕氣性質屬陰，容易損傷人體的陽氣，尤其是損傷脾的陽氣，這就導致人體後天的來源不足，使疾病不容易痊癒。因此中醫學也想了不少對付濕氣的辦法，比如袪濕、化濕、利濕。利濕就是利尿，讓濕氣從下而出，比如食物中的薏米、冬瓜之類有這種功能；化濕主要用芳香的藥或食物，中醫學認為這可以醒脾，比如白扁豆、香菜之類的食物有此功能；而袪濕的含義比較寬泛，前面兩種方法有時也被稱作袪濕的方法，但凡能袪除濕氣的方法都可以稱為袪濕法，在中醫學裏袪濕相對顯得較專業，所針對的病證也稍重，需要醫師的專業知識。

 508

住地潮濕就會得"風濕"嗎？

從中醫學觀念而言，風濕概念主要基於病因方面的考慮，風濕即風、濕兩種邪氣。風邪致病則症狀繁雜多變且病位遊走不定，濕邪致病則病情遷延纏綿。關於風、濕之邪致病的問題，早在《黃帝內經·素問》中就說"風寒濕三氣雜至合而為痹"，這裏所謂的"痹"主要是指因經絡、氣血痹塞不通暢，導致肢體、關節的疼痛、麻木及肢體功能障礙等。漢代張仲景在《金匱要略》說："病者一身盡痛，發熱，日晡所劇者，名風濕"，風濕在這裏成為一個病名。自此之後，風濕成為一個含義寬泛的病名，不過這個病名暗示風、濕邪氣因素的原始含義仍然保留下來了，即使今天的中醫學在論治風濕病時也往往從風、濕之邪考慮。不過這個風、濕不再僅僅是自然界吹的風和自然環境中的潮濕，而是從症狀反推出來的抽象病因。在中醫學的觀念裏，容易得風濕的環境因素確實有一項就是長期居住、工作在水多潮濕的地方，而且中醫學認為陰雨天氣是風濕病發作的誘因之一，這些認識有其合理之處，日常生活中能避免久居潮濕之地就儘量避免。

同時，我們需要認識到，隨著醫學對疾病認識的加深，我們今天話語系統中的風濕病概念已經增加了很多內容。現代醫學所說的風濕病所涉及的範圍幾乎包括所有影響到骨關節及其軟組織等的一大類疾病，症狀表現上往往有關節疼痛，關節腫脹、麻木、屈伸不利，甚至導致關節破壞，肌肉萎縮，肢體運動功能障礙等。特別需要提及的是，風濕病可以累及重要臟器，如心臟、腎臟等，而且風濕病如果不積極治療往往會慢慢進展，造成更多的危害。總之，有鑒於現代日常話語系統中風濕概念的演變，我們對風濕病的認識，既需要中醫學方面知識，更需要現代醫學方面的知識，中西醫綜合治療和預防的效果更好。中醫學的某些治療方法，如拔罐、針刺、藥敷等，對緩解症狀很有幫助，能提高患者的生活品質，但是需要配合現代醫學的評估指標，及時地監控風濕病病變對重要臟器的損傷情況，盡可能地避免風濕病潛在進展的風險。

 | 509

"胖人多痰" 是什麼意思？

"胖人多痰，瘦人多火" 的說法大概從宋、元時開始提出，之後明、清的醫家分別進行了發揮，因為提出和發揮這種論點的醫家名氣較大，並且在臨床上能找到一定依據，所以這種說法就被廣泛接受了。所謂 "胖人"，不是按照現代的肥胖指數測算出來的，主要是通過望診觀察所得，除了體型肥碩豐腴外，往往還有膚色白皙，稍稍活動就喘氣，雖然體胖卻比別人怕冷等。這裏所謂的 "痰" 也是中醫學的專門術語，包括了狹義的 "痰" 和廣義的 "痰"，狹義的 "痰" 指呼吸道分泌而由口、鼻腔排出的黏液，廣義的 "痰" 則是體內水液代謝失常而形成的病理產物，它既可以停留或聚集在體內一定部位，也可以隨著人體氣的升降而四處流竄，導致多種多樣的病症，所以中醫學有 "百病多由痰作祟" "怪病多痰" 等說法。而且有沒有 "痰" 一般只能通過症狀來推斷，沒法直接觀察到，故又被稱為 "無形之痰"。

　　"胖人多痰"的"痰"主要是廣義的痰，是胖人的一種基礎性的體質因素。"多痰"的體質會使得胖人容易得與"痰"有關的病，或者疾病進程中容易受到"痰"的影響。比如因痰阻滯氣機，容易疲乏，容易胸悶氣喘等；痰妨礙脾胃功能則出現痞滿，覺得胃中壅塞嘈雜等感受；痰屬於寒性，還可以阻礙陽氣運行，可以引起手腳冰涼，或者手腳麻木等，而且因爲"痰"被認爲是一種稠濁的水液代謝產物，它會把病邪黏滯住，所以"多痰"導致病癒的過程中容易有一兩個症狀很頑固，拖延較久才徹底消失。

　　"胖人多痰"是對胖人體質的一種描述，那麼是不是把"痰"給去掉了，就可以減肥呢？中醫學並沒有這樣完全對應的說法，中醫減肥中確實考慮到"痰"的因素，但更主要的還是一種綜合的治療，包括了飲食、運動、生活方式等等。"多痰"的體質和肥胖狀態的維持有互相促進的關係，改變肥胖狀態也可以通過改變體質來達到，但不能單純依靠去掉"痰"。

 | 510

"瘦人多火"是什麼意思？

　　"瘦人多火"的說法其實只說了瘦人體質特徵的一半，還有一半特徵是瘦人往往血虛、陰虛。所謂的"瘦人"同樣是通過望診來判斷的，即看起來形體消瘦，體形不夠豐滿。陰血虛的表現可以有頭暈、眼花、耳鳴、失眠、心悸、肢體麻木等症狀，及面色萎黃或白皙、指甲或唇色淡白、脈細弱無力、舌淡等體徵。如果是陰虛火旺則可以有五心煩熱、咽燥口乾、急躁易怒及盜汗等症狀，及顴紅升火、舌紅少苔、脈細數體徵。所謂"多火"也可以從兩個角度來理解，其一是瘦人有虛火的表現，比如前面所說的五心煩熱，還容易睡眠不好，多夢易醒等，另一方面，瘦人在想長結實點的時候如果吃了點補益的食物或藥物，尤其是溫性的藥食，往往容易上火，出現口舌生瘡、口乾、便秘等症狀。

　　與對"胖人多痰"觀念的理解一樣，"瘦人多火"也是對體質的一種類似統計學的描述，是提示一種生理、病理、治療上潛在基礎和疾病轉歸的潛在可能。這種描述並不是規定性的，並不是形體消瘦就一定是陰血虛，一定要用補，或者註定多火，註定就不會得那些大眾認爲是跟胖人聯繫在一起的疾病，如脂肪肝、高血脂症等。一些基本的健康生活方式，不管是胖人還是瘦人，都同樣適合。同樣的，一些共同的疾病危險因素（如吸煙、嗜酒等），對胖人和瘦人同樣起壞的作用。僅僅是在執行健康方案和規避危險因素時，需要因人制宜地考慮個人的基礎體質，體胖的人可以想想是否有痰濕和陽虛，體瘦的人則想想是否有陰血虛和容易上火。

 | 511

爲何說 "虛不受補" ？

虛不受補的概念在中醫學臨床中的含義是指通過補益的方法治療而達不到預期效果，甚或反而產生了反作用，造成對機體更多的傷害。虛不受補的首要條件是真正的虛弱狀態，又因爲傳統中醫學主要的治療方法是內服湯藥，所以脾胃的虛弱衰敗是一個非常的判斷依據。臨床上虛不受補的病例往往在病情危重或久病耗損過度的情況下才會出現，患者此時的生機很弱，必須小心呵護。借鑒這樣一個中醫治療學中的概念，老百姓日常話語中也有虛不受補的說法，乍一看這個說法的字面意思，似乎是說身體虛而不能接受補益。至於怎樣算是 "身體虛"，估計是個見仁見智的問題，而怎樣算是 "不能接受補益" 則較容易達成共識，大概都是自己進補，效果不好，甚至吃完了補藥反而上火或者拉稀，更不舒服了。

之所以出現這樣的情況，有幾種可能性，第一種可能性就是判斷 "身體虛" 出現錯誤，不虛而補，自然會有問題；第二種可能性是沒有掌握進補的要領，儘管是補益的藥物，也都有偏性的，都有搭配禁忌，都有各自的適應證，這些因素在進補時都要考慮，比如紅參，補氣的力量強，同時也容易火大，使用時要少量多次慢慢用；第三種可能就是沒有顧護脾胃，尤其那些脾胃功能本來就不是很好的人群，進補的同時一定要注意調理脾胃。

512

脾胃虛弱有哪些表現？

在中醫學，脾胃被稱爲"後天之本"，"後天"是相對"先天"而言的，"先天之本"指腎，因爲腎藏精，腎所藏之精中有一部分是來自遺傳的生命種子，這種腎精是生命賴以發生、生長發育和傳承的根本；"後天之本"脾胃則是人出生之後賴之以生存發展的根本。所以老百姓日常話語中最常用的兩個病證名詞就是"腎虛"和"脾胃虛弱"，因爲它們是根本，身體不好，自然地認爲腎或脾胃要負主要責任。

脾胃的主要功能就是運化水穀，人吃進去的食物（穀）和喝下的水（水）統統被胃接納並腐熟成糜狀，然後通過脾的運化功能把水穀轉化成精微布散到身體各部，有一些精微上注進入心脈中參與氣血的生成，中醫學稱之爲"奉心化赤爲血"，所以脾胃又被稱爲"水穀之海""氣血生化之源"。因此，一旦脾胃虛弱，就會表現出兩大類症狀來，一類是消化功能方面的障礙，一類是氣血生化乏源的表現。就前者而言，主要症狀有吃東西沒有胃口，不想吃東西，中醫稱之爲"納差"或"納呆"；吃進東西後覺得不舒服、不清爽，比如胃脹、打嗝、泛酸、嘈雜等，又比如吃點涼的東西就鬧肚子，食物稍稍有點變化就不適應，等等；還可以有大便的變化，比如大便中有沒消化就排出來的東西，中醫稱之爲"完穀不化"，再比如泄瀉、大便稀溏等。就後者而言，更多從脾胃虛弱的後果著眼，比如氣血生化之源導致氣血虛，人就會顯得沒有精神，懶洋洋的，沒有氣力，臉色白或者萎黃（沒有色澤的黃色），如果是小孩子還會表現出頭髮稀稀拉拉且沒有色澤，小胳膊小腿兒沒什麼肉，瘦小，容易生病，等等。

如果脾胃虛弱了，也能想一些辦法調理，主要的調理方法包括以下幾個方面：比較嚴重的脾胃虛弱需要找中醫大夫用藥調理，這個時候大夫會根據你的表現分析具體是哪方面的虛，是脾氣虛，還是脾陽虛，還是胃陰虛，還是胃氣虛。每種情況的治療原則和處方有些差別。輕症的脾胃虛弱可以自己調理，主要是飲食和起居兩個方面加以注意。飲食上講求規律，特別是用餐時間要規律，每餐吃個八分飽，不要沒有規律的暴飲暴食。吃喝什麼東西也儘量要合理，一般中醫主張脾胃虛弱的人飲食宜以清淡和營養爲總則，不要總吃那些味道過重的東西，比如肥膩的、辛辣的或燒烤的東西；也可以有針對性地選擇食物，比如若脾氣虛弱爲主的，可以吃紅棗、山藥之類，脾虛兼有濕濁的，可以吃扁豆、薏米之類，脾氣虛兼氣機不暢的，可以選蘿蔔、佛手、金橘等，如果是胃陰虛表現出嘈雜、胃隱隱作痛等胃中虛火症狀的，可以選蓮藕、梨、蜂蜜等食物。再有，就脾胃虛弱的調攝而言，還需要愼起居，經常鍛煉身體是很有必要的，規律的起居習慣也會很有幫助，情緒的穩定也十分有必要。

 | 513

爲何說女子以肝爲先天？

雖然"女子以肝爲先天"的提法是清代醫家葉天士在《臨證指南醫案》中才明確地主張的，但中醫學很早就認識到生理、病理和治療上的"男女有別"，比如《靈樞·五音五味》說："今婦人之生，有餘於氣，不足於血，以其數脫血也，沖任之脈，不榮口唇，故鬚不生焉"，意思是女性因爲月經而屢次耗損血液，所以身體狀態是氣相對有餘，而血相對不足，沖、任之脈雖循行到了口唇四周，卻沒有足夠的血氣來充養這裏的皮膚，所以長不出毫毛，生不出鬍鬚。中醫學認爲女性是"以血爲用"，月經、孕育、分娩、哺乳都得依靠陰血的濡養，而五臟中肝藏血，即血的貯藏和血量的調控主要歸肝主管，而女性因爲屢次月經而血不足，這就更顯出肝藏血功能的重要性來。

另外還有兩條"女子以肝爲先天"的補充理由，第一條是：傳統的觀點認爲，相對於男性而言，女性情緒更敏感，情感更細膩，更容易憂愁抑鬱，情志變動主要與肝主疏泄的功能有關；第二條是：肝經循行分佈於脅肋，乳頭也是肝經管轄的位置之一，乳部的疾病與肝有關。正因爲女性"以肝爲先天"的這一特點，臨床對待女科疾病時，往往要考慮其陰虛、血虛及肝主疏泄功能的失常等，治療上也常常採用養肝陰、補肝血、疏理肝氣等治法。

就女性的日常保健而言，主要是要注意養肝、養血。因為中醫學裏肝是"罷極之本"，有一種注解認為這個"罷"字通"熊羆（pí）"的"羆"，是一種很能耐勞的熊，耐受疲勞主要依靠肝的功能，所以養肝就不要太勞累。中醫學又認為"人臥，血歸於肝"，人睡眠休息的時候血才能歸藏到肝，所以該睡覺的時間就要睡覺，以便血歸於肝，有利於養肝。肝主疏泄的功能和情志變動有關，中醫學認為情志變動都需要血氣作為基礎，太過的情緒變化會耗損氣血，所以養肝還需要調暢情志。如果從飲食調養入手養肝、養血，總原則是陰陽寒熱平衡而且有營養，可以適當地吃一些補益陰血的食物或藥物，如紅棗、枸杞子、桑葚等，也可以用益母草燉牛肉或煎雞蛋等，把握住平補的原則就行，不然容易妨礙脾胃功能，更甚者會補出痰濕，導致肥胖。

 | 514

何謂"動肝火"？

現代漢語中"火"有時候也指生氣，比如說"發火"的其中一個意思就是發脾氣、生氣，"大動肝火"的意思是大怒、盛怒、暴怒等情緒非常激動的狀態。為什麼"怒"被稱為"動肝火"，而不是"動心火"或者"動腎火"，主要來源於中醫學的情志學說。中醫學認為人的五種主要情志表現（喜、怒、思、憂、恐）中的每一種情志都由一個臟來主管，其中主管怒的就是肝，肝與怒的關係最密切，所以發火、生氣、動怒才被稱為"動肝火"。

按照中醫學的理論推理，如果肝的功能失常，人會變得容易著急，容易發脾氣，反過來，中醫學也說"暴怒傷肝"，突然的、強度很大的盛怒會損傷肝。至於是不是怒就可以推斷肝火，則不那麼絕對，首先是肝火症狀不能單憑有沒有怒的表現來判斷，主要指標還是側重於火熱性質的症狀，比如眼睛紅並發熱發乾、口苦、舌頭紅，情志方面可以表現為不寧靜、煩躁，也可以表現為容易生氣，其次怒的表現可以不是火，比如若是生悶氣，敢怒不敢言，就可能是肝鬱，若是動輒盛怒不止，一派高亢不能抑制的表現，則需要考慮是不是肝陰虛而導致肝陽相對偏亢。

總之，怒主要是一種發散、舒展性質的情志，如果發散得太厲害，怒的表達控制不住，則增加肝寧靜的一面，採用養肝陰、清肝火等方法來應對；如果發散表達不夠，抑鬱在心中，則需加強肝疏泄條達的一面，採用理肝氣、疏肝鬱等方法應對。

 | 515

爲什麼總歎長氣是肝鬱？

肝鬱是中醫學認識疾病的一個重要概念，肝鬱的一組症狀包括情緒方面的情緒不高，鬱鬱寡歡等，還有一個特別的情志症狀叫“善太息”，“太”和大是一個意思，“息”這裏是指一呼一吸，太息就是大大的呼氣和吸氣，那就是歎長氣，“善太息”就是喜歡歎氣的意思。肝鬱症狀還包括肝的經絡循行的路線上的不舒服，如兩腋下脅肋部似脹非脹的感覺，胸脅脹痛或竄痛，乳房脹痛，月經不調，小肚子（下腹部）或小肚子兩旁的痛或脹滿感等。

肝鬱了，肝的功能不正常，往往容易影響到脾的運化功能，出現食欲不振、大便稀溏等，還有肚子裏咕咕響且放屁，中醫稱之爲“腸鳴矢氣”，還會出現一種特別的瀉泄，每次拉肚子之前都會肚子痛，一痛就得去排泄，排泄完肚子就不痛了。脾胃功能失調加上肝鬱表現，中醫學稱之爲“肝脾不和”。

肝鬱的“鬱”字同時也說明了疾病的機制，“鬱”就是被抑制住，使其運行不順暢。形容氣被抑制住，中醫學常常用“鬱”字，而形容血流不暢常常用“瘀”字。氣不能通暢運行，被閉悶住，捂久了會變化生火，於是又生出一些陽熱特徵的症狀來，比如眼睛乾澀發紅，煩躁容易發火，口苦咽乾，失眠多夢等。一些更年期的人常會有類似症狀，中醫於是常常從肝鬱考慮，這在中醫學稱之爲“肝鬱化火”。

爲什麼肝鬱會發生這些變化呢？這要從肝的功能說起，中醫學的肝五行屬木，對應春天，春天的樹木都是生機勃勃，枝條舒展柔順，中醫學認爲肝也喜歡這樣的狀態，不喜歡被鬱滯。同時，中醫學認爲肝有兩大主要生理功能：主疏泄和藏血。疏的意思是疏通，泄是疏散、宣洩的意思。中醫認爲肝的疏泄功能主要體現在三個方面：調暢情志、促進消化吸收、維持氣血運行。簡單來說，正常狀態下人體這三個方面的和諧自如、流暢順利都得依靠肝的正常運作來達到，所以一旦肝鬱，往往在這三個方面有變化。

 | 516

中醫學的"腎"就是腰子嗎？

大多數人容易混淆中醫學的腎與現代醫學的腎臟，其實這兩者是完全不同的概念。

先說現代醫學的腎，英文爲kidney，這個詞大約是在14世紀被創造出來的，一開始就是用於指稱一個器官，指脊椎動物體腔內毗鄰脊柱的一對器官中的一只。在人體內，這個器官長得像豌豆（俗稱"腰子"），是尿產生和排出的器官。kidney的主要功能是排泄代謝產物，所以在英文中kidney也指無脊椎動物的排泄器官。

再看中醫學的腎，漢字中很早就有腎字，《說文解字》說"腎，水藏也"，"腎"字下面的"月"實際是"肉"的變型，代表著這個東西和肉有關，《禮記·月令》中說"孟冬之月，祭先腎"，這裏的腎是作祭品的一類肉食（動物的腎臟）。我們知道《說文解字》是東漢許慎寫的書，而《禮記·月令篇》大多數學者認爲是戰國時候的作品，也就是說腎在戰國至東漢時期已經和"水藏""孟冬之月"有關聯了，而這正體現了中醫學的特點。

那麼怎麼理解腎和"水""冬"這些概念聯繫在一起呢？這就涉及陰陽五行學說，通過這個理論，我們的古人能夠一組一組地把握概念和它們之間的聯繫。還是以腎來說，是"水藏"，這個"水"既是實實在在的水這種東西，又是抽象的五行中的水。就實在的水而言，中醫學認爲"腎主水"，即人體的水液都歸腎來主管；就五行中的水而言，腎的五行屬水，腎具有水這一行的特點。比如說五行中水對應著冬天、北方，對應著萬物閉藏，於是腎的功能特點也是"藏"，中醫學認爲腎的精氣宜藏不宜瀉。那麼腎閉藏的都是什麼東西呢，最重要的就是"藏精"，腎接受五臟六腑的精氣，然後把他們保藏起來。腎中藏的這些精氣對人體非常重要，不可以輕易耗損。人的生長發育、生殖繁衍都離不開腎中所藏的精。中醫學又進一步細分了腎中的精，一部分是"先天之精"，這部分是生命開始時就從父母那裏得到的，一部分是生命開始後人自己的生命精華以及來自五臟六腑的精氣，這兩種精實際上沒法分開，共同執行生理功能而成爲整個人體的原動力。人出生以後，隨著生長發育，腎中的精氣逐漸充實，男子到"二八"（16歲），女子到"二七"（14歲），有一種叫"天癸"的東西出現了，在天癸的作用下人有能力生成生殖之精，於是有了生殖能力，再隨著年齡的增長，到中老年，腎中精氣從充實滿溢轉爲虛少，人就表現出生命活力的衰退。腎藏了精還有一個功用，那就是"主骨生髓"，腎主管人體的骨，因爲骨同樣是人體最根本、最重要的東西，比如說曾國藩的看相書《冰鑒》，他說看一個人最根本的是看骨，然後是"生髓"，"髓"在漢語中有精華的意思，中醫學把腦稱爲"髓海"，說明腦是精華匯集之地，很重要。

 | 517

怎樣判斷是否"腎虛"？

正因爲中醫學的"腎"和現代醫學的腎臟不是一回事，同樣的，"腎虛"也只能在中醫學概念系統中去把握才能得其眞諦，中醫學認識腎虛可以從兩個視角去理解：

首先，腎虛作爲一個中醫診斷的病名概念，有一些症狀方面的特徵組合來支援診斷，中醫師診病，很多時候主要依靠患者的症狀表現做出判斷。但是，某一個單獨的症狀的出現，即使是診斷價值很高的單一症狀，也並不一定足以支持做出腎虛的診斷。比如說很多人發現自己容易疲勞、早生華髮、腰酸腿軟時，或者在覺得自己性能力方面力不從心時，往往會聯想："我是不是腎虛了？"這麼聯想沒有過失，但是把這些症狀和腎虛畫等號卻是不妥當的。比如容易疲勞，濕困也可以導致這些症狀；年紀輕輕就長白頭髮或者脫髮，可能是勞神太過，也可能是肝鬱氣滯，或濕熱濁邪薰蒸於頭部而致，還可能是風邪作祟；腰腿酸軟則可以是風濕或勞損等引發；至於性功能障礙，情志和濕熱因素所致者占了很大比例，而且實證不少，並不全是因腎虛所致。

其次，做出腎虛的診斷時，要能夠用中醫學腎的功能不足或腎的氣、血、陰、陽虧損來解釋症狀。這就涉及中醫學關於腎虛的分型，主要分出了腎氣虛、腎陰虛、腎陽虛等類型。腎氣虛則表現出沒有精神，容易倦怠無力，面色白而無光澤，小便清冷且頻次增多，夜尿多，還可以有遺精早洩等；腎陰虛則腰酸，五心煩熱，夜間睡眠中不自覺地出汗（盜汗），虛汗，頭暈耳鳴，也可以有形體消瘦，一派虛火的表現；腎陽虛則有腰酸且能被熱敷或扣擊按揉所緩解，手腳冰冷，怕冷等。

 518

每個人都需要補腎嗎？

有些人相信一句俗語"腎無實證"，認為但凡腎的問題，只管用補就好了，不會出問題的。從中醫學的理念來說，這種觀念是不正確的，中醫學實際是一門很"中庸"的學問，基本上不會提倡這樣絕對化的觀念。

但是，"腎無實證"這句話至少說明了兩點：第一，人的一生中腎中精氣經過了一個由弱轉盛再轉衰的過程，按照《素問·上古天真論篇》的說法，女子七歲的時候就"腎氣盛，齒更髮長"，即七歲的時候腎的精氣逐漸充盈，牙齒開始變更，頭髮長得更加凝實茂盛。到"二七"（14歲）的時候腎中精氣更加滿盈，"月事以時下"，即月經規律地按時來潮，具有生殖能力，一直經過"三七"、"四七"，直到"五七"（35歲）的時候"陽明脈衰"，人開始走向衰老。男子則是八歲開始"腎氣實"，"二八"（16歲）具有生殖能力，直到"五八"（40歲）開始"腎氣衰"而走向衰老。由此可見，從生長發育的視角看，人一生中腎氣頂多也就是旺盛生長充實滿盈，不會真的有許多多餘而變生實證。第二，從臨床來看，腎的虛證出現得多，而且虛弱性質的全身症狀，在整體辨證的過程中也往往被歸結到腎。

既然"腎無實證"，是不是每個人都需要補腎呢？顯然不是的，只有非正常態的腎虛才需要補。比如說小孩子的階段，腎中精氣是處在逐漸充盈的過程中，雖然還沒有達到"平均""滿盛"的狀態，卻是小孩子正常的生理發展進程，所以不是中醫學的"腎虛證"，不需要補。如果不分青紅皂白地補，會出現小胖墩兒，或者早早就"月事以時下"，提早進入青春發育期，反而造成了不正常。而到了四五十歲，進入腎中精氣逐漸衰退的生理進程，那些希望青春永駐的人也常常想到補腎，其實這個時候更重要的是養腎、護腎，對腎中精氣不做無謂的耗損，順應自然規律，最終達到延年益壽的目的。

其次，儘管是腎虛，也需要根據不同類型來有針對性的進補，最忌諱補反了。比如說腎陰虛的，本來就五心煩熱了，還吃壯陽藥，只會讓腎陰更虛，虛煩更甚，適得其反；腎陽虛的，本該溫補腎陽，如果補反了，尤其是如果進食涼性的滋補腎陰藥，只會更加傷陽。

最後，即使辨明瞭腎虛是陰虛還是陽虛，補的時候也需要講究策略，因為腎陰與腎陽是互為根本的關係。明代醫家張介賓總結說："善補陽者，必於陰中求陽，則陽得陰助而生化無窮；善補陰者，必於陽中求陰，則陰得陽生而泉源不竭"，補腎也是如此，補腎陽時常常用到補腎陰的藥，補腎陰時也往往加有溫腎陽的藥，不會是只用一種性質的藥物呆補。

 | 519

補腎是用六味地黃丸好，還是喝壯陽酒好？

提到補腎，老百姓自己最容易想到的就是買點六味地黃丸，自己慢慢吃著，心想這藥是補益的，吃了肯定不會有壞處。誠然，六味地黃丸是補腎的名方，它最早來源於漢代的醫聖張仲景的"金匱腎氣丸"，用了八味藥，後來被宋代的兒科專家錢乙化減，去掉了其中的附子和桂枝，留下熟地黃、山茱萸、牡丹皮、山藥、茯苓、澤瀉六味，成為今天的"六味地黃丸"，被用於治療小兒發育不良。但是，它畢竟還是藥，既然是藥，就有偏性。六味地黃丸是偏於補陰的藥，主要針對腎陰虛而設計。一般來說，養陰藥可以加重體內的濕氣，內部濕氣一多就會影響到脾胃功能，養陰藥還容易戀邪，把病邪留戀在體內。所以對於痰濕體質或者還有餘邪沒有清理乾淨的患者，用六味地黃丸就不適合了。

老百姓還有一種常見的補腎方法是喝藥酒，尤其是補腎壯陽的藥酒，尤其是某些想著再展男人雄風的人，他們認為喝這種性質的藥酒是很養生的，完全沒有問題。事實果真如此嗎？服用壯陽藥對性功能的改善確實可以有暫時的效果，但長期效果欠佳，甚至可能會造成傷害。比如那些由於高血壓、糖尿病、冠心病等疾病原因引起的性功能障礙的患者，若長期服用壯陽藥，會加重基礎疾病的進展。所以中醫臨床大夫對服用壯陽藥有一個形象的比喻：盲目地服壯陽藥，就像在一盞即將枯竭的油燈中再加入一根燈芯，只會讓燈油更快地燒光。還有一點需要清醒認識的是，隨著時代的變遷，人民生活條件的改善和生活方式的改變，腎陽虛在臨床見到的越來越少，這就更加提醒我們在飲用壯陽酒時，一定要慎重。

 | 520

"房中術"究竟講些什麼？

在傳統文化裏，房中術主要涉及與性有關的醫學和養生學內容，而且是很重要、很平常的一門學問。據《漢書·藝文志》的記載，古代關於醫藥、養生方面的學問被歸納到"方技"這個類別中，而方技又分爲四類：醫經、經方、神仙、房中，房中是其中一種。我們知道"方技"都是"生生之具"，都是維持、養護、促進生命的，房中也一樣。早期的房中的基本目標是養生，是希望通過對性活動的認知和掌握來達到健康、長生的目的。既然要認識和把握性活動，自然要發展出一些理論和技術。

在理論方面，房中術主要用陰、陽、精、氣等概念來說理，認爲男爲陽，女爲陰，男女之間的性活動也叫"合陰陽""陰陽交合"，是調理人體陰陽的一種方法；在性活動中要注意顧護精、氣，可通過"治氣""蓄氣"等方法，以不輕易走泄其精氣。

在技術層面，房中術主要闡述了一些利於養生的做法和一些不利於養生的做法，比如《黃帝內經》裏就提到"七損八益"，而馬王堆出土的帛書《天下至道談》則記載了"七損八益"的具體內容。其中"七損"是不利養生的，包括閉、泄、渴、弗、煩、絕、費。閉是指粗暴交合導致疼痛和內腑受病；泄是指虛汗淋漓，精氣走泄；渴通竭，即氣血耗竭；弗是指心有性欲而陽痿不能交合；煩是指交合時心煩意亂，情緒不寧；絕是指一方無性欲要求而對方強行交合，關係猶如陷入絕境；費是指交合過於急促，白白浪費精力卻既無愉悅也不利健康。"八益"包括治氣、致沫、智時、畜氣、和沫、積氣、寺贏、定頃，就是說在男女交合過程中要調理精氣、使口中津液豐富、掌握適宜時機交合、蓄養精氣不要過早走泄、津液及陰液交融在一起、聚積精氣、保持精氣的盈滿和防止陽痿。

總之，房中術一開始就主要是講性衛生、性保健、性養生的，是一種通過性活動來補養人體，調理陰陽的學問。後來隨著時間的推移，房中術主要在醫家和道教系統中得到傳承和發揚，醫家發展的內容更多偏於性的衛生保健方面，道教系統更多賦予了性活動修煉的性質。但是，房中術畢竟是研究性問題的，一些荒淫縱欲的達官貴人也對此很感興趣，所以後來的房中術也發展出了一些關於性技巧方面的內容。

今天來看房中養生，其中的養生內容，比如欲不可縱、也不可禁的觀念，其關於性的衛生保健的內容，仍有其價值。而對某些特殊的概念，如道教房中修煉學說中的"還精補腦"、"斬赤龍""馬陰藏象"等概念，則需要立足於特定的知識背景去理解。比如"還精補腦"，從字面意義去理解，顯然是謬誤——精液怎麼可能回還到大腦部位呢？但是如果放到道教修煉學說的知識背景中去理解，這個"精"就不單單是指物質形態的精液，更傾向於指生命物質之精華、生命活力的根本等內涵。對這些內容自然需要更多一些嚴謹和審慎。

| 521

枸杞真的老少皆宜嗎？

在南方的一些涼茶、煲湯中常常可以看見一種紅紅的小果粒，放到嘴裏嚼起來甜甜的，還有點酸中帶澀，這就是"枸杞子"。枸杞子是一種中藥，目前用於藥用的多是寧夏枸杞。這種植物大都分佈在中國的西北部，喜歡涼爽的氣候和砂質的土壤，適合生長在微鹼性和中性的土壤裏。枸杞子具有滋補肝腎和養肝明目的功效。一年四季都可以用，不過各季的搭配稍有變化：春季可單服，也可與黃芪煮水喝；夏季宜與菊花、金銀花、膨大海和冰糖一起泡水喝，常服可以消除眼疲勞；秋季宜與雪梨、百合、銀耳、山楂等製成羹類；冬季宜與桂圓、大棗、山藥等搭配煮粥。

 | 522

大棗是怎樣養胃的？

俗話說"日進三棗，青春不易老"，究竟大棗神奇的功效是什麼呢？這裏所謂的大棗，又名紅棗、乾棗、棗子，一般是指紅顏色的紅棗，不是那種秋天買來當水果吃的青色的棗。大棗很早就被中國人拿來作爲藥物和食物了，已有四千多年的歷史，自古以來就被列爲"五果"（桃、李、梅、杏、棗）之一。中醫認爲棗的藥性平和，味甘無毒，具有補中益氣、養血安神、調營衛、生津液、解藥毒等功效。那些脾胃虛弱、食欲不振、大便稀薄、疲乏無力、心悸失眠的人都可以服用。老百姓常常用大棗來養脾胃，用大棗熬粥，或者用大棗泡茶喝，中醫開處方時往往也會用到大棗，其中也有養胃、護胃的意思，因爲中藥湯劑都要經過胃腸吸收，有些中藥會損害脾胃的正氣，這時加點大棗進來保護一下胃氣就很有必要了。會不會有些人的體質或者病證不適合吃大棗呢？一般來說這種情況很少見，但是有的人確實吃多了大棗會肚子脹氣，還有的會便秘，這一般都是因爲吃得太多的緣故，減少進食大棗的量和頻率，脹氣就可以慢慢緩解，所以補養脾胃同樣不能操之過急，不能一下子吃太多的大棗。

 | 523

吃薏米有哪些好處？

現代人越來越重視粗細搭配，粗糧中有一個重要的成員叫做薏苡仁，它也常常在中醫的處方中見到。薏苡仁的名號很多，還叫苡米、苡仁，或者土玉米、薏米、起實、薏珠子、草珠珠、回回米、米仁、六穀子等。薏米是常用的中藥，又是常吃的食物，微寒，有利水消腫、健脾去濕、舒筋除痹、清熱排膿等功效。它還被認爲是一種美容食品，常食可以保持人體皮膚光澤細膩，消除粉刺、雀斑、老年斑、妊娠斑、蝴蝶斑，對皮膚脫屑、痤瘡、皸裂、皮膚粗糙等也有療效。桂林地區有首民謠這樣唱道：「薏米勝過靈芝草，藥用營養價值高。常吃可以延年壽，返老還童立功勞」，可以看出薏米作為一種常用的食物也是備受老百姓喜愛的。

是不是食用薏米就百無禁忌呢？一般來說用薏米煮粥，或者用薏米熬土雞湯，或搭配蓮子、桂花做粥，各類人群都可以食用，沒有特別的禁忌。不過依據古代的本草書記載來看，也有幾種人最好慎用薏米，包括懷孕的婦女、泄瀉拉肚子有脫水徵象的人、病後脾胃虛弱而大便乾小便少的人。

 | 524

花椒能治牙痛嗎？

《神醫喜來樂》裏曾經演示過一個土方——用花椒治療牙痛，這真的有效嗎？

用花椒治療牙痛，還真是淵源有自，在《本草綱目》花椒條目下的附方中記載說：「治風蟲牙痛，燒酒浸花椒頻頻漱之。」即用酒浸泡花椒，然後用酒來漱口。從現代醫學觀點看，花椒有局麻作用，也許是這種功效使得它能止牙痛。中藥學的觀點認為花椒屬於辛溫之品，有小毒，吃到嘴裏的味道是麻的，有健胃、溫中散寒、除濕止痛、殺蟲解毒、止癢解腥的功效，花椒水還能去除寄生蟲。一般中醫生開處方很少用花椒，如果要用也是和烏梅、乾薑、黃柏等一起用，用來治療因寄生蟲引起的腹痛、手足厥逆、煩悶吐蛔。但是在川菜十分盛行的今天，花椒已經成為菜肴調味的中堅力量，一方面在於加入花椒後的味道變得更加有吸引力，一方面也在於花椒能去除各種肉類的腥氣，又有一定的化濕作用，使吃東西時脾胃不那麼反感食物的油膩肥甘。

 | 525

藏紅花有什麼用途？

大辮子戲裏演到後宮中相互傾軋，毒害龍脈子嗣時，常常會上演某位宮廷御醫秘密呈上一碗湯藥，並解釋說：“這是西藏紅花，奇寒無比，服後胎兒必將墮下，無一倖免。”究竟西藏紅花有怎樣的功效？可以導致墮胎流產嗎？事實上藏紅花並非只爲西藏所產，它採自海拔5000米以上的高寒地區，又叫番紅花或西紅花，原產地在希臘、小亞細亞、波斯等地，《本草綱目》記載：“藏紅花即番紅花，譯名泊夫蘭或撒法郎，產於天方國”，“天方國”即指波斯等國家。番紅花經印度傳入西藏，由西藏再傳入內地。所以，人們把由西藏運往內地的番紅花誤認爲西藏所產，稱作“藏紅花”。

藏紅花是馳名中外的藏藥，以活血、養血的藥效而聞名天下。據《本草綱目》記載，藏紅花能活血，主治心憂鬱積，又治驚悸。藏紅花具有疏經活絡、通經化淤、散淤開結、消腫止痛、涼血解毒的功效，據說長期堅持服用可令人心喜，全面提高人體免疫力。

根據藏醫學的觀念，除特殊情況外，不提倡孕婦服用任何藥物，目前還沒有明確的研究數位能顯示多少劑量的藏紅花會對胎兒有影響，況且，個體差異較大，爲了避免不良後果，孕期最好不要食用藏紅花或含藏紅花的食物。此外，有些供家庭使用的香品中也加有藏紅花，挑選時需要加以注意。不過，因爲藏紅花是一種很好的養血藥物，婦女可以在產後食用，用來補血。

 | 526

藿香正氣水有哪些用途？

藿香正氣水是老百姓夏季藥箱裏的常備藥，常常聽到某人說：“昨晚吹一宿電扇，受夜涼，避著汗了”，家人就會遞上一瓶“藿香正氣水”，一口下去，過一陣身上就舒坦多了。藿香正氣水解表化濕，理氣和中，扶正祛邪，用於感冒、嘔吐、泄瀉、霍亂、濕阻等病。其基本指徵是：惡寒發熱、頭身困重疼痛、胸脘滿悶、噁心嘔吐或泄瀉、舌苔白膩、脈濡緩，大略相當於胃腸型感冒、流行性感冒、急性腸胃炎等。現代藥理學發現藿香正氣水對腸痙攣有一定的緩解作用，可以抑制腸道系統的過度蠕動，這也許是它治療腸道症狀的機制所在。

從中醫學的視角看，藿香正氣水源於《太平惠民和劑局方》中的"藿香正氣散"，裏面的藥物成分包括藿香、蘇葉、蒼術、陳皮、厚樸、白芷、茯苓、大腹皮、半夏等，其中藿香起主要作用，方劑學稱之爲"君藥"，它可以芳香化濕，和胃止嘔，解表。"解表"就是解除表證，所謂表證就指感冒的在表的、清淺的症狀。白芷、紫蘇葉、半夏、厚樸四味藥起次要的作用，方劑學稱之爲"臣藥"，輔助君藥來完成整個方子的功效，這四個"大臣"中半夏、厚樸針對中焦脾胃做工作，可以祛除那裏的濕氣，既去邪氣，又鼓舞正氣，紫蘇葉、白芷還協助藿香解散在表的邪氣。除前面所說的"君藥"和"臣藥"外，剩下的藥就是"佐使藥"，它們在處方中的地位更低一點，"佐藥"主要是針對次要症狀，或消除君藥、臣藥的毒副作用，或根據病情需要起相反相成的效果，"使藥"是主要起引導藥物達到某一經絡的作用，這時稱爲"引經藥"，或者起調和處方中所有藥物的作用。所以綜合分析來看，藿香正氣水裏的所有這些藥物合在一起，主要解決兩個問題，一個是脾胃被暑邪、濕邪所困的問題，脾胃被暑濕所傷會使人困倦、噁心欲吐、不思飲食、便溏泄瀉等，這屬於"內傷"；一個是外感表邪的問題，表邪傷人會有憎寒發熱、頭痛等症狀，這屬於"外感"。這樣既解決外感問題，又解決內傷問題，身體就慢慢康復了。

 | 527

風油精是不是"萬金油"？

風油精有祛暑、提神、醒腦和鎮痛作用，可用於防治傷風感冒、頭痛、牙痛、風濕骨痛、中暑頭暈、小兒肚痛以及蚊蟲叮咬等。日常生活中出現頭目眩暈、神經疼痛、暈車暈船等症，人們也習慣塗點風油精來緩解。在洗澡水中加幾滴風油精，洗後既清涼舒爽，又能防蚊蟲叮咬、防治痱子、祛除汗臭；在飲用涼開水時，加幾滴風油精，可解暑祛熱，頓覺耳聰目明，渾身涼爽舒適；用少量風油精塗於頭兩側太陽穴及風池穴，可有效地消除頭昏腦漲，讓人安然入睡；對於夏天夜晚因貪涼而引起的腹痛，可外塗風油精於肚臍(神闕穴)和骶尾部，也可取風油精2～3滴，溫水送服。這樣看來，風油精確是有點"萬金油"的特點，只要不舒服都可以來點試試，至少暫時是清涼爽快了，而且人們也並沒指望風油精能治本去病根，就是用它來緩解症狀。現代藥理研究表明，風油精的主要成分——薄荷給人造成的冰涼感覺，並不是因爲它能使皮膚溫度降低，而是其主要藥物成分——荷花醇刺激神經末梢的冷覺感受器所引起的，所以，這種涼感更加持久，而局部應用荷花醇還可治療頭痛、神經痛、瘙癢等。

國家圖書館出版品預行編目資料

中國人應知的國學常識 / 中華書局編輯部編印. --
初版. -- 臺北市：華品文創, 2011.01
面 ； 公分
ISBN 978-986-86929-0-9(第2冊 ： 平裝). --
ISBN 978-986-86929-1-6(全套 ： 平裝)

1.漢學 2.問題集

030.22   99026298

華品文創出版股份有限公司
Chinese Creation Publishing Co.,Ltd.

《中國人應知的國學常識 2》

編　　著：中華書局編輯部
總 經 理：王承惠
總 編 輯：陳秋玲
財 務 長：江美慧
印務統籌：張傳財
美術設計：vision 視覺藝術工作室
出 版 者：華品文創出版股份有限公司
　　　　　地址：100台北市中正區重慶南路一段57號13樓之1
　　　　　讀者服務專線：(02)2331-7103　(02)2331-8030
　　　　　讀者服務傳真：(02)2331-6735
　　　　　E-mail：service.ccpc@msa.hinet.net
　　　　　部落格：http://blog.udn.com/CCPC

總 經 銷：大和書報圖書股份有限公司
　　　　　地址：台北縣新莊市五工五路2號
　　　　　電話：(02)8990-2588
　　　　　傳真：(02)2299-7900
印　　刷：卡樂彩色製版印刷有限公司

初版一刷：2011年1月
初版四刷：2019年3月
定價：平裝新台幣380元
ISBN：978-986-86929-0-9
行政院新聞局局版臺陸字第101312號